FOI ET PATRIE

FOI ET PATRIE

OU

LA FRANCE CHRÉTIENNE

SE RÉVÉLANT, AU SEIN DE SES DÉSASTRES,
DANS LES ACTES SUBLIMES DE SON CLERGÉ, DE SES RELIGIEUX,
DE SES FRÈRES DES ÉCOLES ET DE SES SOEURS DE CHARITÉ;
DE NOS NOBLES FILS DE LA BRETAGNE ET DE LA VENDÉE ET DES ZOUAVES DU PAPE;
DE NOS OFFICIERS, DE NOS SOLDATS ET DE LEURS MÈRES,
ET SURTOUT DANS LE SAINT HÉROISME DES GÉNÉREUX
MARTYRS DE NOS GUERRES CIVILES.

PETIT RECUEIL

DE CE QUI S'EST FAIT ET S'EST ÉCRIT DE PLUS ÉMOUVANT
SOUS LES COUPS TERRIBLES DE LA TEMPÊTE QUI A FONDU SUR NOTRE PATRIE.

PAR

FR. DE VALSERRES

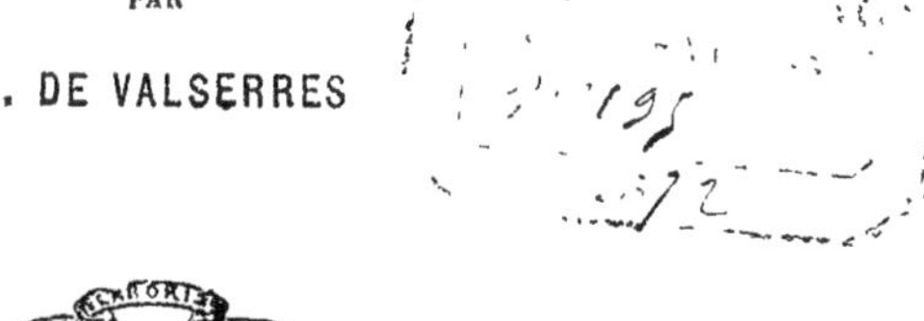

LIMOGES

BARBOU FRÈRES, IMPRIMEURS-LIBRAIRES

PRÉLIMINAIRE

Ce livre n'est pas *toute* l'histoire au jour le jour de nos derniers événements, mais il en est la partie la plus glorieuse, car la France n'a été grande et ne saurait l'être que par sa foi, son dévouement, sa charité.

Il y a dans ce recueil de nos journaux, bien que très incomplet, parce qu'il devait être réduit à un simple volume, il y a des traits admirables, des épisodes, des scènes, des paroles dites que l'on ne saurait relire sans plaisir et sans fruit.

Que ce volume fasse sa part de bien, c'est là tout notre désir.

I

LA FRANCE CHRÉTIENNE

NOS ÉVÈNEMENTS.

Quels coups de foudre tombés sur notre chère patrie en cette malheureuse année 1870! Une sécheresse désespérante qui a dévoré nos récoltes; la guerre, une guerre, horrible tuerie, avec des revers inouïs que le vieil honneur de nos armes ne saurait attribuer qu'à une surprise traîtresse depuis longtemps étudiée, préparée: nombre de nos départements brutalement souillés, rançonnés, dévastés par des hordes de barbares pillards et rapaces; notre plus belle jeunesse tombée sous une avalanche de fer, écrasée, mais non vaincue; des régiments entiers, trahis, vendus et jetés sans coup férir en exil; l'incendie, la ruine de plusieurs de nos villes et le siége, peut-être la destruction de notre capitale; notre France de Clovis, cette fille aînée de l'Eglise foulée aux pieds par la fille de Luther, toutes nos grandeurs humiliées, toutes nos prospérités renversées, un effroyable désastre dans toutes nos fortunes, le deuil entré dans toutes nos familles, puis tous les épouvantements d'une démagogie violente, ennemie de tout ordre et qui, plus que la guerre, met toutes choses en péril... Oh! c'est trop pour ne pas reconnaître la main toute puissante qui nous frappe...

Notre nouveau roi des Huns, qui enfonce jusqu'aux genoux dans le sang de notre peuple, s'est dit *le justicier de Dieu*, et, il faut bien l'avouer, il y a dans l'air comme un souffle de vengeance divine. Ah! ne soyons pas endurcis et incurables jusqu'au stupide aveuglement d'Israël auquel ses prophètes reprochaient de ne vouloir ni voir, ni comprendre. Courbons-nous devant Dieu et reconnaissons l'action si apparente de ses justices. C'est lui qui a donné aux événements une force qu'ils ne tirent point de l'homme et sont devenus plus forts que lui. C'est lui qui a armé et multiplié nos ennemis s'offrant à nous cinq contre un; oui, c'est lui, le Seigneur, c'est sa voix qui tonne sur nos têtes et son bras terrible qui s'appesantit sur nous. « Le bras de mon fils, disait il y a vingt quatre ans la Vierge de la Salette, est devenu si lourd que je ne puis plus le soutenir. »

Avouons donc enfin que Dieu est l'arbitre suprême de nos destinées, et qu'en laissant aux peuples le pouvoir de le méconnaître, il s'est réservé de les châtier dans sa colère pour les ramener à lui dans sa miséricorde. *Il est le Dieu jaloux et vengeur qui veut être aimé seul. C'est lui qui suscite Cyrus dans sa justice, et il accomplit sa volonté. Lorsqu'il visite les prévarications des peuples, il enlève aux conseillers leur prudence, égare les princes de la terre, arrache les rois de leurs trônes et promène la verge de la destruction sur les Jérusalem coupables.*

Attends le Seigneur, disait David au peuple d'Israël, *et tu le verras quand les pécheurs périront*. Nous assistons visiblement à une de ces manifestations divines. On ne voulait pas croire à Lui, le voilà qui se montre. Dieu! c'est Dieu! laissons passer l'orage de la justice et adorons ses secrets redoutables....

On ne joue impunément pas plus avec la foi qu'avec le feu et cette foi, qui est la loi de la vie des nations, cette foi qui les affermit, les élève lorsqu'elles l'ont en honneur, qui les abaisse et les fait périr lorsqu'elles la déshonorent; est-elle bien vivante aujourd'hui sur le sol de notre France? Jésus-Christ est le mot suprême de l'histoire, et beaucoup oublient jusqu'à son nom. Qui veut Jésus-Christ dans notre monde? N'a-t-il pas été chassé de nos lois et des hauts conseils de notre nation? N'est-il pas devenu une superfluité, un embarras dans la famille, dans l'éducation, dans le mariage? Où sont dans cette France les vrais adorateurs du Christ? Oh! qu'ils sont rares! Nous cherchons la France de Charlemagne et de saint Louis, de sainte Clotilde et sainte Geneviève, et ne la trouvons plus que transgressant presque partout la loi divine, offrant son encens à toutes les idoles et toutes les erreurs, se riant de Jésus-Christ et de son Eglise, injuriant le Pape, prodiguant la dérision à nos prêtres, et le mépris à leurs fidèles; multipliant la calomnie, l'impiété, l'horrible blasphème par toutes les voix de sa presse, profanant son génie, souillant ses richesses, désorganisant le monde entier par ses doctrines et ses désordres, *faisant boire à toutes les nations le vin de la colère de sa prostitution* (Apoc., XIV, 8.).

Et alors que nous avions tant à faire pour désarmer la vengeance divine, alors qu'il était temps, grandement temps de la conjurer, nous déclinions l'honneur de protéger le chef auguste de son Eglise, laissions vide notre guérite au Vatican et érigions sur un piedestal en plein Paris la statue de Voltaire, ce valet d'un roi de Prusse, cet insulteur de Jeanne-d'Arc, cette personnification la plus complète de la trahison, de l'infamie et de l'incrédulité... Ah ! nous nous disions hier désabusés du Christ et nous nous flattions de travailler sans Lui, et voilà qu'aujourd'hui Dieu travaille à le remettre à sa place. Mais qu'il en coûte à une nation, lorsque Dieu la touche dans sa colère, pour la reporter sur son chemin !

Toutefois, Dieu n'a qu'une vraie manière de punir, c'est l'abandon. Dès qu'il frappe, c'est qu'il veut pardonner, et ses coups ne tendent qu'à préparer les cœurs à ses miséricordes.

Non, la noble France, baptisée par saint Rémy, cette nation que le Christ et sa mère se sont choisie et ont aimée par préférence n'est pas destinée à disparaître dans la tempête. Elle n'est pas au reste la France athée, ricaneuse, sensualiste, sceptique et impie de Voltaire, mais la France des Croisades, des nobles dévoûments et des grandes œuvres, et, quels qu'aient été ses gouvernements, cette France toujours vivante n'a pas trahi son histoire et sa mission. Elle n'a point démérité. Elle compte d'anciens services, de vaillants et glorieux combats pour l'Eglise, dont Dieu n'a pas perdu le souvenir. Elle a des œuvres saintes qui embrassent le monde entier, de l'or, des sueurs, du sang abondamment versés pour Dieu dans tous l'univers. Elle aura toujours le premier rang dans le plan de la providence. « Elle est comme nécessaire à son Eglise » a dit un illustre archevêque. Le Dieu de ses pères ne la dépouillera donc point de ses anciennes bénédictions. Il n'a promené sur elle le feu de ses colères que pour la dégager de ses fanges, il ne l'a humiliée que pour la grandir, la retremper dans de plus mâles vertus et la faire remonter radieuse au rang qui lui appartient, lui rendre, avec ses vieilles gloires, sa première place au milieu des nations. — Obtenons par nos ardentes prières que les jours de l'expiation soient abrégés et que nous puissions bientôt chanter le beau *Te Deum* de notre action de grâces. Avec quelle ivresse alors ne ferons-nous pas entendre ce cri superbe de nos pères : Vive le Christ, il aime les Francs. *Vivat Christus, amat Francos* !

(Extrait de la publication *la Bonne Pensée*, paraissant à Montbrison (Loire).

PÉRORAISON D'UNE CONFÉRENCE DE PARIS EN 1870.

O France ! terre des héros et des saints, comment se fait-il qu'à l'heure présente vous n'ayez plus ni force ni espérance? Comment se fait-il que votre peuple, composé d'autant d'hommes, de plus d'hommes qu'autrefois, n'ait pas les mêmes victoires à raconter ni les mêmes destinées à remplir? Comment se fait-il que cette capitale où toutes les splendeurs étaient réunies soit aujourd'hui le rendez-vous de toutes vos douleurs? O France! comment se fait-il que parlant de vous et croyant encore que vous pouvez renaître, puisque après tout Dieu ne peut pas vouloir se séparer de vous, nous osions à peine vous demander quand viendra le lendemain de ce jour douloureux? O France! comment cela s'est-il fait?

Ah! c'est que depuis longtemps on préparait parmi nous la dissolution de ce que les siècles avaient agrégé. On avait brisé le lien qui retenait en un faisceau sublime les éléments divers, mais intimement unis, dont se composait, après quinze siècles, la monarchie française. Et ce lien, c'était la foi! Clovis vous avait déposée dans un berceau étroit encore mais déjà glorieux, au pied de l'autel du Christ, dans une foi qui s'indignait de n'avoir pu se trouver au Calvaire. Philippe-Auguste vous demandait s'il y avait un cercle qui pût étreindre vos armées tant que votre roi gardait une épée; mais aussi, avant de livrer bataille, il vous demandait si les clercs de vos églises et les moines de vos cloîtres priaient pour le succès de ses armes. Henri IV vous rendait encore une fois cette splendeur que Jeanne d'Arc avait déjà restaurée; mais il la refaisait comme Jeanne d'Arc, en apportant au pied des autels un cœur humilié qui ne croyait pas les fleurs de lis étrangères à la croix. Louis XIV avait des heures en sa vie où il vous compromettait par ses faiblesses; mais il lui restait assez de simplicité d'esprit et de générosité de cœur pour reconnaître que les principes oubliés, la loi méconnue restaient les principes et la foi contre lesquels l'orgueil de son intelligence et de sa volonté ne pouvaient prévaloir. Napoléon pouvait, — en passant, — dans l'extase d'une volonté folle d'elle-même, mais si largement satisfaite, oublier la France et ses œuvres; mais il revenait par pente naturelle du bon sens qui le caractérisait et par cette grandeur d'âme qui marque toujours le génie, vers le Dieu qu'il vous avait rendu, et qui, méconnu de sa prospérité, devait être la dernière joie de son exil.

Aujourd'hui, rien de pareil; tout cela s'en est allé. Cherchez dans ceux qui commandent et dans ceux qui obéissent, dans ce qui est l'impulsion et dans ce qui est le mouvement, — cherchez la foi! Vous ne l'y trouvez plus.

Voilà le danger, Messieurs. Je ne dis pas que ce soit parce que j'ai confiance en vous. Plusieurs de ceux qui m'écoutent, tous même auront une part dans les destinées de la France, puisque nos sociétés modernes ne mettent personne en dehors du mouvement à donner. Eh! bien, je le répète, j'ai confiance en vous, j'espère que vous referez en vous cette foi qui s'y est amoindrie. Je dis amoindrie et non pas morte, et c'est pourquoi je vous prie moins encore de la refaire que de la développer.

Marie-Joseph-Henri Ollivier, *des Frères Prêcheurs.*

MARIE ET LA FRANCE.

Depuis le jour où Dieu a fait éclater ses colères sur la France, que d'âmes ont prié, pleuré au pied de la Mère de Dieu, la suppliant de se ressouvenir de ses antiques bontés sur un royaume appelé depuis des siècles le royaume de Marie, la conjurant de prendre pitié d'un peuple qu'elle a aimé, qu'elle a protégé, qu'elle a fait grandir, qu'elle a sauvé tant de fois !

Marie notre sœur et notre mère aussi, prédestinée pour les délices de Dieu, mais qui ne devait être si élevée, si grande, que pour être toute-puissante en notre faveur, Marie ne devait exercer, sans droit de justice, qu'un ministère de grâce, de clémence et de bienfaits, de réconciliation, de douceur et d'amour. Aussi l'appelons-nous la Mère des miséricordes, l'avocate des pécheurs, la rédemption des captifs, l'asile de toutes les infortunes, l'espoir même des désespérés. Ces appellations, sous un ciel que nos désordes avaient chargé de tempêtes, convenaient bien à notre détresse, et Marie, si coupables que nous ayons été, devait se laisser toucher par tant de larmes répandues au pied de ses autels ! Après tout, c'étaient des apostats de la foi catholique et des ennemis de son culte qui souillaient, saccageaient le sol même de son royaume; Marie eût-elle pu le supporter longtemps sans que sa propre gloire n'en fût en quelque sorte obscurcie? Epurée, d'ailleurs, par le châtiment, la France n'était-elle pas plus digne des compatissances de celle qui voulut la choisir pour son royaume? Oui, son royaume, *regnum Galliæ, regnum Mariæ!* C'est là notre belle gloire, notre beau privilége, et il date de loin.

Dès avant la naissance de Marie et du fond de leur vieux paganisme, nos pères dressaient un autel *à la Vierge qui devait enfanter*, semblant ainsi prophétiser son règne sur leur nation. Et ce fut sûrement par un choix de Marie que la Gaule (nom que portait notre vieille France), vit aborder sur ses rivages la famille de Lazare, Marthe et Marie-Madeleine, si aimée d'elle et de son divin fils. N'est-ce pas par le même choix que notre nation eut pour apôtre dans la personne de saint Pothin, son premier évêque, un arrière disciple de celui que Jésus du haut de sa croix donnait pour fils à sa mère?

Il semble aussi que, dès l'introduction du christianisme sur notre sol, la France baptisée la première entre toutes les nations, et, pour cela peut-être, aimée entre toutes comme l'était entre toutes les familles de la Judée la famille Lazare, ait hérité de toute la piété filiale de saint Jean pour Marie : partout elle lui érigea des sanctuaires qui, la plupart, devaient se transformer en ces basiliques, œuvres géantes, prodiges d'art et de patience, monuments admirables qui s'élèvent sur tous les points de notre sol et témoignent si haut, par leur consécration à *Notre-Dame*, de l'ardente piété qu'avaient pour elle nos pères.

Et plusieurs de nos rois lui consacrèrent tout spécialement cette France, voulant que Marie en fût à tout jamais la patronne; et nos grands capitaines firent de son nom leur cri de guerre, ayant plus de foi dans ce nom que dans leur vaillante épée; et nos cités comme nos familles l'élurent pour gardienne et firent de son image leur protection toute-puissante. Que ne pourrions-nous pas dire sur cette constante et si tendre dévotion de nos pères envers Marie! Il y a là de glorieux et bien touchants souvenirs...

Mais aussi Marie ne cessa-t-elle de nous prodiguer ses faveurs. Notre histoire est pleine de ses miracles. Elle protégeait nos armes et gagnait nos batailles; elle suscitait dans les dangers extrêmes de la patrie les Geneviève et Jeanne d'Arc, jeunes vierges, pour que l'on reconnût en elles les choisies de la Vierge par excellence; elle nous formait dans toutes les conditions sociales et jusque sur le trône ces femmes admirables qui, en faisant passer leur cœur dans le cœur de leur époux et de leurs fils, sont devenues l'âme de tout ce qui a remué, vivifié la France, et par la France le monde.

Marie, en choisissant notre France pour son royaume semble y avoir établi le centre de toutes les mystérieuses opérations de ses miséricordes : toute œuvre qui la glorifie semble naître sur notre sol ou peut y compter toujours sur un éclatant succès. C'est en France que furent institués l'Angelus et le Rosaire. C'est en France qu'est apparue comme un signe d'espérance cette médaille de l'Immaculée Conception, jetée par millions dans l'univers, et qui, placée sur tant de poitrines, a produit tant de grâces et de miracles. C'est en France qu'est née cette archiconfrérie de *Notre-Dame des Victoires*, qui n'a cessé de justifier son titre par tant de retours à la foi, à la pénitence, à la table sainte; *Notre-Dame d'Espérance, Notre-Dame du Sacré-Cœur, Notre-Dame de la première Communion, la Cour d'honneur de Marie* et d'autres dévotions encore, ne sont-elles pas des produits de notre sol si fécond en ces belles œuvres à la gloire de la patronne de notre nation?

N'est-ce pas en France aussi que Marie se plaît le plus à se manifester? Merveilleuses visions du Laus, de la Salette, de Lourdes, comme vous publiez hautement les prédilections de Marie pour la France!

Faut-il s'étonner si cette France fut toujours au premier rang dans les grandes manifestations en faveur de la très-sainte Vierge. Il y aurait ici matière à bien des pages.

Oui, glorifions Marie, remercions-la, bénissons-la mille fois de ses faveurs anciennes et toujours nouvelles; prions-la de toujours aimer, de toujours garder son royaume de France, d'y ramener la paix et la concorde, d'y faire refleurir la foi, la charité, l'observation des saintes lois de Dieu, la fréquentation si puissante des sacrements... Puis, qu'entre Marie et la France, ses grâces et notre amour, ce soit *à la vie et à la mort...*

Au nombre des infamies atroces et sans nombre dont nos incendiaires et nos bandits du nord ont à tout jamais chargé de honte leur invasion traîtresse et depuis longtemps préparée, se trouve la sacrilége profanation du vénéré sanctuaire de Marienthal. Ces dignes fils de Luther, après avoir souillé, dévasté cette église, mirent un balai aux mains de la statue honorée par toute l'Alsace. Nos bons soldats français, en apprenant cet acte de stupide impiété s'écrièrent indignés : Un balai ! c'est bien ! la Vierge puissante s'en servira pour balayer de notre sol cette horde de sauvages, cette race de mécréants, de pillards et de démons.

(Extrait de la publication *la Bonne Pensée*, paraissant à Montbrison (Loire).

L'ANGE DE LA FRANCE.

Jéhovah ! Dieu de la victoire,
De la force unique soutien,
Vous aviez couronné de gloire
Votre royaume très-chrétien.
Son bras puissant, son âme fière
Etaient soumis à votre loi,
Et des anges l'armée entière
Aux cieux s'inclinait devant moi.

Oh ! la France qu'elle était belle,
Parcourant la rive infidèle
Ainsi qu'un lion qui bondit !
Semant sur les plages lointaines
Son or et le sang de ses veines
Pour le tombeau de Jésus-Christ !
Puis, à l'heure de la prière,
Humble et douce comme un enfant,
Inclinant sur l'auguste pierre
Son front blessé mais triomphant.
Par saint Louis je vous implore !

Mon Dieu, qu'elle était belle encore
Quand, se levant de ses douleurs,
Et mettant son vainqueur en fuite,
Elle s'élançait à la suite
De la vierge de Vaucouleurs !
Par Jeanne d'Arc, pitié pour elle !
Oh ! la France, qu'elle était belle
Lorsque dans sa fidélité,
Défiant Pilate et Caïphe,
De Rome et de son roi-pontife
Elle abritait la majesté !

Jéhovah ! Dieu de la victoire,
De la force unique soutien,
Vous aviez couronné de gloire
Votre royaume très-chrétien.
Son bras puissant, son âme fière
Etaient soumis à votre loi,
Et des anges l'armée entière
Aux cieux s'inclinait devant moi.

(Extrait du délicieux petit poeme de Marie Jenna, ayant pour titre : *Après la bataille*).

MON DIEU, SAUVE LA FRANCE !

C'était l'heure du soir où la lumière fuit,
Ce n'était plus le jour, ce n'était pas la nuit ;
C'était l'heure du soir; rêveur et solitaire,
Je suivais le sentier qui mène au cimetière,
Où tous nous mêlerons un jour notre poussière
A celle de ceux-là qui furent avant nous ;
Seule, aux pieds de la croix, gage de l'espérance,
Une femme disait, prosternée à genoux,
« Mon Dieu sauve la France :

« Mon Dieu, rends lui la foi qui faisait sa grandeur,
La foi qui fut son guide au chemin de l'honneur !
Qui soutient le malheur et calme la victoire,
La foi qui fut sa force et fut aussi sa gloire ;
La foi qui nous donna nos grands noms de l'histoire ;
Clovis et Charlemagne, saint Louis et Bayard,
Jeanne d'Arc en nos preux réveillant la vaillance,
Duguesclin le héros et le breton Jean Bart ;
Mon Dieu sauve la France !

» En lui rendant la foi rends-lui la charité,
Ce rayon bienfaisant de ta divinité,
Dieu qui mourut pour nous sur la croix du Calvaire,
La charité qui cherche, assiste la misère,
Qui fit Vincent de Paul cet ange de la terre,
Étouffe l'égoïsme, affreuse plaie des cœurs,
Qui donne à la douleur, au vieillard, à l'enfance,
Les Sœurs des hôpitaux et les Petites Sœurs,
Mon Dieu sauve la France !

« Dieu qui de saint Martin inspira les bienfaits,
Nous donna l'Epée instruisant les sourds-muets,
De Lassalle créant l'instruction populaire;
Fais que tout homme voit en chaque homme son frère,
Verse en chaque douleur un baume salutaire,
Soulage de son or sa sœur la pauvreté,
Et qu'il veille attentif au lit de la souffrance,
Avec la foi, mon Dieu, rends-nous la charité.
Mon Dieu sauve la France ! »

Elle dit, ses sanglots interrompent sa voix,
Et de ses faibles bras elle embrasse la croix,
Qui peut seule adoucir son exil sur la terre
En lui montrant le ciel : car c'est là qu'elle espère
Revoir un jour les siens moissonnés par la guerre
En servant leur pays, leur foyer et leur Dieu.
Dieu fit luire en son âme un rayon d'espérance,
Les échos de la terre et les anges des cieux
Dirent : « Sauve la France ! »

J. H. F. T.

T rare, 11 mai 1871.

UN REGARD VERS LE CIEL.

— On nous écrit de Saint-Martin-en-Haut, 21 novembre 1870.

« Monsieur le Rédacteur,

» Permettez-moi d'avoir recours à la publicité de votre pieuse feuille; en voici le motif :

» Il y a peu de jours, un extrait du journal de Mâcon annonçait qu'à Autun, un impie étranger, entendant parler de Dieu, s'était écrié : *Nous avons aboli tout cela...*

» Et ce sont de tels hommes qui prétendent venir te sauver, malheureuse France, ô ma patrie autrefois si chrétienne; mais n'est-il pas évident qu'ils vont te faire écraser sous la malédiction divine, si tu ne protestes... Au cri blasphémateur sorti du fond de l'enfer, tout vrai Français doit répondre par un profond gémissement.

» Voici le mien, ou plutôt celui du prophète royal qui semble avoir écrit pour nos temps désastreux. C'est un regard vers le ciel, une amende honorable, un cri de ferme espérance; j'y joins un hommage à Marie immaculée :

Comme un cerf altéré soupire après l'eau vive,
Mon cœur, d'aller à toi sent un brûlant désir,
Dieu bon, source de vie, et chaque instant avive
Le feu qui me consume. Oh ! hâte le plaisir
Dont je m'enivrerai te voyant face à face.
Les larmes sont, hélas ! le pain qui me nourrit,
Puis-je cesser mes pleurs?... L'impie avec audace
Insulte chaque jour la foi dont il se rit :
Où est ton Dieu? dit-il... Va ! c'est une ombre vaine.
Mais mon cœur désolé, se dilate en pensant
Qu'un jour, volant aux cieux, libre de toute chaîne
Je verrai de ce Dieu le palais ravissant.
Là, tout est inondé d'une lumière pure,
Là, chants harmonieux et louanges sans fin.
Des portiques sacrés j'entends le doux murmure.
C'est l'élan du bonheur, c'est le fruit d'un festin.
Pourquoi dans la tristesse es-tu donc obstinée?
Plus de trouble, ô mon âme, espérons au Seigneur.
Oui, je le bénirai : telle est ma destinée.
De lui vient le salut, c'est le Dieu de mon cœur.
Quand l'orage au-dedans grondera furieux,
Mon Dieu ! ton souvenir calmera sa furie,
Et de l'affreux désert, je fixerai mes yeux
Par delà le Jourdain, sur ma belle patrie,
Comme Israël captif. Quand je verrais soudain
S'entr'ouvrir mille abîmes, quand sur moi, l'infortune
Fondrait comme un torrent déchaîné par ta main,
Submergé dans ces flots sans inquiétude aucune
Je redirais toujours : Espérons au Seigneur.

HOMMAGE A MARIE

TIRÉ DES HYMNES ET ANTIENNES A LA SAINTE VIERGE.

Salut, honneur à toi, Souveraine des cieux,
Etoile de la mer, vierge pure et féconde,
Porte par où jaillit le jour si radieux,
Qui chassa pour jamais les ténèbres du monde,
Tige d'où s'élança le rejeton promis.
Les archanges en chœur célèbrent ta puissance,
A leur auguste Reine heureux d'être soumis,
Mais moi, pour te louer, j'admire et fais silence,
Ne pouvant retracer les traits de ta beauté,
Ni l'éclat de ta gloire, ô vierge incomparable.
Permets qu'en suppliant, j'implore ta bonté.
Conjure... et ton cher Fils nous sera favorable.

Ainsi soit-il.

» Agréez, Monsieur le Rédacteur, l'assurance de ma parfaite considération.

« AJARD. »

(*Semaine catholique de Lyon.*)

PIE IX OFFRANT A LA FRANCE SON MINISTÈRE DE PAIX.

Nous avons eu la douleur de lire dans quelques journaux un mensonge qui devait avoir cours parmi beaucoup de lecteurs. On a osé dire avec une impudence incroyable que Rome chrétienne n'avait pas protesté contre la guerre entre la France et la Prusse. Nous prions nos lecteurs de communiquer aux personnes mal instruites les documents suivants.

Traduction de la lettre adressée par le Souverain Pontife à Monseigneur l'archevêque de Tours, le 12 novembre dernier.

PIE IX, PAPE.

Vénérable Frère, salut et bénédiction apostolique.

Malgré la situation douloureuse, rendue chaque jour plus grave et plus dure, où la malice des hommes nous a réduit, nous et ce Siége apostolique, il ne nous est pas possible d'oublier les malheurs et les calamités dont la France est en ce moment si cruellement affligée. Plein du souvenir des marques éclatantes de dévouement et d'affection filiale que cette généreuse nation nous a prodiguées en toute circonstance et jusque dans nos plus grandes tribulations, nous avons prié ardemment le Dieu des miséricordes de nous faire connaître comment nous pourrions nous acquitter un peu envers elle de la dette de notre reconnaissance pour ses importants services, et par quel genre de soulagement il nous serait possible de lui venir en aide dans ses épreuves.

En agitant cette pensée dont notre cœur a été vivement préoccupé, nous sommes demeuré persuadé qu'il n'y avait pas pour nous de moyen plus opportun et plus efficace de témoigner notre gratitude à cette grande nation catholique, que de tenter, sous l'impulsion de notre charité paternelle, de l'amener à des conseils de paix et de la faire ainsi rentrer au sein d'une heureuse et parfaite tranquillité.

Plaise à Dieu, Vénérable Frère, qu'il soit donné à notre humble personne de réaliser une œuvre si salutaire et si universellement désirée par les hommes sages ! Nos actions de grâces envers la divine bonté n'auraient pas de bornes, si elle daignait se servir de notre ministère et de notre coopération pour procurer à la France un si grand bien.

Mais pour atteindre ce but désiré et pouvoir, au gré de nos vœux, faire cesser de trop longues et trop cruelles calamités, il est nécessaire que les esprits s'ouvrent avec docilité aux vues de notre paternelle sollicitude et que, mettant de côté toute animosité réciproque, on en vienne de part et d'autre aux sentiments de la concorde et d'une mutuelle confiance.

Et qui donc pourrait ôter au Vicaire de Jésus-Christ l'espérance de voir un vœu si légitime pleinement accompli, et, par suite, une partie si considérable de l'Europe rendue au calme de la paix !

Voilà pourquoi nous nous sommes adressé à vous, Vénérable Frère, qui êtes l'évêque titulaire de la ville même où réside une partie des chefs du gouvernement chargé de présider aux destinées de la France. Nous vous exhortons, aussi instamment qu'il nous est possible, à vous charger, auprès des chefs de ce gouvernement, avec tout le zèle pastoral qui vous distingue, d'une affaire si urgente et d'un si haut intérêt.

Nous avons aussi la confiance que vos collègues dans l'épiscopat uniront leurs efforts aux vôtres, et vous seconderont avec ardeur dans une cause si digne de leur caractère et de leur vertu, où il s'agit d'un éminent service à rendre aussi bien à la Religion qu'à la Patrie.

Mettez-vous donc à l'œuvre sans retard, Vénérable Frère ; employez la persuasion auprès des hommes, recourez à la prière auprès de Dieu, enflammez, en vous joignant à eux, le zèle déjà si vif et si bien connu des Evêques vos frères. Nous avons, de notre côté, la ferme assurance que Dieu donnera la grâce de la force à vos paroles, et, qu'avec son concours, les cœurs reviendront à leur générosité naturelle, et que, par amour pour le bien public, ils ne refuseront pas d'entrer dans nos vues et de seconder nos désirs.

Et ici, Vénérable Frère, il est une prière et une exhortation que nous sommes obligé, avec tout le zèle et toute la sollicitude d'une tendresse paternelle, de vous adresser devant Dieu, à vous et à tous les autres Evêques de la France : c'est que vous ne manquiez pas de donner à cette noble nation, dont l'adversité n'a pu diminuer le caractère héroïque ni obscurcir l'éclat d'une valeur militaire immortalisée par tant de glorieux monuments, le prudent et sérieux conseil de ne pas prêter l'oreille aux pernicieuses doctrines qui tendent au renversement de l'ordre public, et que ne cessent de répandre et de propager dans son sein des hommes de désordre, venus chez elle sous prétexte de lui prêter le secours de leurs armes. La diffusion de ces doctrines ne peut avoir d'autre résultat que d'accroître la discorde, de multiplier les calamités et de retarder le triomphe de la saine morale et de la justice, seule et unique base cependant sur laquelle puisse s'appuyer cette illustre nation, pour faire revivre l'antique honneur de ses aïeux et y ajouter les rayons d'une gloire nouvelle.

Ce serait d'ailleurs, nous le savons, poursuivre en vain la grande œuvre qui nous préoccupe, si notre pacifique ministère ne trouvait pas un appui suffisant et des intentions favorables auprès de la justice et de l'élévation d'esprit du prince qui, sous le rapport militaire a obtenu de si grands avantages. Aussi n'avons-nous pas hésité, Vénérable Frère, à nous charger du soin d'écrire une lettre sur cet objet à Sa Majesté le roi de Prusse, et de recommander avec insistance à son humanité ce ministère de paix que nous voulons remplir. Nous ne voulons sans doute rien affirmer de certain sur l'issue de notre démarche officieuse auprès de Sa Majesté. Ce qui nous donne néanmoins quelque raison d'en bien espérer, c'est que ce monarque en d'autres circonstances a toujours fait preuve de beaucoup de bon vouloir à notre égard.

Vous confiant donc dans le secours d'en haut, Vénérable Frère, mettez tous vos soins à vous occuper de la grande et urgente mission qui vous est confiée ; et en cela, vous pourrez agir avec d'autant plus de facilité et de promptitude que vous exercez, dans votre demeure épiscopale, les devoirs de l'hospitalité envers ceux même auprès desquels vous aurez à remplir, en notre nom, un ministère de paix si digne de votre auguste caractère.

Mais parce que, selon l'Ecriture, ni celui qui plante, ni celui qui arrose ne sont rien ; et que Dieu seul peut donner un heureux accomplissement à nos désirs, il faut, Vénérable Frère, qu'en toute humilité et confiance, prosternés devant la face de Dieu, nous sollicitions son Divin Cœur, source ineffable de miséricorde et de charité, et que d'un esprit contrit et repentant, de concert avec tout le peuple fidèle, nous ne cessions pas de crier : *Epargnez, Seigneur, épargnez votre peuple.*

En attendant ce bienfait de la miséricorde divine par notre assiduité dans la prière, nous vous donnons très-affectueusement et du fond de notre cœur, comme augure favorable de la mission qui vous est confiée et comme gage de notre bienveillance particulière, la bénédiction à vous, Vénérable Frère, et à tous les fidèles de la catholique nation française.

Donné à Rome, près Saint-Pierre, le 12 novembre 1870, la 26e année de notre pontificat.

LETTRE

de Mgr l'archevêque de Tours aux membres du gouvernement de la Défense nationale.

Messieurs,

Je viens remplir auprès de vous une mission que le Saint-Père a daigné me confier, non point en considération de mes mérites, mais parce que les événements vous ont amenés dans ma ville épiscopale et plusieurs d'entre vous dans la maison même que j'habite : « C'est une mission sacerdotale de paix, » selon l'expression du Souverain-Pontife, dans la lettre qu'il m'a fait l'honneur de m'adresser à la date du 12 de ce mois.

Du fond de son palais du Vatican, devenu pour lui une prison, Pie IX, quelque dure que soit sa condition présente, s'occupe de nos malheurs. « Il se souvient (ce sont ses propres paroles), des » grands témoignages d'attachement filial qu'il a reçus, dans » ses tribulations, de la généreuse nation française, et il a prié » ardemment le Dieu des miséricordes de lui faire connaître com- » ment il pourrait s'acquitter envers elle de la dette de la recon- » naissance. »

Or, il ne connaît pas pour notre pays en ce moment de plus grand bien que le retour de la paix.

Déjà, aux approches de la guerre, Pie IX, profondément ému des calamités qui allaient tomber sur deux nations chrétiennes, s'était adressé aux deux souverains, pour les conjurer d'épargner ce fléau aux peuples confiés à leurs soins. Plût à Dieu que le chef de l'Eglise eût été écouté! Notre patrie et l'humanité n'auraient pas eu à déplorer de si grands malheurs.

Aujourd'hui le Père commun, dont la main ne se lève que pour bénir le monde, demande avec instance la fin d'une guerre qu'il aurait voulu ne pas voir commencer. Sa Sainteté m'annonce qu'elle vient de faire parvenir ce vœu ardent de son cœur au roi de Prusse; elle a cru vous être agréable, messieurs, en chargeant un évêque français d'être, en cette occasion, son interprète auprès de vous.

La guerre, dont nous sommes depuis quatre mois les témoins et les victimes, a excité dans le monde civilisé une sorte d'effroi et de consternation. Comment le chef de cette religion chrétienne, dont le génie est le génie même de la paix, de la religion fondée par celui qui s'est appelé « le prince de la paix » aurait-il pu assister sans une affliction profonde à de si sanglants événements? La terre de France ne lui présente plus que le spectacle de la souffrance et de la dévastation, et ses entrailles paternelles en sont déchirées.

Jadis les puissances de l'Europe, qui formaient ce qu'on appelait la république chrétienne, invoquaient souvent le Pape comme arbitre de leurs querelles, et l'intervention des pontifes profitait au repos et à la prospérité des peuples ; le Saint-Père ne se plaint pas qu'on ait cessé de le prendre pour juge, il ne revendique que la liberté de gémir sur nos maux et le droit de supplier pour la vie de ses enfants.

Quand Pie IX vous convie à la paix, ne croyez pas, Messieurs, qu'il puisse conseiller une paix humiliante; il aime trop la France pour ne pas aimer son honneur; l'Eglise ne peut vouloir que sa fille aînée soit diminuée, et nous, évêques français, nous sommes habitués à regarder le respect et l'amour de notre pays comme une seconde religion. Nous ne saurions jamais oublier qu'en France rien n'est perdu quand l'honneur est sauvé !

Vous méditerez, Messieurs, sur cette pensée descendue de si haut et que j'ai été chargé de vous communiquer. Elle ne doit pas ralentir l'ardeur de notre armée, mais l'exciter au contraire, afin d'obtenir par d'heureux combats, s'ils sont encore nécessaires, de meilleures conditions de paix. Heureux si ma mission auprès de vous, Messieurs, cette mission qui restera un honneur dans ma vie, pouvait répondre aux espérances du chef de l'Eglise si pleinement d'accord avec les vœux de l'Europe entière ! Heureux encore, si cet acte d'un grand Pape, douloureusement préoccupé des malheurs des peuples malgré ses propres malheurs, faisait naître, au profit de ses droits indignement violés, des idées de justice et des desseins réparateurs !

S'il vous paraissait bon, Messieurs, de me faire part des sentiments que pourra vous inspirer cette généreuse démarche du Souverain Pontife, je m'empresserais d'en transmettre l'expression à Sa Sainteté.

Veuillez bien agréer, Messieurs, l'assurance de ma haute et respectueuse considération.

HIPPOLYTE,
Archevêque de Tours.

LE MÉDIATEUR QU'IL EUT FALLU ENTRE LA FRANCE ET LA PRUSSE.

La France, qui fut souvent médiatrice, serait peut-être heureuse de trouver à cette heure-ci un médiateur.

Où chercher ce médiateur, qui ait assez d'autorité pour inspirer la modération à nos farouches vainqueurs?

Il est quelque part un auguste vieillard, vénéré de tout ce qu'il y a d'honnêtes gens dans le monde, confiné dans le jardin dont la politique des Bonaparte avait il y a dix ans tracé la limite, mais exerçant en Europe une autorité morale plus étendue que tous les souverains ensemble; un homme qui représente ici-bas le Dieu de paix et de mansuétude; qui ayant été lui-même beaucoup opprimé, est naturellement préparé au rôle de défenseur de ceux qui sont devenus faibles; un pontife-roi dont l'abandon par la France a coïncidé providentiellement avec nos désastres.

Pie IX, voilà celui qui pourrait être le plus utile médiateur entre la Prusse et la France, pour adoucir le vainqueur et obtenir des conditions de paix durables basées sur l'équité. Ce sont les soldats de Pie IX, ceux qu'on appelait dérisoirement hier les soldats du Pape, qui ont le mieux sauvé l'honneur français. Nul, autant que Pie IX, ne serait disposé à des démarches en faveur de la France, fille aînée de l'Eglise et si longtemps protectrice de la papauté. Nul autre que Pie IX ne serait un médiateur moins humiliant.

L'Assemblée nationale, ou le ministère qu'elle nommera, peut, sans déroger, s'adresser au Saint-Père pour le prier d'interposer ses bons offices. Cette demande serait déjà une première réparation de la grande faute commise par la France, le jour où Rome fut par elle abandonnée à l'invasion italienne, en attendant qu'une autre réparation plus efficace rétablisse le droit outragé; ce serait aussi un premier pas fait par la France pour rentrer dans la politique chrétienne, la seule qui puisse nous tirer de l'abîme d'abaissement où nous sommes.

Une pareille opposition soulèverait, nous n'en doutons pas, les clameurs révolutionnaires; mais nous ne sommes plus à l'heure de prendre souci de ces gens et de ces choses. C'est précisément en faisant le contraire de ces choses et en réagissant contre ces gens que la France peut se redresser.

Nous aimons à croire que les esprits éminents qui abondent dans l'Assemblée nationale sauront se mettre au-dessus des petits préjugés, et que les expédients ne feront pas oublier les principes par lesquels doit vivre une société comme la nôtre.

CHARLES GARNIER.

LE MEA CULPA D'UN JOURNALISTE.

« Il semble que la lumière se fasse enfin dans l'esprit de la population parisienne sur les causes des malheurs qui éprouvent si cruellement la France et sur la situation de la capitale assiégée, » dit le *Belge*.

Les journaux les plus licencieux et les plus anti-religieux, tels que l'*Opinion nationale*, font en ce moment leur *Meâ culpâ*. Voici celui du *Figaro* :

« Vaincre ou mourir, c'est très-beau, mais nous ne vaincrons pas, nous! Nous avons trop de défauts, nous Français. Nous sommes vantards, paresseux, oisifs, disciples d'immoralité, amateurs de luxure ; nous n'avons pas assez d'énergie, de franchise et d'honnêteté. C'est pour cela que nous sommes vaincus, que nous serons conquis et qu'il faut nous soumettre. Nous devons nous débarrasser de notre vantardise, de notre mobilité, de notre agitation, de nos mensonges. Nos femmes doivent devenir décentes; elles doivent abandonner leur folle toilette et leur morale relâchée.

» Nous devons rompre avec les livres licencieux, surtout avec les pièces licencieuses. Nous devons en finir avec notre détestable vie de café qui corrompt notre esprit et nos manières, et plus encore avec l'abominable vie de boulevard, cause de la moitié de nos vices. Nous devons être industrieux, sobres, honnêtes, fidèles à nos femmes, dépensant nos loisirs avec nos familles, au lieu de les dissiper dans les cafés, les clubs et pis encore. Nous devons faire un autre peuple, avant que nous puissions espérer nous relever de nos terribles catastrophes. Nous avons perdu notre intrépidité par notre faute, sachons la regagner par notre régénération. »

Voilà des aveux, j'espère; on peut dire : *Habemus confitentem reum*. Puisse cette morale se généraliser et trouver partout en France des imitateurs, et la France sera sauvée, surtout si Dieu rentre dans les familles avec la moralité.

JEANNE D'ARC, SAUVEZ LA FRANCE !

Depuis quelques jours, à Orléans, la balustrade qui entoure la statue équestre de Jeanne d'Arc, érigée sur la place du Martroi, se couvre de couronnes d'immortelles.

Qui dépose là ces couronnes? Et que veulent-elles dire? Pourquoi ces hommages populaires rendus en ce moment à la Vierge, guerrière et martyre, qui autrefois sauva la France? Qui ne le comprend? Qui n'entend dans son âme ce muet et éloquent langage?

L'étranger foule le sol sacré de la patrie! Il a envahi le pays même de Jeanne d'Arc; il ravage ces riantes et paisibles vallées de la Meuse où la vierge de Domremy écoutait la voix plaintive de la France foulée aussi par l'ennemi, et méditait sa délivrance. Il y a quelques jours ils traversaient Vaucouleurs, et sans doute aussi Domremy; mais ceux d'entre eux qui savent l'histoire, ont-ils pu passer sans quelque terreur devant cette chaumière où naquit l'Héroïne, devant tous les souvenirs de ce que Dieu a fait un jour pour nous sauver!

Il y a donc des mères et des sœurs qui viennent déposer devant cette statue une couronne d'immortelles, et lui dire, par ce silencieux hommage : « O Vierge, ô Sainte, protégez mon fils, nos frères qui combattent, et s'ils meurent, priez pour leurs âmes! »

On remarque que la statue de Jeanne d'Arc est sans cesse, dans l'intervalle des exercices, entourée de gardes mobiles. Ces jeunes soldats contemplent, sur les bas-reliefs du piédestal, la représentation si vivante et si animée de tous ses combats et de son trépas : ils paraissent s'enivrer de ce spectacle; on les voit même quelquefois, se tenant tous par la main, passer autour de la statue, en chantant des hymnes guerriers.

Honneur au patriotisme orléanais qui a su garder le culte des grands souvenirs, et, sous les yeux de tous, dresser de cet épisode héroïque de notre histoire, des représentations dignes de nos pères et de nous !

Cê bronze parle, ces glorieuses images soufflent incessamment au cœur des générations la vaillance et l'amour de la patrie. Il ranime la foi religieuse, qui ne faisait qu'un dans la vieille France avec le patriotisme.

Debout, les mains appuyées sur la balustrade, le regard fixé sur l'image de ces combats fameux qui sauvèrent la France, le cœur ému et tout en flamme, que demandent à la Bergère de Domremy tous ces jeunes gens qui viennent à peine de quitter les champs, sinon que quelque chose de son âme passe dans leur âme, et qu'eux aussi puissent venger, même au prix de leur sang, la patrie?

Sur le piédestal de la statue, ils ont écrit eux-mêmes cette simple et touchante invocation : «Jeanne d'Arc, sauvez la France ! »

(*Annales d'Orléans.*)

SANCTA GENOVEFA.

Depuis que le roi Guillaume, Attila-Scapin, barbare et menteur, bloque étroitement Paris, se proposant, après boire, de le réduire en cendres, les restes d'une pauvre créature qui fut vaillante et pleine de foi, lorsque tout le monde était lâche et désespérait, reçoivent chaque jour de pieuses visites.

Les fils des Lutéciens que les exhortations d'une paysanne obscure remplirent de patience et de courage, viennent aujourd'hui se recueillir auprès des reliques de la patronne de leur antique capitale menacée.

— Sainte Geneviève, priez pour nous, qui allons vaincre ou qui allons mourir.

Sous les voûtes placides de Saint-Etienne-du-Mont, dans une petite chapelle délicatement ouvragée, peinte de couleurs vives, ruisselante de dorures, et qui semble un riche coffret ouvert tout à coup dans l'ombre, la châsse ciselée de la Sainte étincelle, répercutant mille fois l'étoile perçante des cierges innombrables qui l'entourent.

Les silhouettes des prieurs agenouillés se découpent, çà et là, sur les parois brillantes du reliquaire, noires et immobiles.

Ce spectacle est plein d'une poésie charmante et vénérable.

On croît voir, soudain, un de ces tableaux primitifs, sombres et enfumés, où les ors et les écarlates apparaissent encore vifs et frais sous les couches de vernis ; tableaux que les artistes du moyen-âge exécutaient avec une précision dévotieuse.

Seulement les figures n'ont rien de sec et d'anguleux; la vie moderne éclate dans leurs contours.

Si les coutumes ont changé, la foi est toujours la même.

Cette Parisienne moderne, prosternée avec grâce dans ce coin, et qui se signe avec tant de ferveur, après avoir relevé son voile élégant de ses doigts étroitement gantés, a dans l'âme les sentiments naïfs et ardents qui remplissaient le cœur de ses aïeules disparues.

Avec les calamités des jours anciens, sont revenues les croyances passées.

Et les pauvres bonnes femmes de 1870, épaves des fermes abandonnées, prient humblement autour du tombeau de Geneviève, de l'air triste et résigné des vieilles d'autrefois, qui demandaient à Dieu de sauver leurs enfants et de rappeler à lui des bouches inutiles !

Au milieu du silence, de temps en temps, par les portes qu'on entrebâille, arrive, bref et sourd, le tonnerre lointain du canon.

Cependant, impassible, les genoux rivés au bois de son prie-Dieu, devant le Saint-Sacrement exposé comme aux jours de la colère céleste, un Prêtre aux cheveux rares, sentinelle de garde aux avant-postes de la terre, récite lentement les prières suprêmes.

(*Paris-Journal.*)

PRIÈRES POUR LA FRANCE A NOTRE-DAME DU PUY.

La ville du Puy vient de prouver une fois de plus, par une magnifique manifestation, qu'elle conserve intactes les croyances et les sentiments religieux du catholique Velay.

Sur la demande d'un grand nombre de nos concitoyens, Monseigneur l'Evêque avait bien voulu promettre de célébrer lui-même le saint sacrifice de la Messe, pour le salut de la France et pour notre armée, pour les vivants et pour les morts; les hommes seuls étaient convoqués à cette réunion et, répondant en masse à cet appel, ils sont venus en rangs serrés affirmer leur foi et se jeter avec confiance aux pieds de la Vierge du Puy, vénérée depuis des siècles comme la protectrice de notre cité et notre refuge dans les temps de calamités publiques.

Toutes les classes de la société se trouvaient représentées dans cette assemblée imposante ; le pauvre comme le riche, l'ouvrier, le négociant, le magistrat, le soldat, près de trois mille hommes, tous avaient tenu à honneur de venir prier, pour détourner de notre France si accablée la colère d'un Dieu justement irrité, et attirer sur notre armée les bénédictions du ciel. On avait craint un moment que Monseigneur, retenu la veille par de violentes souffrances, ne pût présider en personne la cérémonie, mais son dévoûment et son énergie lui avaient fait surmonter des douleurs encore bien vives, et la foule reconnaissante s'était réjouie de la présence de son premier pasteur, tout en voyant empreinte sur ses traits la trace d'atteintes cruelles qui duraient encore et que son zèle infatigable lui donnait seul la force de dominer.

Dans une chaleureuse et pathétique improvisation, que nous regrettons de ne pouvoir reproduire, Sa Grandeur a cherché devant son auditoire, profondément ému, les causes de nos inexplicables désastres. Tout en faisant la part de l'impéritie ou de l'imprévoyance de ceux qui ont eu les premières responsabilités de cette guerre fatale, l'éloquent prélat ne saurait attribuer à la seule insuffisance de nos forces les malheurs qui nous ont frappés; la France a prouvé maintes fois sur les champs de bataille que la victoire ne reste pas aveuglément fidèle aux plus nombreux bataillons; si de telles calamités nous accablent, c'est bien plutôt que le Dieu des armées ne combat plus avec nous; la France n'est plus la France des premiers âges, la terre privilégiée de la foi et de la pratique religieuse, la fille aînée de l'Eglise, la sentinelle avancée et le défenseur attitré du Saint-Siége apostolique.

Après avoir montré dans nos défaillances morales, dans l'oubli des grands devoirs auxquels la nation française resta si longtemps fidèle, les causes de notre déchéance et de nos humiliations, Monseigneur a cherché, dans un langage tout à la fois paternel et empreint d'une mâle énergie, à ranimer au fond de tous ces cœurs de chrétiens les croyances et les vertus antiques qui enfantaient des miracles. S'appuyant sur les paroles de l'Evangile qu'il avait prises pour texte de son discours, l'orateur nous a fait voir, dans les prières d'un peuple chrétien, les ambassadeurs chargés de porter aux pieds de Dieu les supplications de la paix.

Ce discours terminé, une quête a été faite en faveur de nos prisonniers d'Allemagne; ces pieuses et abondantes largesses, en soulageant des misères dignes de nos plus vives sympathies, iront attester au loin l'union indissoluble de notre charité et de notre foi.

Un salut solennel a ensuite été donné par Sa Grandeur, qui, d'une voix pénétrante, à prononcé, a genoux, devant le Saint-Sacrement, une amende honorable dans laquelle il avait mis tout son cœur et qui a vivement impressionné toute cette foule nombreuse et recueillie.

Sur l'invitation de notre zélé pontife, bon nombre des assistants ont voulu achever le pèlerinage en montant au rocher où s'élève la statue colossale de Notre-Dame-de-France; là, unissant leurs voix à une dernière prière, ils ont supplié la Mère du Sauveur d'écarter de notre ville et de nos montagnes les horreurs de l'invasion, et de porter aux pieds de son divin Fils des paroles de miséricorde pour le salut de la France.

Marquis de MIRAMON-FARQUEZ.

SAIGNANTE NON VAINCUE.

Sous ce titre, un journal anglais publie des strophes dont voici la traduction :

« France trahie du destin, France qui saigne de toutes tes veines, par tous tes pores, vois sur la frontière des milliers de tes enfants verser le sang qui enrichira ton sol.

» Oh ! noble mère de braves fils, entre toi et moi coule un océan qui ne sépare plus que d'antiques haines.

» Mais, malgré ces haines et les anciennes guerres et les blessures qui souffrent encore sous les cicatrices, mon cœur saigne pour toi.

» Tu saignes, tu t'évanouis, tu tombes, mais indomptable est ta volonté. Elle semble s'affermir encore sous les coups, et se renforcer à mesure que se renforce l'ennemi.

» Tu ne m'avais jamais paru si grande que dans cette heure sombre ! Non, je ne demanderai pas en ce moment quelle ambition... a prononcé le mot irrévocable qui t'a lancé dans la guerre la poitrine nue, mal commandée, sans avoir bien pesé ta force et celle de l'ennemi.

» Tu luttes maintenant pour tes foyers, tes autels, les tombes de tes ancêtres, et jusqu'à ce que tu aies balayé l'ennemi loin de ton sol, sagement tu ajournes l'heure des comptes... »

TRIDUUM DE PRIÈRES POUR LA FRANCE.

MANDEMENT

DE MONSEIGNEUR L'ARCHEVÊQUE DE LYON ET DE VIENNE

Prescrivant un TRIDUUM *de prières à l'occasion de la fête de l'Immaculée-Conception de la sainte Vierge.*

JACQUES-MARIE-ACHILLE GINOULHIAC,

Par la miséricorde divine et la grâce du Saint-Siége apostolique, archevêque de Lyon et de Vienne, primat des Gaules,

Au clergé et aux fidèles de notre diocèse, salut et bénédiction en Notre Seigneur Jésus-Christ.

Depuis que nous sommes au milieu de vous, nos très-chers frères, nous avons presque entièrement gardé le silence. Il nous semblait que ces désastres, que ces déceptions de chaque jour parlaient si haut, qu'ils ne laissaient guère à aucune voix humaine le droit de se faire entendre.

Nous aurions voulu, du moins, avant de parler, que nos angoisses fussent apaisées et nos incertitudes dissipées.

Certes, ce n'est point que nous désespérions de l'avenir de notre pays, que nous ne comptions sur une victoire définitive, et que nous ne croyions qu'après plus ou moins d'efforts, il reprendra dans le monde la position et l'influence qu'il y avait conquise depuis plusieurs siècles. Notre race n'est pas abandonnée de Dieu; notre ancienne vigueur n'a pas dégénéré en une impuissance radicale.

Nous avons pu être livrés par l'imprévoyance à un ennemi astucieux; nous avons pu nous laisser surprendre par une confiance présomptueuse en nos forces; nous avons pu être abattus à plusieurs reprises par le nombre, par la discipline, par l'immensité des moyens de destruction depuis longtemps accumulés; nous ne sommes pas accablés, et, quoi qu'il en paraisse à des yeux prévenus ou inattentifs, notre cause, qui est celle de l'Eglise catholique et de la liberté en Europe, n'est pas désespérée.

Notre juste confiance s'accroît encore, nos très-chers frères, aux approches de la fête de l'Immaculée-Conception, où nous trouvons le commencement et le symbole de toutes les victoires chrétiennes. Et nous ne croyons pouvoir rien faire qui soit plus à propos et qui réponde mieux à vos désirs et à votre piété, dans la rude épreuve que notre pays traverse, que de célébrer cette fête, si chère au clergé et au peuple lyonnais, avec une solennité particulière.

Personne ne l'ignore ici, depuis le commencement de nos désastres, vos âmes se sont tournées avec une ferveur plus grande et une confiance plus filiale vers Marie, et nous avons été l'organe de notre diocèse tout entier, lorsque nous avons déposé nos vœux et les vôtres dans son cœur de mère. De toutes parts, sous sa protection bénie, on a répondu à l'appel que nous avions adressé à la charité, à la pénitence et à la prière. Les œuvres qui fécondent la prière, comme la prière les sanctifie, se sont multipliées; un immense effort de charité s'est produit, pour soutenir et encourager celui que notre propre pays faisait dans l'intérêt sacré de la défense nationale. Des ateliers de travaux publics ont été organisés, des services d'ambulance multipliés, des secours de tout genre préparés et répandus pour adoucir les maux de la guerre ou en réparer les suites.

Et, tandis que nos jeunes hommes marchent au combat avec l'ardeur généreuse que leur inspire la plus noble des causes et que soutiennent les exemples et les encouragements de leurs pères, les filles, les femmes, les mères, de tout état et de tout rang, se sont mises à l'œuvre pour devenir les ouvrières, les servantes, les sœurs de charité de nos soldats.

Le clergé, vous le savez, nos bien chers frères, n'est pas resté en arrière dans ce mouvement patriotique. Dès les premiers jours, nous nous sommes offerts comme aumôniers, ou comme serviteurs dans les armées et dans les hospices. Il en est qui se préparent, si l'ennemi n'oppose pas à nos démarches des obstacles insurmontables, à aller, dans la terre étrangère, porter à nos prisonniers des secours, des soins, des consolations religieuses, et comme la présence de la famille et de la patrie. Si, parmi nos jeunes lévites, il s'en trouve qui restent au milieu de nous pour y remplir les fonctions publiques du sanctuaire, plusieurs, renonçant aux bénéfices de nos lois, ont répondu et répondent chaque jour à l'appel général, ils prennent les armes, et vont continuer, sous la discipline militaire et dans les rudes épreuves des batailles, le noviciat du sacerdoce.

Après cela, comment se fait-il, nos très-chers frères, que certaines défiances se soient produites, comme si le clergé pouvait n'être pas révolté des audaces brutales et de l'hypocrisie politique de nos ennemis, ou s'il hésitait à payer sa part des charges nationales? Nous ne voulons pas en rechercher les causes, pas plus que nous livrer à des récriminations trop faciles et qui ne seraient pas dignes de nous. Si quelques préventions locales ont été éveillées, il y a de vieux préjugés qui tombent devant la leçon des grands événements. Les âmes, secouées par cette effroyable tempête et ne voyant presque plus d'appui terrestre, se tournent du côté de Dieu. Les hommes sérieux comprennent qu'il faut à une nation, pour se sauver dans les crises suprêmes, un mobile plus puissant et plus général que l'amour de la gloire ou l'idée abstraite du devoir civil; et nos jeunes légionnaires puisent dans un sentiment plus vif des vérités religieuses l intrépidité calme des vieux soldats et l'ardeur invincible des martyrs.

C'est là, nos bien chers frères, ce qui affermit notre confiance; mais c'est là en même temps ce qui doit nous porter à redoubler nos prières. La prière aussi est une lutte; la lutte contre la justice de Dieu par un appel humble et infatigable à sa miséricorde. A mesure que Dieu semble céder à nos instances, il faut insister davantage; il faut en appuyer les efforts auprès de lui par les œuvres et les sacrifices de la charité. Cette double violence lui est agréable; et lorsqu'un peuple tout entier la lui fait, elle devient irrésistible.

Nous vous convions, nos bien chers frères, à ce double effort. Ce sont là des actes de patriotisme dont nous sommes tous capables, dont il n'est permis à personne de s'affranchir. Et, pour en assurer le succès, nous vous invitons à les déposer avec une pleine confiance dans le sein maternel de Marie, en ce jour où nous célébrons sa victoire sur l'ennemi du genre humain, le premier auteur de tous nos maux.

Dans cette pensée, pour attirer la protection de la Vierge immaculée sur nos armées et sur la France, nous avons ordonné et ordonnons ce qui suit:

ARTICLE 1er.

Un *Triduum* solennel de prières aura lieu dans notre église primatiale, dans toutes les églises et chapelles de notre diocèse, pendant les trois jours, qui précèderont la solennité ou la fête de l'Immaculée-Conception.

MM. les curés fixeront eux-mêmes ce choix.

ART. 2.

Pendant ces trois jours, un exercice solennel aura lieu, à l'issue duquel sera donnée la bénédiction du très-saint Sacrement

On y chantera, devant le saint Sacrement exposé, les litanies de la très-sainte Vierge, le *Tantum ergo* et les oraisons *de SS. Sacramento, de Beatâ,* et *Pro tempore belli.*

ART. 3.

Le jour de la solennité ou de la fête, le saint Sacrement sera exposé toute la journée.

Nous invitons tous les fidèles à ces prières publiques.

Et sera notre présent Mandement lu et publié dans toutes les églises de notre diocèse, le dimanche qui en suivra la réception.

Donné à Lyon, en notre palais archiépiscopal, sous notre seing, le sceau de nos armes et le contre-seing du chanoine, notre secrétaire-général, le 21 novembre 1870, jour de la Présentation de la sainte Vierge.

† JACQUES,
Archevêque de Lyon.

VŒU DES HABITANTS DE MACON.

(Novembre 1870)

Les habitants de Mâcon souscrivent le vœu suivant :

« Le soussigné déclare : 1° vouloir se consacrer personnellement au sacré Cœur de Jésus ; 2° faire le vœu dont la teneur suit, et s'engager à l'accomplir fidèlement tout le temps de sa vie, si Dieu, dans sa miséricorde, daigne épargner à la ville de Mâcon les horreurs de la guerre étrangère et de la guerre civile :

» 1° Ne pas violer soi-même et ne pas mettre les autres dans la nécessité de violer le saint jour du dimanche ;

» 2° Ne jamais se permettre aucun blasphème, et, autant qu'il dépend de soi, ne jamais tolérer le blasphème en sa présence;

» 3° Ne pas user sciemment d'aliments gras aux jours où l'Eglise le défend ;

» 4° Contribuer, dans la mesure de ses ressources, quand des jours meilleurs se seront levés sur la France, à l'érection d'un monument destiné à perpétuer le souvenir de ce vœu.

LYON LE 8 DÉCEMBRE 1870.

Ce jour du 8 décembre, Lyon toujours et malgré tout la cité fidèle de Marie, lui renouvelait pour la dix-huitième fois le solennel hommage de son amour. Les malheurs du pays et le deuil des âmes interdisaient jusqu'à l'apparence de la joie. La bonne Vierge, qui aime la France, n'attendait de nous que la confiance, la ferveur, la piété et les larmes. Or, à ce point de vue, jamais sa fête ne fut plus touchante parmi nous. De l'aveu de tous, on ne vit jamais nos églises plus pleines dès l'aurore du grand jour; jamais foules plus recueillies, plus pieusement émues ne se pressèrent à la table sainte. D'heure en heure, le flot des fidèles se renouvelait, et ce fut une couronne incessante autour de tous les autels de la Vierge immaculée. Fourvières surtout, le sanctuaire bien-aimé de la glorieuse Patronne des Lyonnais, ne cessa de regorger de pèlerins, parmi lesquels des troupes nombreuses de nos braves soldats qui ne se montraient ni les moins pieux ni les moins empressés.

A midi sortait de nos églises et se mettait en marche la grande armée de la prière. Des milliers et des milliers de dames pieuses, suivant la bannière de Marie, et le chapelet à la main, ont commencé cette magnifique et touchante procession, qui a remplacé largement les illuminations du soir. Non, rien de plus beau, de plus émouvant que le spectacle de cette immense famille suppliante, se déroulant en silence au milieu des flocons de neige, et se dirigeant vers la Consolatrice des affligés, vers la sainte montagne, d'où nous attendons le secours à l'heure de nos suprêmes angoisses. Jamais on ne vit plus saisissante l'image de la prière unie à la douleur, de la confiance dans la tristesse, d'un peuple en deuil, qui tente d'arracher à la céleste miséricorde les miracles de la délivrance et du salut.

A deux heures, la procession des hommes partait de la primatiale, non moins imposante, non moins fervente ; ils étaient là, l'élite de nos braves chrétiens, l'âme catholique de la cité ; et, le rosaire de la Vierge dans les mains, ils montaient, eux aussi, vers la *Tour de David*, vers la Gardienne puissante et bonne qui, tant de fois, a sauvé Lyon, et qui le sauvera avec notre patrie bien-aimée.

Et maintenant, courage, tous, et bonne espérance en Dieu. Les peuples qui savent prier ne périssent pas, et jamais on n'a entendu dire que la douce Vierge ait trompé la confiance et l'amour. Les hommes s'agitent et Dieu les mène, et Marie est sa mère ; elle est la maîtresse au ciel, elle est la *toute puissance à genoux ;* si elle est pour nous, qui sera fort contre elle? — Prions-la donc toujours, *assurés*, comme dit Bossuet « *que les mains levées vers le ciel enfoncent plus de bataillons que celles qui frappent avec le glaive.* » Le grand orateur ajoute qu'à l'époque où tout cédait devant Louis XIV, victorieux de l'Europe, « *les peuples jetaient les yeux sur la pieuse reine Marie-Thérèse et croyaient voir partir de son oratoire la foudre qui accablait les ennemis de la France...* » Oh! grâce au ciel, il y en a encore, il y en a beaucoup parmi nous, de ces oratoires, où des âmes angéliques intercèdent pour la patrie. Que partout la foi, le repentir et l'amour multiplient ces puissantes intercessions. Que partout Marie, qui a fait la France, qui l'a fait grandir, qui l'a sauvée tant de fois, soit invoquée par la grande voix populaire, par une supplication ardente, infatigable; que l'*Ave Maria* ne se taise ni jour, ni nuit, et nous reverrons les prodiges des anciens jours, et le sourire de la bonne Vierge, comme l'arc-en ciel après le déluge, finira nos malheurs, et consolera nos larmes, et, relevée par sa main virginale, il y aura encore une France catholique, elle vivra, elle sera immortelle.

L. P.

(*Semaine catholique de Lyon.*)

VŒU FAIT A NOTRE-DAME DE FOURVIÈRES.

Lyon tout entier a fait hier sa manifestation catholique à Fourvières.

Vers midi, on voyait une longue et compacte file de dames, qui, parties de différentes églises, gravissaient le coteau de Fourvières.

Les unes récitaient leur chapelet, d'autres lisaient leur livre de prières.

Arrivée sur le plateau de Fourvières, la procession entra dans la chapelle, qui fut comblée en un instant. Force fut de laisser les portes ouvertes, et la place entière, jusqu'au chemin, regorgeait de dames. Après quelques chants, le vénérable recteur de Notre-Dame de Fourvières adressa la parole à son auditoire et prononça, au nom de l'assemblée entière, un vœu : celui de célébrer à perpétuité une messe par semaine le jour où les Prussiens auront quitté le sol français.

A deux heures, ce fut le tour des hommes. Réunis dans la cathédrale de Saint-Jean, ils se mirent en marche et gravirent la colline. On apercevait entre les mains de nos messieurs les grains du rosaire que tous récitaient à voix haute.

Lorsqu'on arriva au sanctuaire de Notre Dame, la chapelle se trouva encore trop petite pour contenir la foule. Et l'on vit ceux des pèlerins qui n'avaient pu entrer dans l'église, s'agenouiller bravement dans la neige, tête nue, et y rester tout le temps que dura la cérémonie.

Trois délégués dépêchés par la préfecture arrivèrent sur la place de Fourvières, dans cet intervalle. Tout l'hôtel de-ville était en émoi, paraît-il; on conspirait à Fourvières contre la république! Nos délégués demandaient si les pèlerins avaient déployé des bannières. Aucun ne daigna leur répondre; et de tous ces hommes agenouillés dans la neige, et s'acquittant d'un acte de foi, pas un ne parut remarquer beaucoup l'intervention de l'autorité.

Le dernier mot est resté à l'autorité; voici ce dernier mot :

Nous, maire de Lyon,

Vu l'arrêté du conseil municipal, en date du 27 septembre 1870 ;

Vu l'article 45 de la loi du 18 germinal de l'an x, ainsi conçu :

Aucune cérémonie religieuse ne doit avoir lieu hors des édifices consacrés au culte ;

Arrêtons :

Les cérémonies ou manifestations religieuses seront circonscrites à l'intérieur des temples, la voie publique leur est interdite.

Les convois funèbres seront exemptés de cette mesure.

Lyon, le 8 décembre 1870.

Pour le maire de Lyon,

L'adjoint délégué, CHEPIÉ.

Il sera permis à quelques milliers d'ouvriers de se promener dans les rues, en déployant le drapeau rouge; mais, de par les autorités républicaines de Lyon, il est défendu aux catholiques de monter ensemble à Notre-Dame de Fourvières afin de prier pour la France!

PIEUSE RÉPARATION.

On lit dans l'*Echo de Fourvières :*

Lundi, 4 courant, sur les huit heures du matin, six dames gravissaient la montagne de Fourvières à pieds nus, malgré les quinze degrés de froid que marquait le thermomètre.

FIN DE L'ANNÉE 1870.

Elle commença si belle et elle va finir si triste! Elle s'ouvrit au milieu des splendeurs du Concile; elle s'achève au milieu des douleurs de l'Eglise et de la patrie. Elle venait à nous toute souriante d'espérances, elle emporte vers l'éternité des torrents de larmes et de sang...

Devant les insondables mystères de la Providence, l'impie blasphème, la raison s'incline, la foi du chrétien adore; parmi les événements les plus terribles, au milieu des épreuves les plus désolantes, le fidèle croit à la sagesse de son Dieu, il croit surtout à sa bonté; et quand les espérances d'ici-bas s'écroulent l'une après l'autre, une espérance plus haute relève son âme, une confiance invincible la tient droite et ferme comme une ancre céleste au milieu des orages. Quand tout semble perdu sur la terre, il regarde en haut, il voit la miséricorde qui se mêle à la justice, il voit que la main qui frappe vient d'un cœur qui nous aime et qui, même dans les plus grands maux, enveloppe toujours des bienfaits.

Terminons donc cette année par un acte de foi, d'humble soumission et d'amour, pleins de confiance en Dieu. Croyons à sa promesse qui ne ment jamais. *Heureux ceux qui pleurent; ils seront consolés... Heureux ceux qui souffrent pour la justice!* La France pleure, la France souffre et donne son sang pour la justice, pour la plus sainte des causes, pour nos foyers, pour nos familles, pour nos autels, pour cette noble patrie que Dieu nous a faite, et dont il veut que nous aimions plus que la vie l'indépendance et l'honneur. Il sera donc avec nous.

La France qui l'oubliait trop se retournera vers lui : au feu des combats, au creuset de la douleur, son noble cœur se retrempera. La paix dans la corruption tuait l'âme de la France; l'épreuve la fera revivre, et le noble sang qui coule rachètera les vieilles défaillances. C'est en vain que l'impiété hurle contre Dieu; c'est en vain que de stupides fureurs se lèvent encore contre l'Eglise de Jésus-Christ, l'outragent, la spolient; c'est en vain que ces affreux sectaires de l'athéisme veulent lui arracher et l'âme de l'enfant et l'âme du pauvre, et la cendre des morts... La lumière se fait, l'expérience juge les doctrines et les hommes. Sur les champs de bataille, la France reconnaît ses vrais enfants, ses vrais et braves défenseurs, et la vraie flamme chrétienne fait resplendir l'Evangile. Il y a peu de jours, au contraire, qu'on a vu, sous les murs de Paris, l'espèce lâche des démagogues et des athées.

Il a fallu les désarmer. Comme dit l'*Univers*. « Ça n'est pas fait pour se battre, ça ne veut pas se battre, ça ne se bat pas, — c'est battu. »

Et ainsi « la miséricorde divine, armée du tonnerre, déchire le vil filet de la Conspiration athée qui nous ramenait le Dieu-César, l'infâme et bête Dieu de la chair. Le vrai Dieu se montre, le vrai peuple de France se révèle. Aux premiers temps, un apôtre envoyait un disciple dans les Gaules, et lui disait : « Va par là; tu trouveras un peuple substantiel, un peuple de grand sens et de grand cœur qui embrassera la vérité et qui la suivra. » C'est ce peuple substantiel qui va reparaître dans le monde, et la vieille erreur anti-chrétienne a fait son temps.

Il y a des signes partout. Il y a un noble étonnement d'être tombé si bas, un désir si généreux de remonter et de passer l'antique hauteur. Nous ne voulons pas périr, nous ne voulons pas que l'honneur et la liberté du genre humain périssent par notre faute. On voit de beaux mépris de la vie et de la fortune, un élan de gloire, un essor de bon sens, une certitude d'espérance; on sent grandir une résolution victorieuse d'écarter enfin les faquins et les sottises qui tendraient à perpétuer des divisions dont la famille française ne veut plus. Tous nos vieux noms sont sous les drapeaux dans l'honneur de leur antiquité et dans l'égalité de ce sang français qui veut ne plus être qu'un grand et universel patriciat. Il se dit et il se fait des choses qui jettent une lumière et un parfum d'honneur.

Nous mentionnerons ici, comme une véritable beauté de notre histoire présente, la parole du chef de ce bataillon de Belleville, qui a demandé lui-même, et dans un si noble langage, la dissolution du corps indigne qu'il commandait. Cet homme de cœur, ancien sous-officier qui sollicite de redevenir simple soldat pour se « purifier » d'avoir vécu dans une troupe si misérable, égale ici tout ce qui a été dit d'illustre dans la belle race des vrais soldats.

Voilà un citoyen, un républicain ! Et à côté de lui nous mettons, pour ne citer qu'un exemple, huit hommes d'une seule vieille maison de France, tous sous les armes : les huit Gontaut Biron, fils des deux frères. La bande de Blanqui n'aurait pas trouvé ce sang de Gontaut assez pur; la France le salue avec un sentiment de joyeuse fierté. Elle salue Grancey et Dampierre, et tant d'autres d'ancienne ou nouvelle origine tombés dans leur sang. Les vieux recommencent, aucun ne finit. Et les Frères des écoles, naguère poursuivis de tant d'injures, sont là aussi, honorés et acclamés de leurs anciens adversaires, et nos prêtres aussi, et nos religieuses. Toute la France bat d'un seul cœur.

« La France existe : Dieu lui a rendu son cœur ! et elle recommence ! »

C'est avec ces bonnes et fortifiantes pensées qu'il nous faut saluer l'année nouvelle qui nous donnera, espérons-le, une France nouvelle, régénérée dans les vaillants sacrifices et dans la foi généreuse de nos pères. Travaillons tous à cette grande œuvre ; et pour finir par une pensée encore plus chrétienne, n'oublions pas « que Dieu fait un journal de notre vie, qu'une main divine écrit notre histoire qui nous sera un jour représentée et publiée à tout l'univers ; songeons donc à la faire belle. »

L. P.

UN NOUVEL APPEL A LA PRIÈRE

Tours, jeudi 20 octobre 1870.

« Dans les jours douloureux que nous traversons, chacun se fait un devoir de contribuer, suivant la mesure de ses moyens, au salut de la patrie en danger. C'est dans ce but que les colonnes de votre journal reproduisent souvent les systèmes et les plans que plusieurs personnes proposent pour améliorer l'état actuel des choses.

» Loin de critiquer ce que j'ai lu en ce genre, je loue, au contraire, ceux qui l'ont écrit et celui qui l'a publié ; mais une chose me frappe tristement, dans tout ce qui s'imprime aujourd'hui : je ne puis comprendre qu'au milieu des mots d'amour de la patrie, de sainte liberté, de bien public, et de tous ces beaux et nobles noms si souvent prodigués en ce moment, on oublie le plus grand de tous, et pourquoi celui de Dieu semble rayé de notre langue française, lorsque chaque bouche devrait le prononcer avec confiance et respect. C'est donc pour parler de Dieu bien haut que je demande asile aujourd'hui à votre journal.

» Il y a quelques jours, la presse de Tours faisait entendre une voix qui, plus autorisée que la mienne, a déjà traité le même sujet avec la puissance habituelle de son talent. Je ne cherche donc pas le moins du monde à me faire le faible écho de Monseigneur d'Orléans, dont je n'ai ni la plume éloquente, ni le caractère religieux : mais je partage son inébranlable foi en notre Père commun, et c'est dans la simplicité de cette foi, et aussi dans la simplicité de mon langage que je voudrais essayer de faire partager à quelques-uns les impressions que j'ai ressenties dimanche dernier en lisant dans l'office de ce jour les paroles suivantes :

Je suis le salut de mon peuple, a dit le Seigneur, et quelle que soit son affliction, je l'exaucerai, s'il m'invoque.

» Il faut convenir que le hasard, suivant les uns, ou la Providence, suivant les autres, ne pouvait faire tomber plus à propos ces lignes sous les yeux de ceux qui les auront lues. Mais pourquoi le nombre en aura-t-il été si restreint? Pourquoi les Français n'ont-ils pas tous le bonheur de croire en Dieu? Ah ! si notre pays n'avait pas oublié la religion, compagne de ses anciennes victoires, dimanche, en entendant ces paroles, tout homme se serait mis à genoux. Il aurait fait monter vers Dieu cette prière qu'il réclame pour sauver *son* peuple ; car son peuple c'est nous, c'est le peuple chrétien, et surtout la nation française, qu'il a si longtemps protégée et comblée de ses faveurs. S'il paraît nous abandonner aujourd'hui, c'est que nous ne savons plus le prier de nous bénir ; c'est que nous avons méconnu toutes ses grâces, abusé de tous ses dons, et comme un père punit ses enfants pour les rendre meilleurs, Dieu nous frappe, tout en étant prêt à cesser le châtiment quand nous saurons lui demander grâce et pardon.

» Sachons donc entendre cette voix paternelle qui dit : *Je serai votre salut, quelle que soit la mesure de votre affliction.* La mesure de notre affliction, c'est d'être sans mesure ; car jamais le soleil de France n'éclaira des jours plus douloureux ; jamais notre sol ne fut ébranlé aussi fortement par le pied des vainqueurs ; jamais toutes les voix ne furent plus unanimes à s'écrier : Où est notre salut? Eh bien ! la réponse à cette demande anxieuse, c'est Dieu lui-même qui nous l'a faite, en nous disant que notre salut est en lui, *si nous l'invoquons.*

» Ah! prions donc, Français, prions tous. Que celui qui n'a pas oublié la prière l'enseigne à celui qui ne la sait plus; que ceux qui ont le bonheur de connaître Dieu en parlent à ceux qui l'ignorent ou qui ne s'en souviennent pas; qu'ils leur disent qu'en lui seul est la véritable égalité, la véritable fraternité, et surtout la vraie liberté, qu'ils leur disent, avec le plus grand orateur de notre siècle, « que tout peuple est un vaisseau qui a ses ancres au ciel, » et que la nation qui ne sait plus prier est à la veille de ne plus » savoir vaincre. »

» Ouvrez l'histoire, et voyez si les annales de tout grand peuple ne vous parlent pas de sa religion, de ses autels et de son culte. Voyez si les Grecs et les Romains ne priaient pas leurs divinités de la Concorde, de la Paix ou de la Guerre. Eh bien! est-ce parce que nous adorons en esprit et en vérité le Dieu que leurs philosophes et leurs sages n'avaient entrevu que sous des voiles que nous devons le méconnaître ou le dédaigner?

» Quand l'empire romain donnait au monde le spectacle de sa décadence dissimulée par ses fêtes; quand son luxe cachait ses honteuses misères et que son armée, énervée par les plaisirs, ne savait plus obéir; quand ses généraux, affaiblis dans les délices de Rome, ne pouvaient plus porter les armes de leurs pères; à qui l'empire avait-il recours pour retarder sa chute et soutenir encore la gloire défaillante du nom romain? Il appelait à son aide les légions chrétiennes, et c'était dans leurs rangs qu'il trouvait encore des chefs sachant commander et des soldats sachant obéir; car voilà surtout ce qu'enseigne la religion; c'est cette science de la soumission, trop oubliée de nos jours par des générations chez lesquelles l'amour exagéré de l'indépendance, l'émancipation filiale, le mépris de toute autorité et bien d'autres tendances fâcheuses, auraient besoin d'être contrebalancés par toutes les vertus contraires, que la religion impose comme premiers devoirs.

» O vous tous qui êtes appelés, dans ces jours douloureux, au difficile honneur de commander aux autres, faites-les prier. Si en mettant un fusil dans chaque main, on pouvait mettre une prière dans chaque âme; si tous ces cœurs vaillants qui vont se présenter aux balles ennemies, voulaient en même temps se tourner vers Dieu; si les braves enfants de notre pauvre patrie cherchaient à retrouver la foi de leurs pères; si enfin toute la France savait encore se prosterner sur notre vieille terre chrétienne, l'ennemi ne la souillerait pas longtemps, soyez-en sûrs, et nous verrions bientôt l'accomplissement de cette parole prophétique et consolante qui m'a poussé à écrire ces lignes: *Quelle que soit l'affliction de mon peuple, je l'exaucerai, s'il m'invoque.* »

(*Le Moniteur universel.*)

A LA FRANCE.

Lève ton front sanglant et montre ta blessure,
Mère! nous sommes prêts pour de nouveaux combats.
Lance un dernier appel, avec une foi sûre,
A ton Dieu dans le ciel, à ton peuple ici-bas.

Sois fière des enfants issus de tes entrailles;
Tous ont la flamme au cœur et feront leur devoir.
Dussions-nous perdre encor mille et mille batailles,
Tu peux garder, ô France, un invincible espoir.

Frappe d'un pied certain cette terre héroïque,
Des soldats en sont nés! vois-les tous accourir,
Sous les chênes bretons, sous les palmiers d'Afrique,
Tous ayant fait serment de vaincre ou de mourir.

Tous égaux par l'honneur, ouvrier, gentilhomme,
Matelots, laboureurs soulevés des sillons..,
Et, devant eux, le prêtre, armé du Dieu fait homme,
A la mort des martyrs conduit leurs bataillons.

Les mères et les sœurs, pâles, mais sans murmure,
Serrant le havre-sac travaillé de leurs doigts,
Bouclent aux flancs des fils les rustiques armures,
Et revêtent leurs fronts du signe de la croix.

Les vieux pères courbés qui maudissent leur âge,
Donnant leur dernier souffle aux efforts belliqueux,
Vont porter les brancards sur le champ du carnage,
Pour ramasser leurs fils, ou tomber avec eux.

Le deuil vaillant assis au foyer de famille
Unit le saint travail à ses saintes douleurs;
Pour les chers combattants l'infatigable aiguille
Court avec la prière et se mouille de pleurs.

Ainsi d'humble courage et de vertu secrète
Un muet sacrifice est offert en tout lieu...
Femmes, ne pleurez pas! la palme est toute prête :
Ces hommes sont martyrs, s'il est un juste Dieu.

Croyons à la vertu du noble sang qui coule,
Au pouvoir de ces vœux poussés avec ardeur :
Ces victimes de choix qui se donnent en foule
Ainsi que ton salut assurent ta grandeur.

Tu resteras la France et la tête du monde,
Le vrai peuple choisi pour montrer le chemin,
Le peuple fraternel en qui l'amour abonde,
Ouvrant à tous son cœur et sa loyale main.

Car ton génie à toi, c'est l'humanité même,
L'âme du Dieu martyr saignant sur ton autel,
Accepte avec orgueil cette lutte suprême,
Peuple, sois patient!... je te sais immortel.

Tourne-toi vers le Christ trop oublié naguère,
Ce Dieu des chevaliers et non des conquérants,
Qui t'employa, mille ans, à ses Gestes de guerre...
Pour son œuvre de paix il a besoin des Francs.

Si tu cessais un jour de marcher la première,
Si tu manquais au Dieu qui t'aime et te conduit,
Si les ombres du Nord étouffaient ta lumière,
C'est que le genre humain rentrerait dans la nuit.

Poursuis donc ce combat sans haine, mais sans crainte :
Puisqu'il est à l'amour, l'avenir est à toi.
Seule, sans alliés, poursuis ta guerre sainte ;
Car nul ne t'aidera, pas mieux peuple que roi.

Qu'ils gardent tous leur sang et que Dieu seul t'assiste !
Qu'ils rêvent ta dépouille et te raillent entre eux :
Nul sang n'est assez pur dans l'Europe égoïste
Pour couler près du tien sur ton sol généreux.

Tu le donnais à flots pour le salut des autres,
Ce sang qui fait partout gémir la liberté ;
Mais il en reste encore à tes soldats apôtres.
Pour toi, pour l'idéal et pour l'humanité.

Combats loyalement ces armes déloyales,
Ces sauvages pillards au cœur sordide et froid,
Et montre aux nations, tes jalouses rivales,
Où sont les vrais soutiens de l'honneur et du droit.

Tandis qu'il va, ce roi, ce lâche incendiaire,
Ecraser les berceaux et les femmes en deuil,
Toi, peuple, à tes vaincus tend la main sans colère :
Sois grand par la pitié, comme lui par l'orgueil.

Qu'il entasse ton or dans ses fourgons avares,
Qu'il enfonce en ta chair ses ongles de vautour,
La terre est aux plus doux et non aux plus barbares,
Tu la possèderas, France, à force d'amour !

En vain tu vois périr tes villes embrasées,
Et tes plus nobles fils égorgés dans tes bras ;
Quand tu t'affaisserais sur tes armes brisées,
N'abdique pas l'espoir ! tu te relèveras...

Des malheurs surmontés tu sortiras plus forte,
Libre des corrupteurs et d'un chef criminel,
Pauvre, mais fière et pure... ô ma France qu'importe
La fortune d'un jour ! ton cœur est éternel.

Tu répandras encore sa chaleur qui déborde,
Aux droits des opprimés fidèle sans retour ;
Toi seule tu sais vaincre avec miséricorde :
Tes vainqueurs de hasard l'apprendront quelque jour.

Tu verseras encor sur tous ces peuples sombres
Tes sereines clartés et ta vive raison ;
Par toi l'idée en feu s'échappera des ombres
Où ces pesants rêveurs la tiennent en prison.

Sans ton lucide esprit et sans ton doux génie,
Confus et divisés par des murs ténébreux,
Les peuples incertains et privés d'harmonie
Comme autour de Babel s'ignoreraient entre eux.

Au fraternel concert, c'est toi qui les engage;
Le jour se fait pour eux quand ta parole a lui.
Ils se comprennent tous en ton heureux langage,
Clair comme le soleil et fécond comme lui.

Tu ne tariras pas, ô source de lumière !
Tes flots soulèveraient la pierre du tombeau.
Jamais de ta splendeur, de ta liberté fière,
Ces barbares obscurs n'éteindront le flambeau.

Tu vaincras! Dieu te garde une ère magnifique;
Mon indomptable foi me l'a su découvrir.
L'amour à ton enfant donne un cœur prophétique...
Va, je le sentirais, si tu devais mourir.

Je ne suis qu'un poète inhabile aux batailles,
Mais ton nom prononcé m'enivre et me rend fort;
Ta grande âme palpite au fond de mes entrailles ;
J'ai vécu de ta gloire et mourrais de ta mort.

Je vois ton pied, posé sur la bête cruelle,
Ecraser d'un seul coup tant de rois scélérats...
J'en jure par le Dieu qui t'a faite immortelle,
Ne désespère point, ma mère, tu vaincras !

Victor DE LAPRADE,
De l'Académie française.

SERVICE FUNÈBRE A VERSAILLES POUR LES VICTIMES DE LA GUERRE.

(Mars 1871)

Un service funèbre pour les victimes de la guerre a eu lieu, mardi 28 mars, à la cathédrale de Versailles.

Mgr l'Evèque a officié lui-même.

On remarquait parmi les assistants et dans le chœur, MM. Thiers et Grévy, occupant des fauteuils et des prie-Dieu disposés pour eux, l'un comme président du Conseil, et l'autre comme président de l'Assemblée.

M. le général Vinoy et plusieurs autres généraux sont également présents.

On remarquait aussi M. Jules Simon, ministre de l'instruction publique et des cultes, M. le garde des sceaux et M. le ministre de la marine, ainsi que M. le maire de Versailles, et M. le président du tribunal.

La façade de la cathédrale et l'intérieur étaient tendus de noir, et des drapeaux tricolores en faisceau placés de distance en distance.

Le souvenir de cette solennité imposante restera dans les cœurs. L'hommage rendu aux morts, aux morts qui ont donné leur sang pour la patrie, est le témoignage des sentiments les plus élevés de l'âme humaine. Lorsque ce sentiment reste profond dans les masses, on peut espérer. Le matérialisme n'a pas tout éteint, et la flamme sacrée de la foi peut se raviver et briller d'un pur éclat.

Les membres de l'Assemblée nationale, qui ont répondu en si grand nombre à l'appel de Mgr l'évêque de Versailles, ont donné un grand exemple qui portera ses fruits.

PRIÈRES PUBLIQUES DEMANDÉES PAR L'ASSEMBLÉE NATIONALE.

(Séance du 16 mai 1871)

M. le comte de Melun dépose le rapport de la commission chargée de statuer sur la proposition de M. Cazenove de Pradines ayant pour objet de demander des prières publiques pour faire cesser les maux de la France.

Le rapport conclut de nouveau à l'urgence.

Les peuples forts, dit-il, regardent le ciel; les peuples faibles regardent la terre et descendent de chute en chute jusqu'au dernier abaissement.

Dieu a été longtemps oublié parmi nous; sa main seule peut conjurer les maux qui nous affligent.

M. de Melun supplie l'Assemblée de voter la proposition à l'unanimité. Aucune discussion ne doit s'engager sur une proposition dont le vote est en quelque sorte un acte de foi et déjà une prière. On ne discute pas le cri qui s'élève de tout un peuple quand au moment de signer une paix douloureuse il est encore déchiré par un trop grand nombre de ses enfants.

En conséquence, le rapport conclut à l'adoption de la résolution suivante :

« L'Assemblée nationale, profondément émue des malheurs, demande que des prières publiques soient adressées au ciel afin d'apaiser nos discordes civiles et de mettre un terme aux maux qui nous affligent. »

L'Assemblée, après de violents débats suscités par la gauche, adopte avec un ensemble de 417 voix contre 3.

PRIÈRES PUBLIQUES POUR LA FRANCE DANS LA CATHÉDRALE DE VERSAILLES.

Aujourd'hui, à midi, ont eu lieu, dans la cathédrale de Versailles, en présence de l'Assemblée nationale et du Gouvernement, les prières publiques ordonnées par la loi du 16 mai.

Avant la cérémonie, à laquelle assistaient Mgr le prince Chigi, archevêque de Myre, nonce apostolique, Mgr des Flèches, évêque de Sinite et vicaire-général du Su-tchen oriental (Chine), et Mgr Guillemin, évêque de Cybistra et vicaire apostolique de Kouang-tong (Chine), Mgr l'évêque de Versailles a prononcé les paroles suivantes au milieu de l'émotion universelle :

Messieurs,

Laissez-moi vous le dire, sous le poids d'une émotion que j'ai peine à dominer, ce moment est bien solennel. Tous vous êtes inconsolables des malheurs de la France, et en ce jour vous venez au pied des autels conjurer Dieu d'avoir pitié de nous, et d'écouter favorablement nos prières. Catholiques éclairés et convaincus, vous faites un acte de foi. Or, sachez-le, il y a dans cet acte de foi un enseignement immense que je tiens à résumer en deux mots. Vous avez toutes les lumières qu'on peut acquérir par l'étude et par l'expérience; mais, par l'acte que vous accomplissez, vous déclarez qu'il y a une lumière supérieure, et que vous en avez besoin pour résoudre les formidables questions que posent devant vous les événements. Vous avez toute l'autorité dans l'ordre politique et civil ; mais vous déclarez également qu'il y a au-dessus de vous une autorité suprême qui est la source et qui doit être la règle de tous les pouvoirs dont vous êtes investis. Vous reconnaissez encore et surtout que nos erreurs et nos discordes, hélas ! ont été des semences de calamités pour notre chère patrie, et vous affirmez hautement, publiquement, qu'il faut sans retard, par d'humbles et ferventes supplications, apaiser la justice divine et désarmer le bras qui nous châtie. Il y a donc ici de votre part quelque chose de beau, quelque chose de grand, quelque chose de profondément instructif pour le peuple, soyez-en bénis. Votre courage pour la bonne cause, comme celui de nos héroïques soldats, sera d'un excellent effet au milieu des tristes défaillances de notre époque, Non, l'exemple que vous donnez ne sera pas perdu, il portera ses fruits, il appellera d'abondantes bénédictions sur vos travaux, il laissera une trace profonde dans l'histoire de votre législature.

Maintenant, messieurs, tous, dans un même sentiment de foi, de repentir et de confiance, élevons nos cœurs vers Dieu. *Sursum corda.*

(*Journal officiel.*)

ACCOMPLISSEMENT D'UN VŒU FAIT PAR LA VILLE DE DREUX A NOTRE-DAME DE CHARTRES.

Le pèlerinage de la paroisse de Dreux à Notre-Dame de Chartres, accompli le 30 mai 1871, n'offrit rien de bien remarquable aux yeux du monde, mais nous avons la douce confiance qu'il fut agréé de Dieu et de sa bonne Mère.

Le projet en avait été conçu dans les circonstances malheureuses dont chacun doit se rappeler la gravité. C'était après les journées des 8, 9 et 10 octobre 1870, journées relativement célèbres dans notre contrée. L'armée allemande, trois fois arrêtée dans sa marche sur Dreux, avait déjà incendié le hameau de la Mésangère et l'infortuné village de Cherizy ; mais à cela ne devait pas se borner la vengeance des Prussiens. Dreux surtout était menacé de bombardement, de pillage et d'incendie. Notre population tout entière s'y attendait, les prisonniers l'affirmaient, les chefs ennemis le juraient avec colère en présence de témoins honorables qui le redisent publiquement tous les jours.

C'est à ce moment de péril extrême que notre vénérable curé, dans un sentiment de foi et de confiance religieuse, partagé par un grand nombre d'entre nous, consacra sa chère paroisse au Sacré-Cœur de Jésus, et fit vœu solennel d'un pèlerinage d'actions de grâces à Notre-Dame de Chartres, si la ville était épargnée. La nuit même qui suivit cet acte religieux, des ordres partis de Versailles, rappelaient précipitamment en arrière les troupes ennemies qui se préparaient à nous bombarder.

Plus tard, à la fin d'octobre et au commencement de novembre, les Allemands, dont plusieurs patrouilles, attaquées à l'improviste, avaient laissé des morts jusque dans les faubourgs et au centre même de la ville, nous menaçaient de nouveau d'une vengeance terrible. Une fois encore cependant ils durent épargner Dreux, obligés qu'ils étaient de se concentrer vers Orléans, à la suite d'une victoire remportée par le général d'Aurelles de Paladines.

Enfin, le 17 novembre, après le combat de Nuisement et la quatrième retraite de nos troupes, les habitants consternés craignaient plus que jamais l'incendie, le bombardement ou, au moins, le pillage. Néanmoins il n'en fut rien. Contrairement à ses habitudes de représaillles injustes et cruelles, l'ennemi victorieux traita la ville comme si elle eût capitulé avant le combat.

Dreux eut donc un sort moins rigoureux que celui d'autres villes, beaucoup moins coupables aux yeux des Prussiens.

A quoi faut-il attribuer cette faveur? A la bienveillance de l'ennemi? Chacun la connaît. — A l'intervention de la famille d'Orléans dont nous possédons les tombeaux?... Plusieurs de ses membres, et à Dreux même, combattaient nos assaillants dans les rangs de l'armée française. — A des circonstances toutes fortuites?... Mais le hasard n'est que l'incognito de la Providence.

Pour les religieux habitants de Dreux, ils ne craignent pas de rendre publiquement hommage de leur préservation au Sacré-Cœur de Jésus et à Notre-Dame de Chartres.

Il leur tardait donc d'accomplir leur pieux pèlerinage d'actions de grâces, mais la plupart devaient l'ajourner à cause des malheurs et des difficultés extraordinaires du moment.

Cependant, plus de trois cents pèlerins, dont quarante hommes, partageant tous le saint enthousiasme de leur vénéré pasteur, partirent le matin du 30 mai dernier pour la cité et le sanctuaire de Notre-Dame de Chartres. Cent cinquante environ, qui avaient pu, grâce aux actives recherches de quelques personnes zélées, se procurer des voitures, eurent la consolation d'assister à une première messe dite par M. le curé de Dreux, dont l'attendrissement était sensible pendant qu'il distribuait le pain de vie à ses chers enfants, dans la chapelle de Notre-Dame de Sous-Terre.

A l'arrivée des autres pèlerins à la gare de Chartres, où le rendez-vous général avait été assigné, nous fûmes touchés et surpris de l'accueil qui nous était réservé.

Partis sans pompe aucune, à cause du deuil public, et sans autre insigne que la modeste bannière de notre confrérie du Rosaire de Dreux, nous étions légitimement fiers d'accompagner processionnellement M. le curé de la cathédrale, qui, à la tête de ses vicaires, d'un chœur de clercs de la Maîtrise et d'une députation de la confrérie de Notre-Dame, nous attendait depuis une heure.

Ce n'est pas sans une douce émotion que nous nous avancions vers l'auguste sanctuaire, pendant que les suaves accents des clercs se mêlaient aux majestueuses volées des cloches de Notre-Dame. Mais il serait impossible d'exprimer ce qu'éprouvèrent nos cœurs lorsque, après avoir franchi le seuil sacré et traversé la vaste nef, nous fûmes agenouillés sur ces dalles bénies où tant de générations sont venues adorer Dieu et prier Marie.

La messe fut dite de suite pour les pèlerins par M. l'abbé Maury, premier vicaire de Dreux. Après l'évangile, le R. P. Haquin, de la Compagnie de Jésus, nous adressa une chaleureuse allocution que nous regrettons de ne pouvoir reproduire sur le papier comme elle est gravée dans tous les cœurs. Il nous a rappelé qu'il y a trois cents ans, les habitants de la ville de Dreux et de trente-six paroisses voisines, au nombre d'environ seize mille personnes, avaient accompli le même pèlerinage à pied, la croix d'une main et un cierge de l'autre, pour remercier également Notre-Dame de Chartres de la cessation de différentes calamités.

Tout en comparant avec regret notre petit nombre d'aujourd'hui avec ces 16,000 pèlerins d'autrefois, nous étions cependant heureux et fiers de nous sentir animés de la même foi que nos pieux ancêtres et de la même confiance en Marie, en Notre-Dame de Chartres.

Notre confiance n'a pas été plus vaine que la leur. Le Révérend Père n'eut pas de peine à nous le faire comprendre, en retraçant d'une manière vive et saisissante les désastres d'autres villes, plus malheureuses que la nôtre. Gloire donc à Dieu ! gloire à Marie ! C'est ce sentiment de reconnaissance qui nous avait tous animés à la Table sainte, la veille ou le matin de ce jour. Quelques-uns seulement avaient pu prolonger leur jeûne jusqu'à cette heure avancée de l'après-midi pour faire leur communion d'action de grâces.

Oui ! gloire à Notre-Dame de Chartres qui nous a protégés ! Ce sont les paroles qui se trouvaient sur les lèvres d'un grand nombre, au sortir du temple sacré, après l'auguste sacrifice de la messe.

Bientôt, une deuxième réunion, bien que trop courte à notre gré, devait nous procurer encore de douces émotions.

Pendant que les clercs de la Maîtrise exécutaient les premiers chants du Salut, une députation de jeunes filles, vêtues de blanc, allait à Notre-Dame du Pilier faire l'offrande d'un *ex-voto*, composé d'une couronne, emblême de la royauté de notre Mère, et d'un cœur, symbole de la tendre et religieuse affection de ses enfants.

Un instant après, recueillant avec amour les bénédictions du divin Jésus de l'Eucharistie, nous éprouvions les sentiments des Apôtres qui s'écriaient au Thabor : *Bonum est nos hìc esse!* oui, il était bon de se sentir si près de Jésus, si près de Marie!

L'heure du train cependant approchait, et il fallait partir, mais non pas avant que M. le curé de Dreux n'eût rempli deux bien douces obligations : Remercier chaleureusement le clergé de Notre-Dame de son bienveillant accueil, puis consacrer solennellement à Marie sa chère paroisse de Saint-Pierre.

Avec lui et par lui, sous l'impression de sa parole émue, nous disions avec bonheur : « O Marie Immaculée, ô Notre-Dame de Chartres, daignez, etc., etc. »

C'est alors qu'il nous fallut de suite reprendre le chemin de la gare, laissant aux pieds de Marie nos regrets pour le présent, nos espérances pour l'avenir. Merci une dernière fois au clergé de la cathédrale, aux clercs de la Maîtrise, à la confrérie de Notre-Dame, qui daignèrent nous honorer au départ comme ils l'avaient fait à l'arrivée!

Merci au R. P. Haquin dont les paroles auront un long retentissement dans nos âmes.

Qu'il nous soit permis également de remercier MM. les Administrateurs du chemin de fer qui, après nous avoir prévenus des retards inévitables alors, surent en diminuer pour tous les inconvénients, en facilitant aux uns la visite de Versailles, et en procurant aux autres les douceurs d'un repos de quelques heures dans la gare de Saint-Cyr. Merci enfin et surtout à notre cher et vénéré Pasteur d'avoir eu le premier l'heureuse pensée de nous mettre sous la puissante et maternelle protection qui a si bien répondu à sa confiance! Merci mille fois encore de la persévérance qu'il a dû apporter et des peines qu'il s'est données pour organiser notre pèlerinage d'actions de grâces!

Ce pèlerinage, modeste en apparence, a tellement impressionné toutes les personnes qui en ont fait partie, qu'il restera à jamais gravé dans leur mémoire comme un doux et salutaire souvenir.

(*Un pèlerin.*)

Acte de consécration prononcé par M. le Curé de Dreux.

O Marie immaculée, ô Notre-Dame de Chartres, daignez abaisser vos regards maternels sur vos enfants de Dreux, que les sentiments d'une profonde reconnaissance amènent aujourd'hui dans votre temple vénéré, aux pieds de votre statue miraculeuse!

C'est vers vous, ô miséricordieuse Notre-Dame de Chartres, c'est vers vous que, dans un danger suprême, ils ont levé leurs mains suppliantes. Pleins d'une ferme et filiale confiance en vous, ils ont fait le vœu de venir en pèlerinage ici, dans votre sanctuaire de prédilection, vous offrir l'hommage de leur profonde reconnaissance, s'ils étaient préservés des ravages affreux de la guerre, dont ils étaient menacés par des ennemis qui paraissaient implacables.

O bien-aimée Notre-Dame de Chartres, c'est ce vœu que nous venons accomplir aujourd'hui, et c'est avec bonheur que nous venons vous exprimer toute notre vive reconnaissance, et proclamer que c'est votre maternelle et toute-puissante protection qui nous a préservés, qui nous a sauvés Soyez-en bénie à jamais, ô mère de miséricorde!

O reine du ciel et de la terre, ô Notre-Dame de Chartres, qui êtes *notre vie, notre joie et notre espérance*, daignez permettre que moi, pauvre et indigne pasteur, je vous consacre ma bien-aimée paroisse de Dreux, et que j'implore votre toute puissante protection à jamais, à la vie et à la mort, sur tous les membres présents et absents de ce cher troupeau, qui devient aujourd'hui plus particulièrement le vôtre.

O très-sainte Vierge, daignez permettre aussi que nous vous répétions ici une prière que Pie IX a composée lui-même et qu'il récite tous les jours :

« O Marie, conçue sans péché, regardez la France, priez pour la » France, sauvez la France!! Plus elle est coupable, plus elle a » besoin de votre intercession.

» Un mot à Jésus reposant dans vos bras, un mot et la France » est sauvée!

» O Jésus obéissant à Marie, sauvez la France! »

Mes Frères, à cette prière si touchante du Souverain Pontife ajoutons-en une autre :

O Marie, reine du ciel et de la terre, sauvez l'Eglise! Sauvez ce saint et magnanime Pie IX, qui a mis sur votre tête auguste la couronne immortelle de Vierge immaculée!

Ainsi soit il.

PRIÈRE A NOTRE SEIGNEUR JÉSUS-CHRIST.

Notre S. P. le Pape a accordé, le 6 octobre dernier, cent jours d'indulgences (une fois le jour) à ceux qui réciteront la prière suivante :

« O Jésus très-clément, vous seul êtes notre salut, notre vie, notre résurrection. Nous vous en supplions donc : ne nous abandonnez pas dans la détresse et le trouble de nos âmes, mais par l'agonie de votre très-saint Cœur et par les souffrances de votre Mère immaculée. daignez secourir vos fidèles que vous avez rachetés par votre précieux Sang. »

LA FRANCE VEUT RENAITRE.

Un déplorable discours prononcé par le préfet de la Haute-Garonne, devant la tombe d'un ami, inspirait au *Constitutionnel,* il y a peu de jours, des réflexions que nous sommes heureux de reproduire :

« ... Si l'on supprime Dieu lui-même, qui nous relèvera de tous les abaissements que nous avons subis? Sur les champs de bataille, les chefs qui ont le plus de vaillance, les soldats qui savent le plus noblement mourir, quels sont-ils? Si l'on veut retrouver les traces de ce bel héroïsme français qui nous a rendus jadis si redoutables et si grands, il faut aller droit aux chrétiens. Les mobiles de Bretagne, de Vendée, de Poitou, de la Dordogne, les zouaves de M. de Charette, les francs tireurs de M. de Cathelineau, voilà des Français. Il nous en eût fallu deux cent mille dans l'armée de la Loire; il nous en faudrait cent mille dans les murs de Paris, et l'on aurait point le triste exemple de ces défaillances, de ces troubles, de ces fuites où l'on ne reconnaît plus la grande et forte nation de nos pères.

» Ah ! revenons au plus vite à ces sources divines du patriotisme et du devoir. Notre pays serait à jamais perdu si, dans les malheurs qui tout à coup ont fondu sur lui, il ne voyait pas un avertissement providentiel. Cet abaissement des caractères, cette absence de discipline dont on se plaint ne sont point le mal d'un jour, d'une année, d'un règne ; c'est le mal d'une époque, et nous éprouvons d'inexprimables tristesses, en voyant, au milieu de nos désastres, reparaître les pernicieuses doctrines qui les ont amenés. Il faut secouer ces mensonges et ces funestes rêveries ; la France veut renaître; elle ne fera jamais cortége aux funérailles des athées. La France enlève silencieusement ses morts des champs de bataille et les ensevelit avec des larmes et des prières. Ceux-là seuls qui comprennent ce sentiment et qui entrent dans ce repentir peuvent prétendre à la gouverner... »

Nous applaudissons sans réserve à ce noble langage.

LA PRIÈRE PUBLIQUE.

La France traverse depuis plusieurs mois une période continue d'épreuves et de malheurs qui auraient déjà suffi à abattre un peuple, si ce peuple ne portait en lui une force cachée et insondable. Cette force, c'est la prière. En dépit des efforts de l'impiété, qui s'est écriée en son cœur : *Il n'y a point de Dieu!* la France est restée profondément croyante, et elle est toujours le pays des généreuses pensées, des courageux dévouements, de la charité la plus ardente et la plus ingénieuse. Aussi, depuis le commencement de la guerre, que de prières se sont élevées vers le ciel pour demander la victoire et la paix! que de saintes âmes, dans le secret de leur demeure ou prosternées dans nos temples, ont crié au Seigneur pour obtenir la cessation des maux qui nous accablent! que de nobles âmes se sont offertes en holocauste pour le rachat de leurs frères et pour l'expiation du passé!

Certes, nous sommes pénétrés de la plus profonde admiration pour cette prière particulière et individuelle; nous lui croyons un grand mérite auprès de celui qui sonde les cœurs et les reins, et auquel les secrètes pensées de l'homme sont toutes connues. Mais ce n'ést point encore assez: le mal et le désordre ont été publics, la réparation doit être publique aussi. Nous ne sommes point de ceux qui croient que les événements suivent l'impulsion du hasard, et qui n'admettent pas l'intervention mystérieuse de la Providence dans ce qui nous paraît l'œuvre des hommes. C'est comme nation que la France a péché et qu'elle a attiré sur elle les effets de la justice de Dieu; c'est comme nation qu'elle doit s'humilier et implorer sa miséricorde. Que tous les Français s'associent donc de cœur et d'âme pour consacrer un jour spécial à une pénitence solennelle. Que toutes affaires, toutes distractions cessantes, la nation entière s'unisse dans les mêmes sentiments de repentir et d'humilité.

Que du Nord au Midi, de la cime des montagnes aux profondeurs des vallées, dans les chaumières et dans les châteaux, il sorte de toutes les poitrines ce cri de l'enfant prodigue : « Mon père, j'ai péché! » Peut-être le Seigneur attend-il pour nous secourir cet aveu général; peut-être sera-ce le moyen de faire violence au Très-Haut.

Loin de nous cependant la pensée de vouloir présumer des desseins de Dieu et d'assigner à sa miséricorde un jour et un terme! Nous ne sommes point aveugles à ce point, et notre confiance en lui ne peut être ébranlée. Nous savons que le Seigneur aime ses créatures, que dans sa sagesse il règle tout pour leur bien. Notre intelligence trop bornée ne peut le suivre dans les hautes régions où il agit.

Aussi adorerons-nous toujours sa volonté suprême, et répèterons-nous avec le Psalmiste : « Le Seigneur est mon pasteur; aussi, quand je marcherais à travers les ombres de la mort, je ne craindrais rien, parce qu'il est avec moi. »

Et n'en doutez pas, Français, Dieu sauvera la France.

(*Semaine catholique de Lyon.*)

PARTOUT AMENDE HONORABLE.

Il est consolant de voir une croisade d'âmes pieuses conspirer contre l'invasion de l'enfer. Pendant que nos braves soldats se dévouent, risquent leur vie pour défendre l'ordre contre l'anarchie révolutionnaire, le clergé soutient leur courage par une ligue de prières à laquelle participent les fidèles avec empressement. De plus, sur tous les points de la France s'élèvent mille voix pour provoquer une réparation générale faite au nom du pays à Dieu que le pays a offensé. Nous reconnaissons tous que les fléaux qui nous accablent sont trop mérités et, en nous frappant la poitrine, nous voulons apaiser la colère du ciel. Que les Français se regardent comme solidaires dans cette œuvre réparatrice nouvelle dont les méchants riront, et que pourtant nous voudrions rendre utile aux méchants eux-mêmes. Nous citerons ici quelques-uns des projets parvenus à notre connaissance, projets conçus et déjà mis en pratique pour unir les chrétiens dans la prière et les actes qui peuvent nous attirer la bénédiction du ciel et mettre fin à nos maux.

VŒU AU SACRÉ CŒUR DE JÉSUS POUR OBTENIR LA DÉLIVRANCE DU SOUVERAIN PONTIFE ET CELLE DE LA FRANCE. — En présence des malheurs qui désolent la France, et des malheurs plus grands peut-être qui la menacent encore ;

En présence des attentats sacriléges commis à Rome contre les droits de l'Eglise et du Saint-Siége et contre la personne sacrée du Vicaire de Jésus Christ ;

Nous nous humilions devant Dieu, et, réunissant dans notre amour l'Eglise et la Patrie, nous reconnaissons que nous avons été coupables et justement châtiés.

Et pour faire Amende honorable de nos péchés et obtenir de l'infinie miséricorde du Sacré-Cœur de Notre-Seigneur Jésus-Christ le pardon de nos fautes, ainsi que les secours extraordinaires qui seuls peuvent délivrer le Souverain-Pontife de sa captivité, et faire cesser les malheurs de la France, nous promettons, lorsque ces grâces nous auront été accordées, de contribuer selon nos moyens, à l'*érection à Paris* d'un sanctuaire dédié au Sacré-Cœur de Jésus.

Notre Saint-Père le Pape a daigné accorder de grand cœur sa bénédiction à cette œuvre réparatrice : Nos seigneurs les archevêques et évêques de Bourges, Poitiers, Nevers et Valence, ayant pris connaissance de la présente formule, ont daigné permettre que leur adhésion fût publiée. Plusieurs autres prélats ont donné a cette entreprise les plus chaleureux encouragements.

LA FRANCE EUCHARISTIQUE.

La France inébranlablement attachée à sa foi catholique, ayant la loi de Dieu pour règle et Dieu pour bien suprême, toute dévouée à son Eglise et se nourrissant de l'Eucharistie, voilà la vraie France qui, toujours fidèle à ses traditions glorieuses, n'a cessé de vivre et militer pour tout ce qui est immortel et fait la seule grandeur des peuples. Des gouvernements athées peuvent méconnaître cette France, l'humilier, la fouler aux pieds, elle les condamne au nom de sa foi, et, du haut des cieux, Dieu, glorifié par ses luttes pardonne longtemps, pardonne beaucoup en faveur de ses mérites et de ses prières.

Et lorsque Dieu, de loin en loin, laisse tomber ses châtiments sur cette France comme il le faisait sur Israël, c'est afin de la retenir dans ses voies, raviver en elle des vertus qui faiblissent, renouveler en son cœur l'esprit de prière, ranimer sa confiance en Marie, reine du ciel et de la France, et rendre plus ardent en son âme le saint amour de l'Eucharistie, expression la plus haute de la foi catholique, force et vie des grands peuples. *Non est alia natio tam grandis*

Cette France n'est pas seulement le parti de l'ordre, elle en est la base sans laquelle croulerait l'édifice. Elle est notre nation cœur et âme dans ce qu'elle a de plus pur, de plus militant, de plus généreux, de plus dévoué à Dieu et à la patrie. C'est là que Jésus-Christ a ses écrivains, ses orateurs, ses journalistes et tous les nobles disciples qui le confessent sans honte et le défendent sans peur. Là les augustes phalanges du sacerdoce gardiennes de notre foi et de nos mœurs, de l'ordre et de la vraie liberté. Là les saintes milices de tous nos chefs d'institution chrétienne, maîtres et maîtresses qui se consacrent à l'éducation religieuse de nos enfants. Là encore ces femmes courageuses qui marchent à la conquête de toutes les maladies, se vouent à soulager toutes les misères, et dans nos jours, ces multitudes de médecins et d'infirmiers qui, une croix sur leur brassard, prodiguent à nos blessés leurs soins et leurs consolations.

C'est à cette France qui toujours se dévoue, prie, travaille et donne avec un amour inépuisable que nous devons tant et de si belles choses accomplies. C'est de son sein que sont sorties les grandes institutions des *Sœurs de charité* et de la *Propagation de la Foi*, des *Conférences de Saint-Vincent de Paul* et le *Denier de Saint-Pierre*.

A cette France que nous pouvons appeler la France eucharistique, parce que l'Eucharistie est le secret de sa dignité, de sa force, de sa vitalité, de sa grandeur, à elle la vieille devise de la foi bretonne : *Potius mori quàm fœdari*, plutôt la mort que l'apostasie; plutôt notre or et tout notre sang qu'une parcelle de notre foi et de notre honneur. Aussi, comme aux plus beaux âges de notre histoire, voyons-nous de braves et religieux soldats sortis du cœur et des entrailles même de notre peuple, s'élancer comme des lions sur nos champs de bataille, souffrir comme des saints, mourir comme des martyrs.

Oh! les belles âmes et les nobles cœurs que Jésus-Christ se plaît à compter dans cette France qui est vraiment son camp, sa milice, son peuple! Ecoutons un de ses vaillants athlètes jeter aux artisans de la haine et du désordre cette noble et courageuse réponse : « Je ne crois pas à la force mais accepte résigné le mauvais pas que cette force me fait franchir. Vivre de pain et de sel, mais dans le droit chemin, vivre sous l'oppression des ennemis de Dieu, mais dans la grâce de Dieu, ne m'effraie nullement... Je croirais perdre honteusement ma qualité de Français, si je vous permettais de croire que vous pourrez me soustraire à l'obéissance du Pape et de ses successeurs. Vous n'avez pas assez de couperets pour trancher ce lien-là... Pour moi je raisonne mon affaire et je ne prétends à aucune plume civique en vous défiant de faire plier ma conscience et ma foi sous vos ineptes brutalités...

« Quand l'insolence de l'homme a obstinément rejeté Dieu, Dieu lui dit enfin : Que ta volonté soit faite! et le dernier fléau est facile. Ce n'est pas la famine, ce n'est pas la peste, ce n'est pas la mort : c'est l'homme Lorsque l'homme est livré à l'homme, alors on peut dire que l'on connaît la colère de Dieu, et il faudrait désespérer de la race humaine si Dieu pouvait cesser d'être clément... grâces à lui, son Eucharistie restera toujours sur la terre pour qu'il y puisse toujours rester des hommes. Une folie abominable peut raser les temples, l'Eucharistie échappe à ses atteintes. Elle a échappé aux gens de Néron, elle échappera aux hommes de nos révolutions. Quelques grains de blé broyés entre deux cailloux, quelques grains de raisin dérobés en fuyant suffisent au mystère de la présence réelle, et ce pain nourrira des hommes qui seront plus forts que tous leurs persécuteurs. »

Oui, l'Eucharistie, notre chère et divine Eucharistie, voilà tout notre espoir. Avec elle nos catacombes seront toujours un paradis et nos Colisées le vestibule du ciel.

L'Eucharistie c'est Dieu, et Dieu est toute force, toute vie, tout courage, toute consolation dans le temps, le ciel dans l'éternité. En deçà comme en delà de la tombe, il n'y a qu'une vie, une vie éternelle, c'est l'union avec le Christ, et il n'y a pas de lien, pas de force, pas de chaînes, pas de glaives qui puissent, si nous le voulons, nous séparer de la charité de Jésus-Christ.

Autrefois, dit Monseigneur Pichenot dans son beau livre l'*Evangile de l'Eucharistie*, nos valeureuses légions faisaient déposer l'adorable Eucharistie dans les plis de leur étendard, afin de triompher plus sûrement au combat. Fils des croisés, enfants des saints, emportons-nous aussi l'Eucharistie dans les plis de notre âme et nous saurons avec Jésus-Christ souffrir et combattre.

La France, née du baptême de Clovis et de ses fiers Sicambres ne fut jamais plus belle que sous la blanche tunique du bain régénérateur et allant pieusement recevoir le pain eucharistique. Ce fut là son jour natal, son plus beau jour, et elle n'a cessé de vivre de la foi et de l'amour que ses pères vouèrent alors à Jésus-Christ.

Du jour où elle mentirait à ces promesses de son baptême, elle ne serait plus la nation forte et vaillante, l'élue et la bien-aimée de Dieu, elle ne serait plus la France. C'est sa foi qui lui donne son droit d'aînesse parmi les nations, c'est l'Eucharistie aussi qui est son blason divin et qui seule peut lui donner la paix et rassasier son éternelle faim de vérité, de liberté, de prospérité.

LE PAIN DES FORTS.

Si jamais il fut vrai de dire que la vie est un combat, n'est-ce pas aux jours où nous sommes? La France presque entière n'est qu'un immense champ de bataille, et le contre-coup douloureux de la grande lutte est partout : partout des cœurs déchirés versant des pleurs qui se mêlent au sang, partout des âmes qui s'immolent en sacrifiant à la patrie ceux qu'elles aiment mille fois plus que la vie.

Voici donc plus que jamais l'heure où nous avons besoin du *pain des forts*. Au combat, il faut des vaillants, et le pays a besoin de braves, non pas seulement pour aller au feu, et présenter un invincible rempart de poitrines vaillantes à l'ennemi ; mais il faut de braves cœurs, partout des âmes vaillantes, pour souffrir, pour se dévouer, pour porter virilement leur part d'épreuves et de sacrifices, pour donner généreusement à Dieu, au devoir, à nos frères, à la patrie, tout ce que nous pouvons donner. Verser son sang n'est pas toujours ce qu'il y a de plus héroïque, il y a des angoisses qui font mourir mille fois, il y a des deuils qui feraient trouver la mort bien douce.

Ah! qui donnera à toute cette immense famille qui souffre et qui lutte, qui pleure et qui combat, qui se dévoue et qui meurt, qui donnera la force et la consolation, le pain qui renouvelle toutes les nobles énergies de l'âme, le pain qui nourrit l'invincible confiance et qui fait les héros et les martyrs!...

Les martyrs! Certes, voilà bien la grande armée des forts, des vaillants! Quels combats! quelles souffrances! et quelles victoires!... Ils virent se lever contre eux le monde entier, ils virent les tourments et la mort, et ils n'eurent pas peur, et des enfants et des femmes allèrent aux luttes sanglantes comme à une fête. Toute force humaine se trouva faible devant ces désarmés que la foi et l'amour rendirent invincibles.

Mais encore, d'où venait le prodige, et quoi donc changeait ainsi les agneaux du Christ en lions triomphants? Qui ne le sait?...

Sous les voûtes des catacombes, au fond des cachots, à l'ombre de la nuit, la famille du Christ, les frères qui n'avaient qu'un cœur et qu'une âme se pressaient à genoux autour d'un tombeau qui devenait un autel, et ils mangeaient le *pain du ciel*, et ils enivraient leurs âmes au calice divin, et ils se relevaient plus forts que la mort.

Aux beaux âges de notre patrie, alors que le peuple franc, vrai chevalier du Christ, marchait en tête de l'Europe à la glorieuse délivrance de son tombeau, aux jours héroïques de Godefroy de Bouillon et de saint Louis, où puisait-elle, notre France, son merveilleux élan et sa vaillance glorieuse. Ah ! le *pain des forts* voyageait avec les soldats de la croix : le tabernacle était au milieu du camp des chrétiens, et il en sortait à toute heure le viatique du courage et de l'immortelle vie...

Grâce à Dieu et au dévouement catholique, nos pauvres soldats le trouveront maintenant parmi leurs souffrances et leurs périls ; le prêtre de Jésus-Christ est avec eux ; sous la tente du campement ou de l'ambulance, sur le champ de bataille même, le brave enfant qui se bat et qui meurt trouvera le divin viatique de l'âme, le Dieu de sa mère et de sa première communion relèvera son âme et doublera son courage.

Mais tous, ne sommes-nous pas soldats à cette heure, et n'avons-nous pas besoin de courage : allons donc à la table de Dieu ; donnons souvent à notre âme le *pain des forts*, de peur qu'elle ne tombe en défaillance sur le chemin de l'épreuve et des grandes douleurs. On a fort bien dit que la croix porte les croix, la divine hostie adoucit tous les sacrifices, le calice de Jésus Christ a du baume pour toutes les blessures ; près de son cœur on pleure encore, mais les larmes, mêlées à son amour, ne sont pas sans douceur, et ses divines plaies guérissent toujours les nôtres.

Au reste, n'oublions pas que le Dieu de l'Eucharistie aime la France entre tous les autres peuples ; n'est-ce pas elle qui va planter la croix et le tabernacle sur tous les rivages ; n'est-ce pas elle qui porte le *pain de vie* aux nations lointaines, avec le rayon de lumière ?

N'est-ce pas par ses mains surtout que le divin sacrifice fait le tour du monde, et que s'immole nuit et jour la sainte victime qui sauve l'univers ?...

O *pain des forts*, multipliez les vaillantes âmes parmi nous, ranimez la confiance, consolez les douleurs, soyez pour tous le salut et la vie.

L. P.

(*Semaine catholique de Lyon.*)

II

NOS SEIGNEURS LES ÉVÊQUES, NOS RELIGIEUX, NOS PRÊTRES, NOS SÉMINARISTES

LE PATRIOTISME CHRÉTIEN

— Nos amis liront avec bonheur ces éloquentes pages d'un éminent Pontife, enfant de l'église de Lyon, Mgr David, évêque de Saint-Brieuc.

Trois mots résument à cette heure décisive nos devoirs : PRIONS, ESPÉRONS, AGISSONS.

I. Prions d'abord, N. T.-C. F. Avant tout, élevons nos mains et nos regards vers le ciel pour en faire descendre le secours. *Si Dieu est avec nous, qui tiendra contre nous*? Appelons sur l'armée nouvelle ces bénédictions puissantes qui changent tout-à-coup le sort des batailles.

Il en est qui parlent à une nation catholique, à une dont les fils combattent et meurent en invoquant J.-C., et qui s'étudient à ne jamais prononcer le nom de Dieu ; ils balbutient je ne sais quels mots vides, empruntés à la langue païenne. Quel douloureux aveuglement ! Comme c'est peu comprendre l'âme religieuse de notre grand pays ! Comme il traduit mieux le sentiment national, le héros, gloire de notre Bretagne, qui a pris pour cri d'armes cette parole : AVEC L'AIDE DE DIEU POUR LA PATRIE !

Quant à nous, N. T.-C. F., ayons-le, ce nom sacré, sur les lèvres et dans le cœur ; faisons-le monter comme un cri immense de la terre au ciel pour qu'il redescende sur nos armées en miracles de courage ! Relisons les pages palpitantes de l'histoire des Machabées ; nous y verrons comment une poignée d'hommes sait forcer la victoire à servir le bon droit. Mais le secret de leur héroïsme nous est livré par l'Écrivain sacré ; *leurs mains combattaient*, tandis que *leurs cœurs priaient*. Si notre Bretagne excite en ce moment l'admiration et la reconnaissance du pays, cherchez-en la cause dans sa foi. Si ses enfants donnent leur sang si généreusement à la patrie, c'est qu'ils ont la conviction d'accomplir un devoir religieux, le devoir d'aimer et de défendre la patrie jusqu'à la mort, c'est que leurs prêtres sont à côté d'eux sur le champ de bataille ou dans les ambulances pour leur ouvrir le ciel. Malheur à nous, si nous rougissons d'invoquer Dieu à haute voix ! Malheur à nous, si tandis que nos frères combattent dans l'arène, nous ne tenons pas, comme Moïse, nos bras tournés vers *ces hauteurs sacrées d'où* seulement *peut venir à nous le salut*. C'est de nos aïeux dans la foi que l'Écriture a dit : « Ils allaient pleins d'ardeur, portant avec eux l'aide du ciel et la pitié de Dieu, et, comme des lions, ils se précipitaient sur les ennemis. » Que chaque jour le chrétien, dans son incessante prière, appelle sur nos soldats la protection divine ; que toutes nos âmes pieuses dirigent vers ce but leurs mérites et leurs sacrifices ; qu'une sainte conspiration de supplications arrache à la volonté divine ce qu'elle aime à se laisser ravir.

Prions donc ; c'est le devoir, mais c'est aussi l'espérance.

II. Espérons, oui, espérons. Quelques-uns ont prononcé des paroles de découragement ; ils regardent comme un héroïsme insensé, parce qu'il est inutile, la résistance organisée par la nation. Ils veulent que la France, se prêtant à tous les caprices de la force brutale, s'agenouille devant ses farouches vainqueurs et les fléchisse à force d'abaissement ; que la Lorraine, la Champagne, l'Alsace, ces héroïques provinces, soient livrées à l'étranger, comme si une mère consentait jamais à se racheter, en vendant ses propres enfants !

Pour nous, tout en respectant les opinions consciencieuses, nous repoussons énergiquement cette politique de désespoir.

Pourquoi ? Parce que la paix à l'heure présente ne serait qu'une halte mensongère entre la guerre actuelle, et une guerre plus formidable où couleraient de nouveaux fleuves de sang ; parce que la France, avec son caractère et sa fierté nationale, n'aurait pas une heure de repos, et jour et nuit ne songerait à autre chose qu'à préparer ses armes pour engager une lutte nouvelle, acharnée, décisive. Où serait donc l'avantage ?

Pourquoi ? Parce que, dans notre situation, il suffirait d'un succès sérieux pour jeter le doute et la terreur chez nos ennemis. Ils s'attendaient à voir s'ouvrir les portes de la capitale à leur seule approche; ils annonçaient que la France expirante allait leur tendre les bras et mendier une paix qu'ils lui vendraient au poids de son honneur et de ses dernières ressources. Non-seulement Paris est encore debout, invincible, élargissant chaque jour sa ceinture de fer et de flamme; mais chaque jour aussi nos armées d'opération s'organisent, se disciplinent, s'aguerrissent, s'agrandissent par de nouveaux renforts. Encore quelque temps, et un vaste cercle de feu va enfermer à leur tour les envahisseurs. Nos armées ont des insuccès partiels et des hésitations, comme tout ce qui est jeune et inexpérimenté; mais elles ont aussi le feu sacré du patriotisme, et le lendemain d'un échec, elles se relèvent, se reforment et reprennent l'offensive, plus altérées de combattre. La France avait des partis qui nourrissaient, comme tous les partis chez nous, d'ardentes espérances. Elle les appelle à son aide, et tous, oubliant ce qui les divise, se lèvent et se réunissent sous le même drapeau. C'est un grand et noble spectacle que celui-là! Un pays privé de ses armées, de son matériel de guerre, de ses places fortes, n'ayant plus que des gardes nationaux ou des enfants à opposer au plus formidable torrent d'hommes dont l'Europe ait été inondée jusqu'à ce jour, et qui ne désespère pas, et qui en trois mois fait lever douze cent mille soldats, crée une artillerie que l'ennemi regarde déjà avec terreur, et se précipite sur vingt champs de bataille avec l'enthousiasme d'une jeune nation. Cela est beau, cela est grand! Un peuple qui fait cela n'est pas abandonné de Dieu, ni destiné à périr. La Providence le montrera bientôt avec éclat! Les sacrifices sont cruels, mais le résultat sera digne de nous; l'honneur du pays est la meilleure part de sa grandeur, et n'est-ce pas, après tout, avec des larmes et du sang, que l'on conquiert la paix, celle de l'âme comme celle des sociétés?

Toutes les fois qu'une nation s'amollit dans les folles jouissances, que sa moralité s'abaisse, qu'elle se détourne du ciel pour ne plus voir que la matière, que fait Dieu pour la relever? Il fait sonner pour elle l'heure de la lutte et de la souffrance; il la jette sur les champs de bataille pour qu'elle se purifie et se retrempe, à force d'énergie, de patience, de mépris de la mort. Cette œuvre miséricordieuse et douloureuse s'accomplit en ce moment. La justice divine, d'accord avec l'infinie bonté, nous force à nous racheter par la douleur et le sang versé, et nos douleurs mêmes sont notre motif d'espérer.

Oui, répétons-le, quant à nous, nous espérons. Nous voyons nos maux effrayants, la profondeur et l'immensité de nos désastres, et malgré tout, nous espérons!

Le tableau de la France, debout, sanglante, le sein déchiré, mais appelant Dieu à son aide, et entourée de ses enfants prêts à mourir, ce tableau, le ciel le voit, le monde l'admire; un seul trait y manque que la Providence, nous le croyons, y ajoutera : la couronne de la victoire sur le front de la Patrie délivrée!

Prions, espérons, mais aussi agissons.

III. De quelle action parlons-nous ici, N.-T.-C. F.? De celle qui prête son concours à l'œuvre de la défense commune, qui accepte sans murmurer les durs sacrifices qu'elle exige. Nous parlons des devoirs de citoyen que chacun doit accomplir sans se plaindre, parce que la Patrie a le droit de les commander. Ces sacrifices, ces devoirs, la Religion elle même les impose. Bossuet n'a été que l'organe fidèle de la morale évangélique, quand il a formulé dans sa *Politique Sacrée* cette proposition : IL FAUT ÊTRE BON CITOYEN, ET SACRIFIER A LA PATRIE DANS LE BESOIN TOUT CE QU'ON A, ET SA PROPRE VIE. (Liv. I. Art. VI.)

Femmes et mères chrétiennes, vous qui chaque jour tremblez et priez pour vos enfants, vos frères, vos époux, élevez votre cœur à la hauteur des devoirs que Dieu leur impose et qu'ils remplissent avec tant d'héroïsme ! Ah ! nous comprenons bien les angoisses qui vous déchirent, et pourtant c'est sur vous que nous comptons pour multiplier les chances de salut. C'est à vous que Dieu a confié la haute et douce mission de tout relever, de tout consoler, encourager tous les dévouements, même ceux dont votre cœur est brisé. Tandis qu'ils combattent, continuez à vous organiser en comités de charité et de travail pour préparer les chauds vêtements que les rigueurs de la saison rendent si nécessaires au pauvre soldat, le linge et la charpie pour les blessés. Que pas un murmure ne tombe de vos lèvres ; que vos larmes mêmes ne coulent que devant Dieu, de peur d'amollir les courages autour de vous ! Rappelez-vous cette mère sublime de l'Écriture, qui après avoir vu mourir sous ses yeux ses six enfants, disait au dernier : « Courage, mon fils, et regarde le ciel. Sois digne de tes frères, afin que je te retrouve avec eux dans la miséricorde de Dieu. » Et, fortifié par ces paroles, le jeune homme répondait à ses bourreaux : « Qu'attendez-vous ! Je vous livre ma vie pour rester fidèle aux lois de mon pays, à l'exemple de mes frères. » Car, ne vous y trompez pas, mourir, avec le nom de Dieu dans le cœur, pour défendre sa patrie, c'est mourir pour la justice, c'est être martyr du devoir, c'est acquérir des droits à l'éternelle récompense !

Monseigneur termine par un chaleureux appel à la charité en faveur de nos prisonniers :

Pauvres captifs, chers enfants de notre France, dans ces fêtes de Noël et de l'Épiphanie, fêtes si douces à tout chrétien, ils pensent au foyer de la famille, à leurs frères, à leurs sœurs, à leur père, à leur mère, réunis autour de l'âtre pétillant. Comme une place au milieu de tout ce qu'ils aiment, dans la plus humble des chaumières, leur semblerait douce et digne d'envie ! Hélas ! quand seront-ils de retour ! quand viendront-ils s'agenouiller dans l'église de leur paroisse, mille fois plus belle à leurs yeux que ces magnifiques cathédrales, chefs-d'œuvre de l'art catholique, dont l'Allemagne devenue en majorité protestante est encore parsemée ! Ce jour-là toutes les fatigues et tous les dangers seront oubliés et changés en joie !

En attendant, ils ont faim, ils ont froid, ils subissent les intempéries de la saison; pas un regard ami qui s'arrête sur eux pour leur dire : Courage! leur âme est triste, elle soupire après la patrie absente, si loin des yeux et si près du cœur!

Venons à leur aide, N. T.-C. F., et hâtons-nous. Une œuvre touchante s'est formée sur plusieurs points de la France pour leur porter secours. Lyon, la ville des œuvres de charité, a pris l'initiative. Là, des hommes de dévouement, moitié laïques moitié ecclésiastiques, parlant facilement la langue allemande, sont partis, bientôt suivis par d'autres, pour visiter les villes et les camps où sont internés nos prisonniers. C'est à cette œuvre, à laquelle le gouvernement de Bordeaux a garanti son concours, que nous nous proposons d'envoyer les ressources que votre charité nous fournira.

LETTRE PASTORALE DE MONSEIGNEUR L'ARCHEVÊQUE DE PARIS.

« Paris, le 8 septembre 1870.

» Monsieur le Curé,

» Dieu et patrie! Ces mots, les plus grands de la langue humaine, je ne les ai jamais prononcés avec plus d'émotion qu'aujourd'hui. La patrie est envahie par l'étranger et menacée dans sa capitale; les efforts de notre héroïque armée, écrasée, mais invaincue, n'ont pu nous sauver de cette humiliation. Ces coups portés à la France retentissent douloureusement dans le cœur de tous ses fils, et il n'est rien qu'ils ne soient prêts à entreprendre, de concert avec le gouvernement de la défense nationale, pour le salut de leur cher pays.

» Ce que nous avons à faire, monsieur le Curé, dans cette crise terrible, c'est de porter à nos vaillants soldats, dans les forts et sur les remparts, les secours et les consolations de notre ministère; c'est de soulager les blessés et de venir en aide à leur famille et surtout à leurs enfants; c'est d'encourager la population et de la soutenir dans sa généreuse résistance aux attaques de l'étranger; c'est enfin de prier Dieu, suprême arbitre de nos destinées.

J'ai offert, pour être convertis en ambulance, les établissements diocésains, où tous les soins corporels et spirituels seront prodigués aux blessés. Une œuvre est en voie de création pour les pauvres orphelins que nous laissera la guerre; je m'y suis associé, en promettant que vous y prendrez part dans la mesure de vos forces. En un mot, nous ferons ce qui est en notre pouvoir pour supporter virilement et pour alléger, en faveur de nos frères, l'épreuve inouïe que la Providence nous envoie.

» Mais tout en remplissant avec courage les devoirs que cette épreuve nous impose, nous supplierons Dieu de la faire finir. Les habitants de cette grande cité ne refuseront pas de s'unir à nous dans la prière : les esprits les plus élevés s'accordent avec les cœurs les plus pieux pour se reporter ensemble vers le ciel dans des circonstances difficiles comme celles que nous traversons. La faiblesse de l'homme fait mieux sentir à tout le monde la puissance de Dieu.

» J'ai prescrit déjà, pour le succès de nos armes et pour le rétablissement de la paix, des prières qui seront continuées, tous les jours, à la messe. En outre, aux saluts du saint Sacrement, on chantera, après l'antienne *Da pacem* et le verset *Fiat pax in virtute tuâ*, l'oraison *Deus qui consteris bella*, et immédiatement avant la bénédiction, le *Parce, Domine*, répété trois fois. On chantera, les dimanches et fêtes, à la messe de paroisse et aux saluts du saint Sacrement, le *Domine, salvum fac Rempublicam*, avec le verset *Salvum fac populum tuum, Domine*, et l'oraison *Deus à quo sancta desideria, recta consilia et justa sunt opera*..

» Une seule chose doit nous occuper tous et nous réunir fraternellement dans une commune prière et un commun effort : c'est de sauver la France, en sauvant Paris. Que Dieu protége notre pays et vienne en aide, par ses lumières et sa force, à ceux qui travaillent à le défendre !

» Agréez, monsieur le Curé, l'assurance de mes sentiments les plus affectueux et les plus dévoués.

» † GEORGES, *archevêque de Paris.* »

— On sait que les établissements diocésains ont été mis par Mgr l'archevêque à la disposition du ministère de la guerre pour servir d'ambulances. Le séminaire de Saint-Sulpice va être occupé. Des prêtres et des clercs se sont chargés de remplir auprès de nos pauvres blessés les fonctions d'aumôniers et d'infirmiers.

RELIGION ET PATRIE.

On lira avec bonheur cette éloquente lettre de l'évêque d'Orléans :

Mes Très-Chers Frères,

A peine de retour au milieu de vous, je suis saisi par les pensées qui préoccupent tous les esprits, émeuvent tous les cœurs ..

... Séparé de vous depuis huit mois, et mêlé à d'immenses travaux, dont j'aurai bientôt le devoir de vous entretenir, lorsque l'heure du recueillement sera venue ; au milieu de ces graves discussions, qui ne ressemblent guère aux luttes de la terre, parce qu'elles ne se terminent point par des triomphes personnels, mais par la victoire de la foi et de Dieu seul dans sa volonté sainte, je n'ai pas un seul jour oublié notre chère France, et je me trouvais plus tendrement attaché à la terre natale à mesure que j'en demeurais plus longtemps éloigné.

Avec une ardeur que l'âge et les fatigues ne parviennent pas à glacer, j'ai suivi la patrie dans ses labeurs pour retrouver la juste liberté dont elle est digne, dans ses efforts pour résister au désordre, dans ses inquiétudes pour la moisson menacée de nos champs, dans ses résolutions en face d'une guerre soudaine. Mon pied, en touchant le sol de la patrie, l'a trouvé frémissant; et aussitôt mon âme s'est animée de tous les sentiments qui passionnent en ce moment les âmes françaises, et je ne me suis jamais senti plus porté que dans cette heure solennelle et douloureuse à aimer notre patrie et à tout offrir pour elle, mes vœux, mes prières, mes humbles dons.

Et toutefois, mes frères, n'attendez pas d'un évêque qu'il admire la guerre! Non! en face du Dieu qui versa son sang pour réconcilier les hommes, je déplore ce douloureux mystère de la guerre, et tous, prêtres et évêques, nous prions chaque jour afin qu'elle soit évitée, supprimée même s'il se pouvait!

Qui ne serait triste pour les hommes si fiers de leur civilisation, et qui n'ont pu encore effacer la guerre de leur histoire? Qui ne serait triste surtout pour les chrétiens, dont les cœurs n'ont pas su encore faire avancer jusque-là leur Evangile, qui se nomme cependant l'Evangile de la paix? Qui n'aspirerait, de toute l'ardeur de ses désirs, au moment où les peuples remplaceront la force et le triomphe des armes par la force pacifique et le triomphe du droit, et, du moins, chez les nations chrétiennes, par le respect inviolable de la justice? Hélas! hélas! quand les hommes cesseront-ils de s'exterminer les uns les autres, et, même dans la paix, de s'épuiser eux-mêmes par le venin des haines stériles et par le fardeau des armements démesurés? Ils sont accablés du poids de leur mortalité, et parfois ils semblent avoir hâte de se détruire! Comme s'il ne se trouvaient pas assez mortels, ils inventent de nouvelles morts : ils augmentent à plaisir les maux déjà si grands de l'humanité; et à l'heure où je parle, un des efforts de leur génie, un des progrès les plus vantés de l'industrie humaine, c'est de créer des engins de meurtre tels que nul avant nous ne les imagina jamais; c'est, dans un seul coup, de multiplier les coups mortels, à ce point que notre première bataille est un *inconnu* qui défie toute prévoyance! Ah! pour moi, je ne puis dire à quel degré la mort, même glorieuse, de tant de milliers de beaux et braves jeunes gens, pèse douloureusement sur mon âme, au moment où je les poursuis de mon inconsolable admiration. Il me semble que le Rhin coule du sang! Non, qu'on ne me demande pas d'admirer la guerre!

Et cependant, qui donc, en déplorant la guerre, n'admirerait l'armée? la valeur, le dévouement militaire, la vertu du soldat, le génie des chefs, la justice, la grandeur d'une lutte, l'immolation du sacrifice? Ne me parlez pas de l'horreur sublime de la canonnade et des prodiges de la violence aveugle; n'espérez pas m'arracher un applaudissement pour le carnage! Mais dites-moi que ce pauvre paysan français a donné son fils sans murmurer, que cet enfant a quitté son hameau pour traverser des pays inconnus, qu'il a marché le jour et la nuit, obéissant, silencieux et gai, pour attaquer une redoute sans nom, et que là, sous le feu, pour sauver un lambeau de toile teint aux couleurs nationales, et qui s'appelle le drapeau de la France, il s'est fait hâcher dans un fossé, ou qu'échappé à la mort, il est revenu sans récompense reprendre au sillon paternel la charrue et la bêche

Ah! cela, je l'admire... cela est l'héroïsme! Dites-moi qu'au milieu de la mitraille le général, conservant son sang froid, a conduit ses hommes à l'assaut, avec ce coup d'œil sûr et pénétrant qui fait vaincre dans les batailles, et déployé toutes les ressources de l'esprit le plus libre face à face avec la mort! Dites-moi que les nobles descendants des races françaises les plus illustres, enrôlés volontairement, quittent tout, librement, Paris, ses plaisirs, leur opulence, leurs brillantes demeures, plusieurs même leurs femmes et leurs enfants, pour voler sur les bords du Rhin, se montrer toujours dignes de leur nom, et transmettre à leurs fils, avec le souvenir des preux, l'antique héritage de leur valeur! Dites-moi surtout que les armées ne pillent plus, ne répandent plus la haine et la vengeance, qu'elles respectent l'ennemi, le blessé, la terre étrangère! Oh! alors, mon patriotisme enthousiaste salue ce paysan obscur, ces jeunes héros, ces généraux habiles, cette guerre juste, cette armée modérée, parce que j'aime le sacrifice, le génie, le progrès et la France.

Et alors je prie Dieu avec ardeur pour le triomphe de la justice et pour la glorieuse armée qui va combattre et souffrir pour nous l'assurer.

C'est Dieu, en effet, mes frères, qui inspire les courages et qui fait les peuples vaillants. C'est lui qui donne à la France ces vertus guerrières, si méritoires, cette intrépidité sans peur, cette vigueur invincible, et puis, quand il le faut, cette patience, cette constance qui triomphe à la longue des plus terribles obstacles?

Notre nation surtout est riche et fière plus qu'aucune de ces glorieuses faveurs du Dieu des armées. Oui, au milieu des hommages que nos alliés et nos ennemis même nous rendent, il nous est permis de dire qu'entre toutes les nations la France doit chanter avec reconnaissance cet ancien hymne d'un soldat inspiré : « Béni soit le Seigneur mon Dieu, qui a donné la force a mon bras pour la guerre, et forme mes mains au combat! *Benedictus Dominus Deus meus, qui docet manus meas ad prælium, et digitos meos ad bellum!* »

Merveilleuse disposition de la Providence, qui donne à chaque peuple son génie, son caractère particulier! Dieu a voulu que la vertu guerrière brillât chez nous par excellence, et on dirait qu'il s'est plu à former de ses mains puissantes cette nation courageuse dont le sang noblement répandu a illustré tant de batailles, en Orient, en Occident, en Europe, en Afrique, dans le monde entier! Que de grands capitaines, que de princes belliqueux, que d'héroïques soldats dans cette race franque, depuis Clovis jusqu'à nos jours!

Toutes ces grandes nations, si diverses et toujours si vives, ne font-elles pas voir au monde que les armées françaises sont comme des corps immortels, qui, se renouvelant d'âge en âge et toujours dans la même trempe et dans le même esprit, depuis Tolbiac jusqu'à Sébastopol, rendent immortels aussi parmi nous, dans les hautes vues de la Providence, le service du courage et de l'honneur des guerriers?

Bossuet signalait autrefois comme le caractère propre de la valeur française cette ardeur indomptable, *ces vives et impétueuses saillies, qui ne sont arrêtées, ni par fleuves, ni par montagnes, ni par précipices.* Comment n'en être pas fier quand on porte dans sa poitrine un cœur français?

Je l'avoue même en ce moment, je ne puis demeurer insensible au cri d'honneur blessé, aux motifs d'indépendance inquiète et d'injustices longtemps ressenties qui ont enfin contraint la France à mettre l'épée à la main. J'ai souvent, j'ai hautement protesté contre ces odieux retours au brigandage politique des temps et des pays les moins civilisés, contre ces abus de la force et ces jeux de la ruse, qui ont, au mépris des traités et des serments, fait tant de révolutions et de ruines, humilié, renversé tant d'États.

Je ne fais pas de politique, et je ne me demande pas de quel système politique le drapeau se plante ici ou là, mais j'ai le devoir de crier contre l'injustice, lorsque je vois les petits écrasés, les faibles anéantis, l'iniquité envahir les esprits, les grands territoires se faire, l'honneur et les grands principes se défaire. En s'opposant à ces procédés audacieux et malfaisants, qu'elle a trop longtemps tolérés, la France défend tout à la fois ses intérêts, le droit public, la paix commune.

Mais certes, je puis encore bien moins demeurer insensible aux nobles sentiments qui, en ce moment, s'emparent des âmes, entraînent et soulèvent la nation tout entière. J'assiste avec plaisir à la transformation de la race des jeunes gens inutiles et à l'apaisement momentané des impiétés déclamatoires. La guerre a fait passer sur nos têtes à tous un souffle religieux. Chacun comprend mieux ses devoirs et aussi ses limites. Les mains oisives vont s'armer et les mains qui vont se battre s'élèvent vers le ciel.

Saint Augustin dit que la terre est agitée par les guerres, comme la mer par les tempêtes. Cela est vrai, et le genre humain a ses orages : tels sont ces jours où le ciel semble couvert de tous côtés, et où tout paraît entraîné tout-à-coup dans un tourbillon de guerre terrible. Mais alors, comme à l'heure des noires tempêtes, on se recueille et on prie. La prière devient universelle : à ce moment suprême les cœurs ne connaissent plus le doute, ils montent dans le silence de l'adoration vers le grand maître des destinées, et les plus braves se disposent à mourir plus vaillamment pour la patrie, en se réconciliant avec celui qui commande et bénit le glorieux sacrifice du sang.

Elevé par le péril jusqu'à Dieu, chacun se sent aussi ramené par le dévouement vers ses frères : chacun s'interroge et cherche par quels dons, par quels concours, par quels sacrifices il peut servir la patrie. Celui-ci donne son enfant et celui-ci sa fortune.

On avance le paiement des impôts, on entretient des volontaires, on prépare le pain des veuves et des orphelins. Une admirable *Société internationale de secours aux blessés*, que je ne puis assez recommander et bénir, organise des ambulances volontaires. Les prêtres s'enrôlent au service des mourants. Le régiment des sœurs de la charité se présente avec le cœur et les armes du ciel pour panser les plaies et consoler les douleurs. Les vieux généraux redemandent à servir. Les femmes, les jeunes filles, les médecins, les artistes, les industriels rivalisent de zèle ingénieux. Conduits par d'admirables chefs, les soldats partent au milieu des cris d'enthousiasme, des adieux fraternels, des vœux patriotiques. Toute la terre française est ébranlée par un effort gigantesque, et l'on sent dans l'air un courant indescriptible, solennel et entraînant, grave et joyeux, religieux et fraternel, martial et confiant, terrible et doux, esprit vraiment français, qui voit les horreurs de la mort par les beautés du sacrifice, transforme les victimes en héros, et fait de la nation tout entière, frissonnante et sublime, l'armée de réserve de l'armée de combat.

On a dit quelque part que les guerres sont les jeux du démon : *Ludi dœmonum*. Non, il est plus vrai de dire qu'elles sont une épreuve de Dieu, une épreuve de sa justice, mais dans laquelle il ne met pas en oubli sa miséricorde. Dieu, dit saint Augustin, partage les temps entre sa miséricorde et sa justice. Tantôt il éprouve le genre humain par les guerres, et tantôt il le console par la paix. Mais la nécessité des guerres, ajoute ce saint docteur, loin d'adoucir ces grandes calamités, est au contraire ce qu'elles ont de plus rigoureux, puisqu'il n'y a rien de plus déplorable dans les maux que de ne pouvoir les prévenir par la sagesse.

« Les princes sages, dit-il enfin, font des guerres justes ; mais comme les plus sages sont ceux qui se souviennent le plus qu'ils sont hommes, leur peine n'en est que plus grande de se voir réduits à soutenir des guerres nécessaires... Souffrir ou voir de si grands maux sans en être affligé, ce serait être d'autant plus malheureux qu'on aurait perdu jusqu'au sentiment de l'humanité. »

Mon Dieu ! abaissez donc vos regards sur nous ! répandez vos bénédictions sur ces milliers de bras français qui, à l'heure où j'écris ces lignes, travaillent et s'arment pour la patrie, sur ces rudes moissonneurs de nos champs, qui fauchent dans les sillons desséchés une maigre récolte, et sur ces braves jeunes gens qui quittent la faucille, prennent le sabre et se précipitent à la frontière. Dieu des moissons, Dieu des combats, bénissez nos outils et bénissez nos armes, accordez à la France, à la fin de cette terrible année, du pain, la victoire et la paix.

Faites triompher la justice, ô mon Dieu! par les mains de la France, et délivrez-nous bientôt du fléau de la guerre mérité par nos fautes, déploré par nos cœurs. Faites triompher, à l'aide de ces leçons sanglantes, l'esprit de paix que votre divin Fils a répandu dans le monde. Bannissez l'esprit d'ambition et de conquête, qui, dans les rapports et la pondération des États modernes, ne peut exister chez une nation sans « nécessiter partout des arguments exagérés, et faire de l'Europe un camp où règnent l'incertitude et la crainte du lendemain. » Faites enfin cesser « cet état précaire, où toutes les nations emploient leurs ressources à s'armer les unes contre les autres. »

Un héroïque archevêque de Paris disait en recevant le coup mortel : « Puisse mon sang être le dernier versé ! » Ah ! faites que cette guerre formidable soit la dernière entre les peuples de l'Europe, et qu'elle rétablisse enfin un ordre et un bonheur durables ! Daignez, Seigneur, exaucer les vœux que nous vous adressons pour la victoire de notre cause, et les vœux plus ardents encore que nous formons pour la paix du monde ! Bénissez nos soldats, bénissez les mères, les épouses, les familles de nos soldats, et que ceux qui recevront la mort tombent dans vos bras, mon Dieu, et reposent dans votre sein !

FOI ET PATRIOTISME.

— Il y a peu de jours, la cathédrale de Tulle voyait réunis les officiers de la garde mobilisée et un grand nombre de soldats. L'évêque bénit leur étendard, puis il prononça cette éloquente allocution :

« Plus heureux que l'ange, mes chers enfants, vous pouvez donner du sang : Ah ! soyez fiers de cette supériorité, elle vous rapproche de Jésus-Christ. Michel, à la tête des anges fidèles, luttait pour la gloire du Verbe, mais il lui était impossible d'orner sa victoire de la pourpre brillante des combats de la terre. Esprit pur, un flot généreux ne saurait couler de ses membres blessés ; et cependant Jésus-Christ, qui s'entend en grandeur, semble avoir décidé, par son sublime exemple, que le plus bel ornement du guerrier sera l'effusion de son sang.

» Cette imitation magnifique de Jésus-Christ, ce dernier degré de l'héroïsme, vous pouvez l'atteindre, vous, beaux jeunes hommes, en offrant votre poitrine vaillante au fer ennemi. Oui, votre front peut être ensanglanté comme le front du Verbe mourant, votre main percée comme sa main, votre cœur ouvert et ruisselant de sang comme l'adorable cœur du Christ! Ah! s'il vous arrive de tomber, si l'ennemi vous fait de cruelles blessures, prenez ce sang dans vos mains, jetez-le avec amour vers le ciel, et criez : « Oh ! » mon Dieu, accueillez ces représailles de ma foi ! Vous m'avez » donné votre sang, voici le mien. Sauvez la France! »

« Sachez-le, ce n'est pas un malheur de mourir sur un champ de bataille : le martyr est là, si la foi sait éclairer le courage. Un barbare insolent souille de son pied impie notre France bien-aimée, la terre des saints, le foyer du peuple substantiel dans la foi : *populus substantialis in fide*. Marchez contre ces hordes en soldats chrétiens.

» Ah ! le soldat chrétien ! Savez-vous qu'il est né dans cette province lémovice ! Savez-vous que le type illustre du soldat de Clovis, de Charlemagne, de saint Louis et des croisades est comme un germe splendide éclos pour la première fois sur les terres évangélisées par saint Martial ! Ecoutez, et connaissez vos gloires, enfants du Limousin !

» Le duc Étienne commandait l'Aquitaine au nom de l'Empereur. Converti au christianisme par saint Martial, il ne faisait rien d'important sans prendre ses conseils. Or, voici qu'un ordre de Rome lui arrive : « Prenez, lui disait-on, quatre légions dans » votre province, amenez-les en Italie, où elles serviront l'empire » durant six mois. » Étienne demande au saint s'il peut obéir à cet ordre venu d'un païen. Martial, dont le regard sans doute plongeait dans l'avenir, et en cela d'ailleurs sage interprète de la pensée de l'Église, qui a toujours enseigné le respect dû aux puissances légitimes, confirme le duc Étienne dans son projet : « Partez, lui dit-il, avec les fils de l'Aquitaine. » Et comme Jean-Baptiste, qui instruisait les soldats romains aux rives du Jourdain, il trace un tableau magnifique du guerrier chrétien : « Allez! soyez » les mainteneurs de la paix et de l'ordre. Que les provinces n'aient » pas à souffrir de votre passage. Soyez chastes, purs, modérés » dans vos désirs, cléments dans vos victoires. Sachez que le sol- » dat chrétien est revêtu d'un sacerdoce, et que son épée ne doit » sortir que pour la défense du droit. Allez ! et revenez-nous avec » la gloire du héros et la vertu du chrétien. » Étienne obéit, et nos Lémovices se distinguent par leur foi et par leur vaillance. Le succès récompense son zèle, et l'empereur, charmé de ses services, lui offre des sommes considérables. Étienne accepte, mais sa véritable récompense, il veut la recevoir à Rome, des mains de Pierre lui-même, qui lui avait envoyé Martial. Oui, mes enfants, nos Lémovices allèrent à Rome ; dès le premier siècle, ils se prosternèrent aux pieds du Pontife suprême, et, par un sentiment de chevaleresque générosité, que notre France a toujours conservé, Étienne offre à Pierre ses richesses.

» Pierre les reçoit d'une main et les rend de l'autre en disant : « Prenez et donnez à Martial, pour qu'il bâtisse des Eglises. » C'est ainsi qu'en agissent les Pontifes, l'histoire en fait foi, et l'avenir ne les verra jamais faillir à ce labeur de charité immense.

Leurs mains sont comme de riches corbeilles où les fleurs les plus précieuses se trouvent disposées en un bouquet mystérieux ; mais Pierre effeuille, effeuille toujours, et le parfum de ces dons remplit toute la terre. Ainsi vous le voyez, vos ancêtres, vos pères vous ont laissé le modèle du soldat chrétien. Mais quel était donc le secret de ces grandes âmes ? Comment l'héroïsme de la vertu et du courage était-il devenu si facile ? Qui les soutenait ? Jésus-Christ, et Jésus-Christ seul. Ils se repaissaient du Christ. Martial le leur avait dit, et je le répète en son nom : Repaissez-vous du Christ, mangez sa chair et vous serez des héros.

» Les hommes sans foi ! entendez-les !

« Où vont-ils, ces jeunes hommes ? Pourquoi s'agenouiller de» vant cet autel ? Quelle est la vertu cachée dans cette petite par» celle blanche qu'une main émue dépose sur leurs lèvres ? C'est » un pain eucharistique, nous dit-on ; mais leur donnera-t-il la » force et le courage ? Ce pain peut-il suffire à soutenir le bras d'un » guerrier ? » — Sachez-le, jeunes hommes, si vous ne mangez l'Eucharistie, si vous ne vous montrez saintement affamés de cette viande divine, les longues marches et les souffrances de la guerre vous trouveront sans forces ! Ne craignez pas, chers enfants, d'innover imprudemment, en courant à cette pâture sublime et d'introduire au sein des armées une coutume inouïe. Non ! non ! on peut braver les railleries du sot ou de l'ignorant en compagnie d'un Sobieski qui assistait à la messe et mangeait le corps du Christ au matin même de la bataille où il écrasait 200,000 infidèles sous les murs de Vienne. On peut sans honte communier après Don Juan qui se nourrissait du Christ, le jour où la flotte chrétienne, rassemblée et armée par un saint Pontife, noyait dans les eaux de Lépante les galères de l'empire mahométan ! Vous faut-il une gloire française ? Turenne communiait avant les batailles, et triomphait. L'Eucharistie ! le barbare du Nord ne l'a pas ; c'est sa faute, il est vrai, mais enfin, laissez-moi remarquer que son sol froid et infertile ne lui donne qu'à regret le froment et le vin, éléments magnifiques de la transsubstantiation. Vainqueur, il ne le sera pas : il n'a pas d'armes, car l'Eucharistie qui lui manque est le *compendium* de toutes les armes : *Compendium armorum*, dit un saint Père.

» L'ennemi pourra nous abattre un moment, répandre le sang de la France ; il croit travailler à sa fortune brutale, il ne fait que seconder l'œuvre de notre expiation nationale. Oui, nous avons péché, mais nous retrouverons le chemin de la victoire, quand nous aurons repris sérieusement le chemin de nos églises et que nous aurons mêlé, dans des acclamations publiques, les noms sacrés de Dieu et de la Patrie.

» Gédéon avait reçu ordre de préparer sa troupe fidèle. Nos sages d'aujourd'hui riraient de l'armure des guerriers d'Israël, un clairon et une lampe de terre ; mais ce clairon symbolisait la prière retentissante aux pieds de Dieu, et la lampe, l'amour divin qui embrasait leurs âmes. Gédéon leur avait dit : « Avancez, et quand vous serez près des ennemis, sonnez du clairon, brisez vos lampes et criez : « A Dieu et à Gédéon : *Domino et Gedeoni !* » Vous savez le reste, ils furent vainqueurs. Eh bien ! moi aussi, je vous le dis de la part de Dieu : Criez au Seigneur et à la France : *Domino et Franciæ !* et vous vaincrez !

» Un dernier mot : Clovis, le premier roi français, parce qu'il fut le premier roi chrétien, voulait chasser les Ariens qui avec Alaric souillaient notre Aquitaine. Il arrive sur les bords de la Vienne, la rivière avait grossi, il faut la traverser cependant, car l'ennemi est au-delà. On cherche un gué : une biche légère s'élance d'un bois voisin : « qu'on la suive, dit Clovis, s'il est un endroit guéable, elle saura le trouver. » En effet, la biche s'élance, et montre le passage aux guerriers francs, qui baignent ainsi leurs pieds dans les eaux de la Vienne. J'aime à croire que s'opéra pour eux véritablement le prodige qu'une gracieuse fiction attribue aux ondes du Styx. Vous le savez, un guerrier qu'on avait plongé dans les eaux de ce fleuve était invulnérable. Eh bien ! la Vienne, qui jaillit bruyante et légère de nos montagnes lémovices, étendra la vertu bienfaisante de ses eaux sur les enfants de ses rives naissantes. Oui, tous, vous serez invulnérables, sinon dans votre corps, puisque l'effusion du sang vous est une gloire, mais certainement dans votre âme qu'éclairera toujours la foi, et embrasera l'amour de Dieu !

» Pourquoi l'aspect de ces jeunes hommes armés me remplit-il de tristesse et d'espérance ? Ah ! je sais qu'au-delà de notre France gémit, noble captif, celui que nous appelons tous du nom de Père ! Il ne demande qu'une liberté, celle de bénir et de pardonner sans crainte, et on la lui refuse ! Ah ! je vois bien maintenant qu'il faut que la France ressuscite, se ranime, arme ses fils et s'apprête à de nouvelles luttes ! Enfants, vous vaincrez au jour d'un nouveau Tolbiac : mais regardez, fils de Charlemagne, les Lombards sont revenus, et la France n'a presque rien fait pour sa gloire, tant que Pierre est enchaîné. »

LA PATRIE.

Tu n'as peut-être jamais pensé à ce qu'est la Patrie. C'est tout ce qui t'entoure, tout ce qui t'a élevé et nourri, tout ce que tu as aimé ; cette campagne que tu vois, ces maisons, ces arbres, ces jeunes enfants qui passent là en riant, c'est la Patrie !

Les lois qui te protégent, le pain qui paie ton travail, les paroles que tu échanges, la joie et la tristesse qui te viennent des hommes et des choses parmi lesquels tu vis, c'est la Patrie !

La petite chambre où tu as vu ta mère prier, où ton père mourant t'a donné sa bénédiction, c'est la Patrie !

Mais surtout l'église où tu as été baptisé, l'autel devant lequel tu as prié, le cimetière où reposent tes parents, c'est la Patrie !

Tu la vois, tu la respires partout. Figure-toi tes droits et tes devoirs, tes affections et tes besoins, tes souvenirs et ta reconnaissance; réunis tout cela sous un seul nom, et ce nom sera Patrie.

Nous combattrons, nous mourrons pour nos autels et nos foyers, disaient les anciens Romains, *pro aris et focis*. C'est ainsi qu'ils désignaient la Patrie!

APPEL DE MONSEIGNEUR L'ÉVÊQUE D'ANGERS AU DÉVOUEMENT DE SES BRAVES VENDÉENS

La lettre circulaire suivante de Mgr l'évêque d'Angers vient d'être adressée au clergé de son diocèse :

Monsieur le Curé,

La Patrie est en danger. Il y va du salut de la France, menacée d'un démembrement ignominieux. Au nom de la religion et de la Patrie, je fais appel le plus pressant au dévouement de tous mes diocésains. Le gouvernement de la défense nationale vient d'autoriser M. de Cathelineau à former un corps franc de volontaires de la Vendée. Je n'hésite pas à donner mon concours le plus actif à cette œuvre qui n'a rien de politique, qui est en dehors de tout esprit de parti, et qui n'a pas d'autre but que de chasser l'ennemi du territoire français. A cet effet, j'autorise les conseils de fabrique à voter les fonds nécessaires pour l'habillement et l'armement d'un ou de plusieurs hommes : cette dépense se monte à 200 fr. par homme. En outre, je vous invite vous même, Monsieur le curé, à vous entendre avec vos chers confrères du canton, pour voter de votre côté la somme nécessaire à l'équipement d'un ou de plusieurs volontaires.

Nous ne devons nous épargner aucun sacrifice à cette heure solennelle où, sans un effort suprême, c'en est fait de l'honneur et de l'avenir du pays. Vous aurez à correspondre, pour le versement des fonds, avec M le chanoine Lamoureux, qui me représente dans la commission d'armement à Angers.

C'est le moment pour les fils de l'Anjou et de la Vendée de renouveler les prodiges de leurs pères. Il s'agit d'une cause qui rallie autour d'elle tous les enfants de la Patrie, sans exception. Nous luttons contre une puissance qui rêve l'abaissement de l'Eglise catholique, non moins que la ruine de la France. Dieu bénira ceux qui se sacrifient pour une telle cause : et s'ils tombent martyrs de leur dévouement, ils recevront la récompense éternelle qui attend les héros chrétiens.

J'invite également les zouaves pontificaux de mon diocèse, exempts par leur âge du service militaire, à se joindre au corps des volontaires vendéens. Ils défendaient naguère le Souverain Pontife : demain ils combattront pour la France : en réalité, ils n'auront pas changé de drapeau ; car servir l'Eglise ou la France, c'est tout un.

Agréez, Monsieur le curé, la nouvelle assurance de mes sentiments affectueux et bien dévoués.

† CH.-ÉMILE,
évêque d'Angers.

UN BARBARE VAINCU PAR L'ÉLOQUENTE CHARITÉ D'UN ÉVÊQUE

Cinquante habitants d'un village voisin d'Orléans, parmi lesquels un vieillard et son fils âgé de 16 ans avaient été arrêtés, conduits à Orléans pour y être fusillés le lendemain : ils étaient accusés d'avoir tiré sur les Prussiens.

Peu avant l'exécution, Mgr Dupanloup fut instruit de l'immolation qui se préparait. Son âme en fut soulevée, et il écrivit au général prussien pour le supplier de ne pas déshonorer sa cause par un acte aussi barbare.

Après avoir lu la lettre frémissante de l'évêque, le général se rendit à la caserne Saint-Charles, où étaient enfermés les prisonniers ; il les fit descendre dans la cour, et quand ils furent rangés devant lui, pâles et défaits :

« Vous avez mérité la mort, leur dit-il, et la justice militaire vous a condamnés. Mais je vous fais grâce !

» Seulement, ajouta-t-il avec solennité, n'oubliez jamais que vous devez la vie à votre évêque !... »

Ces pauvres gens, mis en liberté sur l'heure, allèrent baiser la main qui venait de les sauver !

INFAMIE ET DÉVOUEMENT.

REIMS. — Un voyageur arrivé de Reims apporte divers détails sur l'occupation prussienne dans la Champagne. L'ennemi s'est comporté avec la même insolence que partout. Il est très-exact, d'après son récit, que les Prussiens faisaient monter sur les locomotives de leurs trains les personnages notables des villes qu'ils occupaient, afin d'avoir ainsi une garantie contre les francs-tireurs qui coupaient les rails.

A Reims, Mgr Landriot s'est offert pour être un des otages, et la municipalité n'ayant point insisté pour qu'il fût remplacé, les Prussiens n'ont pu déguiser la honte qu'ils éprouvaient à faire monter ainsi l'évêque sur la locomotive. A Châlons, l'évêque s'est offert comme Mgr Landriot. Mais la municipalité a refusé le bénéfice de ce dévouement épiscopal ; un autre notable s'est présenté à la place de Mgr Meignan.

PATRIOTISME DE NOS PRÊTRES.

Si la haine stupide a tout dit et tout inventé en fait de calomnies et d'injures adressées au prêtre, les faits et le bon sens ont suffi pour le venger. On connaît dans nos villes et nos campagnes, comme dans nos hôpitaux et nos prisons, la vie digne et sainte de tous les prêtres, leur abnégation, leur charité, leur zèle. C'est au fruit que l'on connaît l'arbre, c'est aussi par ses œuvres qu'il faut juger le prêtre. Abordez-le sans passion, sans prévention, suivez vous-même et pas à pas ses traces bénies, et tous les prêtres vous seront autant d'exemples propres à vous faire vénérer le sacerdoce. Il ne serait déprécié que par nous : le clergé français a tout spécialement une renommée européenne de régularité, de zèle, de dévouement.

Dans la crise redoutable que vient de traverser la France, le prêtre s'est donné, multiplié, se montrant plus que jamais à la hauteur de sa mission sublime et faisant preuve d'un patriotisme d'autant plus pur, généreux, enthousiaste qu'il avait sa source dans les entrailles de l'ardente charité qui a suscité sa vocation et vivifie tous les jours son saint ministère.

Est-ce que Dieu n'a pas fondu dans notre cœur avec un art merveilleux le sentiment patriotique et le sentiment religieux? Loin de s'exclure, ces deux sentiments s'élèvent et se fortifient l'un par l'autre. Ils firent en tous temps nos Machabées et nos Vendéens ; ils firent dans les dangers suprêmes tant de prêtres et d'évêques que l'histoire nous montre prenant entre mains la cause désespérée de la Patrie.

Oui, plus que personne, nos prêtres savent et nous diront que l'amour de la Patrie renferme ce qu'il y a de plus saint dans nos attachements : l'amour des pères, des mères, des enfants, des proches et des amis ; ils nous diront que préférer pour Dieu le bien général à son propre intérêt, c'est là le patriotisme, et que c'est là aussi la vraie charité. Or la charité l'emporte en mérite sur toutes les autres vertus qui n'ont de mérite que par elle. L'amour de la Patrie l'emporte donc sur toutes les autres vertus.

C'est bien aussi de nos prêtres que nous devions recevoir les premières leçons de patriotisme, et ils n'ont pas failli à leur mission. Ils disposaient, préparaient, encourageaient nos jeunes soldats au départ, puis les fortifiaient encore de loin en consolant de près la famille et séchant les larmes que faisait couler l'absence. Et lorsque sont survenus nos désastres, ce sont des milliers de curés dans nos villes et nos campagnes qui ont offert leurs presbytères pour ambulances, alors que nos évêques envoyant leurs séminatistes au feu, ouvraient à toutes les nobles victimes de la guerre leurs propres palais, leurs séminaires, tous les établissements de charité. Tout notre clergé se multipliait pour tant de secours à donner, secours à nos blessés, secours à nos soldats sous les armes dans une saison exceptionnellement rigoureuse, secours à nos pauvres prisonniers, jetés en exil presque sans vêtements dans des régions glaciales. Ah ! tout ceci ne s'écrit qu'avec des larmes. Que n'eussent pas voulu pouvoir faire les premiers pasteurs et leurs prêtres et leurs fidèles ! la charité sous l'influence du sacerdoce s'est centuplée pour tant de besoins, centuplée par le sacrifice comme par la prière au Dieu qui châtiait rudement mais devait enfin pardonner en faveur de tant d'actes de charité, de tant de noble sang répandu, de tant de larmes versées, de tant de supplications s'élevant vers le ciel

Quel spectacle encore que celui offert par nos évêques usant de l'ascendant que leur dignité pouvait exercer sur de farouches vainqueurs pour obtenir d'eux la grâce de malheureux Français, brutalement condamnés à être passés par les armes. Mgr l'évêque d'Orléans devait à son éloquente charité d'en sauver ainsi cinquante lorsque, moins heureux, le vénérable archevêque de Strasbourg a failli mourir de douleur de n'avoir pu obtenir de ces modernes barbares, en faveur de son troupeau, ce qu'au plus profond des forêts du Nouveau-Monde des évêques missionnaires obtiennent encore des Peaux-Rouges.

Nos feuilles publiques sont remplies de tous les magnifiques et si touchants exemples que nous ont donnés nos prêtres dans ces jours si désastreux de notre malheureuse Patrie. On les a vus, comme aumôniers, suivre nos régiments sur nos champs de bataille et beaucoup y sont morts ; on les a vus remplir nos ambulances pour consoler et servir nos blessés ; on les a vus suivre leurs compatriotes jusque dans l'exil et partager avec eux toutes ses rigueurs pour verser dans leurs âmes les consolations du ciel qui seules peuvent adoucir de telles infortunes. Nous remplirions tout un volume des traits admirables que nous ont offerts en ces jours de sang et de larmes le noble courage, les sublimes abnégations, le vrai patriotisme et l'ardente charité du prêtre.

C'était à l'attaque de Beaune, les Prussiens avaient fait prisonniers un certain nombre de soldats et avec eux l'aumônier du bataillon des mobiles des Basses-Pyrénées. Ce jeune prêtre portait un costume béarnais ; on s'habille comme on peut. L'officier s'approche de lui : « Vous êtes franc-tireur, lui dit-il en assez bon français? — non, je suis aumônier. De quel corps ? — Mobiles des Basses-Pyrénées. — Combien d'hommes dans votre bataillon ? — Je le sais, mais ne vous le dirai pas. — Quelle route suit votre bataillon ? – Vous êtes bien curieux, monsieur ! — Ah ! c'est ainsi : vous allez être fusillé ! — Très-bien ! très-bien ! faites ! me voici ! appelez vos hommes et, disant cela, il se porte contre un peuplier, droit, immobile, le regard sur son interlocuteur. — Vous n'avez donc pas peur de la mort? demanda celui-ci. — Non ! je suis prêt. L'officier tourne les talons et s'écrie en faisant un geste qui complète l'expression de sa pensée : Ah ! Français ! Français !

Au combat de Nuits, un curé, que par prudence on n'a pas nommé, sauve au péril de sa vie une compagnie entière de francs-tireurs établie dans un château; la compagnie allait être cernée par derrière, lorsque le prêtre, dévoué à sa patrie, franchissant, au fort de l'action, les lignes ennemies, accourt seul au milieu des balles prussiennes et françaises qui se répondent, parvient aux francs-tireurs, leur révèle le danger. Il n'était que temps de fuir. L'un des francs-tireurs qui donnait ces détails, disait : Autrefois je détestais le prêtre, j'étais un sot et un lâche ; maintenant, je le connais.

(Extrait de la publication *la Bonne Pensée*, paraissant à Montbrison (Loire).

UN PRÊTRE.

— On lit dans le *Figaro*, sous la signature remarquée de *Pierre Simple :*

« Un prêtre ! si cette vanité pouvait jamais nous venir d'assimiler l'inutile et l'obscur labeur que nous faisons ici à l'œuvre éclatante et indiscontinue de charité, d'immolation, d'humilité et vaillance que le clergé français depuis l'évêque envoyant ses séminaristes au feu, jusqu'au Frère ignorantin ramassant les blessés sous la mitraille, accomplit à cette heure pour le salut corporel et spirituel de cette génération qui l'abreuve encore de tant d'outrages et de persécutions, — ce qui se passe autour de nous dans la presse nous rappellerait bien vite à la modestie et au remords.

» Nous parlions d'exemples et de compensations, c'est de consolation et d'enthousiasme qu'il faut se sentir pénétré devant ces soldats du Christ, aussi intrépides, aussi résignés et, dans tous les cas, bien moins récompensés que ceux qu'ils accompagnent sur le champ de bataille, et à qui leur mort aussi bien que leur parole enseigne à bien mourir.

» Demandez aux Prussiens ce qu'ils pensent de nos aumôniers et de nos Frères des écoles, et si leurs ministres protestants, qui ne savent, comme les nôtres, faire que des conférences leur inspirent cette admiration et ce respect dont ils leur ont donné tant de preuves et qu'ils s'étonnent à bon droit de ne pas trouver dans certains de nos journaux !

» Demandez aux maires libres-penseurs ou athées qui ferment les écoles, proscrivent les Sœurs et décrochent les crucifix, ce que le concours de ce clergé qu'ils insultent leur vaut, — et ils vous le diront s'ils sont sincères, — de facilités pour leur propre tâche, de conciliation dans les esprits, de soulagements pour les misères de leurs administrés. Par un dernier reste de mauvaise éducation, de scrupules politiques, de fausse honte peut-être, ils s'efforcent de maintenir une barrière que la population enfin désabusée, et toujours reconnaissante, renverse sous leurs propres yeux; mais plusieurs déjà parmi eux ne nient plus l'évidence et s'offrent d'eux-mêmes à la besogne d'apaisement.

LA MÈRE GERVAIS ET SON CURÉ.

« Un épisode de l'immigration dans Paris des populations de la banlieue. Nous l'empruntons au *Moniteur universel.*

Ce matin, dit ce journal, les portes de La Chapelle et de La Villette étaient littéralement assiégées par les habitants des campagnes qui viennent se réfugier à Paris.

Un vieux curé, assis dans une charrette, prodigue des soins à une pauvre femme couchée à côté de lui sur un matelas.

Un paysan, conduisant une voiture remplie de sacs de pommes de terre, l'interpelle avec respect :

» — Comment, vous voilà, monsieur le curé?

» — Tous mes paroissiens sont partis, je tâche de les rattraper.

» — Et vous avez amené la mère Gervais la paralytique? reprend le paysan d'un air étonné.

» — Fallait-il l'abandonner? répond simplement le vieux curé. »

LE CURÉ MOBILE.

(Épisode du Siége de Paris)

Les mobiles des Côtes-du-Nord, d'Ille-et-Vilaine et du Morbihan campaient au boulevard Charonne. Du pied de leurs baraques, ils aperçurent, au sommet d'une chapelle, la statue de madame sainte Anne. Ils furent émus comme s'ils eussent revu le pays d'Auray. Ils se dirigèrent vers la chapelle et y trouvèrent un homme, un prêtre, à grands bras et à grand cœur.

Il vous souvient, sans doute, de l'abbé Bernard, un gentilhomme au temps de saint Vincent de Paul, disciple du P. de Condren. Cet abbé gentilhomme fut aumônier pendant vingt ans à l'Hôtel-Dieu et vingt ans à l'hôpital de la Charité. Toute sa vie il aima et servit les pauvres, dépassant par son dénûment le dénûment des plus déshérités. Après deux siècles, dans certains faubourgs, le peuple se le rappelle encore et l'appelle toujours de son glorieux surnom, de *Pauvre prêtre.*

La légende du *Pauvre prêtre* vit vraiment encore : on la retrouve, à Sainte-Anne, dans la personne de son aumônier, l'abbé Planchat.

Longtemps on avait cru que la vocation exclusive de l'abbé

Planchat était la charité aux vieilles femmes. Mais les petits enfants l'ont deviné et bien vite ils sont accourus ; comme le divin Maître, il les a laissés venir à lui. « Monsieur, dit l'un, j'ai faim. — Tenez, mon enfant, une collation. — Monsieur, dit l'autre, je n'ai pas mangé ce matin. — Une collation, mon enfant. — Monsieur, ce soir, je n'aurai pas de quoi manger, dit un troisième. — Mon enfant, une collation. — Un quatrième arrive en disant : Monsieur, papa et maman sont sans travail; papa, maman, mes frères, mes sœurs, personne ne mange à la maison. — Tenez, mon enfant, des collations, allez et mangez tous. »

Vous dire qu'au métier de cette charité sans limites, le *pauvre prêtre* ne dévore pas son patrimoine et que, peut-être, le Frère mendiant n'écorne pas celui des autres, je ne l'entreprendrai pas. Mais qu'importe à l'aumônier de Saint-Anne : il est béni des vieilles femmes et le nourricier des petits enfants.

C'est là l'homme, le prêtre à grand cœur et à grands bras, que les mobiles de la Bretagne, de la Vendée et de la Champagne sont venus trouver. Vous pensez, s'il les a bien accueillis. En faut-il une preuve ? Il en est venu six mille. Et ceux qui ne sont pas venus, il est allé les chercher, par les rues, sur les boulevards, à travers les places et les carrefours, jusqu'au fond des baraques les plus enfumées. Il les a séduits, entraînés ; il est devenu leur ami, leur père. Quand il passe, chacun lui envoie un sourire, un salut, un bonjour. Si quelqu'un, un étranger sans doute demande : Quel est donc ce prêtre ? Le militaire répond fièrement : C'est le *curé mobile*.

NOBLE ACTION DE DEUX CUIRASSIERS

« Un groupe de jeunes gens avinés insultait un vénérable prêtre, qui se rendait au poste où l'appelait le saint ministère. Deux cuirassiers qui passaient entendent les tristes propos de ces jeunes insulteurs ; ils s'approchent de l'ecclésiastique et lui font cortége. « Ce n'est pas un cuirassier qui a vu le feu, lui disent-ils, qui aura jamais l'ignoble courage d'insulter un honnête homme qui fait son devoir. » Les blancs-becs passèrent leur chemin, et peu s'en fallut qu'ils ne fussent éconduits par les quolibets de la foule.

LETTRE DU CURÉ DE JULLIÉ AU SOUS-PRÉFET DE VILLEFRANCHE.

« Monsieur le sous-préfet,

» En témoignage de reconnaissance et de sympathie pour les » valeureux défenseurs de France, je viens mettre, à la disposition

» de l'autorité supérieure, un lit qui pourra être occupé successivement par des blessés de l'armée, tant que besoin sera.

» Comme prêtre et ancien élève en pharmacie, je m'engage à » les soigner moi-même, avec tout le dévouement et l'intelligence » dont je serai capable.

» Si mon presbytère était plus vaste, j'offrirais davantage, mais » je n'ai qu'une chambre disponible.

» Veuillez agréer, monsieur le préfet, etc. »

« Aujourd'hui, monsieur le préfet, et au lendemain de ces luttes suprêmes soutenues par nos héroïques armées, j'offre à mes nobles frères deux lits, c'est-à-dire que je céderai le mien, et que quand mes nuits seront libres de soins à donner, j'irai coucher dans un petit galetas qui se trouve au grenier de ma cure.

» Lorsque ces chers blessés me seront envoyés, si l'administration supérieure veut bien me prévenir du jour et de l'heure de leur arrivée, j'irai les attendre avec une voiture, et les recevoir moi-même à la gare de Pontanevaux.

» Je suis avec respect, monsieur le préfet, etc.

» JOSEPH FÉRIAUD,
» *Desservant de Jullié* (Rhône). »

Jullié, 8 septembre.

NOTA. — L'on pourrait reproduire par milliers ces touchants récits du dévouement du prêtre en nos jours de désastres. L'offre du curé de Jullié n'est citée là que comme expression de cette admirable charité.

OH ! C'EST MA VIEILLE SOUTANE.

« On lit dans le *Propagateur de Lille* :

» J'ai l'honneur de vous communiquer quelques passages extraits littéralement de lettres des Ardennes. Les gens qui m'écrivent ont été témoins oculaires des faits qu'ils racontent.

» A Neuville, M. le curé Cor a été lié à la queue d'un cheval et traîné. Un Prussien lui avait attaché une corde à la jambe, et quand il voulait se relever il tirait la corde. Un bon mot du vieux curé, toujours énergique malgré ses quatre-vingts ans ; une personne lui dit après (il était plein de boue) :

» — Monsieur le curé, dans quel état vous voilà !

» — Oh ! c'est ma vieille soutane. »

LE CURÉ DE COURBEVOIE.

Au plus fort de la bataille, lundi matin, à l'heure où les projectiles sifflaient de toutes parts, pendant que la mitraille faisait des ravages dans les rangs des fédérés, un homme, un modeste héros, un prêtre, le curé de Courbevoie arriva sur le champ de bataille pour porter secours aux malheureux blessés.

Il allait de l'un à l'autre, relevant celui-ci, exhortant celui-là, prodiguant aux agonisants les consolations les plus touchantes.

De tous côtés, ceux qui souffraient s'écriaient à la fois :

« A moi, Monsieur le curé, à moi ! »

Et le digne homme se multipliait pour courir vers ceux dont les souffrances paraissaient vouloir un plus prompt soulagement.

Après avoir parcouru une partie du champ de bataille, donnant à boire à l'un, aidant l'autre à s'asseoir, il commença la plus pénible besogne. Il prit sur son dos un blessé, l'installa le mieux qu'il put, et le transporta non loin de là, derrière une maison effondrée, au-dessus de laquelle flotte le drapeau de l'Internationale, et où un chirurgien fait les premiers pansements.

Après avoir déposé son précieux fardeau, le bon curé retourne sous le feu au champ de bataille et ramène un deuxième blessé, puis un troisième... A l'heure où nous sommes forcés de revenir, dit le « reporter » du *Moniteur*, le brave homme, accablé de fatigue, en était à son onzième voyage...

A Courbevoie et à Nanterre, il n'y a qu'un cri d'admiration pour ce prêtre, animé de tant de courage et de charité.

QUINZE MILLIONS CHEZ UN CURÉ DE VILLAGE.

Une somme de quinze millions de francs vient d'être restituée à l'Etat d'une façon aussi singulière qu'inattendue.

Dans le courant de l'automne dernier, un ballon, lancé de Paris, vint se balancer au-dessus de la ville de Verdun, au moment où les Prussiens en faisaient le siége. Le ballon tomba dans le cimetière de Hennemont, canton de Fresne en Woëvre (Meuse).

Ce ballon portait une valeur de quinze millions, destinés à des achats d'armes. L'envoyé parisien se rendit chez le curé du village, M. l'abbé Thirion, et, comme il se savait poursuivi par les Prussiens, lui confia ses valeurs.

Il n'était pas au presbytère depuis une demi-heure que les Prussiens y arrivaient et arrêtaient le voyageur aérien. Mais toutes leurs perquisitions ne purent leur faire découvrir l'argent que l'abbé Thirion, une fois le siége terminé, fit porter en Belgique, d'où il a été remis entre les mains du gouvernement français.

(*Figaro*).

LES OBSÈQUES DE FRÈRE ANDRÉ, CAPUCIN-SOLDAT.

— Les RR. PP. capucins de Toulouse viennent de payer un nouveau tribut de dévouement à la Patrie d'une manière bien douloureuse pour eux.

Il y a à peine deux mois que l'un de leurs frères, religieux convers, n'écoutant que son courage et son désir ardent d'être utile à son pays, s'engageait, malgré le mauvais état de sa santé, dans l'armée régulière.

Inscrit au 8e bataillon de chasseurs à pied en résidence à Toulouse, il s'exerçait depuis lors au dur métier du maniement des armes avec un zèle et une exactitude digne d'un ancien religieux de saint François, lorsque est survenu le terrible incendie du moulin du Bazacle.

Accouru pour prêter main-forte à ceux qui s'efforçaient d'éteindre le feu, il dut passer la plus grande partie de la nuit les pieds dans l'eau, malgré le froid excessif qui sévissait cette nuit avec tant de rigueur. Il n'en fallut pas davantage pour porter un coup mortel à cette santé chancelante.

Tombé malade le lendemain, il rendait le dernier soupir le premier jour de l'an à la caserne Calvel. Ses obsèques ont eu lieu le mardi 3 janvier, à l'hospice militaire.

Les personnes qui ont assisté à cette triste cérémonie ont pu voir un cercueil porté par deux religieux capucins et par deux soldats du 8e chasseurs. C'était le cercueil de *Joseph Arnaud*, en religion *frère André*.

LIBERTÉ OFFERTE ET REFUSÉE.

Le P. Laboré, dont nous avions annoncé le départ avec la deuxième ambulance lyonnaise, a été fait prisonnier par les Prussiens dans les dernières affaires du côté d'Orléans.

Le P. Laboré a mieux aimé partager le sort de ses compatriotes pour leur donner les consolations de son ministère, que de profiter de la liberté à lui offerte par nos ennemis.

L'AMBULANCE DE L'ABBAYE DE SEPT-FONS.

— On nous écrit de l'abbaye de Sept-Fons :

« Monsieur,

» Peut-être ne serait-il pas sans intérêt pour vous d'apprendre que l'abbaye de Sept-Fons a établi une ambulance militaire, dans ses bâtiments, pour les soldats malades ou blessés de l'armée de la Loire. Depuis le commencement des hostilités, nous avons le plaisir de soigner, de blanchir et de soulager, au spirituel comme au corporel, cent vingt de ces pauvres soldats malades ou blessés, et c'est un vrai bonheur et une grande consolation de les voir s'approcher des sacrements et de la sainte table après leur rétablissement, avant d'aller affronter de nouveau la mort sur les champs de bataille.

» Frère Maur, *trappiste.* »

L'AUMONIER DES MOBILES DE LA LOIRE.

— Un mobile de la Loire écrit :

« Notre aumônier se multiplie pour se procurer des ressources et venir en aide à nos pauvres mobiles. Il loge provisoirement à Lyon et chaque jour on le voit arriver avec un sac, apportant à nos mobiles indigents, des chaussettes, des cache-nez de laine, des chemises, des gilets et des ceintures de flanelle.

» Des âmes généreuses de Saint-Etienne ont eu la bonne pensée de lui envoyer quelque secours en argent. Espérons que ce bon exemple sera suivi par beaucoup d'autres dames. Tous les dons, soit en nature, soit en argent, seront toujours les bienvenus. Avec de petits sacrifices, on peut soulager bien des souffrances. Il serait à désirer que chacun, dans la mesure du possible, contribuât à cette œuvre qui est à la fois patriotique et charitable.

» Depuis le jour où il est arrivé au milieu de nous, M. l'abbé Devuns a su s'attirer notre confiance et notre admiration : tous les jours il visite nos hôpitaux où sont nos malades et il se fait, en quelque sorte notre infirmier ; il sert de correspondant à ceux qui ne savent pas écrire et rend à chacun mille petits services ; c'est à lui que beaucoup de parents s'adressent pour avoir des nouvelles de leurs enfants ; ils nous a suivis dans nos marches forcées, partageant nos fatigues, nos privations ; il nous a accompagnés au combat ; il est resté le dernier sur le champ de bataille pour ramasser les blessés. Pour beaucoup, il est le père et le consolateur que Dieu a envoyé à l'homme pour le soutenir dans les luttes de la vie et le préparer au passage de l'éternité. Pour tous, il est un frère et un ami.

» M. Devuns n'a été reconnu comme aumônier ni par le gouvernement ni par l'administration ; il ne reçoit rien d'eux. Il est venu, entraîné par son zèle et par son courage ; il est, au milieu de nous, l'apôtre de la charité. La philantropie a rêvé de pareils dévouements, la religion seule les a enfantés. »

UN ÉPISODE DU DRAME SANGLANT DE LA CROIX ROUSSE.

(Lyon)

On se rappelle l'assassinat à la Croix-Rousse du commandant Arnaud. Voici un épisode de ce drame sanglant :

Le crime venait d'être consommé. Un vénérable prêtre, chargé d'années et de bonnes œuvres, bien connu de toute la paroisse des Chartreux, où il est resté près de trente ans vicaire, apercevant un rassemblement tumultueux, fend la foule compacte et arrive auprès du cadavre. Le groupe des assassins était en partie retourné à la Croix-Rousse; il restait cependant encore quelques complices sombres et menaçants. Le bon prêtre s'approche et, croyant qu'on vient de faire une exécution légale :

— Comment, s'écrie-t-il, vous avez exécuté cet homme, et vous n'avez appelé aucun prêtre pour ses derniers moments?... Eh bien, puisque vous lui avez refusé les secours de la religion, vous allez à présent prier pour lui.

Et le vieillard, tombant à genoux, récite à haute voix le *Pater* et l'*Ave* suivi d'un *De profundis*. Les assistants se découvrent; les plus farouches même semblent émus. Cependant, l'un deux, pendant que le saint ecclésiastique tenait sa tête blanchie pieusement inclinée sur le cadavre, prononça hautement ces paroles aussi absurdes que révoltantes :

— Voilà l'œuvre des jésuites et du concile !

En entendant ces mots insensés, le vieillard se releva plein d'énergie, et d'une voix vibrante :

— Celui qui vient de tenir ce propos indigne, s'écria-t-il, n'est qu'un vil calomniateur !

Il y eut un instant de silence, après lequel deux ou trois voix haineuses commencèrent à murmurer et l'on entendit ces mots :

— Ce sont les prêtres qu'il faudrait fusiller !

— Eh bien ! me voilà, faites, dit le prêtre courageux en se croisant les bras.

Personne ne bougea, et quelques femmes tirant le vieillard par sa soutane, le supplièrent de s'en aller. Cette généreuse attitude imposa à la foule. Le bon père C... se retira tranquille, et quand il s'éloignait, on disait dans les rangs :

— Voilà un bon prêtre !

Et les gens du quartier, attirés à cette scène, ajoutaient :

— Oui, oui, c'est depuis longtemps que nous le connaissons, il est l'ami des pauvres.

LE PRÊTRE

— Ami, mais dites-moi, que vous a fait cet homme
Dont le vêtement noir vous rend si furieux?
Pourquoi, s'il vous salue avec grâce et vous nomme,
Sans lui dire bonjour, détournez-vous les yeux?

— Ce prêtre! je le hais, et voilà tout! ma haine
N'a rien de personnel, c'est pur amour du bien;
Cette engeance, à mes yeux, souille la race humaine;
Je méprise sa foi, son Dieu n'est pas le mien.

— Il fait du bien pourtant peut-être plus qu'un autre!
Car s'il est pauvre d'or, si sa vie est sans fleurs,
C'est qu'en ce monde avide où Dieu le fit apôtre,
Il a pris pour sa part le pauvre et les douleurs.

— Il prêche l'esclavage aux frais du despotisme!
— A qui donc? s'il vous plaît. Il ne parle qu'à nous,
Et c'est de Dieu qu'il prêche. — Et dans son fanatisme
Il proscrit le savoir pour mieux régner sur nous,

— Il garda seul longtemps le dépôt des sciences;
Il enseigne la vie au petit comme au grand,
Il porte la lumière au fond des consciences,
Et pour le vice seul il est intolérant.

— Il fait un Dieu gorgé de fiel et de vengeance,
Sur les faibles humains toujours prêt à tonner.
— Et juste, il dit que Dieu, toujours plein d'indulgence,
Pour un aveu sincère est prêt à pardonner.

— Il méconnaît les lois de son pays! — Sottise!
Il répète souvent : Tout pouvoir vient de D eu;
Obéissez au roi, même s'il tyrannise :
Le Maître remettra chaque chose en son lieu.

— Il porte le désordre au sein de nos familles...
— Et chaque jour il dit : Enfants, soyez soumis,
Pères, soignez vos fils; mères, guidez vos filles;
Chrétiens, du fond du cœur aimez vos ennemis.

— Il proscrit le plaisir et parque la jeunesse...
— Il dit : Voyez les maux que les voluptés font,
L'homme est faible, fuyez l'occasion traîtresse :
Le miel est sur le bord, la lie amère au fond.

— Mais je le hais, vous dis-je, et de haine profonde...
— Je comprends : sa présence est pour vous un remord;
Passez, ingrat, passez; peut-être, au bout du monde,
N'aurez-vous que lui seul à votre lit de mort!

M. A. Dévoille,
un des rédacteurs de la *France nouvelle*.

RÉPLIQUE D'UN FRANC-TIREUR.

« Nous étions hier dans un wagon de 3e classe, raconte un correspondant de *la Semaine du Berry ;* le train nous portait de Carcassonne à Toulouse. Trois jeunes gens de vingt à trente ans, s'encourageant mutuellement, commencent à déblatérer contre les prêtres : On a vu des lettres, disait l'un deux, qu'un curé a écrites au roi de Prusse, pour lui dire de venir en France, et on a lu les réponses du roi de Prusse. »

« Moi, je sais une chose bien plus grave, dit l'autre ; le curé qui est mort à Villefranche a laissé dans son testament deux cent mille francs pour la Prusse, afin qu'elle fit la guerre à la France. Et moi, disait l'autre, j'en veux à tous les curés, parce qu'ils se sont faits curés. »

C'était un feu roulant d'invectives et d'inepties contre les pauvres prêtres, quand tout-à-coup, de l'autre extrémité du wagon, s'élance un franc-tireur ; d'un bond il franchit l'espace qui le sépare de nos jeunes impies, et se plaçant au milieu d'eux : « Malheureux que vous êtes, s'écria-t-il en relevant ses moustaches ; pauvres imbéciles, qui répétez comme des tambours crevés tout ce qu'on veut mettre dans vos cervelles ! Vous parlez des prêtres ! des curés! Et savez-vous bien ce que c'est qu'un prêtre, qu'un curé? Ils sont plus dévoués que nous tous ; un grand nombre sont déjà sur le champ de bataille, et plus de dix mille y seraient, comme aumôniers ou ambulanciers, si on les avait voulus. Moi je ne parle pas tant que vous et j'agis ; personne ne m'y oblige et je pars. Je laisse ma femme et mes enfants ; mais avant de partir, je suis allé voir mon curé ; c'est lui, c'est lui surtout qui m'a pressé et décidé à combattre les Prussiens. »

En disant ces mots, il ouvrit sa poitrine et montra un reliquaire. « Le voilà, ajouta-t-il, je n'en rougis pas ; mais ce dont je rougis, c'est qu'en France, en face des Prussiens, au lieu de partir pour la frontière, il se trouve encore des drôles qui parlent mal des prêtres. Parlez, parlez tant que vous voudrez, de ceux qui ont pu trahir la France et lui ont enlevé ses meilleurs et héroïques soldats ; mais, de grâce, laissez les prêtres. En parlant contre eux, vous servez les Prussiens et attirez la vengeance de Dieu ; et d'ailleurs, vous qui criez tant, vous seriez les premiers, dès la première colique venue, à appeler un prêtre. »

A ces mots, les trois jeunes gens restent muets, interdits, et vont se blottir chacun dans un coin, disant à l'admirable franc-tireur :

« Oui, c'est vrai, vous avez raison, les prêtres sont calomniés et nous nous laissons tromper. »

ATROCES CALOMNIES

Puisque nous parlons ici de suppositions absurdes, émises depuis un certain temps sur le compte du clergé, que l'on nous permette de mentionner un fait qui a eu lieu en notre présence sur la place de la gare, à Bourges, écrit l'auteur des *Diffamateurs du Clergé catholique*.

Un bataillon étant de passage dans cette ville après le désastre de Sedan, un soldat, qui me parut être un caporal, crut devoir haranguer une cinquantaine de mobiles réunis sur la place. Après avoir dit quelques mots sur les revers de l'armée, le caporal s'écria d'une voix encore plus accentuée : « Messieurs, la France a » été trahie ; c'est le clergé, l'impératrice et les nobles qui sont la » cause de tous nos malheurs.

« — Cela n'est que trop vrai ! » s'écrièrent les mobiles de tous côtés.

Comme ce jour-là était un samedi, et que les trois quarts des mobiles avaient la permission d'aller passer le dimanche dans leurs familles, il est probable que tous les paysans du Cher auront, le lendemain, émis des imprécations contre les nobles, l'impératrice et le clergé, en les accusant de nous avoir fait perdre la bataille de Sedan.

Comment le caporal se rendait-il compte de l'entente des nobles avec l'impératrice? Je n'en sais rien. Pour ce qui concerne le clergé, voici l'explication qui m'a été donnée par un libraire de Genève, explication qui a été acceptée en divers pays acquis à l'*Internationale* :

« Le clergé — c'est le libraire qui parle, — voulant à tout prix » faire triompher le dogme de l'infaillibilité du pape ; reconnais- » sant, d'un autre côté, qu'il y avait dans l'influence de la Prusse, » nation protestante, un obstacle presque insurmontable à la dé- » finition, prit le parti de s'adresser à l'impératrice pour amoindrir » cette influence par une déclaration de guerre. »

Pour éclairer mon interlocuteur sur le véritable état des choses, je me crus obligé de passer une heure entière à lui prouver 1° que le gouvernement impérial s'était montré vivement opposé à la définition de l'infaillibilité; 2° qu'un grand nombre d'évêques français avaient combattu l'opportunité de cette même définition ; 3° que l'infaillibilité ayant été déclarée avant la guerre, l'impératrice n'avait pu s entendre avec le clergé pour la définition de ce dogme. Tant de préjugés plus ou moins absurdes, répandus sur le compte du clergé catholique, prouvent que le peuple français n'est pas moins crédule en plein dix-neuvième siècle que dans les âges antérieurs; sa crédulité n'a fait que changer de forme. Autrefois, comme on le sait, grand nombre de villageois attribuaient à leur curé le pouvoir d'éteindre les incendies, de faire venir le dia-

4..

ble, etc., et cela en prononçant deux ou trois mots mystérieux. De nos jours, c'est encore le clergé qui est censé intervenir dans tous les faits surprenants, mais avec cette différence que les générations présentes ne savent guère lui attribuer que les catastrophes désolantes.

Le fait suivant prouve que les accusations de l'espèce dont nous parlons ne subsistent que par le vague; la précision des faits suffit presque toujours pour les dissiper.

Pendant un voyage de Tours à Nevers, étant monté dans un compartiment de troisième classe, j'entendis une dizaine de personnes tenir sur le compte du clergé des propos peu favorables, l'accusant tantôt de trahir la France, tantôt de s'entendre avec les Prussiens, tantôt de favoriser le luxe et l'opulence, etc., etc. La conversation se prolongea sur le même ton pendant près de deux heures; chacune des dix personnes se fit un devoir d'y prendre part par des satires et des railleries de toutes sortes.

Après un moment de silence, un militaire faisant partie des dix voyageurs en question, prit de nouveau la parole en disant: « Le » curé de mon village ne ressemble en rien aux autres prêtres. » Lui, il aime la France avec passion; il aime aussi beaucoup ses » paroissiens, qu'il désigne tous par leurs nom et prénoms. L'au- » tre jour, en me voyant de retour dans ma famille, il me dit: » « Eh bien, Jeannot — c'est ainsi qu'on m'appelle dans le pays,— » comment as-tu fait pour te sauver? » Il est tout-à-fait bon enfant » ce curé, il s'appelle Champeille.

« — Le nôtre non plus, reprit alors une seconde personne, n'est » pas un mauvais homme. Madame parlait tout-à-l'heure d'un » vicaire de Paris qui cherche l'influence par la parure; eh bien, » ce n'est pas notre curé qui ferait tout cela. Il dit au contraire » beaucoup de mal de tous ces travestissements. Lui, c'est la sim- » plicité même; il préfère donner aux pauvres ce qu'il dépenserait » en toilette: il ne porte que de grosses chaussures et des soutanes » de bure. Du reste, ce n'est pas nous qui irions à son église s'il » se pommadait!

» — Il a bien raison votre curé, dit un troisième; le nôtre est » comme lui: l'ambition, la vanité lui sont inconnues; cet ecclé- » siastique parle à tout le monde, aussi bien aux pauvres qu'aux » riches. Il avoue même qu'il se trouve mieux à son aise avec les » ouvriers qu'avec les bourgeois. Celui-là se passerait volontiers » des dîners du château de la localité.

» — Nous en avons un, ajouta un quatrième, qui vendrait sa » chemise pour secourir les malheureux, tant il est charitable. » D'abord qu'il connaît un pauvre malade dans la paroisse, il ac- » court lui porter du sucre, du vin et du bouillon. Quoique sa » vieille mère et trois petits neveux, qu'il est obligé de nourrir » depuis la mort de son frère, lui imposent de graves privations, il » n'en trouve pas moins le moyen d'exercer la charité. Il est vrai » que lorsqu'il est seul avec sa famille, il mange plus souvent des » pommes de terre que des perdrix. »

Le langage des autres voyageurs resta dans le même ordre d'idées que celui qui vient d'être mentionné. Le dernier d'entre eux crut devoir dire que son curé ne s'occupant que des affaires de l'église et jamais de politique, tout en s'en reconnaissant le droit, ne comptait pas un seul ennemi dans la paroisse. Il ajouta que si quelqu'un se permettait de lui adresser des injures, il serait aussitôt lapidé par ses concitoyens.

« Nous disions tout-à-l'heure, reprit-il, que les curés sont des » fainéants; celui-là, pourtant, je puis vous l'assurer, fait une » exception bien marquante. Sans parler des fonctions ordinaires » de son ministère, il catéchise les enfants beaucoup mieux que le » maître d'école; il les aime et sait s'en faire aimer. Il visite plus » souvent les malades que le médecin; il donne plus de conseils » utiles aux familles que le notaire; il évite autant de procès que » le juge de paix. Si la quantité de l'argent avait pour but de re- » présenter exactement les services rendus, au lieu d'un traite- » ment, il lui en reviendrait dix. Mais, du reste, il ne tient pas à » l'argent. Le seul danger qu'il redoute sous ce rapport, c'est de » mourir insolvable, vu, dit-il, que tous ses fournisseurs sont » aussi pauvres que lui. »

Trouvant étrange que ces voyageurs pensassent tant de mal des prêtres qu'ils n'avaient jamais vus, tant de bien de ceux qu'ils connaissaient presque intimement, je me permis de prendre part à la conversation pour leur demander la raison de cette différence. Il me fut répondu qu'on s'en rapportait aux journaux et aux bruits répandus sur le compte des prêtres que l'on ne connaissait pas.

Cela nous prouve que le clergé gagne à être connu, qu'il lui serait avantageux d'entrer, si cela était possible, en relations plus fréquentes et plus intimes avec les classes laborieuses, principalement dans les grandes villes. C'est là, en effet, que le prêtre n'est pas vu d'assez près, que ses actes sont presque toujours interprétés en mal par suite d'une ignorance complète sur le véritable état des choses. Plus l'ignorance est grande, plus la calomnie trouve d'accès et d'empire.

Les diffamateurs du clergé peuvent-ils ignorer que si la calomnie a toujours été réputée une faute très-grave, elle acquiert les proportions d'un crime quant elle a pour but et pour effet d'exciter des préjugés malveillants contre un corps inoffensif, fort utile au bien de tous?

LE JEUNE SÉMINARISTE.

Il y a quelques jours un jeune séminariste, M. Bouchereau (Onésime), de Challans, diocèse de Luçon, est venu me trouver pour me demander comment il pourrait aller s'enrôler sous le drapeau d'Athanase de Charette : je lui donnai tous les renseignements demandés, et avant-hier je vis arriver ce jeune homme au cœur ardent, au patriotisme enthousiaste, vrai Vendéen par l'âme virile et le sang généreux qui coule dans ses veines.

— Je pars, me dit-il, je réponds à l'appel de M. de Charette. Je veux me battre contre les Prussiens, je veux contribuer dans les limites de mes faibles forces à repousser les envahisseurs de notre chère Patrie.

Puis après, si Dieu m'épargne, si la sainte Vierge me protége, je reviendrai continuer mes études au séminaire de Luçon, et après avoir été un brave soldat, j'espère bien devenir un bon prêtre.

N'est-ce pas votre avis, monsieur, me dit-il en me prenant la main avec une franchise, une loyauté dont je fus vivement touché?

— Oui, oui, lui dis-je, je vous approuve, je vous aime, je vous admire, vous que je vois pour la première fois et que peut-être je ne reverrai jamais. Ah! partez, volez au secours de la France : des mains pures comme les vôtres seront agréables à Dieu ; partez, mon jeune ami, pour aller rejoindre les zouaves pontificaux qui sont les types de l'honneur, qui aiment Dieu et la Patrie.

Puis, je vis qu'il pleurait ; je le regardai.

— Oh ! monsieur, me dit-il, ce n'est point par faiblesse que je pleure, mais je songe à ma *chère soutane* que je viens de quitter... Oh ! comme je l'ai embrassée... mais je la reprendrai, j'espère, avec l'aide de Dieu et de sa Mère immaculée.

Je joignis mes larmes aux siennes, je le pressai sur ma poitrine, je sentis son cœur vendéen battre sur mon cœur breton.

Puis, lui jeune, moi malheureusement trop vieux pour le suivre, nous nous quittâmes après nous être donné une dernière étreinte patriotique, après avoir crié : Vive la France ! vive à jamais la France !

LE CONTINGENT DU PETIT SÉMINAIRE DE S.-JODARD.

— Le petit séminaire de Saint-Jodard a envoyé à l'armée de Cathelineau six volontaires qui sont : MM. Ressort, Bruyère, Bourbon, Desselley, Joannès Gonin et Louis Gonin.

De plus, pendant les vacances, trois élèves, MM. Clément, Vallouis et Rocfort, se sont engagés, l'un dans un corps de francs-tireurs, et les deux autres dans la troupe de ligne.

Enfin, tout récemment, M. l'abbé Gris, ancien élève de Saint-Jodard, et M. l'abbé Vanel, étudiant en théologie, sont partis pour rejoindre le bataillon de Charette.

Ces onze séminaristes ont tous renoncé au bénéfice de nos lois qui les exemptaient *régulièrement* du service militaire, et sont allés continuer, dans les rudes épreuves des batailles, le noviciat du sacerdoce.

MON CHRIST, LE SCAPULAIRE, LE CHAPELET, VOILA MES PREMIÈRES ARMES.

Nous lisons dans l'*Union nationale* de Montpellier :

« Trois jeunes gens du grand séminaire de Montpellier, n'écoutant pour le moment que la voix du patriotisme, sont partis vendredi dernier pour la légion de l'Ouest.

» Voici leurs noms :

» Ancette, de Frontignan; Bonniol, de Castelnau-du-Guers; Henri Megé, de Bédarieux.

» Le dernier d'entre eux a écrit à sa famille la lettre suivante, que nous sommes autorisés à publier :

Chers parents,

Ma rentrée au séminaire m'a laissé souffrant d'une douleur morale que je ne pouvais m'expliquer. Aujourd'hui j'ai mis le doigt sur cette souffrance : le dévouement.

Il y a trois mois, j'étais triste, vous le savez. Une idée me poursuivait : je voulais aller mourir pour Pie IX. Vos conseils, vos pleurs voulurent étouffer ce sentiment, mais l'oubli n'atteint pas de si nobles causes.

. . . .

Aujourd'hui, bien chers parents, le patriotisme m'a soulevé l'âme. Je vais partir comme volontaire, pour la durée de la guerre, dans l'armée du vaillant descendant de Cathelineau.

. . . .

Mais ne rêvons pas encore des triomphes; songeons aux malheurs qui nous accablent, à plus de vingt départements envahis et pillés, à la France, souillée par cette horde de barbares; à la religion catholique menacée.

Je pense à vous que je quitte, et longtemps je balance; vous qui m'aimez tant, pourrai-je vous porter ce coup si cruel de la séparation.

. . . .

Ah! chers parents, moi aussi je vous aime et je voudrais donner mon sang pour vous.

Vous êtes pour moi une patrie, une religion; mais en dehors de la famille j'aperçois une autre patrie, la France, une autre religion, celle de mon Dieu.

Deux patries, deux religions; voilà deux idées qui tiennent mon cœur en suspens.

Oh! non! qui protége la patrie de ma famille? qui défend la religion de ma famille? n'est-ce pas la France, n'est-ce pas mon Dieu? Et lorsque ces deux défenseurs sont attaqués, lorsqu'on leur a juré une guerre à mort, moi, Français, moi, chrétien, je resterais inactif et j'attendrais que l'on vînt se prendre avec la religion, la patrie de ma famille ?

Non ! non ! Prussiens, uhlans, race de vampires, je mourrai plutôt sous la gueule de vos canons que d'assister impassible à ce dernier outrage.

Je pars, je vais peut-être à la mort ; mais soyez forts : je le suis, parce que Dieu est avec moi ; avec ce bouclier je ne crains rien. Mon Christ, mon scapulaire, le chapelet, voilà mes premières armes ; elles me suivront partout, et lorsque je les baiserai, j'aurai un souvenir pour vous, chers parents, que j'aime.

Je pars avec votre amour dans le cœur. Si Dieu le veut, je vous le rapporterai, si non, j'irai le déposer au ciel, où je vous attendrai.

Adieu, chers parents.

Adieu, Léon ! adieu, amis ! Dans quelques jours vous aurez des nouvelles de la Vendée.

HENRI MEGÉ.

« Une pareille lettre n'aurait pas besoin de commentaires. Ajoutons cependant que le départ de ces trois jeunes gens est une protestation énergique contre les assurances de patriotisme, assurances faites *sur le papier* seulement, par ces messieurs de la démagogie qui traitent de poltrons et de lâches des jeunes gens pleins de vaillance et de foi. »

UN BON MOT.

Un aumônier des mobiles bretons, à Paris, M. l'abbé du Marhallach, a été décoré pour son courage. Il est à la fois prêtre et médecin, et soigne également bien les corps et les âmes.

On raconte qu'il a fait connaître à sa famille la distinction dont il venait d'être l'objet par cette phrase charmante : « Un cas de décoration s'est présenté dans mon ambulance. C'est moi qui en ai été atteint. »

L'abbé du Marhallach est le beau-frère de M. de Carné, l'éminent académicien.

LES PRÊTRE DE LA LORRAINE.

Les protestants de Sarreguemines ont un temple destiné à leur culte depuis Louis-Philippe, ou, pour préciser, depuis le mariage du duc d'Orléans avec la duchesse Hélène de Mecklembourg. Pour obtenir l'érection de ce temple, on a violé d'une manière indigne toutes les lois et les ordonnances concernant la matière. Ce sera une histoire curieuse que l'histoire de ce temple! Il sert au protestants, calvinistes, réformés, anglicans, etc.; que de choses s'y sont passées! ce n'est pas le moment d'en parler. — Bref, les Prussiens trouvèrent-ils que le temple était trop loin, eurent-ils d'autres raisons? mais ils manifestèrent un jour l'intention de mettre l'église de Sarreguemines dans l'état où ils ont mis la célèbre église de Marienthal (Bas-Rhin), et de s'attaquer d'abord à l'image de la Très-Sainte Vierge.

Ils se présentèrent chez M. Muller, curé-archiprêtre de Sarreguemines, pour lui demander la clef de l'église, sous prétexte d'y faire leur office. M. Muller est tolérant et Alsacien, mais avant tout il est catholique et Français : il chercha à leur faire comprendre l'inconvenance de leur demande. On discuta longtemps, puis...

« — Monsieur le curé, nous sommes fatigués de tout cet état de choses, nous sommes fatigués de vos hésitations et de vos refus. Sachez-le bien, nous sommes les vainqueurs, tout nous appartient; si vous ne nous donnez pas la clef, nous la prendrons de force, et...

» — Messieurs, je vous comprends; dans une exécution militaire, combien de balles tirez-vous sur le soldat condamné à mort?

» — Huit et le coup de grâce.

» — Eh bien! messieurs, avant d'entrer dans mon église et de la profaner, vous me tirerez huit balles et vous me donnerez le coup de grâce, puis vous pourrez entrer en passant sur mon corps. »

Les Prussiens, furieux, se retirèrent en prononçant leur *francosen ko of* (mauvaise tête de Français).

Voici un autre fait : M. Jacobs, curé-archiprêtre de Faulquemont, a sur sa paroisse beaucoup de malades et de blessés prussiens. Ces malheureux sont soignés par des diaconesses protestantes, institution qui singe maladroitement nos Sœurs de charité. Ces diaconesses ont avec elles leur aumônier protestant, un pasteur : il porte du moins ce titre, car un protestant est *pasteur* comme le loup dans la bergerie. — Un jour, de l'air le plus mielleux, le plus sucré, au nom de la liberté et de la tolérance, et à la fin se prévalant un peu de la conquête prétendue de la Lorraine, ce pasteur réclama la clef de l'église pour y faire ses offices, des offices protestants. M. le curé Jacobs lui fit comprendre, c'est-à-dire chercha à lui faire comprendre l'inconvenance de sa demande et l'impossibilité où il était d'y accéder. Peine inutile. A défaut de raisons, le Prussien en appelle à la force. M. Bismark dit : *la force prime le droit*... Quelques instants après, M. le curé Jacobs fut sommé de se présenter chez le major et de donner les clefs.

M. Jacobs, un homme à tête vénérable, se présenta devant le

soldat-major de Vilhem-Fritz. Quand on sait la manière brutale dont Sa Majesté prussienne reçut l'empereur à Sedan, on peut juger de la réception faite à M. Jacobs.

« — Curé, tu vas donner immédiatement la clef, ou...

» — Major, un mot :

» Il est dit dans l'histoire de la Grèce qu'à la bataille de Salamine un Athénien saisit un vaisseau avec la main droite. Quand cette main fut coupée, il le saisit de la main gauche; quand elle fut encore coupée, il le saisit avec les dents, et retint le vaisseau jusqu'à ce qu'il eût été tué.

» Je ferai de même avec les clefs : je les garderai avec ma main droite. Si elle est coupée, je les prendrai de la gauche; si elle est coupée, je les retiendrai avec les dents jusqu'à la mort. Choisissez : je reste dans la possession de mon église ou vous me tuerez. »

Le major, rouge de colère, se promenait de long en large à travers la chambre, faisait résonner le plancher avec ses éperons, le frappait avec son sabre, se cramponnait après le mur, regardait le plafond en furieux. Rien n'y fit. M. Jacobs restait impassible. A la fin, le major lui dit : « Allez! vous êtes un bon Français. » Et moi j'ajoute : « Pas le seul bon Français. Essayez un peu, major? »

LE 18 OCTOBRE 1871 A CHATEAUDUN.

— Les villes et villages, principaux théâtres des combats de 1870, ont eu leurs cérémonies funèbres d'anniversaires. Après Metz, Strasbourg, Orléans, Châteaudun devait avoir son tour. Bien des comptes-rendus de cette solennité ont déjà paru sur les feuilles publiques. On nous annonce que le discours prononcé à l'église de la Madeleine par le R. P. Monsabré, est sous presse et va paraître chez les libraires ; nous sommes convaincu qu'on lira avec profit ce beau discours dont la seconde partie, si éloquente, montre la cause véritable de nos désastres et indique le remède à nos maux. Il y avait là un nombre considérable d'officiers escortant Son Excellence le ministre de la guerre : cette société brillante allait tout-à-l'heure entendre au cimetière, près du monument commémoratif du 18 octobre, de nombreuses et belles paroles sur la gloire des héros ; à l'église, après un éloge frappant de la vaillance des héros, de l'accomplissement des devoirs envers la Patrie, le prédicateur a remué son auditoire en posant devant les consciences un examen sur l'accomplissement des devoirs envers Dieu.

—

— Le lendemain de la cérémonie de Châteaudun, M. l'abbé Theuré, curé de Loigny, mandé à la préfecture d'Eure-et-Loir par une dépêche, a reçu des mains de M. le général de Cissey, ministre de la guerre, la décoration de chevalier de la Légion-d'Honneur. En entendant les paroles élogieuses du ministre qui rendait ainsi justice à un dévouement extraordinaire qu'ont mis en relief les suites de la bataille de Loigny, le bon curé témoignait son étonnement et répondait confus : « Je n'ai fait que mon devoir : tout autre de mes confrères eût agi de même à ma place. » — « Oui, nous le savons et nous aimons à le redire, reprit le général de Cissey, *tout le clergé, qu'il porte soutane blanche ou noire, s'est conduit admirablement pendant la guerre.* »

III

NOS FRÈRES DE LA DOCTRINE CHRÉTIENNE

LES FRÈRES A L'ARMÉE.

Le 28 novembre, le frère Philippe écrivait aux directeurs des maisons de son institut, à Paris, et réclamait des volontaires pour aller le lendemain ramasser les blessés sur le champ de bataille. Le soir même, à six heures, deux cents Frères répondaient à l'appel de leur vénérable supérieur, qui voulut le lendemain, dès cinq heures, assister lui-même à leur départ pour le champ de bataille. Ce jour-là, le combat dura de six heures du matin à trois heures du soir, et les Frères, exposés aux balles et aux obus des Prussiens, recueillaient les blessés.

Le 30 novembre, le canon se fit entendre dès une heure du matin et gronda jusqu'à six heures du soir. Les Frères, partis dès le matin à six heures, ne quittèrent le champ de bataille qu'à minuit, et le lendemain les journaux de Paris étaient unanimes pour louer leur courage, leur sang-froid et leur dévouement.

Le jeudi les vit encore pendant treize heures occupés principalement à enterrer les morts de la veille et à recueillir les blessés oubliés. Le lendemain le combat fut sanglant, et les Frères furent occupés dès sept heures du matin jusqu'à deux heures de la nuit.

Ce dévouement est admirable. Voilà donc les Frères à l'armée ! Ceux qui demandent chaque jour qu'on les fasse partir seront sans doute satisfaits. Ils sont au feu et ils y vont l'âme sereine, le cœur fort et vaillant. Ils trouvent cela tout naturel. « Je te dirai plus tard les dangers que j'ai courus, écrit l'un deux à son frère, en allant avec nos confrères de Passy et de Paris, ramasser les blessés français et prussiens. J'ai quitté le champ de bataille cette nuit à minuit, et à deux heures et demie j'étais de retour à Passy. »

AMBULANCES DES FRÈRES DES ÉCOLES CHRÉTIENNES.

Le docteur E. Decaisne écrit, dans la *France*, cet article sur *les Frères des Ecoles chrétiennes pendant le siége de Paris :*

A l'heure où chacun se dévoue dans la mesure de ses forces à la chose publique, on s'accorde généralement pour donner au soldat et au médecin la première place. Mais à côté d'eux, et dans une sphère plus modeste, mais admirable, viennent se placer ces ouvriers de la charité qui accomplissent dans l'ombre et le silence leur tâche quotidienne, et savent résoudre, souvent sans s'en douter, les plus grands problèmes sociaux par la pratique de ces vertus chrétiennes qui planent au milieu de la tourmente comme un phare éclatant et radieux au-dessus des convoitises, des égoïsmes et des folies de cette société aux abois.

Cette pensée me revenait à l'esprit l'autre jour, en visitant l'ambulance établie par les Frères de la doctrine chrétienne dans leur maison de la rue Oudinot et annexée aux ambulances de la presse, il y a là plus de deux cents lits consacrés aux malades et aux blessés, et il est impossible de ne pas être vivement touché des soins admirables et de la sollicitude dont ils sont entourés. Là, comme dans toutes les ambulances de la presse où les frères font le service d'infirmiers, j'ai été frappé de l'intelligence avec laquelle ils apprennent en quelques jours à panser et à soigner les malades et à organiser un service d'ambulance.

L'établissement de la rue Oudinot avant les derniers combats livrés sous Paris n'était destiné qu'à des fiévreux, comme disent les médecins, lorsque tout à coup, à cause de l'affluence des blessés, on fut obligé d'installer 85 lits pour un service chirurgical. La chose fut faite en un clin d'œil; les 85 lits occupés immédiatement, et quelques heures après, les frères avaient pourvu à tous les besoins et pansaient nos braves soldats comme s'ils n'avaient jamais fait que cela.

Il ne manquait qu'un chirurgien, — le chirurgien devient rare en ce moment, — lorsque la Providence, prenant en pitié l'anxiété des pauvres frères, envoya juste à point, rue Oudinot, un homme que nous avons tous appris à aimer et à admirer, un homme que tous les malheureux bénissent en ces jours d'angoisses et de misère, qu'on trouve partout où il y a une douleur à soulager, un blessé à sauver, Ricord lui-même enfin, la science et la bonté en personne. L'illustre praticien fit, en quelques heures, les opérations les plus urgentes, ce qui permit d'attendre jusqu'au lendemain matin, le chirurgien qui devait prendre la direction de l'ambulance.

On pourra juger des services que rendent les Frères de la doctrine chrétienne, quand on saura qu'ils soignent en ce moment dans Paris plus de 1,400 blessés.

Mais leur zèle va plus loin, et tous ceux qui les ont vus à l'œuvre sur le champ de bataille ont été saisis d'admiration devant leur intrépidité et leur mépris pour le danger. A chaque combat, plus de deux cents frères vont souvent, au péril de leur vie, et sous le feu de l'ennemi, ramasser les blessés, et on les a vus plusieurs fois rentrer dans Paris portant dans les plis de leur pauvre robe la preuve irrécusable et glorieuse de leur courage et de leur charité. « Croyez-moi, mon frère, disait le général Ducrot, au combat du 30 novembre, à l'un deux, qui, pour sauver un blessé, s'était avancé au milieu des balles prussiennes, croyez-moi, l'humanité et la charité ne demandent pas qu'on aille aussi loin. »

Quoiqu'il n'y ait rien à ajouter à un pareil témoignage, je dirai que les novices et les frères, les jeunes gens et les vieillards rivalisent de courage et de dévouement. On peut voir le vénérable frère Philippe, le supérieur général, oubliant ses soixante dix-huit ans, conduire ses religieux en dehors de Paris et, jour et nuit, servir lui-même les pauvres malades, les consoler et les fortifier avec ce doux sourire et cette sensibilité exquise qui lui attirent tous les cœurs.

Ah ! soyez bénis pour tout le bien que vous faites, humbles, serviteurs des enfants du peuple ! je vous le jure, ô mes frères les *ignorantins*, vous avez la vraie science, la science de la charité, de l'abnégation et du dévouement, la science qui fait les héros, et Paris et la France délivrés diront que vous avez bien mérité de la patrie.

LES HÉROS DE LA CHARITÉ CHRETIENNE.

C'était le lendemain du sanglant combat du 22 décembre. Rendez-vous avait été donné aux Tuileries pour le départ des ambulances ; il y avait encore des blessés à prendre et à ramener.

La veille, pendant que des brancardiers *honoraires* fumaient tranquillement leur pipe, et restaient inébranlables derrière de bonnes murailles, 150 Frères de la doctrine chrétienne, les reins ceints d'une corde, allaient au premier signe ramasser sous le feu de l'ennemi les blessés et les ramenaient à l'abri. Un Frère, frappé d'une balle au milieu du cœur tombait raide mort. Un autre, grièvement blessé d'un éclat d'obus, était rapporté mourant.

C'était donc le lendemain. Il était six heures du matin ; un vieux Frère de 70 ans, le sous-directeur, venu à la place du Frère Philippe, empêché par son grand âge, amenait au docteur Ricord un renfort de 100 frères, pour se joindre aux autres restés à Genevilliers.

Le docteur Ricord s'avança vers le vieillard à cheveux blancs, une figure profondément sillonnée, ascétique, mais bonne, bienveillante et fine, un vrai Holbein détaché de son cadre.

« — Mon Frère, dit-il, comment va notre cher blessé ?

« — Mal, docteur ; nous avons peu d'espoir. »

Le docteur était ému, lui qui voit tant de douleurs.

« — Mon Frère, dit-il en lui prenant la main, s'embrasse-t on chez vous ?

« — Mais, dit le bon vieillard, il n'y a pas de règle pour cela.

« — Eh bien ! dit Ricord, permettez-moi d'avoir l'honneur de vous embrasser. Vous êtes admirables, vous et les vôtres ! Portez ce baiser à tous vos frères, et dites-leur que nous vous remercions tous, en notre nom et au nom de la France ! »

Voilà un baiser qui vaut plus qu'une croix d'honneur.

L'un des principaux administrateurs de l'ambulance disait aux Frères : « Je voudrais que tout Paris fût là et vous vît à l'œuvre. Que de préjugés contre la religion tomberaient à l'instant ! »

Un général s'adressant à un Frère, s'écriait : « Vous avez écrit aujourd'hui, par votre dévouement, une des plus belles pages des annales de votre Institut.

Les Prussiens disent, en voyant l'admirable dévouement des Frères : « Depuis que nous sommes en France, nous n'avons rien vu de plus beau. »

NOBLE OBSTINATION.

Malgré tout, les Frères de la doctrine chrétienne s'obstinent à soigner les malades et à courir sous le feu et sous les balles pour ramasser les blessés et les morts.

Comme ils font, à tout prendre, un très-bon service, on s'est accordé, en haut lieu, à leur donner l'autorisation de le continuer.

On voulait seulement exiger d'eux un changement radical de costume et les habiller de vareuses de garde nationale.

Sur ce point, ils n'ont voulu rien entendre, leur costume leur plaît. Par ces temps de liberté, tous les goûts doivent être respectés. On a dû céder devant leur obstination.

C'est pour cela qu'aujourd'hui on peut voir les grands chapeaux et les vêtements noirs des Frères partout où il y a des blessés à relever et des victimes à secourir.

(*Le Soir*.)

UN ENGAGEMENT POUR LA GUERRE.

Saint-Étienne. — Le frère Silaüs, ancien instituteur public de Bérard à Saint-Étienne écrit la lettre ci-dessous à son provincial :

« Mon très-cher Frère visiteur,

« Voyant les malheurs qui affligent notre pauvre France, voyant surtout mon pauvre frère qui, après avoir vaillamment combattu pour la défense de la patrie, se trouve en ce moment détenu par les hordes barbares dans le fond de la Silésie et condamné à toutes sortes de misères, je ne puis rester insensible à ses souffrances, car le sang de famille est toujours là.

» Connaissant la manœuvre militaire et depuis longtemps habitué à passer les nuits sans dormir, je viens, cher Frère visiteur, vous prevenir que je m'engage pour le temps de la guerre.

» Je veux venger, s'il est possible, ce qu'ils font souffrir à mon frère. Sitôt la guerre finie, si je ne laisse pas ma tête sur le champ de bataille, *je reprendrai de nouveau mes fonctions*; c'est ainsi que nous l'avons décidé, après en avoir conféré avec le Frère directeur.

» Je suis, etc. Frère Silaus. »

UNE PALME ENVIÉE.

Dans la journée d'hier, un Frère de la doctrine des écoles chrétiennes a été tué sur le champ de bataille, un autre a été grièvement blessé.

Les chers Frères avaient reçu assez d'insultes pour obtenir de Dieu que leur illustre congrégation fût décorée de la palme du martyre.

Sur un autre point du combat, un Père de la Compagnie de Jésus a été atteint d'une blessure légère, qui ne l'a pas empêché de continuer son service et de repartir aujourd'hui.

23 Décembre 1870.

LES FRÈRES DE LA DOCTRINE CHRÉTIENNE.

DEUX MARTYRS.

Préparer le règne de l'athéisme en arrachant aux bras de la Religion les enfants du peuple, c'est un article important du programme de la Franc-maçonnerie, de cette secte infernale qui ravage et perd la France où elle se cache sous différents noms, comme : la Ligue des solitaires, la Ligue de l'enseignement, l'Internationale, et même l'Alliance religieuse universelle.

Pour atteindre ce but inique, la Franc maçonnerie a joué de toutes pièces; son arme préférée, la plus dangereuse dans notre pauvre pays, c'est depuis longtemps la raillerie. Elle a essayé de jeter le ridicule sur ces hommes vertueux, aides du prêtre et du missionnaire dans toutes les parties du monde, sur ces hommes auprès desquels l'enfant du peuple bégaie ses premières prières, puis étudie les éléments des sciences utiles, aussi bien que l'indispensable catéchisme, en bénissant des instituteurs si entièrement dévoués au bonheur d'autrui, si dépourvus d'ambition et d'égoïsme, et qu'on appelle partout avec reconnaissance : « Cher Frère. »

Au siècle dernier, la plume sordide du synique Voltaire tentait d'anéantir le crédit des disciples de M. de la Salle, en leur donnant la menteuse qualification d'Ignorantins; à notre époque, certains personnages, fiers d'une suprême dignité universitaire que l'on n'aurait pas toujours pu échanger contre un brevet d'honnêteté, ont suivi les traditions voltairiennes, en honorant de leurs vexations ceux qu'ils nommaient avec un incroyable dédain : « Les *maîtres congréganistes.* »

Les révolutionnaires de 1870 et de 1871, plus francs dans l'application des théories impies n'ont pas craint de lancer sur les Religieux instituteurs des édits de proscription. Les municipaux de Lyon, les communards de Paris avaient bien besoin des Frères en effet ! Quel cas les démolisseurs de société pouvaient-ils faire de ces pauvres gens à robe noire qui, toute leur vie dans le coin d'une école, travaillent à consolider les bases de l'édifice social, en inculquant à l'enfance les principes chrétiens.

Eh bien ! en dépit des révolutionnaires de toutes nuances qui se sont succédé chez nous depuis le patriarche de Ferney, le fléau de Paris; en dépit de ceux que montre à l'avenir le « Monde maçonnique, » les disciples du vénérable de La Salle n'ont point cessé et ne cesseront point de garder leur poste d'honneur, derrière le prêtre, tendant la main au peuple pour le détourner des piéges tendus par les francs-maçons journalistes, pédagogues et le reste.

Formés par la vie austère aux grandes vertus, on les verra chercher le bien de leurs semblables avec une sainte passion. La piété est le grand ressort du courage; Dieu sait comment ces cœurs, pourtant si sensibles, se fortifient devant les perspectives d'un avenir peu rassurant. On leur a dit mille fois qu'ils seraient sans doute victimes de l'ingratitude et, avec cette pensée, ils peuvent se constituer joyeusement, eux aussi, les novices du martyre.

Dans le drame sanglant dont ces derniers temps nous ont rendus les témoins, drame en deux actes, dont l'un fut la campagne de France et l'autre le règne de la commune, bien des figures de héros et de saints se sont dessinées sous nos yeux. L'histoire de l'Eglise enregistrera bien des faits glorieux propres à consoler la France de ses désastres. L'institut du vénérable de La Salle a trouvé l'occasion d'ajouter deux beaux chapitres à ses annales particulières. Le premier parlera des nombreux Frères que, sur tant de champs de bataille et surtout sous Paris, on a vus bravant les périls du combat, du froid et de la faim, allant même au milieu de la mitraille relever les soldats tombés, puis, au sein des ambulances, se livrant au soin des malades et à la sépulture des morts. Et quand le lecteur en sera au fait d'armes du Bourget, il baisera avec émotion la page où sera inscrit le nom du martyr de la charité, du Frère Néthelme, frappé d'une balle dans la poitrine, lorsque, tout près du drapeau de la convention de Genève et du brancard d'infirmier, il allait aborder le théâtre de l'action. Transporté à la communauté de Saint-Denis, à travers les rangs des soldats en larmes, il expira deux jours après dans la paix du Seigneur. C'était bien là « le *sort le plus beau, le plus digne d'envie.* » Cette mort précieuse devant Dieu était un encouragement pour les Religieux destinés à d'autres épreuves.

Un autre chapitre racontera les perplexités, les souffrances des Frères des Ecoles chrétiennes sous le régime tyrannique de la commune, et surtout des vingt-six d'entre eux qui furent emprisonnés à Mazas. Le 25 mai, à l'approche de l'armée de Versailles, des gardiens de Mazas voulurent faire évader les détenus. Les Frères sortirent en effet, mais aussitôt ils se trouvèrent engagés dans les lignes des fédérés et contraints pour la plupart à travailler aux barricades ; ils ne comptaient plus que sur un miracle pour se soustraire à la surveillance de leurs enragés voisins et attendre ailleurs le moment de la délivrance.

C'est alors que le Frère Néomède Justin, de la communauté d'Issy, fut frappé d'un éclat d'obus ; la mort fut instantanée. Il s'était préparé en saint à ce dénouement prévu d'une série de douleurs. Nous avons pu lire quelque part les lignes mémorables qu'il avait écrites, un des jours précédents, à ses supérieurs :

« Je m'abandonne à la divine Providence; il ne peut m'arriver » que ce qui m'est le plus avantageux. La vie cellulaire est bien » pénible ; la journée est longue; nos privations sont nombreuses. » Je regrette la compagnie de mes confrères ; il m'est bien doulou» reux de ne pas vous voir et de ne plus entendre quelques-unes » des bonnes paroles que vous m'avez adressées au dépôt de la » Préfecture. Que la volonté de Dieu soit faite ; la mort m'est un » gain si Dieu veut m'appeler à lui. Je trouve ma consolation dans » la prière. Je m'applique de tout mon cœur à nos exercices spiri» tuels et le temps me paraît moins long ; il le serait bien moins » encore si j'avais mon Nouveau-Testament dont je sens vive» ment la privation. Je suis bien touché des soins que les Supé» rieurs ont pour nous ; j'ai reçu les petites provisions qu'on nous » a envoyées. Que Dieu bénisse ceux qui s'occupent des pauvres » prisonniers ! »

O émanation d'un cœur de saint ! Il s'échappe de ces lignes un parfum qui charme et excite à la vertu. Pour nous, heureux d'y voir le reflet d'un caractère ainsi formé par la religion à toutes les épreuves du dévouement, nous nous écrirons : « Que Dieu bénisse » les familles qui comprennent et veulent pour leurs enfants de » tels maîtres ? Que Dieu éclaire ceux qui voudraient enchaîner, » dans la personne des Frères, la puissance de l'enseignement » chrétien !

» L'abbé GOUSSARD. »

(Extrait de *la Voix de Notre-Dame de Chartres*).

QUE DIRE A DE TELS HOMMES QUI NE VEULENT RIEN ENTENDRE?

— On sait comment le Conseil municipal de Lyon, au nom de la liberté, a fermé les écoles des Frères ; les réclamations ne se sont pas fait attendre et elles ont été nombreuses. Une pétition a circulé contre la mesure si peu libérale du Conseil et elle a rencontré partout la plus vive sympathie.

Malgré leur mépris bien connu pour les vœux des populations, les démagogues lyonnais se sont préoccupés de ce mouvement, et pour en détruire l'effet, ils ont convoqué leurs fidèles afin d'organiser une contre-manifestation :

« Quoiqu'ils eussent pris toutes leurs précautions, dit la *Décentralisation*, pour être en famille et pour n'avoir aucun contradicteur qui pût relever certaines balourdises par trop crues, nos libres-penseurs ont encore trouvé hier soir le moyen de recevoir un coup de massue.

» Ce petit coup de massue a été porté par un petit vieillard à cheveux blancs dont le nom nous échappe. Ce petit vieillard est venu dire qu'il avait été directeur d'une école laïque depuis 1830, — c'est assez respectable ! — et qu'il croyait pouvoir traiter sciemment la question ; qu'il avait vu les Frères à l'œuvre ; qu'en 1830, on voulait supprimer, comme aujourd'hui, les Frères et qu'on ne l'avait pas fait, parce qu'on avait compris qu'il était utile d'entretenir l'émulation entre les écoles laïques et les écoles congréganistes ; que, d'ailleurs, il ne fallait pas méconnaître la capacité des Frères, car, aux concours généraux, ils avaient souvent plus d'élèves admis que les écoles laïques.

» Sur ce, tumulte, cris, sifflets. Le petit vieillard reste calme. Puis, lorsque le silence s'est rétabli, après une assez longue interruption, le petit vieillard commence : « Citoyennes et Citoyens, » Mesdames et Messieurs, quand les vagues ne sont que houleuses, » le vaisseau marche encore ; mais quand les flots s'élèvent en » montagnes menaçantes et se creusent en abîmes sans fonds, le » vaisseau sombre et disparaît. » Et notre petit vieillard, calme et digne, met son chapeau, rajuste ses lunettes, prend sa canne et s'en va.

Foi et Patrie.

» Le coup avait porté quand même, et une foule d'orateurs se succèdent pour essayer de battre en brèche les paroles de « l'homme du métier. »

UNE SATANIQUE OPPRESSION.

— 7 août 1871 —

Le conseil municipal de Roanne vient d'ordonner l'expulsion de la ville de tous les Frères de la doctrine chrétienne.

Le ministre de l'instruction publique avait invité le conseil à s'abstenir de toute mesure extrême avant qu'il ait pu examiner l'affaire, mais la majorité n'a pas cru devoir écouter ses avis.

Les Frères, ne reconnaissant pas au conseil municipal de Roanne le droit de les mettre hors de la loi, se sont pourvus devant les tribunaux.

Ils demandent qu'on veuille bien leur accorder au moins un sursis. Quoique la ville ait pris des conclusions contraires, le tribunal s'est déclaré compétent.

La *Liberté*, qui raconte ces faits, ajoute les réflexions suivantes :

— De tels faits se passent de commentaires : que le conseil municipal de la ville de Roanne refuse une subvention ou un avantage quelconque aux Frères de la doctrine chrétienne, il en a parfaitement le droit ; mais comment expliquer qu'il s'arroge celui de chasser d'une ville une confrérie dont l'existence légale est reconnue dans toutes les municipalités de France ? Les temps de proscriptions religieuses sont passés. Nul doute que le tribunal n'apprécie comme il le doit la singulière façon dont le conseil municipal de Roanne entend la liberté.

Le *Salut* (de Paris), dit à son tour :

— D'où vient cette rage implacable exercée contre des hommes aussi modestes que dévoués ? Est-ce parce qu'ils ont consacré leur vie à instruire la jeunesse avec une ardeur infatigable et un désintéressement absolu ?

Ceux qui les repoussent ainsi de la société et semblent leur faire un crime de leur titre de frères, qui devrait cependant ne pas effaroucher les hommes qui affichent si souvent ce mot de *fraternité*, seraient-ils capables de s'imposer leurs sacrifices et de pratiquer leurs vertus ? C'est bientôt dit pour un disciple de Pyat ou de Mottu de mettre le mot de fraternité sur les murs ou sur une bannière, mais il faut harmoniser ses actes avec ses paroles.

Or, que voyons-nous dans un désastre, au moment des épidémies, au milieu des horreurs des siéges ? Sont-ce ces républicains si ardents à parler de sacrifice et de dévoûment à la patrie et à l'humanité qui viennent braver les périls et les dangers de toute sorte ? Non : ce sont ces Frères simples et modestes que l'on dédaigne, que l'on méprise et qu'on veut même proscrire aujourd'hui.

Il n'en faut pas davantage pour prouver à quel degré d'abaissement moral la France est descendue.

Celui qui fait le bien n'est plus l'honnête citoyen, l'ami de son pays, celui qui doit instruire et élever la jeunesse dans la pratique des vertus. Il faut confier ce rôle à ces hommes sans foi et sans principes qui prêchent l'athéisme et donnent aux enfants l'exemple de tous les vices.

Espérons que, si le sens moral manque à la plupart de ces ennemis de la religion, il ne fera pas défaut aux magistrats chargés de rendre la justice, et qu'ils protégeront ces Frères de la doctrine chrétienne, si injustement opprimés aujourd'hui.

LES ÉCOLES SANS DIEU.

Nous croyons devoir renouveler nos protestations et notre appel à la conscience publique sur ce sujet d'une actualité trop douloureuse. Les efforts redoublent pour forcer les familles à subir l'enseignement athée. C'est l'acharnement de la haine aveugle qui foule aux pieds le bon sens comme la justice. Il faut ruiner et détruire la vieille et sainte religion de nos pères, la foi de la France, l'Évangile qui a civilisé le monde. Il faut préparer des générations sans idées morales, sans principes, sans croyances, des générations aplaties, matérialisées, abruties ; il faut étouffer les âmes dans la boue. Voilà le progrès sinistre que rêvent les sectaires impies. Voilà tout ce qu'ils savent, tout ce qu'ils veulent : il leur faut un peuple à leur niveau.

Grâce à Dieu, il y a encore du sang chrétien dans les veines de ce peuple, et il résiste à cet abaissement. Nous apprenons avec joie que les écoles sans Dieu se désertent de plus en plus. Pour les achalander, on a beau joindre la ruse à la violence, le peuple ne veut pas de leur enseignement brutal. La grande société d'instruction primaire — toute laïque, celle-là — a repoussé avec dégoût le programme athée. Ces hommes de cœur et d'honneur aimaient trop l'enfant du peuple pour mépriser son âme, et la jeter en proie à un régime dégradant. Ainsi, hier encore, à Saint-Chamond, des municipaux proscrivaient les Frères, et le lendemain, des écoles libres s'ouvraient, et 540 ÉLÈVES SUR 600 revenaient aux écoles chrétiennes. Voilà la réponse de nos populations aux meneurs de la secte irréligieuse; mais il est temps, il est urgent d'organiser partout la résistance énergique à l'oppression qui menace l'âme de nos enfants et l'avenir moral de la France.

Il faut que tous les bons citoyens de tous les partis, tous les amis du pays s'unissent, s'entendent, s'imposent des sacrifices, pour repousser sur tous les points l'envahissement d'une barbarie nouvelle, qui mettrait le comble à nos malheurs, et mènerait rapidement à la décadence irrémédiable du pays. Républicains ou autres, tous doivent aimer leurs enfants, et par conséquent les préserver de la lèpre athée. Ceci est une question première, un intérêt suprême, le plus sacré des devoirs, je dirai le cri de la nature et du cœur. Jamais un père digne de ce nom, jamais une vraie mère ne consentira à voir grandir son fils sans principes, sans croyance, sans Dieu. Il est facile de débiter, au club, ou ailleurs, des tirades sonores autant qu'absurbe, contre les Frères, les religieuses, les cléricaux, etc.. Le peuple, le vrai peuple en a bientôt assez de ces ineptes rangaines. Le dégoût public grandit autour des histrions de l'athéisme, il sait que leurs prétendus lumières ne savent allumer que des incendies, et que leur progrès est le grand chemin de la ruine des familles et des nations.

Nous finirons ces quelques pensées par ce fait éloquent dans sa simplicité touchante :

Un jour, on pressait une mère d'envoyer son fils à une école qui ne lui inspirait aucune confiance. C'était des parents, des amis, et la pauvre mère résistait avec peine. La vue de son fils lui rendit toute son énergie. Prenant dans ses deux mains cette tête d'ange, elle la contempla avec ravissement, puis, déposant un baiser sur ce front virginal : « Pauvre petit enfant du bon Dieu, lui dit-elle. avec une indicible expression de tendresse, si on allait souiller ton âme si pure ! si on allait flétrir ton esprit et ton cœur ! Non, ajouta-elle avec force en s'adressant aux personnes qui la sollicitaient, non, mon enfant n'entrera jamais dans cette maison. » Honneur à la bonne mère, et que toutes à Lyon fassent de même.

L. P.

(Extrait de *la Semaine catholique de Lyon*).

LES PÉTROLEURS DE L'AVENIR.

Il existe aussi à Paris une race de petits *Sans-Dieu* élevée aux écoles des Mottu, Bonvalet et Ce. On la reconnaît dans les rues à ses airs débraillés et polissons, à ses paroles grossières ; elle porte crânement la casquette sur l'oreille et la cigarette ou la pipe à la bouche, en signe de sa précoce indépendance Tout le monde a rencontré avec dégoût ces petits vauriens. Souvent, d'ailleurs, ils tiennent à se faire remarquer des passants par leurs insultes et leurs impertinences. Une scène du plus triste caractère s'est passée avant-hier rue Bonaparte. La *Liberté* raconte ainsi ce fait :

De jeunes garçons des écoles municipales du quartier ayant rencontré une bande d'élèves des écoles chrétiennes, les ont insultés aux cris de : « A bas, l'Eglise ! » Il en est résulté entre les deux camps un combat à coups de pierre, de sangle et de bâton, dans lequel plusieurs enfants ont été grièvement blessés.

Il ne faut pas chercher bien loin les barricadiers et les pétroleurs de l'avenir.

NOBLES PAROLES DE M. LE PRÉFET DE LA MEURTHE

Nancy. — Dans le discours prononcé à la distribution des prix des écoles des Frères de Nancy, par M. le préfet de la Meurthe, nous trouvons ces nobles paroles :

« J'avais été voir vos camarades du lycée, vous savez, ces braves garçons, qui se donnent tant de mal avec leur grec et leur latin ; je suis bien aise de vous connaître également, bien aise de vous dire que je porte un égal intérêt à vous tous, chers enfants, qui avez tout d'abord à apprendre, les uns aussi bien que les autres, comment on devient un honnête homme et un bon citoyen. Je voulais entendre dire que vous aviez fait des progrès, qu'on était content de vous. Avant tout, je voulais savoir si vous aimiez bien vos maîtres, et je voulais vous dire combien vos maîtres méritent d'être aimés.

» Pauvres bons Frères de la doctrine chrétienne, ils sont en France toute une grande famille qui s'est imposée cette tâche d'élever, d'instruire, d'aimer les enfants du pauvre. Car, pour bien instruire, il faut beaucoup aimer. Vous voyez la peine qu'ils se donnent pour vous, quels trésors de patience et de bonté ils vous prodiguent chaque jour. Vous êtes reconnaissants, j'en suis sûr, mais vous ne les connaissez que par les soins qu'ils prennent de vous, et moi j'ai voulu vous dire que je les connais mieux encore.

» En France, c'est là notre gloire, et c'est peut-être aussi le secret de notre faiblesse, nous ne donnons tout notre respect qu'à l'homme qui a vu le feu, comme nous disons. Eh bien ! laissez-moi vous dire que vos bons Frères ne savent pas seulement vous faire la classe et vous conduire à l'église ; ils savent aller au feu, ils savent y mourir.

» On les a vus, je les ai vus, moi qui vous parle, sous les murs de Paris, quand le canon grondait, s'élancer dans la neige pour ramasser nos blessés ; entraînés par la charité, dépasser nos avant-postes et tomber sous les balles ! La mort sur le champ de bataille, vous trouvez cela beau. Pour le soldat qui la donne avant de la recevoir, pour celui qui combat en disant : « La France me regarde » il ne faut que courage. Pour le pauvre infirmier qui l'affronte sans armes, sans colère, il faut quelque chose de plus : il faut la foi qui dit : « Dieu m'attend ! » La foi, ils savent que c'est là leur force ; ils veulent que ce soit la vôtre. Tous leurs efforts tendent vers ce but, et je suis venu leur dire qu'ils doivent compter loyalement sur moi pour seconder leurs efforts, comme vous tous, chers enfants, vous pouvez compter sur ma profonde et sincère affection. »

PROTESTATION EN FAVEUR DES FRÈRES PAR LEURS ANCIENS ÉLÈVES

Le conseil municipal a reçu des anciens élèves des écoles chrétiennes une protestation qui fait honneur aux neuf cent douze jeunes gens qui en ont pris l'initiative et aux Frères qui ont su inspirer de si nobles sentiments.

Voici le texte de ce document :

A monsieur le maire et à messieurs les membres du conseil municipal de Lyon.

Le conseil municipal, en ratifiant la décision prise par le comité de salut public à l'égard des écoles chrétiennes dirigées par les Frères, semble avoir voulu donner autorité à des accusations contre lesquelles les soussignés protestent hautement.

Anciens élèves de ces Ecoles, nous avons tous à cœur de repousser les calomnies dont on accable nos maîtres vénérés.

L'arrêté du comité de salut était ainsi motivé : « *Considérant que l'enseignement donné dans les Ecoles congréganistes est contraire à l'esprit de la République.* »

C'est là une première accusation mensongère. Nous tous, qui avons fréquenté ces Ecoles pendant huit, dix ou douze ans, nous croyons avoir quelque autorité pour le dire. Bien évidemment, ce ne sont pas les cours de grammaire ou de mathématiques que l'on veut incriminer; les auteurs de l'arrêté ont voulu signaler la morale chrétienne, la religion qui est professée par les Frères.

Eh bien ! non, la morale chrétienne n'a rien de contraire à l'esprit républicain. Nous disons même avec assurance que la connaissance et la pratique de la religion peuvent seules, en inspirant le respect du droit et l'amour du devoir, fonder la vraie liberté.

Nous le proclamons bien haut, c'est là notre intime conviction.

En nous apprenant à respecter le bien d'autrui, le catéchisme nous apprend à respecter sa liberté, qui fait partie de ses biens.

En nous apprenant que Dieu est le Père commun de tous les hommes, il nous enseigne que nous sommes égaux devant lui, que, frères, nous devons nous aimer. Et les chers Frères, par leur dévoûment de tous les instants, nous ont toujours donné l'exemple à côté du précepte.

Si ces vérités n'étaient trop évidentes, nous pourrions, à leur appui, citer encore la grande république américaine, qui nous fournirait de si nombreux exemples de sage tolérance et de vraie liberté.

Dans ce pays, les écoles chrétiennes des Frères se développent au grand jour, et il n'est jamais venu à l'esprit de personne de suspecter leur enseignement.

La seconde accusation contre laquelle nous voulons aussi protester a été surtout formulée dans les journaux et certaines réunions publiques : « *Les enfants qui fréquentent les écoles des Frères n'y apprennent rien ou pas grand'chose.* »

Pour mettre à néant cette accusation, nous pourrions invoquer de nombreux concours entre les diverses écoles de la ville et leurs résultats toujours favorables aux frères.

Nous nous contenterons de rappeler qu'au dernier concours régional de Lyon, les écoles des Frères ont obtenu dix témoignages de première classe sur douze accordés par le jury, huit de deuxième classe sur douze, et cinq de troisième sur huit. Ces chiffres sont significatifs. Des autorités compétentes ont maintes fois reconnu que l'enseignement des Frères était supérieur à celui de leurs rivaux, et tous ceux qui sont restés leurs émules sans devenir leurs adversaires n'ont pas hésité à l'avouer.

La supériorité de ces écoles n'est-elle pas enfin attestée par la popularité dont elles jouissent ? Pourquoi les élèves qui les fréquentent assidûment trouvent-ils si aisément à se placer ? Pourquoi quelques-uns sont-ils arrêtés par des patrons avant même la fin de leurs classes ?

Ne pouvons-nous pas affirmer que les ouvriers les plus intelligents et les plus estimés de notre ville ont été élevés dans ces écoles ?

Et si nous recherchions dans les rangs plus élevés de la société, nous trouverions un certain nombre d'intelligences d'élite, des citoyens modèles qui ont passé leur enfance sur ces mêmes bancs.

Toutes ces accusations sont donc vaines; insister plus longuement serait superflu. Tout homme éclairé et de bonne foi le pensera comme nous.

Aussi, c'est principalement pour soulager notre cœur ému que nous avons voulu protester. La justice et la reconnaissance nous en faisaient également un devoir.

Puisse cette manifestation consoler nos anciens maîtres, éclairer leurs ennemis !

La lecture de cette pièce, faite mardi, 13 décembre, dans la séance publique du conseil municipal, a provoqué tout d'abord un vif mécontentement parmi nos édiles dont le libéralisme est connu. *Nous dresserons la liste*, s'est écrié l'un d'eux, *des crimes commis par les Frères* !

Vous êtes libres, Messieurs, de faire cette statistique ; il nous suffit de constater que dès à présent l'opinion publique est en mesure d'opposer la liste plus imposante des actes de dévoûment accomplis par ces vrais serviteurs du peuple.

Lorsque M. le maire a reçu les porteurs de cette protestation il leur a dit : « Le conseil municipal a cru sage de confier les écoles de la ville à des hommes mariés plus capables que les Frères de former des citoyens et des pères de famille. »

Le but serait louable : le moyen sera-t-il efficace ?

Les pères de famille, très-compétents sur cette question, répondent en gardant chez eux leurs enfants malgré les exhortations réitérées de la commission d'enseignement et ses savantes théories sur la morale effective. Il est constant que les nouvelles écoles ne renferment pas la moitié des élèves qui les fréquentaient lorsqu'elles étaient dirigées par les Frères. Ces anciens élèves des écoles chrétiennes répondent à leur tour en citant des faits que tout le monde peut contrôler.

Neuf cents ont signé ! Nous en compterions plusieurs milliers, si tous avaient pu être consultés. Mais les absents signent de leur sang en mourant pour la Patrie.

G. P.

AUX PÈRES ET AUX MÈRES DE FAMILLE.

Rentrée des écoles catholiques. — On nous communique une lettre circulaire qu'un bon curé de notre ville a fait présenter au domicile des huit cents familles qui composent sa paroisse. Son invitation paternelle a été si bien accueillie que l'ouverture des classes s'est faite avec l'unanimité, on peut dire complète, des enfants.

Voici quelques passages de cette lettre, dont les sages conseils peuvent profiter à toutes les familles :

La rentrée des élèves dans les écoles catholiques de la paroisse aura lieu le 30 septembre.

Je viens, à cette occasion, pères et mères de famille, vous rappeler avec simplicité et affection la tâche que vous avez à remplir envers vos enfants.

La première partie de votre tâche est de choisir pour eux une école catholique, c'est-à-dire une école où l'on enseigne en premier lieu la religion, la connaissance de Dieu, notre père du Ciel, de Jésus-Christ, son fils, fondateur de son Eglise ; où l'on apprenne aux enfants le catéchisme, leurs devoirs envers Dieu et leurs devoirs envers leurs parents. De plus, avec l'enseignement catholique, il faut que les maîtres et les maîtresses exercent leurs élèves à la pratique de cet enseignement, les fassent prier le matin et le soir, les conduisent à la messe et aux autres offices du dimanche, exigent l'obéissance et le travail dans l'école, la bonne tenue et les bonnes manières, qui sont le fruit de l'éducation. Telle est la première partie de la tâche des maîtres et des maîtresses que vous devez donner à vos enfants ; voici la seconde, qui forme le complément de la première :

Dans la seconde partie du programme de l'instruction primaire, nous trouvons : la lecture, une bonne écriture, l'arithmétique, l'histoire de France, la géographie, etc Dans les premières divisions des écoles paroissiales et dans les écoles plus spéciales, où le programme peut être plus complètement embrassé, ces premières notions seront suivis d'un cours de langue vivante, de l'enseignement professionnel, d'un cours de dessin, de géométrie, de tenue de livres, d'un cours de commerce, de musique vocale, etc. Pour les jeunes filles, outre ces cours suivis dans leurs classes respectives, elles sont appliquées à la couture, à la confection, aux reprises sur étoffes, à la broderie, et, si nous le pouvons cette année, au repassage du linge.

Ce programme est-il nouveau dans nos écoles ? Non : ce programme, nous l'avons adopté en ouvrant ces écoles, il y a plus de dix ans. Chaque année nous l'avons perfectionné; chaque année un certain nombre de nos enfants, ayant terminé leur instruction, ont pu occuper des positions relativement avantageuses. Nous pourrions vous nommer, parmi les jeunes gens sortis de nos écoles, des militaires distingués, des employés d'administration ou de commerce, des industriels et, en grand nombre, des ouvriers honnêtes et laborieux. Avant l'établissement de nos écoles, on allait chercher ailleurs des jeunes gens instruits pour occuper les places avantageuses de notre localité ; aujourd'hui, les maisons de commerce et d'industrie de l'intérieur de la ville viennent demander les jeunes gens élevés dans les écoles de la paroisse, pour en faire leurs employés de confiance.

C'est par centaines que nous pourrions vous nommer les jeunes personnes élevées par les Sœurs, qui ont appris, sous leur direction, l'art de se bien conduire, de devenir habiles dans un état, dans les affaires et les industries qui conviennent à une jeune fille.

Voici, pères et mères de famille, la seconde partie de votre devoir à remplir envers vos enfants :

Votre choix d'une école catholique une fois arrêté, vous présenterez vos enfants en classe le jour de la rentrée ; vous les donnerez avec confiance au maître ou à la maîtresse; vous veillerez à ce que l'enfant soit assidu, exact à se rendre à l'heure voulue pour l'école ; vous ne lui donnerez pas occasion, sans de graves raisons, d'y manquer ; vous soutiendrez toujours le maître ou la maîtresse devant l'enfant, sauf à vous laisser donner ensuite des explications satisfaisantes, et, dans le cas où l'entente ne se ferait pas entre le maître et la mère de famille, vous voudriez bien vous en référer à l'un de nous pour obtenir une conciliation toujours prompte et facile. A la maison, vous seconderez les instructions données en classe, *exigeant* que les enfants fassent leurs devoirs, apprennent leurs leçons de mémoire, en ajoutant à ces soins les bons exemples dans l'accomplissement des devoirs envers Dieu, dans les actions, les paroles, et dans le choix prudent des personnes à qui vous permettez l'entrée de votre maison. Du soin que vous mettrez, pères et mères de famille, à vous conformer à ces conseils dépendra le succès de l'éducation de vos enfants.

Mais si vous voulez compléter leur instruction et leur assurer un avenir heureux, vous ne les sortirez pas des écoles avant qu'ils y aient appris tout ce qu'ils peuvent y apprendre.

Écoutez ma voix : elle vous est connue. Vous connaissez aussi nos intentions et les efforts que nous faisons pour vous rendre plus heureux, et puisque nous y avons réussi dans une certaine mesure, et puisque ceux de vos aînés qui ont suivi nos conseils s'en trouvent bien, ne vous laissez pas circonvenir par une parole ennemie de Dieu et des véritables intérêts de la famille. Gardez vos bonnes traditions de paroisse ; laissez venir à nous les enfants. En vous aidant à remplir votre tâche de père et de mère, au point de vue chrétien, nous aurons satisfait au besoin que nous avons de vous aimer toujours davantage.

Votre tout dévoué serviteur, X.

IV

NOS SŒURS DE CHARITÉ

Parler de la sœur de charité, c'est parler de toutes les filles de Saint-Vincent-de-Paul, et avec elles de toutes les sœurs hospitalières, petites sœurs des pauvres et sœurs des Ecoles, enfin de toutes ces familles, de toutes ces légions de la charité religieuse qui vivent de rien pour elles-mêmes et qui font vivre en paix des multitudes d'infortunés. Comment dire le dévouement de ces saintes femmes qui sont le dévouement lui-même?

« Que de familles que le travail ne peut nourrir ! Point de pain, point de vêtements, point d'asile. On ne sait comment on passera l'hiver. Tout cela n'a d'appui, de ressource, ne vit que par la sœur de charité. C'est elle qui quête, qui mendie, qui pleure ; c'est elle qui trouve du pain, qui fournit des habits, qui paye le loyer. C'est elle qui emporte dans ses bras l'enfant malade, qui protége la jeune fille et lui apprend à travailler. C'est elle qui balaye l'infect logis que la maladie habite avec la faim, et qui soutient la tête et le cœur du mourant, qui appelle Dieu, qui plie le linceul, qui recueille l'orphelin.

» Ailleurs, entrons dans une salle de blessés. Regardez ce soldat qu'on y apporte sur un brancard. Aujourd'hui vous ne le reconnaissez plus. Ses vêtements sont en loques. Sa figure amaigrie est à moitié enfouie sous une barbe naissante, grise de poussière

» La poussière aussi empâte ses cheveux. L'infirmier s'empare de ce pauvre corps décharné, le déshabille et le couche dans un lit bien blanc : un premier pansement est aussitôt pratiqué.

» Après une heure de repos, la sœur arrive; elle apporte une tasse de bouillon ou un verre de vin. Un quart d'heure après, elle revient, munie, cette fois, d'une cuvette remplie d'eau tiède et d'une serviette propre. Elle débarbouille, comme si c'était celui d'un enfant, ce visage barbu et poudreux; elle lave, elle essuie la chevelure. Puis, devant les yeux du blessé, elle dresse une petite glace : « — Tenez, dit-elle, vous reconnaissez-vous? » Cet homme sourit. Et le voilà en train de se réconcilier avec l'existence que l'excès de la douleur lui a fait maudire.

» La sœur apporte et souvent fait avaler les potages et les tisanes, tout ce qui nourrit et désaltère, tout ce qui réconforte. Elle est l'*officier de bouche* du malade. Le médecin opère, l'infirmier panse, la sœur soigne. On a tout dit sur le dévouement et l'abnégation de ces bonnes sœurs, sur ce je ne sais quoi de mystérieux, doux et bienfaisant qu'elles répandent autour d'elles. »

On lit dans la *Guyenne* : « Il y a trois ou quatre jours, un poste de la garde nationale de Bordeaux, situé dans un des faubourgs, ne savait trop comment employer la soirée. On aurait bien pu tenter les hasards du jeu ou tuer gaiement le temps en buvant et chantant. Mais peut-on songer à s'amuser lorsque la patrie en deuil fait un appel désespéré à tous ses enfants pour la débarrasser des Barbares qui la piétinent et la souillent?... Nos braves sédentaires prirent alors le parti de former des groupes et de se promener de long en large, devant le poste, en s'entretenant des événements du jour et en calculant les chances de la résistance de Paris.

» Soudain, un des orateurs s'arrête tout court; son œil perçant a distingué dans l'ombre une forme indécise qui glisse le long des maisons. Si c'était un Prussien? s'écria-t il, en dirigeant sa main vers le mystérieux personnage. Sus au Prussien ! crie le groupe en chœur, et le voilà qui se précipite en avant.

— » Qu'y a-t-il, messieurs, dit une voix douce et flûtée? et la forme, indécise jusqu'alors, marche au-devant de nos braves.

— » C'était une sœur de Saint-Vincent-de-Paul portant un pain sous un bras et sous l'autre un fagot de bois à brûler.

— » Vous, ma sœur, à cette heure?

— » La misère n'a pas le temps d'attendre, messieurs.

— » Mais où donc allez-vous?

— » Chez une malade qui n'a d'autres ressources que la charité.

— » Mais la nuit et ce quartier retiré n'ont donc rien qui vous effraye?

— » La fille de Saint-Vincent marche toujours sous l'œil de la Providence qui écarte tous les dangers.

— » Voulez-vous, du moins, nous permettre de vous accompagner, ma sœur?

— » Volontiers, messieurs... D'ailleurs, il est bon de connaître la misère pour apprendre à la secourir.

» Et voilà le groupe de sédentaires qui escorte la sœur avec un respect mêlé d'émotion qu'il ne s'explique guère. Ils s'arrêtèrent bientôt devant une maison de misérable apparence, pénétrèrent dans une pièce plus misérable encore et faillirent reculer d'horreur en se trouvant en face d'une femme maigre, étiolée, couchée sur un grabat qui trahissait le dénûment le plus absolu.

» Pendant que la sœur lui tend la main, la questionne sur son état et lui prodigue les soins d'une mère, un sédentaire prend son képi d'une main émue et regarde ses camarades. Le regard est compris, les porte-monnaies s'ouvrent et se vident avec un entrain communicatif. Le képi, à son tour, se vide entre les mains de la sœur, et, celle-ci, rayonnante, dépose sur le grabat de la malade une somme de 50 francs qui chassera pour quelque temps la misère du logis et y fera rentrer peut-être l'espérance avec la santé.

» La sœur se retire, escortée des mêmes hommes, et lorsqu'elle fut arrivée à son domicile, elle se retourna et leur dit :

Messieurs, vous venez d'accomplir un acte qui vous portera bonheur. Dieu châtie la France en ce moment, parce que la France, drapée dans son égoïsme, s'était plongée dans les jouissances d'un sensualisme grossier. L'égoïsme tue les sociétés comme les individus ; il ne peut être combattu que par la charité. Vous venez de vous montrer généreusement charitables, et Dieu vous bénira. Puisse votre exemple trouver de nombreux imitateurs, puisse Dieu être désarmé et rendre à la France de saint Louis la paix, le calme et le prestige qu'elle a perdus depuis trop longtemps !...

La sœur disparut et les sédentaires rentrèrent au poste, heureux de l'emploi de leur temps et content d'eux-mêmes.

La sœur de charité est chère, non-seulement à la France, mais encore aux autres peuples. Elle leur est si nécessaire, que, partout où elle apparaît, en Europe, en Asie, en Amérique, elle est reçue comme un ange descendu des cieux. Les passions populaires l'ont elles-mêmes respectée aux époques les plus désastreuses. Il a fallu des Prussiens, des fils de Luther, pour nous montrer, entre bien d'autres infamies, le spectacle de ces saintes filles soupçonnées d'espionnage et fusillées sur un champ de bataille, alors qu'elles n'étaient là que pour panser les blessures des Prussiens et des Français.

(Extrait de la publication *la Bonne Pensée*, paraissant à Montbrison (Loire).

NOS RELIGIEUSES PENDANT LA GUERRE.

Si les consolations sont possibles à notre pays humilié par tant de revers, il en trouvera une sérieuse dans le souvenir des traits de bienfaisance accomplis sur presque tous les points de son territoire. Cet épanouissement de la charité chrétienne dont le niveau semblait s'élever toujours à l'égal des douleurs, nous l'avons vu dans les moindres villages comme dans les grandes villes, sous les remparts des places fortes et auprès des campements comme dans le presbytère et l'école du hameau transformés en hôpital, dans les salles publiques et les appartements privés de nos riches citadins. Où donc les femmes du monde les plus habituées aux jouissances d'une vie opulente, ne sont-elles pas devenues, selon toute la force du mot, grandes dames ? grandes par le désintéressement et la participation aux sacrifices communs ; grandes par l'aumône, l'hospitalité et les soins prodigués aux victimes des combats. « Voici la vie de ma fille et la mienne, écrivait une dame de Paris ; tous les jours se ressemblent à peu près. Le matin, jusqu'à midi, nous soignons les malades dans une ambulance. De une heure à quatre heures et demie, nous travaillons pour les pauvres et les malades dans un ouvroir, rue d'Hauteville. Le soir, nous nous reposons en parlant de nos amis absents ; nous allons voir les pauvres, et cette nécessité d'adoucir tant de misères nous aide à supporter nos inquiétudes. » Ces quelques lignes valent les narrations les plus détaillées ; à peu de circonstances près, c'est la conduite d'une multitude de nobles françaises qui s'y trouve peinte avec une exactitude et une simplicité touchantes.

Mais de cette couronne d'admirables compagnes de la souffrance, mille physionomies se détachent avec un caractère particulier sur lequel nous insisterons ; nous voulons parler des *Religieuses hospitalières*, et, comme l'expliquait notre précédent article, nous comprenons sous ce titre toutes les Sœurs non vouées à la vie purement contemplative, qui ont soigné nos soldats.

Témoignera-t-on jamais assez de respect et de reconnaissance pour ces humbles Filles du couvent qui savent éviter le contact du monde quand la prospérité s'y montre avec des appâts trompeurs, et se mêler au monde quand, en proie à l'adversité, il appelle à lui des cœurs compatissants, qui dédaignent ses fêtes et ses parures, mais l'assistent aux jours de deuil et courent au devant de ses plaies pour les guérir ; qui, à force d'aménité et de tact chrétien, glissent le sentiment de la résignation au cœur ulcéré et arrachent au pécheur, étonné lui-même de son changement, ce cri de l'espérance : « *J'ai trouvé la tribulation et la douleur et j'ai invoqué le nom du Seigneur !* »

On nous citait dernièrement un mot de tribune vivement applaudi par l'auditoire : « Désormais, quand vous rencontrerez un marin dans la rue, découvrez vous ; vous saurez que vous avez devant vous un héros. » C'était un juste éloge à l'adresse des braves défenseurs de la patrie. Et qui salue-t-on dans la sœur de charité ? L'héroïne ; et désormais tous les militaires s'accorderont à la traiter ainsi. *Héros*, dit un auteur antique, vient d'un mot grec qui signifie *amour*, pour marquer que, pleins d'amour pour Dieu, les héros ne cherchent qu'à nous aider à passer de cette vie terrestre à une vie divine et à devenir citoyens du ciel. Définition fort belle qui condamne bien des abus dans l'emploi du mot ainsi défini ; elle est acceptable de tout point s'il s'agit de la Religieuse de nos ambulances.

Soit en face des projectiles de l'ennemi qui peuvent l'atteindre lorsqu'elle-même panse un blessé : soit au chevet du pauvre fiévreux, objet de sa sollicitude, quand les anges gardiens présents, de concert avec le malade, lui disent : « Ma sœur ! » comme si, selon un pieux écrivain, il y avait une mystérieuse parenté entre la souffrance, les anges et les vierges ! soit enfin auprès du captif dont l'isolement et l'exil ont moins d'amertumes en présence de celle qui leur rappelle si bien leur mère ; toujours et partout la Religieuse hospitalière ne fait que traduire en actes les inspirations survenues aux heures de l'oraison, heures moins longues, mais non moins précieuses pour elle que pour les contemplatives du cloître. Le dévouement naturel au cœur de la femme, ordinairement sensible à proportion qu'il est plus pur, est bien plus énergique lorsqu'il procède surtout de l'amour divin, comme le fruit de l'arbre, le rameau d'une vigne fleurissante.

Il vous est arrivé plus d'une fois, pendant les rudes matinées de l'hiver, même avant l'aube, de rencontrer quelques-unes de ces vierges monastiques ; vous les distinguiez de loin au reflet de la cornette blanche et au bruit du chapelet ; empressées et silencieuses, elles venaient d'interrompre un doux et saint exercice dans la chapelle où elles ont laissé des compagnes qui seront de garde à leur place devant l'autel. Après avoir rempli l'office de Marie auprès de Jésus-Eucharistique, elles se hâtent d'aller remplir celui de Marthe auprès de Jesus souffrant ; car c'est Lui que leurs yeux, éclairés par la foi, sauront découvrir dans la personne de l'infirme, du pauvre et du prisonnier. Destinées, dès ici-bas, à faire partie du cortége que l'ange de l'Apocalypse aperçut dans le ciel suivant partout l'Agneau, elles craindraient de le délaisser, cet Agneau divin, auguste victime s'identifiant avec leurs frères malheureux. Au milieu de leurs labeurs, peut-être même des tentations de dégoût offertes à leur délicatesse par l'attouchement de plaies sordides ; bien plus en présence de marques d'ingratitude heureusement fort rares et toujours inexplicables, elles seront munies de cette force surnaturelle qu'entretient la certitude d'agir pour Dieu. L'amour sera le prodigieux ressort, le mobile incessant d'une vertu d'autant plus grande qu'elle s'ignore. « Ma sœur, osait dire dernièrement un préfet à une religieuse d'ambulance, à quoi vous sert ce grand pendu ? et le cynique libre-penseur mon trait le crucifix. — Monsieur, répond-elle, il nous sert à supporter toutes nos misères et des insolences comme les vôtres. » Le préfet s'éloigna sans dire mot. Il eût fallu beaucoup de témoins à une telle entrevue, et tous eussent compris que la vraie force, bien supérieure aux prestiges d'un pouvoir humain, d'une puissance d'emprunt, est du côté des âmes livrées sans partage à l'amour de Dieu et du prochain.

Celui qui aime est toujours dans la joie ; il court, il vole, il est libre et rien ne le retient ; il donne tout pour tout et possède tout en tout, parce qu'il se repose dans ce bien unique et souverain qui est au-dessus de tout, et d'où découlent tous les biens. » Ces paroles sont de l'auteur de l'Imitation ; nulle autre ne pourrait mieux exprimer notre pensée. Ajoutons que l'amour est plus fort que la mort.

La Religieuse à l'hôpital ou aux avenues du champ de bataille, voilà un sujet cher aux peintres comme aux poètes : nos artistes ont su le rendre sur la toile avec toutes les richesses d'une imagination qui d'ailleurs n'avait qu'à saisir la réalité sans ornements factices ; les accents de la lyre ne sont pas restés au dessous des efforts des pinceaux les plus célèbres. Comment aurait-on négligé ce thème riche et facile, lorsque l'art se plaît à transmettre à la postérité les scènes guerrières dont se glorifie l'histoire ! — Le rôle de la Sœur de charité n'est-il pas compris de l'âme sensible aussi bien que celui du soldat ? le premier n'a-t-il pas avec le second une connexion nécessaire établie par les terribles conséquences du combat ; il a sur lui une supériorité fondée sur le principe qui meut ordinairement ces deux sortes d'héroïsmes. Ecoutez le grand poète :

Si mourir pour son prince est un illustre sort,
Quand on meurt pour son Dieu quelle sera la mort !

Oui, la Religieuse défie la mort, elle aussi ; elle la reçoit parfois du projectile des ennemis ; la dernière guerre nous l'a appris ; elle la reçoit souvent des miasmes morbides qui s'échappent du lit où gémissent ceux qu'elle sert et qu'elle aime. Elle sait, elle n'oublie point la perspective d'un trépas, première récompense de ses sacrifices. Mais depuis que, prosternée sur le pavé du temple, elle a rompu avec les liens terrestres, et suivi jusqu'à la dernière rigueur la loi de l'abnégation chrétienne, le sourire sur les lèvres, elle brave les dangers ; son attitude semble dire à ceux qu'elle encourage ce que disait Polyeucte :

« Si vous pouviez comprendre et le peu qu'est la vie,
« Et de quelles douceurs cette mort est suivie... »

Aussi, lorsque après avoir succombé aux périls et aux fatigues d'un ministère sublime, la Sœur de charité sera exposée sur le cercueil, couronnée d'immortelles, nous la saluerons une dernière fois de ces douces paroles : « Ma sœur, vous êtes pour nous le symbole du dévouement, de l'amour de Dieu et du prochain. Allez rejoindre ceux à qui vos prières, vos paroles et vos exemples ont déjà ouvert le paradis. »

L'abbé Goussard,

(Extrait de *la Voix de Notre-Dame de Chartres*).

Il nous est facile de confirmer les réflexions précédentes par des faits.

LES SŒURS DE LA PROVIDENCE DE CHATEAUDUN.

J'ai eu des nouvelles des sœurs de la Providence de Châteaudun. Leur maison n'est pas brûlée, une bombe a seulement défoncé une partie du toit. Elles ont recueilli un grand nombre d'habitants qui n'ont plus de maisons, et elles les ont nourris. Deux de mes amis, cernés par les Prussiens, ont été sauvés par elles. Mais le fait que je vous demande en grâce de faire connaître est celui-ci :

Ces sauvages de Prussiens fusillaient des gardes nationaux. La supérieure, sœur Jeanne de Chantal, s'élance au-devant d'un fusil prussien braqué sur un des pauvres condamnés. Le bandit la regarde et n'ose faire feu ; il était désarmé ; tant d'héroïsme accompli par une jeune femme de vingt-cinq ans, l'avait pour ainsi dire abasourdi.

Voilà le fait dans toute sa simplicité ; je suis probablement le seul qui en parlera, c'est pour cela que je tiens à le publier ; mais, s'il le faut, j'aurai des témoins.

(*Un soldat témoin oculaire.*)

LA SOEUR DE CHARITÉ. — RECONNAISSANCE D'UN TURCO.

Nous sommes chargées de deux ambulances. Ces pauvres jeunes gens nous sont arrivés demi-morts de misère, de faim et couverts de blessures. Parmi eux se trouvent des turcos, très-amusants par leurs manières et leur langage. Dimanche dernier, le chirurgien fut obligé de découdre la manche de l'habit d'un d'entre eux pour soigner sa blessure qui est au bras ; le pansement fait, ce gentil turco, s'asseyant sur son lit, commençait à recoudre sa manche ; je le priai de la laisser en lui promettant de l'arranger moi-même le lendemain. Il parut très-étonné et me dit : *boli toi à moi?* et deux grosses larmes ont roulé dans ses yeux. Le lendemain, aussitôt qu'il m'aperçut dans la salle des malades, il vint à moi en caleçon seulement, et me répéta la question de la veille. Sur ma réponse affirmative, il enfile une aiguille et me la donne ; quand j'eus fini, ne sachant comment me remercier, il mit la main sur son cœur en disant : Bonne sœur française ! Un autre me disait hier que par mes soins je lui rappelais sa mère, et que quand il la reverrait, il lui parlerait souvent de la bonne sœur de la France. Le matin, quand on leur fait la prière, tous s'asseoient sur leur lit, ôtent leur bonnet, et répondent d'une manière touchante.

Hier, je n'ai pas quitté la salle des blessés, et pour leur donner plus de temps, j'allai aux petites vêpres avec les moins malades ; l'un d'eux me demanda mon livre, l'autre mon chapelet ; j'acquiesçai à leur demande, et il ne me restait plus rien.

Sœur Marie Domat.

LES RELIGIEUSES FRANCISCAINES ET NOS PRISONNIERS DE COLOGNE.

Cinq de nos religieuses franciscaines de la sainte Famille ont été appelées à Cologne pour soigner les soldats malades du typhus et de la dyssenterie. L'ancien monastère, immense agrégation de bâtiments, devenu le lazaret des malades et la garnison de Cologne, est aussi habité actuellement par des malades venant du camp de Wahn, où se trouvaient quelques milliers de prisonniers de Sedan. C'est à nos sœurs que ces malades ont été confiés. Il y a là des centaines de soldats français de toutes les armes : chasseurs, zouaves, même des turcos ; les uns gisant sur leur paillasse, les autres convalescents, groupés de différents côtés et causant.

Tous m'accueillirent avec respect dès mon arrivée, tous me saluèrent amicalement. Mais lorsqu'ils m'entendirent leur parler en leur langue maternelle, ils devinrent expansifs et me demandèrent à quoi en était la guerre. Je leur racontai ce qui put les intéresser : tous disaient que la France s'était attirée les punitions de Dieu par la *profanation du dimanche* et *l'oubli des devoirs religieux* qui en avait été la conséquence, du moins dans un grand nombre de départements.

Les Franciscaines qui se trouvaient au lazaret depuis les premiers jours d'octobre, m'ont rapporté que, sauf quelques décès inattendus, tous leurs malades ont reçu les sacrements. Ici encore il y en a eu dont la mort a été extraordinairement édifiante. Un pauvre moribond qui venait d'être administré se mit à chanter d'une voix solennelle le *Salve Regina*. Arrivé aux mots *advocata nostra*, il cessa, baisa le crucifix et dit : « Mon Dieu, je donne ma vie et tout..., tout. ., tout. » Quelques minutes après, Dieu avait accepté son sacrifice. Les religieuses me rapportèrent encore qu'un pauvre jeune homme était mort de nostalgie après avoir langui longtemps. Elles m'en montrèrent un autre souffrant du même mal. Je lui demandai : « Que vous manque-t-il donc, mon ami ? » « La France » fut la réponse, dite d'une intonation qui me fit saigner le cœur. Lorsque je me retirai, deux sergents, l'un des environs de Nancy, l'autre Alsacien, me suivirent et me demandèrent à se confesser. Dans les salles, quelques autres s'étaient également confessés; deux d'entre eux, qui étaient Bretons, moururent la nuit suivante. Presque tous se plaignaient du manque d'occupation. « Si nous avions au moins des livres ! disaient ils, nous trouverions le temps moins long ! »

SON NOM, QUI LE DIRA ?

On rapporte qu'une Sœur de charité, venant de panser un soldat, a eu les deux jambes emportées par un boulet de canon. Quelques journaux de l'Est ajoutent de courts détails à ce simple, mais admirable fait.

C'était à Reischoffen ; une jeune religieuse suivait nos troupes battant en retraite. Tout à coup, elle s'arrête. Un soldat vient de tomber et elle a entendu un cri. Un instant après, elle est auprès du blessé qu'elle soigne et qu'elle console.

Un boulet de canon arrive, qui lui emporte les deux jambes, et elle tombe mourante elle-même.

Son nom, qui le dira ? qui peut le dire ? elle n'en a pas. C'est une Sœur de charité. Ces vaillantes femmes sont le plus souvent des filles du peuple, des pauvres soignant et consolant des pauvres ; mais combien de fois aussi ce sont des filles de haut rang qui renoncent à la dentelle pour la robe de bure, à leurs joyaux pour le chapelet noir et le Christ de cuivre !

SŒUR LÉOCADIE.

Le commandant supérieur dans la Nièvre et dans l'Yonne, M. de Pointe de Gevigny a communiqué à Mgr l'évêque de Moulins l'ordre du jour suivant :

« La sœur Léocadie Labattu, Sœur de la Charité de Nevers, est mise à l'ordre du jour de l'armée. Par cette distinction, le général ne prétend pas récompenser la sœur Léocadie Labattu, dont la conduite est au-dessus de toute récompense ; il veut seulement remercier, au nom de l'armée qu'il commande, la femme qui, depuis un mois, expose chaque jour sa vie pour soigner nos malades et nos blessés.

Neuvy, le 7 janvier 1871.

» *Le général commandant la brigade*,

» DU TEMPLE. »

SŒUR SAINTE-CLAIRE.

Pauvre Sœur Sainte-Claire, je la vois encore avec son grand voile noir doublé de bleu, foulant la paille sanglante de notre ambulance, insensible au canon qui grondait, à l'incendie des dernières maisons du village, qui projetait ses lueurs sinistres sur nos visages mâles; mais comme elle entendait la moindre plainte, le moindre soupir échappé à l'un de nous !

Partout et à tous en même temps ! Quelle force Dieu avait mise dans ce petit corps ! On ne l'avait pas encore vue qu'on sentait déjà devant ses lèvres la boisson rafraîchissante qu'on n'avait même pas le courage de demander. On entr'ouvrait des yeux alourdis par la fièvre, et l'on voyait ce visage fin et sympathique, un peu marqué par la petite vérole, mais si souriant, si tranquille, si résolu en même temps, qu'on oubliait et sa souffrance, et les Prussiens, dont la fusillade éclatait à quelques pas, et l'incendie qui menaçait à chaque instant de dévorer la grange qui nous servait d'asile. Bonne Sœur, devant Dieu où vous êtes maintenant, victime de votre cœur et de votre foi, vous devez entendre les actions de grâces et les prières de ceux qui, vivants, se souviendront éternellement de vous, et qui, morts, vous ont dû de s'endormir du sommeil éternel avec calme, avec espérance !

C'était le 16 août, le soir d'une de ces batailles que l'histoire aura à enregistrer comme une des plus sanglantes; les blessés arrivaient en foule. — On déposait dans une grange de Rezonville tous ceux que l'intensité de leurs souffrances empêchait de transporter plus loin; les premiers bras que l'on voyait tendus vers soi, c'étaient ceux de cette petite femme noire, le sourire aux lèvres, les larmes dans les yeux : à deux pas du champ de bataille et de l'énervement de la lutte, à deux pas de la place boueuse et sanglante où l'on avait cru mourir comme tant d'autres, quel soulagement immédiat que celui de cette charité, qui panse à la fois et vos blessures et surtout votre anéantissement moral !

Pauvre Sœur, pour puiser l'eau que cinquante voix déchirantes réclamaient à chaque instant, il fallait aller sous la mitraille, et, toutes les cinq minutes, vous sortiez avec vos deux bidons et vous rentriez aussi sereine, aussi tranquille que si Dieu vous avait faite invulnérable.

Le lendemain, notre armée si vaillante, qui venait pendant quinze heures de lutter contre des forces triples, après avoir couché sur le champ de bataille, se repliait sur Metz. On évacuait toutes les ambulances à la hâte, car l'armée prussienne, qui n'avait pu entamer aucune de nos positions de la veille, nous suivait pas à pas !

Les blessés enlevés précipitamment s'encombraient dans les fourgons et sur les cacolets.

Que de cris, que de douleurs, que de souffrances ! et pourtant, pauvre Sœur, vous trouviez moyen, vous qui, depuis quarante-huit heures, n'aviez pas eu une seconde de repos, d'aller d'un bout à l'autre de cette sinistre colonne, d'apporter à l'un une goutte d'eau, à l'autre une bonne parole, de soulever de vos petits bras cette tête qui s'inclinait, de replacer dans une position moins pénible ce malheureux amputé de la veille et qui dans une heure peut-être serait mort ! — Puis vous partiez sur le dernier cacolet.

Hélas ! à peine une demi-lieue plus loin, une balle venait vous frapper, soutenant encore contre votre poitrine le blessé placé de de l'autre côté. — Un escadron de uhlans coupait notre ambulance et nous faisait prisonniers !

Pauvre Sœur, c'est par nos ennemis qu'a été creusé la fosse où vous dormez maintenant, au milieu de ceux à qui vous avez prodigué les trésors de votre âme. Et, de ceux qui survivent, aucun probablement ne saura jamais quelle était cette petite Trinitaire qui avait nom en Dieu Sœur Sainte-Claire, ce rêve de charité entrevu au milieu d'une longue nuit d'agonie.

Vous reposez obscurément dans un sillon perdu de la Lorraine, mais votre souvenir restera vivant jusqu'au dernier jour dans tous les cœurs que vous avez soulagés !

Edouard Grimblot.

Août 1870.

SŒUR AUGUSTINE.

Au début de la guerre des insurgés, les bonnes religieuses hospitalières de Saint-Cloud ne voulurent pas quitter leur pieuse demeure. L'hôpital abritait encore des malades et déjà quelques blessés. Les Prussiens en avaient décidé autrement : ils forcèrent les filles de Saint-Vincent-de-Paul à se réfugier dans Paris, pillèrent l'hôpital, mirent les malades sur le pavé, et livrèrent l'hospice aux flammes. L'école fut à peu près préservée.

Le siége levé, les Sœurs grises revinrent dans les ruines, au milieu des décombres, reprendre leur double mission.

La maison n'a plus de toit, les murs sont ébranlés en partie ; ce qui reste debout est lézardé, noirci, calciné. On se demande comment des femmes ont pu trouver assez de confiance pour pénétrer au milieu de ces débris menaçants.

Il y a dix jours seulement, sœur Augustine revint de Paris rejoindre ses compagnes. Elle avait aussitôt repris ses classes, réuni ses petites élèves, heureuses de se retrouver autour de la jeune, bienveillante et courageuse institutrice.

La classe était finie. Le lendemain jeudi, jour de congé, la Sœur devait partir en commission pour Versailles A six heures du soir, elle était occupée avec la supérieure à préparer les lits pour la nuit; la classe redevient chaque jour, après le départ des enfants, le dortoir de la communauté.

Le bruit du canon ne cessait pas : les bonnes Sœurs n'y prenaient pas garde. Tout le monde aujourd'hui s'est familiarisé plus ou moins avec ces grondements sinistres. Un obus de la batterie du Point-du-Jour tomba sur la voie du chemin de fer à quelques mètres de l'hôpital. C'était le premier qui atteignait l'amas de ruines qui fut Saint-Cloud. A quelques minutes d'intervalle, nouvelle détonation, cette fois terrible, épouvantable. L'obus traverse la persienne de la deuxième fenêtre à gauche de la chapelle, pénètre dans la classe où étaient occupées les deux Sœurs, renverse la cloison de briques contre laquelle se tenait la supérieure et éclate. On n'entendit qu'un cri.

Etourdie du fracas de l'explosion, aveuglée par la poudre et la poussière, presque enterrée sous les débris, la supérieure se sauve, le corps contusionné, dans la salle voisine. Une autre Religieuse s'y trouvait : elle court à Sœur Augustine, ne voit rien que deux tables brisées, une armoire broyée, des lits renversés, des plâtras amoncelés. Elle appelle : « Ma Sœur? ma sœur Augustine, où êtes-vous? Venez, venez donc par ici. » Une voix affaiblie, presque mourante, lui répond : « Impossible, ma Sœur, j'ai les jambes brisées ! » Elle était là gisante contre le mur, accroupie dans une mare de sang en face de l'ouverture qu'avait pratiquée le projectile. Sa compagne essaye de l'emporter dans ses bras, ses forces la trahissent. Un autre obus peut venir achever la victime ; la Sœur prend la blessée sous les bras, la traîne et la dépose aux pieds de la supérieure atterée. Le jardinier, sa femme, leur petite fille qui étaient dans la classe, théâtre de l'accident, quelques instants auparavant, viennent aider à transporter la victime dans une cave : elle avait les deux jambes horriblement broyées. Un énorme éclat était resté dans les chairs. Le docteur Taher, maire de Saint-Cloud, mandé d'urgence, arrive, opère l'extraction de l'éclat d'obus et l'amputation de la jambe gauche.

La jeune victime, elle n'a pas trente ans, a supporté sans une plainte l'affreuse opération ; elle avait refusé d'être endormie au chloroforme. Elle-même voulut savoir du médecin si sa blessure était mortelle : je n'appréhende pas la mort, docteur, vous me devez la vérité. Hélas! elle est triste la vérité ! La mort est inévitable, elle est proche. Sœur Augustine ne vit plus, elle agonise.

Ce matin, la nouvelle s'était répandue tout autour de Saint-Cloud. J'ai vu la mère supérieure, la compagne qui retira de la classe la pauvre victime, les dégâts amoncelés par l'obus, et sur la dalle le sang encore non essuyé.

Pendant que, dans un petit réfectoire, j'écoute les détails de ce nouveau crime de la Commune, deux fois j'entends un cri plaintif partir de terre : c'est l'expression la plus poignante de la souffrance et de la douleur. Ce sont peut-être les derniers signes de vie qu'arrachent à la pauvre Sœur les angoisses de la mort ! Je n'oublierai jamais l'émotion que m'a causée cette plainte résignée, cette protestation suprême de la jeunesse et de l'existence contre la souffrance, à l'heure terrible de l'agonie !

Les petites filles que sœur Augustine a vu naître et grandir, dont elle a formé l'intelligence et le cœur, pendant les dix années de son professorat, sans souci du danger qui les menace, stationnaient à la grande porte de l'hôpital. Elles ont des larmes dans les yeux et dans la voix quand, le cœur bien gros, elles demandent aux personnes qui sortent des nouvelles de la bonne Sœur. Dieu soit béni ! Je n'ai pas eu à leur dire que tout était fini ; mais un autre bientôt devra leur répondre : « Elle est morte ! »

Le ciel choisit bien ses victimes ! Il n'y a qu'une voix pour dire de sœur Augustine : « C'était un ange ! » Puisse le sang de notre jeune martyre expier les crimes de nos guerres civiles, ramener à des pensées de clémence et de fraternité les enfants égarés ou coupables de notre malheureuse patrie !

H. M.

UNE PROCESSION LE JOUR DE LA CHANDELEUR.

C'était le 2 février, le soleil brillant, le ciel serein, comme en un jour de printemps, semblaient s'être mis d'accord avec les cœurs fidèles, pour rendre plus joyeuse la douce fête de la Vierge.

Dans un des nombreux couvents dont la mission, pendant ces temps de crise, a si subitement et si spontanément changé, on eût pu voir un étrange et consolant spectacle, bien fait pour rester dans la mémoire de ceux à qui la Providence permit d'en être les privilégiés témoins.

Au milieu du recueillement et du solennel silence d'un chœur de religieuses, où un faible jour descendait à peine, venaient s'agenouiller pieusement, et à de courts intervalles, des militaires porteurs de tous les uniformes de notre malheureuse armée. A leur démarche chancelante, aux bandages qui les couvraient encore, on comprenait que c'étaient des malades, à peine convalescents, ayant plus de courage que de force.

En effet, malgré les conseils et les appréhensions de leurs dévouées hospitalières, presque tous les soldats de la nouvelle ambulance avaient voulu se rendre à la chapelle, pour fêter la Mère de Dieu et se joindre à son cortége.

Ils étaient arrivés bien avant la messe, et remplissaient les bancs, où se voyaient, l'année précédente en un même jour, les voiles blancs de soixante jeunes élèves. Comme elles, ils allèrent à la grille, recevoir le cierge bénit, et prirent, avec foi et simplicité, les yeux baissés et le front haut, leur place à la procession que, pour se conformer à l'usage de l'Eglise, on fait autour des cloîtres du monastère.

Pour intéresser davantage ces soldats si pieux, si croyants, on leur avait laissé l'honneur de tous les emplois à remplir dans la religieuse cérémonie :

Un pauvre échappé de Sedan portait avec une fierté modeste, droite et ferme comme un drapeau, la croix séculaire des filles du cloître.

Deux marins et deux cuirassiers qui, sans aucun respect humain, avaient sollicité cette humble distinction, soutenaient les flambeaux, qu'il y a trois mois à peine on confiait encore à la main des jeunes novices.

Leurs compagnons suivaient, sur deux files pressées, murmurant à voix basse les paroles de l'*Ave Maria*, tout en marquant, d'un doigt attentif, les grains d'un chapelet, qui avait été donné presque à tous au départ du pays, comme talisman et comme souvenir !

Les Sœurs venaient après eux, soutenant d'une main un gros livre d'office, tandis que dans l'autre brûlait encore le cierge commémoratif. Leurs yeux, modestement baissés, ne quittaient que bien rarement la page du saint livre, et l'on sentait qu'un cœur brûlant chantait avec leurs voix si douces les louanges de la Vierge Mère. Parfois, aux passages connus des hymnes, se mêlaient des accords plus graves : les soldats, eux aussi, chantaient, et de ce contraste naissait une harmonie étrange et indéfinissable, qui ne laissait pas que d'offrir un grand charme à l'oreille, ou plutôt à l'âme, qui l'entendait.

Un petit autel avait été dressé sous une arcade des cloîtres. Une ravissante statue de Marie se voyait au sommet, se dégageant, radieuse, de la lumière et des fleurs destinées à embellir son trône. De beaux camélias blancs épanouissaient à ses pieds leur corolle, sœur de la rose, et comme elle portant un doux et chaste emblème.

Un pauvre zouave, à peine guéri d'une douloureuse blessure, fut chargé de lire, devant l'autel, une touchante prière à la Mère de Dieu.

Oh ! quel est le cœur qui n'eût pas palpité d'une émotion ardente et attendrie, en voyant tous ces murs bénis que, depuis de longues années, nul homme n'avait franchis, qu'en de rares et indispensables circonstances, cette extraordinaire procession de religieuses et de soldats mêlés et réunis, sans être confondus, et que rassemblait, en ce moment, une même pensée de foi !

Non, ce n'est point sans dessein que la main de Dieu elle-même a, pour ainsi dire, ouvert les portes des cloîtres à ces hôtes inattendus ; bien-venus, cependant, et reçus avec joie, parce qu'ils étaient malheureux et souffrants ! Une généreuse et prévoyante charité, tout en soulageant leurs corps, sauve ou sanctifie leurs âmes : âmes d'élus ou d'apôtres, suivant qu'elles regagnent le Ciel, leur patrie, ou restent sur la terre, pour témoigner au monde qu'il fut un jour où, liées par une fraternité sainte à des anges trop souvent méconnus, elles furent touchées d'une impression divine qui, les délivrant à jamais d'injustes et déraisonnables préjugés, les rendit pour la vie sincères et croyantes.

Marie TRANDBER.

ON EN DEMANDE ONZE, IL S'EN PRÉSENTE TRENTE-DEUX.

Un nouveau trait de dévouement à l'honneur des Sœurs de Charité, si admirables dans nos malheurs publics, mérite d'être cité.

Quarante-sept d'entre elles avaient été envoyées à Bicêtre pour soigner les varioleux qui y sont hospitalisés. *Onze* succombèrent au hideux fléau ! On en demanda onze pour les remplacer. Il s'en présenta *trente-deux*, et l'on dut tirer au sort.

UN HOMMAGE DE RECONNAISSANCE.

Nous recevons la lettre suivante :

Lyon, 25 février 1871.

Monsieur le Rédacteur,

Permettez que je vous signale un trait de reconnaissance dont j'ai été témoin et qui fait le plus grand honneur à nos braves turcos.

Le 24 février, ces braves militaires revenant d'Afrique ont apporté à sœur Augustin, directrice de la buvette militaire gratuite, un laurier en témoignage de leur reconnaissance pour les soins qu'elle leur avait prodigués lors de leur dernier passage dans notre ville, il y a quatre mois environ.

Leur seule crainte en arrivant à Lyon était de ne plus trouver cette bonne sœur à son poste.

Jugez de leur joie lorsque, descendant du chemin de fer, ils ont vu Mère Augustin, la bonne mère du soldat, toujours sur le qui-vive, attendant les victimes de la guerre pour leur prodiguer les soins les plus dévoués.

Vous dire, monsieur le directeur, la joie et le plaisir qu'ils ont éprouvés en lui offrant l'hommage de leur reconnaissance, se sent et ne peut se traduire.

C'étaient de véritables enfants retrouvant une mère après de longues années d'absence.

Je vous prie, monsieur le rédacteur, d'agréer les sincères salutations de

Votre tout dévoué,

V. B. C.

Foi et Patrie.

LE QUATRAIN DE LA RECONNAISSANCE.

La reconnaissance a quelquefois transformé le soldat en poète. Voici un quatrain que nous avons relevé sur le mur du corridor d'un hospice de blessés :

Sainte fille de la Sagesse,
J'aime à sentir ta douce main ;
Ton sourire est une caresse
Qui guérit mieux qu'un médecin.

LES SŒURS DE NOTRE-DAME DE CHARTRES.

Il y a dans la paroisse de La Bazoche-Gouet un établissement de Sœurs de Notre-Dame de Chartres. Elles sont là par la grâce de Dieu et de Notre-Dame, n'ayant aucun protecteur titré sur la terre, mais étant par là même beaucoup aimées, protégées et bénies du ciel. Elles font jour par jour leur œuvre de dévouement, instruisant les petites filles, leur inspirant l'amour de Dieu, et étant de plus la providence des pauvres et des malades. Toutes les jeunes filles chrétiennes les appellent « ma mère, » et elles sont pour toutes de véritables mères.

Les jours mauvais étant venus, elles se sont transformées en infirmières. Elles ont changé leur école en ambulance. Le local étant devenu insuffisant, elles se sont établies dans une maison plus spacieuse. Elles n'avaient rien de ce qui est nécessaire pour une telle œuvre ; elles ont demandé, et bientôt, lits, matelas, lingerie, ustensiles de toute sorte ont été mis à leur disposition. Là elles ont recueilli mobiles d'abord, bientôt zouaves pontificaux, artilleurs, paysans victimes de la barbarie des Prussiens, enfin blessés prussiens eux-mêmes. Elles ont soigné ainsi plus de cent malades, la plupart atteints de la variole ou du typhus. Pendant quatre mois, elles n'ont eu de repos, ni le jour, ni la nuit. Quand la fatigue devenait trop grande, et qu'elles ne pouvaient, même quelques heures, laisser seuls leurs chers malades, elles étendaient le soir, un matelas sur le pavé, et là, dans un petit cabinet attenant à la salle même où sévissait l'épidémie, l'une essayait de se reposer un peu, tandis que l'autre veillait. A ce mot, poussé d'une voix plaintive « Ma sœur ! » elles se levaient vingt fois et souvent restaient toute la nuit au chevet de leurs malades. Le jour, elles lavaient un linge empesté, et cela par un temps de neige et de froid intolérable. Pour remplir une tâche si difficile, y avait il au moins, comme dans un hospice, un personnel suffisant? Nous avions deux sœurs pour suffire à tout! Ont-elles été atteintes par la maladie ! Nullement. Le Dieu qui les inspirait, et la Vierge, leur mère, qui les gardait, ont veillé constamment sur elles. Elles ont fait des choses inouïes, et au-dessus des forces humaines. Aussi ai-je cru devoir mettre à l'ordre du jour de la charité l'héroïsme du dévouement des Sœurs de Notre-Dame de Chartres.

L'abbé GODARD,
Curé de la Bazoche-Gouet.

L'ORPHELINAT DE SAINT-SORLIN.

— Septembre 1870 —

Les Sœurs franciscaines de Saint-Sorlin, près Mornant, dirigeant un orphelinat dans lequel sont actuellement entretenues cent cinquante jeunes filles abandonnées, de l'âge de trois à quatorze ans, ont offert spontanément de recevoir, à partir de ce jour, toutes les orphelines des victimes de la guerre, de trois à sept ans, appartenant au département du Rhône.

PETITE SŒUR.

Parmi les prisonniers de retour d'Allemagne, on cite une femme bien connue dans les faubourgs : il s'agit d'une petite sœur des pauvres communément appelée Petite Sœur. Il y a trois mois à peu près, Petite Sœur abandonna Paris pour suivre des moblots de son pays aux avant-postes.

De temps en temps, elle revenait pourtant demander à ses amis du linge, des vêtements, des provisions ou des remèdes pour ses protégés. Puis on ne la revit plus. On s'inquiéta de son absence, et l'on finit par apprendre qu'en soignant les blessés sur le champ de bataille, Petite Sœur avait été faite prisonnière.

Il paraît que nos ennemis, manquant de gardes-malades, s'emparaient de toutes celles qu'ils rencontraient dans les villages, et les expédiaient soit dans leurs ambulances autour de Paris, soit en Allemagne.

Petite Sœur, elle, a fait le voyage d'Allemagne. C'est à Heilbroun qu'on l'a reléguée ou internée.

Et hier, comme on la plaignait d'avoir été en butte aux mauvais traitements des soudards de Guillaume, Petite Sœur répondit en souriant doucement : « Ne pouvant vous faire du bien, à vous, je leur en ai fait à eux, car je ne voyais dans ces ennemis que des malheureux qui souffraient horriblement.

Il est douteux que l'Allemagne nous offre un pendant à cet exemple de charité.

BELLES PAROLES D'UNE SUPÉRIEURE DE RELIGIEUSE.

Dans une lettre écrite par la supérieure des Religieuses de Sainte-Chrétienne, établies à Metz et dans les environs, à M. Laurent, négociant à Marseilles, qui leur offrait un asile, on lit les passages suivants :

« Toutes nos Sœurs des rives de la Sarre et de la Moselle, d'institutrices qu'elles étaient, sont devenues hospitalières, et sont occupées, jour et nuit, à soigner les blessés des deux nations dans de vastes ambulances.

» Notre grande peine est d'être privées de communications avec nos maisons de Bitche, de Sarreguemines, de Pusselange, de Saint-Avold, de Sierck, de Rustroff, etc.; une autre peine non moins grande a été, depuis le revers de notre armée, la crainte d'être incorporées à la Prusse.

» Oh ! voyez-vous, les ongles des pieds se soulèvent à cette pensée. . . . .

» . . . . Quant à nous, jusqu'à présent, nous ne souffrons que comme françaises. Advienne que pourra, les cœurs français ne regretteront aucune misère, pourvu que notre nation soit victorieuse, pourvu que la France reste la *grande France* et que l'on ne nous laisse pas devenir prussiennes. »

Voilà certes le langage du plus pur patriotisme, ou nous n'y entendons rien.

V

BRETONS, VENDÉENS, ZOUAVES PONTIFICAUX

LA FOI BRETONNE.

Tercets à M. Th. de La Guichardière.

« Nous sommes Français à l'étranger et Bretons en France. »
(*Un Breton à Wiesbaden*).

« Dominus mihi adjutor; non timebo quid faciat mihi homo. »
(*Ps.* 117).

Les Bretons sur l'onde en furie (1)
Allaient jadis de leur patrie
Arborer les pavillons blancs.

Ils mêlaient leur voix au tonnerre
Qu'un vaisseau porte dans ses flancs
Et bravaient les flots de la guerre.

Leurs marins semblaient sur les eaux
Défier l'essor des oiseaux,
Dont l'aile vient raser la grève :

---

(1) Ces vers sont extraits d'un volume inédit de poésies qui feront suite aux *Souvenirs d'un voyageur* publiés à Paris, chez Dentu.

Géants dans l'orage grandis,
Sur la houle qui se soulève
Ils imprimaient leurs flots hardis.

De ce peuple, dont le courage
Redoublait à chaque naufrage,
Les fils n'ont pas dégénéré.

Dans leur vieille et sainte croyance,
Fort d'une noble confiance,
Ils ont toujours persévéré.

D'un temps de martyrs et d'apôtres
Et de jours plus purs que les nôtres
Ils ont su garder la vigueur.

Sans tache, comme leur hermine,
Le cœur des Bretons est un cœur
Que le devoir seul détermine.

Aux siècles où l'esprit du mal
Fait plier sous son joug fatal
Des nations pusillanimes,

Aux siècles où dans l'univers
Les faiblesses comme les crimes
Servent la cause des enfers,

Aux siècles où la foudre gronde,
Lorsque, pâle d'effroi, le monde
Ecoute les volcans mugir,

Lorsque, dans sa lugubre joie,
Tel qu'un lion qui tient sa proie,
L'abîme commence à rugir,

Aux luttes contre la tempête
La Foi Bretonne toujours prête
Nous crie : En avant ! En avant !

Sur le gouffre où la barque flotte
Qu'importe d'où souffle le vent ?.....
Les Bretons ont Dieu pour pilote !.

C. de NUGENT.

LA PATRIE DES GRANDES AMES.

Mgr l'évêque de Nantes a adressé au nonce une protestation en faveur du Saint-Siége ; il y est dit :

Nous éprouvons à la fois toutes les douleurs, dit en finissant Sa Grandeur, et nous croyons que, dans cet ébranlement général du monde, la société chancelle, parce que Rome, qui en est la pierre angulaire, est elle-même ébranlée. Nous croyons que la paix, la justice et le droit triomphant à Rome seront l'aurore des grands jours des réparations et de l'ordre dans notre société si profondément troublée.

Quel diocèse peut devancer, dans de telles protestations et de tels sentiments, ce diocèse de Nantes, si fortement uni à la chaire de Pierre, si dévoué à la sainte Eglise et à son bien-aimé chef Pie IX ? Cette terre qui, avec tant d'amour, lui prodigue son or, ses fils, son sang; cette terre des Lamoricière et des Charette, toujours féconde et inépuisable dans le passé, même dans l'avenir, pour cette cause sacrée; cette terre, qui est de la Bretagne, la Bretagne, patrie des grandes âmes, des fortes convictions, des courages inébranlables, dont la renommée est désormais partout, et qui doit la gloire comme la valeur à sa foi, à sa religion, source et principe de son héroïsme et de ses vertus.

Puisse ce témoignage, aussi sincère qu'il est ardent, parvenir à Pie IX, le consoler dans sa sublime infortune, et ajouter, s'il est possible, à la confiance que lui donnent son droit, la justice et la providence de Dieu, qui règne sur l'Eglise et sur les empires.

AUX SOLDATS ET AUX POÈTES BRETONS.

Nous avons publié, il y a quelques jours, des strophes d'un poète breton, demandant à notre illustre compatriote, M. de Laprade : *Pourquoi ne chantes-tu pas, pour pousser nos fils contre l'envahisseur ?*

M. de Laprade a répondu par ces vers patriotiques :

I

Ne me réveille pas de ma stupeur mortelle ;
Ami, ne me dis plus : « Ta muse, où donc est-elle ? »
L'écho des bois sanglants, témoins de nos revers,
Appelle un autre bruit que le bruit de nos vers ;
Et, condamné par l'âge à déposer les armes,
Je dois à nos douleurs le silence et des larmes.
Ah ! si j'étais encor, chez les pâtres gaulois,
Un alerte chasseur, souple comme autrefois,
D'un œil sûr dirigeant le plomb des carabines,
Et d'un jarrêt d'acier franchissant nos ravines,
Je bondirais alors sur ces infâmes loups,
Et mes cris s'entendraient d'aussi loin que mes coups !
Alors, ne rêvant plus que vengeance et victoire,
Sur les coteaux lorrains, ou sur tes bords, ô Loire !
L'essaim des francs-tireurs me verrait accourir,
Et j'oserais chanter, étant prêt à mourir.
Mais, débile, impuissant, courbé sous la défaite,
Je n'ai plus qu'à m'asseoir et qu'à voiler ma tête,

Et dans l'ombre, envieux de vos vaillantes morts,
Je n'ai plus qu'à finir, étouffant de remords.
Peut-être, malgré l'âge et le froid qui me gagne,
Si j'étais parmi vous, ô fils de la Bretagne,
O Celtes vendéens, revêtus de la croix,
Et qui du barde encore aimez la rude voix,
Peut-être à vos côtés, paysan invincible,
Mon cœur retrouverait quelques hymnes terribles,
Et ma rage, enivrant vos sacrés bataillons,
Soulèverait, là-bas, les pierres des sillons.
Mes vers sonnant la charge et jamais la retraite,
Seraient votre clairon, Cathelineau ! Charette !
Pour qu'un même boulet, fauchant le premier rang,
Mêlât mon sang obscur à votre illustre sang.

Mais, dans ces tristes murs où j'achevais de vivre,
Pas une âme à guider, pas un exemple à suivre !
Pas un rayon sacré ne vient me rajeunir,
Et le présent hideux me salit l'avenir.
Quand l'affreux Allemand viole notre terre,
Quand, vous tous, vous marchez au même cri de guerre,
Ici notre ennemi, qu'on pourchasse en tout lieu,
Ce n'est pas l'étranger, c'est le prêtre, c'est Dieu.
Héroïques soldats, républicains austères,
Nous allons vaillamment piller les monastères
Et jeter en prison, de par la liberté,
L'homme de la prière et de la charité.
Armés jusques aux dents, nos braves, sans obstacle,
Vont des vases sacrés vider le tabernacle ;
Etendus par troupeaux sur le parvis divin,
Ils y cuvent en paix le blasphême et le vin.
Ils ont dans les tombeaux, du bout des baïonnettes,
Ignobles chercheurs d'or, remué les squelettes.
Pour sauver la patrie et pour fonder les lois,
Voilà, jusqu'à ce jour, nos plus dignes exploits !
Sur l'hôtel communal, comme du haut d'un bouge,
Flotte un sanglant torchon, le hideux drapeaux rouge,

Pour dire à tous les yeux, attestant nos excès,
Que les gens et le sol n'ont plus rien de français.
Maudits et supportés par le bourgeois tranquille,
Cinquante Jacobins tyrannisent la ville,
Et tout homme de bien qui veut parler raison
Risque, en attendant mieux de coucher en prison.

Ami, comment veux-tu que le poète chante
Chez cette horde inepte encor plus que méchante ?
Qui donc m'écouterait ? qui pourrais-je émouvoir,
Nommant ici la France et prêchant le devoir ?
Le maître fléchirait dans une œuvre pareille :
Marat ôte chez nous la parole à Corneille.

II

Mais pour vous, ô Bretons ! ô Celtes de l'Arvor !
Pour vous, ô Vendéens ! je suis poète encor !

Mon ardeur qui s'éteint, mon humble voix qui tombe,
Sauront vous saluer jusqu'au seuil de la tombe;
Et Dieu m'accordera, pour la suprême fois,
De sonner la bataille à nos vieux clans gaulois.

Allez donc, ô géants, ô Bretagne, ô Vendée ;
Allez, Saints de l'Anjou !
De sauvages impurs la France est inondée ;
Peuple chrétien, debout !

C'est notre Dieu sanglant qui vous appelle aux armes,
Qui vous commande ici.
Saint-Louis, Jeanne-d'Arc, les yeux baignés de larmes,
Vous adjurent aussi.

Il s'agit de leur France et de son âme entière :
Car le Teuton vainqueur
Veut moins, dans son orgueil, rogner notre frontière
Qu'égorger notre honneur !

Il rêve d'effacer la France de l'histoire,
Par le fer, par le feu;
Et de faire servir son infâme victoire
A nier notre Dieu.

Il rêve de fonder un droit contraire au nôtre,
D'affirmer hautement
Que le peuple français n'est plus le peuple apôtre,
Que la liberté ment.

Aux armes ! fiers Bretons, fils de libres ancêtres,
Qui, seuls dans l'univers,
N'avez jamais fléchi sous Rome et sous des maîtres
Jamais porté de fers;

Aux armes ! Vendéens, dont la race héroïque
De paysans-soldats,
Quand l'Europe tremblait devant la République,
Seule ne tremblait pas ;

Bretons et Vendéens, famille encore meurtrie
De nos injustes coups,
Vengez-vous, ô martyrs, en sauvant la patrie :
Les Bleus comptent sur vous.

Invoquant tous ses fils, la France exténuée
Les voit tous accourir ;
Que du même étendard elle soit saluée
Par ceux qui vont mourir.

Vendéens et Bretons, la France vous contemple ;
Montrez-nous le chemin ;
Notre scandale hier, aujourd'hui notre exemple,
Paris vous tend la main.

Paris ! c'est avec vous la suprême espérance ;
Il va reconquérir
Le droit de se nommer la tête de la France :
Ses fils savent mourir.

Notre Athène a, d'un coup, monté plus haut que Sparte
Et lavé son affront ;
Elle a poussé du pied l'infâme Bonaparte ;
Les dieux lui reviendront.

Républicains, chouans, nous n'avons plus qu'une âme :
Arrière les Césars !
Trochu, l'ardent Breton que tout Paris acclame,
Veille sur nos remparts.

C'est à vous, paysans, d'achever l'œuvre sainte ;
Debout les vieux Gaulois !
Et fauchons l'étranger sous cette ferme enceinte
Du temple de nos lois.

Lutèce vous attend, l'Europe vous regarde,
O guerriers de l'Arvor !
Que Dieu, pour vous guider, suscite un puissant barde,
Dont la harpe soit d'or.

Qu'il réveille vos morts au fond de leurs cavernes,
Vos aïeux en courroux !
Je vous jette ce cri du pied des monts Arvernes,
Moi, Celte comme vous.

Victor de LAPRADE.

UNE PROCLAMATION DE CATHELINEAU.

Habitants de l'Ouest,

Mes amis,

Envoyé vers vous par le général en chef pour organiser la défense de notre pays, j'y viens avec confiance et compte sur votre courage et sur votre énergie.

Je connais l'ennemi que nous combattons ; laissez-moi vous dire ce qu'il est ? Toujours aux avant-postes, je l'ai vu de près. Perfide, il vient en ami près des populations ; mais, à peine arrivé, il enlève aux villes leur argent et par millions, aux campagnes les animaux, les blés, et au bout de quelques jours il ne reste aux malheureux qu'il a envahis que le sol nu sur lequel ils ne peuvent vivre.

Ailleurs, ce sont des incendiaires ! J'ai vu Lailli et ses ruines, Châteaudun et grand nombre de villes.

Ici ils violent les femmes. Près de Montmirail, j'ai fait des pri sonniers que des maris avaient éreintés pour défendre leurs malheureuses femmes.

Là ils arrêtent les passants : le pistolet au poing, ils veulent en faire des traîtres à leur pays, des dénonciateurs, et, si ces Français ne se hâtent de répondre à leurs infâmes questions, ils les assassinent.

Voilà l'ennemi qui arrive vers vous !

Mais confiance ! Dieu vous a placés dans un pays exceptionnel : chaque haie, chaque fossé est une barrière infranchissable. Derrière ces retranchements, les vieillards, les enfants sont des défenseurs utiles.

Pour venir à votre aide, le ministre de la guerre m'a permis de choisir un bon nombre des meilleurs Bretons.

Le brave et intelligent général en chef a les yeux sur vous : si vous voulez vous défendre, son armée est là toute prête à seconder vos efforts.

Aux armes donc, mes amis ; venez tous.

Vous connaissez les efforts de notre armée, vous savez les prodiges de valeur faits par nos braves Bretons, sous la conduite de l'intrépide Charette. Depuis des mois je conduis des braves au combat : partout nous avons fait notre devoir, partout nous avons résisté.

J'avais consacré mes volontaires à la Vierge Marie, elle les a protégés ; elle vous protégera, et tous ensemble nous vaincrons.

Mais, me direz-vous, pourquoi ne fait-on pas la paix ?

— Vous voulez la paix, nous la voulons tous ; mais à quel prix la veulent-ils donner, ces barbares ! Ils s'étaient emparés de deux de nos provinces : il fut parlé de paix, et ils les voulaient garder tout entières.

Voulez-vous donner votre pays, sacrifier votre foi, perdre vos chaumières, exposer vos femmes et vos enfants ? Car la paix qu'ils proposeraient aujourd'hui serait pour vous l'esclavage !

Si nous voulons la paix, arrêtons-les. Vengeons nos frères immolés. Armons-nous de courage. Songez à vos pères, mettez en Dieu votre courage, et jurons ensemble de vaincre ou mourir. Alors l'Ouest sera sauvé et la France avec lui.

CATHELINEAU.

Pour organiser utilement la défense, je fais appel à toutes les gardes nationales, à tous les chasseurs armés de fusils. Les hommes valides qui n'ont point d'armes viendront avec des pelles et des pioches : en un mot toutes les populations doivent se hâter de venir pour défendre le passage de la rivière qui heureusement est très-forte en ce moment.

Que les maires, les capitaines de garde nationale viennent me trouver. J'indiquerai à chacun son poste et son rôle.

Quand j'aurai organisé ici, je fixerai d'autres rendez vous.

Le Commandant des corps francs de la Vendée,

CATHELINEAU.

LE RÉVEIL DE LA VENDÉE.

Les voilà donc qui reparaissent, en une heure solennelle et d'une façon digne d'eux, ces noms légendaires, immortalisés par l'histoire des grandes guerres vendéennes ! Autour d'eux vont se grouper les fils des *géants* dont les combats épiques excitaient l'admiration du vainqueur d'Austerlitz. Qu'ils se lèvent, ces vaillants, armés, comme jadis, de l'épée et de la croix ; que leur muraille vivante se dresse au-devant des barbares ; et, avec la même intrépidité douce et forte qu'ils firent redouter aux premières troupes du monde, que ces soldats de Dieu et du foyer défendent le sol sacré de la patrie, comme ils défendirent naguère leurs autels et leur roi.

Vendéens, champions des nobles causes en péril, vous avez une grande tâche à remplir. Vous avez à élever la croix à côté de l'épée, à enseigner et à rétablir par l'exemple la vieille alliance de la foi et de la bravoure. On s'est désaccoutumé de lever les yeux en haut ; la France s'est trop fiée à sa force fragile ; elle s'est enivrée elle-même : dans l'égoïsme de la jouissance, elle s'est laissée envahir par un matérialisme honteux, où elle a désappris le nom de Dieu et la notion du devoir. Au milieu d'une nation qui a rompu son ancre et qui s'est trouvée lancée, sans boussole et sans pilote, vers les plus effroyables abîmes ; au milieu d'une armée dont la discipline n'a malheureusement pas égalé la vaillance, c'est à vous à montrer la force des principes, celle du sacrifice et du dévouement ; à mettre dans tout son jour le rôle d'une légion disciplinée, patriotique et chrétienne, qui compte la prière au nombre de ses armes, et qui aime son pays d'un amour assez ardent pour espérer un miracle en sa faveur. Vendéens, vous serez le bataillon sacré de la France que Dieu sauva jadis d'une extrémité plus terrible encore, par les mains de Geneviève et par celles de Jeanne d'Arc !

LES VOLONTAIRES VENDÉENS.

Nous lisons dans *Paris-Journal* :

« La catholique Vendée ne pouvait voir sans frémir le sol français souillé par la Prusse protestante. Aussi vient-elle de se soulever en masse contre l'invasion étrangère. Une lettre que nous avons sous les yeux évalue à près de cinquante mille les volontaires qui sont partis de ce seul coin de la France, et parmi lesquels il y a jusqu'à des vieillards de 70 ans.

» Ils se sont mis en marche lundi, après avoir entendu la messe et fait bénir leurs armes par les curés. Le Bocage tout entier offrait, paraît-il, le plus imposant coup-d'œil. Les églises étant trop petites dans beaucoup d'endroits, la messe fut dite en plein air, au milieu d'un immense concours de population. »

— Dans d'autres contrées que la Bretagne et la Vendée, se montre aussi la foi de beaucoup de soldats, mais nulle part on ne nous a montré des manifestations aussi générales au moment du départ des foyers. Quelques traits édifiants nous ont été cités venant de paroisses du diocèse de Chartres : on nous a nommé une paroisse dont tous les mobiles, avant de partir, se sont confessés et ont communié.

LES VOLONTAIRES DE CATHELINEAU.

L'aumônier de cette légion d'élite écrit :

« Depuis notre départ d'Amboise, il nous a fallu supporter bien des fatigues, faire des marches et contre-marches pour tâcher de surprendre l'ennemi, lui cacher notre campement, coucher pendant quinze jours au milieu des bois. Voilà quelques-unes des nombreuses privations que nos jeunes volontaires enduraient gaiement, espérant toujours voir leurs efforts couronnés par le succès ; leur attente n'a pas été vaine, car vous savez comment les premiers ils sont entrés à Orléans sous une pluie de fleurs qu'on leur jetait des balcons, et maintenant ils continuent fièrement leur chemin poursuivant l'ennemi. Espérons que Marie, la patronne de la légion, nous couvrira de sa puissante égide, et d'ailleurs le soldat de Marie n'est-il pas le soldats de la victoire ? *Miles Mariæ, miles victoriæ.*

» Oui, les francs-tireurs de la Vendée sont les soldats de Marie ; comme autrefois leurs pères, ils récitent dévotement leur chapelet, en voici la preuve ; il y a quinze jours, abordant monsieur le commandant : — Nous avons bien mal sanctifié hier le saint jour du dimanche, monsieur le commandant, lui dis je. — C'est vrai, cher abbé, me répond-il ; pour ma part, je n'ai eu que le temps de réciter mon chapelet. — Et cependant c'est un brave.

» Un autre jour, un de nos capitaines me propose une promenade dans un taillis voisin. Après quelques minutes de marche, monsieur l'abbé, me dit il, voulez-vous réciter le chapelet ? Je vous laisse à penser, si j'hésitai à accepter une invitation si consolante pour mon cœur de prêtre. Le lendemain ce même officier me dit : « Monsieur l'aumônier, vous étiez aujourd'hui d'expédition contre « les Prussiens, j'ai dû réciter seul mon chapelet. » — Tels sont nos soldats ; sans doute, ils prient, se confessent, et vont à la messe, mais vaudront-ils moins que les soldats qui blasphèment et vont au cabaret ? J'aime à croire que non.

» Nos soldats se confessent ? Dieu merci ! la plupart l'ont fait, et bien des fois, sur les grandes routes, dans les chemins creux, au milieu des bois, ma main s'est levée pour accorder le pardon au nom de Dieu des miséricordes. Je me rappelle une circonstance de notre campagne que je ne puis taire.

» Nous étions en marche sous une pluie battante, lorsqu'on annonça l'ennemi ; c'était la première fois. Aussitôt, sur l'ordre du capitaine en premier, les soldats forment demi cercle, l'état-major est au milieu. Alors, après quelques mots d'exhortations dictés par mon cœur, je leur donnai une absolution générale. Je vous assure qu'il était beau de voir ces hommes, visiblement émus, se disposant à mourir en chrétiens. Cette cérémonie imposante produisit, je crois, d'heureux effets, car plusieurs ne se contentant pas de ce pardon commun, se sont réconciliés avec leur Dieu. Immédiatement après, quelques officiers sont venus me serrer affectueusement la main pour me remercier.

» J'allais oublier un fait qui vous rappellera d'heureux souvenirs. Autrefois les Vendéens allaient au combat, le Sacré-Cœur sur la poitrine ; ce bel exemple est suivi par leurs fils. *Presque tous* portent le Sacré-Cœur cousu sur leur vareuse, c'est leur décoration, ils en sont fiers.

» Je n'en finirais point, si je voulais vous raconter les scènes touchantes dont nous sommes chaque jour les heureux témoins. Croyez-vous, par exemple, qu'on puisse compter sans attendrissement près de 400 hommes assistant silencieux et recueillis à une messe dite au milieu des bois. Pour moi, je ne le puis et ce n'est pas sans émotion qu'au jour de la Toussaint, officiant en plein air, je donnai le pain des forts à un certain nombre de ces braves qui combattent pour Dieu et la patrie, *Pro Deo et patriâ* (*Mach.*) ; car, qu'on le sache bien, telle est notre devise et nous n'en avons point d'autre, quoi qu'on en dise.

» Si nous demandons la victoire au Dieu des armées, nous savons le remercier après le succès. Aussi lors de son entrée triomphale à Orléans, notre brave commandant n'eut-il rien de plus pressé que de faire célébrer une messe d'action de grâces en présence de sa légion toute entière.

» P. VANDANGEON,

» prêtre, aum. lég. vend. »

FOI DES SOLDATS BRETONS.

— Un de nos élèves, en vacances, nous écrivait dernièrement : « Hier, les mobiles de Brest sont partis pour la capitale ; ils ont défilé sous nos fenêtres. Le dernier bataillon s'est arrêté tout à coup, puis il a entonné les litanies de la Sainte Vierge et, arrivé à l'invocation *Sancta Maria* il s'est remis en marche comme l'on fait dans les églises pour une procession et, à la gare, le même bataillon a chanté le *Magnificat.* »

— Nous lisons ailleurs : « S'arrêtant dans la gare du Mans, une escouade de jeunes soldats de la Bretagne disait à un voyageur : « Priez pour nous qui allons mourir pour vous. » Un Monsieur, peu clérical et esprit fort, semblait ne pas comprendre cette supplication de la foi. Un soldat, lui frappant sur l'épaule, accentua d'une manière énergique sa chrétienne demande : « Oui, bourgeois, priez pour nous qui allons mourir pour vous ! » Et le bourgeois cessa de rire.

— Chaque jour des bataillons des départements viennent remplir les cadres : Hier c'était le tour des compagnies de Bretagne. Nous en avons remarqué une qui se distinguait par la taille et la vigueur de ses soldats. A leur tête marchait leur curé et sur toutes leurs poitrines brillaient des médailles de Notre-Dame d'Auray. C'étaient bien là les robustes enfants de la vieille Armorique, cette terre de granit qui produit des géants.

LES DIGNES FILS DES SOLDATS DE LÉPANTE.

C'est aujourd'hui 7 octobre, l'anniversaire de la célèbre bataille de Lépante.

Ne sont-ce pas, comme les soldats de Lépante, de vrais soldats chrétiens, ces Bretons qui portent ostensiblement la médaille de la Sainte-Vierge, chantent des cantiques, font des processions en son honneur, se confessent au vu et su des mobiles parisiens étonnés, disent leur chapelet sur les boulevards comme naguère dans leurs champs, et récitent l'*Angelus* à genoux, dans les rues, sur les places, partout où les surprend le son de la cloche.

Devant des spectacles pareils les cœurs sont profondément émus, et bien des yeux se mouillent de douces larmes ; on se croirait transporté à ces siècles de foi et dans ces villes fortunées où l'amour de la Reine du Ciel se manifestait hautement et à chaque pas par mille emblêmes, mille coutumes touchantes, où chaque porte était surmontée d'une statue couronnée de fleurs, où chaque statue était chaque soir entourée d'une illumination aussi riche qu'il était possible, et voyait à ses pieds la famille réunie réciter les prières du soir, et chanter de pieux cantiques avant d'aller prendre le repos de la nuit.

Avant la bataille de Lépante le Sultan disait : « Je crains plus les prières de ce vieillard (saint Pie V) que leurs vaisseaux et leurs canons. »

ARRIVÉE A PARIS DES BATAILLONS DE LA BRETAGNE ET DE LA VENDÉE.

Nous avons déjà parlé de l'excellente tenue et de l'énergie militaire que montrent les gardes nationaux mobiles de province venus à Paris. Nous avons été particulièrement touchés du bon ordre et de l'esprit de discipline qui signalent les bataillons de Bretagne et de Vendée.

Il semble que nos braves Bretons aient voulu nous ranimer par le rude aspect de leur force et de leur simplicité. Ces braves enfants sont venus, jouant du *biniou* au lieu de trompette, portant ostensiblement sur leur poitrine la médaille de Notre-Dame d'Auray, si vénérée par toute la Bretagne, et en outre accompagnés d'aumôniers qui partagent leurs fatigues, qui ont fait route avec eux et avec eux feront campagne.

Nos seigneurs les évêques ont compris qu'il fallait à chaque régiment, à chaque bataillon, ce commandant spirituel dont la prédication fortifie et contient les âmes de façon à relever l'héroïsme qui ne sauvera la patrie que s'il est sacré par la foi.

Nous ne doutons pas que dans tous les départements où la garde mobile sera appelée à faire campagne, la même sollicitude n'assure cet approvisionnement spirituel dont nos soldats se montrent toujours avides, et dont ils sentent mieux encore la nécessité lorsqu'ils sont à la veillée des armes.

En vérité, c'est bien le moins qu'à de braves cœurs qui nous offrent si largement leur sang, nous donnions toutes les facilités de conquérir le ciel.

LA PRIÈRE D'ACTION DE GRACE.

Voici, dit le *Sport*, un trait bien caractéristique des mœurs de nos départements de l'Ouest :

Jeudi dernier avait lieu l'arrivée à Paris des détachements de gardes mobiles envoyés par la province ; des billets de logement leur furent immédiatement distribués par les mairies des vingt arrondissements, notamment le huitième, qui comprend une grande partie de la Chaussée-d'Antin, le West-End de notre capitale.

Les Côtes-du-Nord reçurent pour destination le quartier Taitbout, et le Finistère celui des rues Caumartin, boulevard Haussmann, rue Basse-du-Rempart.

Un locataire de cette dernière rue eut trois mobiles à loger, mais il ne se contenta pas de leur donner le coucher, il les admit à sa table, comme il eût fait d'invités.

A la fin du repas de famille, les maîtres de la maison se retirèrent, laissant à ces jeunes gens la liberté pleine et entière de fumer et de causer entre eux.

Quel ne fut pas l'étonnement de la bonne chargée de desservir, de voir, en entrant, ces trois soldats, à genoux, en train de faire leur prière, conformément à la coutume bretonne.

Cette fille ne put contenir un mouvement d'hilarité, qu'elle m...

nifestait d'une façon assez bruyante, lorsque sa maîtresse entre dans la salle à manger.

« Ce que vous faites est inconvenant, dit-elle à la camériste, et au lieu de rire de cette pieuse attitude, il serait plus digne de l'imiter ou tout au moins de respecter leur croyance. » Puis, s'adressant à ses hôtes, quand leur prière fut achevée : « Mes amis, c'est bien de ne pas oublier ici l'accomplissement de vos devoirs religieux, car votre foi en Dieu vous viendra en aide dans les rudes et terribles épreuves qui vous attendent. »

UNE ASCENSION DE SOLDATS BRETONS AU SANCTUAIRE DE NOTRE DAME DE LA SALETTE.

— Nous sommes très-heureux de pouvoir donner place à cette intéressante lettre qu'on veut bien nous adresser de Grenoble :

Grenoble, le 1er août 1870.

« Monsieur le Rédacteur,

» La *Semaine Catholique de Lyon* aime à faire connaître les manifestations de la foi chez nos braves soldats. Voici un fait touchant dont j'ai été témoin :

» Quarante soldats bretons, sous la conduite d'un caporal, se rendaient de leurs familles à Gap, pour y recevoir leurs armes et leurs habillements, avant d'être envoyés sur les frontières de Prusse. Ils s'étaient arrêtés à Corps, chef-lieu de canton de l'Isère, à une distance de trois heures du célèbre pèlerinage de Notre-Dame de la Salette. Ils n'hésitèrent pas à ajouter à leurs fatigues déjà grandes, celle de l'ascension au sanctuaire, et, en effet, les pèlerins, émus, les virent arriver, couverts de poussière et de sueur, le 28 juillet, à 11 heures du matin.

» Avant de songer à se reposer de leurs fatigues, ils s'empressèrent d'aller s'agenouiller sur les lieux où la Vierge s'était manifestée, et ce ne fut qu'après avoir fait une fervente prière, qu'ils se dirigèrent vers le couvent. Ils y rencontrèrent, de la part des Missionnaires, l'accueil le plus bienveillant et le plus généreux. Mais ces bons prêtres, après avoir pourvu aux besoins de leurs corps, songèrent à ceux de leurs âmes, et se mettant à leur tête, ils descendirent tous ensemble vers les lieux de l'apparition. Là, ils firent pour eux l'explication des circonstances de cette miraculeuse apparition, et l'on voyait ces braves soldats, profondément touchés, essuyer leurs larmes qui coulaient avec abondance, au souvenir de Marie, leur mère.

» La plupart d'entre eux, se rappelant encore les cantiques qu'ils avaient chantés, jeunes enfants du catéchisme, dans l'église de leur village, voulurent les répéter, et l'on se souviendra longtemps, au sanctuaire de Notre-Dame de la Salette, de ce cantique de la sainte Vierge, chanté par les voix mâles et fortes de quarante soldats bretons :

Bonne Marie,
Mère chérie,
Tu veux que je sois ton enfant :
Je le suis, j'en fais le serment.

» Ils demandèrent ensuite à se confesser, et tous accomplirent avec foi et recueillement ce grand acte de notre religion, qui fait tant de bien à l'âme. Leurs nobles cœurs alors, une fois réconciliés avec leur Dieu, ne purent contenir la joie qui les animait, et les échos de la montagne répétèrent ce refrain, chanté avec un véritable enthousiasme :

Bénissons à jamais
Le Seigneur dans ses bienfaits.

« — Que nous sommes heureux ! que nous sommes contents , » disaient-ils avec bonheur ! C'est maintenant que nous marche- » rons courageusement contre l'ennemi. »

» De charitables dames procurèrent aux soldats tous les objets de piété qu'ils pouvaient désirer : chapelets, médailles, scapulaires, croix, images, etc., et c'était plaisir de voir avec quel empressement ils réclamaient ces objets qu'ils voulaient porter sur eux , comme autant de défenses au milieu du combat.

» Un soldat, surtout, m'émut profondément. Il n'avait pu obtenir une petite croix, et me pria de vouloir bien la lui procurer : » Je veux l'envoyer à ma mère, me dit-il, elle a beaucoup pleuré » quand elle m'a vu partir ; ce souvenir lui fera plaisir et la con- » solera : c'est peut-être le dernier qu'elle aura de moi. » La petite croix est partie sans doute, et la mère affligée aura eu la consolation ineffable de savoir , en baisant ce souvenir, que le cœur de son fils qui pensait à elle, était fort du pardon de son Dieu et des bénédictions de Marie.

» Le spectacle des adieux à Marie fut attendrissant. Agenouillés en couronne autour de la statue de la mère de Dieu, ils chantèrent une dernière fois leur cantique, et récitèrent plusieurs *Ave Maria*. Nous remarquâmes qu'ils prononçaient avec plus de force et d'application les derniers mots de la prière : Priez pour nous....... et à l'heure de notre mort. L'heure de la mort de ces braves, en effet, n'est peut-être pas éloignée, et Marie, sans doute, exaucera leur prière.

» Ils nous quittèrent ; nous les suivîmes du regard, aussi loin qu'il nous fut possible, et quand ils eurent disparu derrière la montagne, nous entendîmes encore quelque temps les paroles du cantique : *Bénissons à jamais*, etc.

» Et maintenant, vaillants soldats et nobles chrétiens, allez, la victoire vous attend, et si vous tombez au champ de l'honneur, Dieu et la Vierge Marie se chargeront de votre récompense.

» Agréez, Monsieur, mes salutations respectueuses,

» L'abbé SAILLARD,

» Vicaire à Saint-Bruno, de Grenoble. »

LES VENDÉENS ET LEUR GÉNÉRAL.

« Pour nous, écrivait un Vendéen après la journée sanglante du 9 novembre, depuis que nous traquons et démontons l'ennemi, nous n'avons eu ni un mort ni un blessé. Dieu merci, s'il y a des malades à l'ambulance, ce ne sont que les hommes éprouvés par la longueur des courses à travers les bois et les chemins.

» La comtesse de Cathelineau marche avec nous, dirigeant l'ambulance, et montrant aux hommes qui la suivent l'exemple de la plus douce piété.

» Le comte de Cathelineau est notre commandant en chef; il vient d'être élevé au grade de général de brigade, ayant un corps d'armée sous ses ordres. Son fils marche et combat au milieu de nous, mais comme simple volontaire.

» La foi de Cathelineau est vraiment celle des héros des croisades et de la Vendée. Ce matin à cinq heures, il se mettait à genoux comme il le fait souvent, aux pieds du prêtre, et, ne pouvant entendre la messe, il communiait et montait à cheval.

» Quelle arme croiriez-vous qu'il porte dans ses mains ? Sa canne, rien de plus. Il va au combat comme à la promenade. Vous savez qu'à la promenade on dit son chapelet; eh bien ! lui fait ainsi. »

— On aura une idée exacte du brave général et de son armée en lisant la pièce suivante qui doit avoir sa place dans toutes les feuilles consacrées à Marie.

ORDRE DU JOUR DE CATHELINEAU.

La Thibaudière, près Angers, 5 mars 1871.

Mes enfants,

Le ministre m'ayant fait savoir que les préliminaires de la paix étaient signés, vous devenez libres. Retournez donc dans vos familles qui, en vous voyant, seront largement récompensées des sacrifices que leur avait imposés votre départ.

Lorsque, il y a six mois, je vous appelais près de moi pour repousser l'ennemi qui s'avançait rapidement dans notre patrie, je poussais ce cri si cher à notre pays : « Dieu et la France ! » Vous l'avez entendu, et, malgré les difficultés de tout genre, vous m'avez entouré.

Huit jours ne s'étaient pas encore écoulés que le gouvernement de la défense nationale pensait à nous, et nous confiait une mission que nous avons pu remplir avec honneur et gloire.

Pendant toute la campagne vous n'avez pris de repos ni le jour ni la nuit; toujours et partout, nous avons harcelé l'ennemi. Malgré ce travail incessant, il a envahi une partie de la France, mais il s'est arrêté aux frontières de ce pays qu'on appelle la Vendée.

Voilà votre récompense.

Soyez en fiers, car vous avez contribué pour votre bonne part au salut de ces contrées.

Je vous remercie donc. Je remercie ces braves éclaireurs à cheval qui, si souvent, sont allés dans les lignes ennemies, le reconnaître et assurer ainsi toutes nos marches.

Ce sont eux qui ont protégé nos engagements, reconnaissant encore, au milieu du feu, les mouvements ennemis.

Merci à vous, mes officiers. Vous avez été les pères de mes hommes, et vous en avez fait de vrais soldats.

Mais c'est à vous surtout, simples soldats, que j'adresse mes remercîments. Vous avez supporté toutes les fatigues, et vous n'aviez, pour vous soutenir, que votre amour pour la France. C'est votre dévouement, c'est votre bravoure qui m'ont fait ce que je suis. Jamais je n'aurais pu supporter autant de fatigues, faire autant de travail; et cependant, après ces six mois de campagne, je me trouve aujourd'hui plus jeune, plus vigoureux que jamais.

Mes enfants, *je vous avais consacrés à la Vierge Marie*; comme j'avais raison! N'est-ce pas elle qui vous a protégés partout, qui nous a si souvent donné la victoire, sans la couvrir de ce large crêpe qui la rend si pénible à celui qui commande!

Vous portiez sur votre poitrine l'emblême de votre foi, gardez-la, cette foi; avec elle et avec votre devise « Dieu et la France, » retournez parmi vos concitoyens, montrez-vous des hommes vertueux, c'est-à-dire énergiques et patients. Soyez de vrais citoyens, et si un jour la France avait encore besoin de vous, vous me reviendrez, mais vous ne reviendrez pas seuls, vos amis, vos parents, vos frères vous suivront. Au revoir donc!

J'oubliais, dans mon émotion, de vous parler de ces prêtres si héroïques, qui, comme aumôniers et infirmiers, ont toujours marché à votre tête pour aller au combat, et qui, au milieu de la mêlée, étaient si empressés de ravir à la mort tous ceux qui tombaient.

Ici, je suis embarrassé; mais j'ai un devoir à remplir, et quoiqu'il m'en coûte d'avoir à parler d'une femme qui est la mienne, je lui dirai qu'elle s'est montrée notre mère à tous, et que nous lui exprimons, à elle, aux médecins et aux infirmiers toute notre reconnaissance.

Si j'avais pu réunir ici le troisième bataillon de la Dordogne, l'escadron du 10e chasseurs, je leur dirais qu'ils ont été braves comme vous, généreux comme vous, et que je les confonds dans la même estime et le même amour.

Avant de nous séparer, répétons à pleine poitrine ce cri qui restera toujours notre devise : « Dieu et la France ! »

LES MOBILES BRETONS A PARIS ET L'ODIEUSE CARICATURE DU PAPE.

Quelques mobiles bretons étaient arrêtés l'autre jour sur le boulevard, devant une odieuse caricature du Pape, et de grosses larmes coulaient de leurs yeux. La douleur de ces braves gens était fort touchante; on se rappelait involontairement que, les jours de bataille, avant d'aller combattre ils vont prier.

Un gentilhomme qui passait par là, M. de Gallard, s'approcha du marchand, acheta toute la collection et la mit en morceaux.

A ce propos, ajoute le *Figaro*, auquel nous empruntons ce récit, il importe d'attirer l'attention du gouvernement sur cette enfilade de dessins orduriers qui déshonorent les boulevards..... Ayons au moins de la pudeur, ne fût-ce que pour nos femmes, dont nous ne devons pas perdre l'estime, et pour nos fils, dont nous devons faire des hommes..... propres.

LETTRE D'UN BRETON A SA MÈRE.

Bonne Mère, nous quittons Tours pour aller à l'ennemi. Je ferai demain la sainte communion avant de partir. J'ai ton scapulaire sur la poitrine, ton amour dans le cœur. Sois forte comme tu l'as toujours été, Dieu bénira notre courage. Je reviendrai, espérons-le, pauvre mère ! C'est à Fernand à te consoler, à te fortifier, à t'aimer pour deux. J'ai deux anges dans le ciel, un troisième sur la terre. Envoie-moi ta bénédiction; ton image et ton souvenir veilleront constamment près de moi et me rappelleront ce que je dois faire pour être toujours digne de toi. Le moment solennel approche; mille baisers à la meilleure des mères. Ton fils, Gaston L.

PATIENCE, ESPOIR ET DÉVOUEMENT.

Dans une de nos ambulances, on amputait des deux jambes un soldat français blessé d'un éclat d'obus. La double blessure était affreuse, et l'opération fut longue et formidable. Le soldat, garçon de 20 ans, et de plus vendéen, subit le terrible traitement, sans donner aucun signe de faiblesse, ne répétant que cette sublime prière : « Pardon, mon Dieu ! mon Dieu, pardon pour la France et pour moi ! » Tous les témoins émus, attendris jusqu'aux larmes, n'oublieront jamais l'effet que produisirent sur eux ces paroles si ardentes de foi et de dévouement.

QUAND ON COMMANDE DE TELS HOMMES ON PEUT ALLER JUSQU'AU BOUT DU MONDE.

« Le colonel de Charette et Mgr Daniel racontaient hier avec admiration la foi et le courage de notre compatriote, M. Camille Thébaud, blessé à la bataille de Patay. « Il a montré, disait en propres termes le brave colonel, *un courage féroce.* »

» Il a subi l'amputation de la jambe avec une résignation toute chrétienne : en se réveillant après l'opération, il a commencé par réciter l'oraison dominicale avec une foi si touchante que toute l'assistance versait des larmes. Le major qui venait de l'opérer, voyant entrer M. de Charette, ne put s'empêcher de lui dire : Colonel, quand on commande des hommes d'une telle valeur, on peut aller jusqu'au bout du monde.

» Quelque temps après cette douloureuse opération, le jeune volontaire écrivait ses paroles :

» J'ai perdu une jambe, mais je ne la regrette pas, j'ai fait mon devoir. »

« C'est tout simplement spartiate ; disons mieux : c'est chrétien. »

QUELLE FOI DANS CES BRETONS ET CES VENDÉENS.

Il y a trois jours, à l'ambulance de Rueil, un jeune Breton de la garde mobile, au moment de rendre l'âme, fit un suprême effort, se souleva sur sa couche et d'une voix forte et solennelle, il dit : « Jésus-Christ vaincra... Jésus-Christ Notre Seigneur. Oui, il » vaincra, son règne arrivera sur la terre... Mon Dieu, que votre » règne arrive ! que votre volonté soit faite !... » Sa voix s'éteignit et il expira.

Il y avait là diverses sortes de gens bien éloignés des pensées religieuses : mobiles de 48, francs-tireurs de Paris, etc. Ils se regardèrent étonnés, quelques-uns émus jusqu'aux larmes. D'autres découvrirent leur front, saluant involontairement cette âme qu'ils semblaient voir monter au ciel, et un long et respectueux silence régna dans la salle.

DIEU, MA BRETAGNE, LA FRANCE ET MA MÈRE.

Le lieutenant Joseph Macé, du bataillon d'Ille-et-Villaine, neveu de l'archevêque de Rennes, mourait des suites de ses blessures.

Prévenu de sa fin prochaine, il remercie la personne qui la lui annonce. « J'ai toujours eu horreur de la dissimulation » s'écrie le loyal Breton en pensant à ceux qui, dans une bonne intention lui assuraient qu'il allait mieux. Il demande alors avec la foi et la piété la plus vive à remplir tous ses devoirs de chrétien. « Allons, » dit-il ensuite, il faut mourir en brave ; je donne mon âme à Dieu, » je lui donne ma vie. Mon corps, qu'on le rapporte dans ma chère » vieille Bretagne : ce sera une consolation pour ma pauvre mère. » La Bretagne, oh ! comme je l'aime, la Bretagne !... Et vous, ma » bonne mère, je bénis votre cher souvenir ; donnez quelque chose » de ma fortune aux pauvres. Dieu, ma Bretagne, la France, ma » mère !... tout mon cœur est là dans ces quatre mots. »

ADIEU, PAUVRES PARENTS, ADIEU CHÈRE BRETAGNE.

Il neigeait, et la brume, avec son voile sombre,
Couvrait, dans le loitain, les remparts de Paris.
Le Mont-Valérien se dessinait dans l'ombre,
A travers un nuage gris.

On n'entend rien au loin, que le cri monotone
Des sinistres corbeaux s'abattant sur les morts,
Et le sourd roulement du canon, qui résonne,
Répété par l'écho des forts.

Aux grands'gardes, au loin, perdu dans la campagne,
Un soldat est tombé, mortellement atteint ;
C'est un jeune mobile, enfant de la Bretagne :
Au secours il appelle en vain.

L'espoir d'être entendu ranime son courage ;
Il s'épuise en efforts pour regagner le camp,
Et se traîne à genoux laissant sur son passage
Une longue trace de sang.

Il se lève et retombe ; il appelle à son aide,
Personne ne répond. Il est encore trop loin.
Déjà le jour s'enfuit et la nuit lui succède,
Et le secours n'arrive point.

Cependant il se meurt ; ses forces le trahissent,
Il saisit son fusil pour se lever encor ;
Mais il ne peut. Ses yeux de larmes se remplissent
En voyant arriver la mort.

Du flambeau qui s'éteint on voit souvent la flamme
Se rallumant soudain briller d'un feu nouveau,
De même, tout à coup, se ranime son âme,
Avant de descendre au tombeau.

A mesure qu'il sent se fermer sa paupière,
Le bonheur envolé passe devant ses yeux.
Il revoit son pays, ses amours, sa chaumière,
Et leur fait ses derniers adieux.

—

..... Au secours ! au secours, ma blessure est mortelle,
Camarades, à moi ! c'est moi qui vous appelle !
Mon premier jour de garde est-il donc le dernier ?
Vite, vite au secours, un prêtre, l'aumônier !
Rien. Rien. Ma voix se perd dans cette nuit immense,
Plus rien autour de moi que l'ombre et le silence.
Je ne puis me traîner et me sens défaillir ;
J'ai peur. Le désespoir est venu m'assaillir,
Et la neige toujours ! J'aï froid et je frissonne.
On n'entend pas mes cris... Il ne viendra personne.
Il me faut donc mourir, et je n'ai que vingt ans !
Et je voulais revoir mon village au printemps,
Et je sens dans mon cœur courir à pleines veines
La vie et la jeunesse. Enivré par mes rêves,
J'espérais retrouver le pays et l'amour !
Et voilà mon beau rêve envolé sans retour !
Hélas ! Dieu l'a voulu. Sa volonté soit faite,
Sachons nous résigner et courbons notre tête.
Si je pouvais au moins voir encore une fois
Tous ceux que j'aime tant, entendre encor leurs voix.
Si je pouvais te voir, Margaït bien-aimée,
Pleurant à mes genoux, tremblante, inanimée,
Et te donner moi-même, en m'en allant à Dieu,
Et mon dernier baiser et mon dernier adieu.
Si couché dans le lit aux grands rideaux de serge,
Je pouvais embrasser l'image de la Vierge
Près du lit suspendue et presser sur mon cœur
Notre vieux crucifix, image du Seigneur ;
Si je pouvais revoir de ma fenêtre ouverte
Les entours de la grange, et la colline verte
Où paissent les moutons ; les bois et le coteau
Dominé par les tours de l'antique château ;
Si je pouvais mourir dans les bras de ma mère,
La mort, à mes regards paraîtrait moins amère ;
Je m'éteindrais en paix comme l'enfant s'endort,
Et loin de murmurer, je bénirais le sort
Qui me donne une main pour fermer ma paupière.
Je dormirais alors dans notre cimetière,
A l'ombre de l'église et de son vieux clocher.
Pleuré par tous les miens, je pourrais me coucher
Dans un lit recouvert de gazon et de mousse.
Cette tombe, ô mon Dieu, me semblerait bien douce !
Je ne quitterais pas ce que j'aime en effet,
Et je ne croirais pas mourir pour tout à fait.

Mais non ! je meurs tout seul, loin, bien loin du village,
Emporté tout à coup à la fleur de mon âge !
Sans secours, sans parents, sans prêtre, sans amis,
Sans entendre une voix qui parle du pays.
Je serai ramassé dans ce lieu solitaire,
Puis enterré demain dans quelque coin de terre,
Pêle-mêle entassé avec cent autres morts,
Et jamais mes parents ne sauront où je dors !
Ah ! Dieu ! ne pensons pas à cela. C'est trop triste,
Sachons même en mourant n'être pas égoïste.
Retournons au village. — Ce soir ils sont joyeux
Ou font semblant de l'être en restant malheureux.
Car c'est ce soir Noël et chez nous on s'apprête
A passer de son mieux la grande et belle fête.
Voici bientôt minuit. Malgré le mauvais temps,
On se rend à l'église en songeant aux absents.
J'entends le bruit des pas sur la neige glissante,
Je vois de mille feux l'église éblouissante,
Et monsieur le curé célébrant à l'autel,
Lisant les oraisons dans son plus beau missel.
J'entends d'ici les chants et les joyeux cantiques,
L'*Adeste, fideles* et les Noëls antiques,
Et les cloches sonnant un joyeux carillon.
Puis on revient chez nous faire le réveillon ;
Ma chère Margaït, plus belle qu'une reine
Avec sa robe noire et la petite chaîne
Que je mis à son cou le jour de mon départ,
Au festin de famille a voulu prendre part.
Sur la table elle étend la nappe la plus blanche
Et sort du grand buffet le pain blanc du dimanche,
S'efforçant sur les fronts d'amener la gaîté.
On dit à haute voix le *Benedicite*
Et l'on se met à table en réservant ma place,
Je vois ma chaise vide et Margaït en face,
Je vois le lard fumant et la soupe de choux,
Et la galette noire et les gâteaux si doux.
Le père a déposé tout près de la soupière
Un flacon de vieux vin, tout couvert de poussière ;
Il faut boire, dit-il, à notre cher enfant,
Qu'il revienne bientôt, vainqueur et bien portant !
Margaït tend son verre et s'efforce de rire ;
Elle cache ses pleurs sous un triste sourire.
On voudrait m'oublier, on parle, on s'étourdit,
Mais personne ne peut penser à ce qu'il dit,
Et chacun, malgré soi, sent sa paupière humide,
En voyant au festin ma place rester vide.
Ne pleurez pas encore, ô mes pauvres parents,
Et pendant quelques jours, hélas ! restez contents.
Tâchez de supporter cette attente cruelle
Trop tôt arrivera la mauvaise nouvelle.
... Ils sont tous réunis, au coin du feu le soir,
Quand le facteur apporte un pli bordé de noir,
Que l'on ouvre en tremblant ; j'entends d'ici le père
S'écriant : Il est mort ! Les sanglots de ma mère,

Les pleurs de Margaït entrecoupent sa voix...
Entendre tout cela, Dieu ! c'est mourir deux fois !

. . . .

J'ai froid ; tout est fini ! C'est la mort qui me gagne.
Adieu, pauvres parents, adieu, chère Bretagne...
Daignez me recevoir près de vous, ô mon Dieu;
Un baiser, je me meurs, ô Margaït, adieu !

—

Ce fut son dernier cri, sa dernière parole.
Il voulut se lever, retomba, puis se tut.
Adressant un regard à Celui qui console,
Il baissa la tête et mourut.

Dors en paix bien loin de la terre
Qui t'a vu naître, ô pauvre enfant,
Dors dans ta couche mortuaire,
Loin de tous ceux qui t'aimaient tant.

Puisse l'ange qui t'accompagne,
Qui te vit et naître et mourir,
En s'envolant vers ta Bretagne,
Y porter ton dernier soupir.

Fasse le ciel que le nuage
Qui disparait à l'horizon
Passe au-dessus de ton village,
Passe au-dessus de ta maison.

Et puisse la brise glacée
Qui reçut ton dernier baiser
Le porter à ta fiancée
Et sur son front le déposer.

Et qu'enfin, c'est là ma prière,
Ma voix puisse, à travers les cieux,
Parvenir jusqu'à ta chaumière
Y porter tes derniers adieux,

GEORGES CH.

VOICI L'HEURE ! A GENOUX !

Les Vendéens font parler d'eux. Ils sont aux avant-postes, ils éclairent l'armée, ils tiennent l'ennemi en respect, enlèvent ses convois, tuent et prennent chaque jour des hommes et des chevaux. A la hauteur du grand nom de leurs pères, les soldats de Charette et de Cathelineau soutiennent la gloire des QUATORZE SIÈCLES.

J'ai eu la bonne fortune de me rencontrer avec l'aide-de-camp de M. de Cathelineau, M. Viale, digne aide d'un tel chef, et j'ai recueilli de sa bouche des détails du plus vif intérêt. L'un des faits qu'il m'a contés m'a frappé particulièrement ; je veux le faire connaître au public, parce qu'il est d'une beauté grandiose, et propre, ce me semble, à éclairer certains points de la situation.

Ces jours derniers, les Vendéens se rencontrèrent avec une troupe prussienne. Les Prussiens étaient trois mille, les Vendéens étaient cinq cents. Les deux corps se trouvaient sur deux hauteurs voisines, à huit cents mètres l'un de l'autre.

Après quelques instants de délibération, les Vendéens résolurent l'attaque. Quand le signal fut donné, l'aumônier parut, et se dressant au milieu de ces hommes qui allaient jouer leur vie : « Mes enfants, leur dit-il, voici l'heure ! à genoux ! recommandez votre âme à Dieu ! je vais vous donner l'absolution ! » Et puis d'un grand geste solennel, étendant la main au-dessus des soldats prosternés, le prêtre prononce les paroles sacramentelles : *Ego vos absolvo !*

Ce fut notre Thabor, disait le narrateur ; nous nous relevâmes transfigurés. « En avant ! » cria le chef. Tous partirent d'un seul élan, les cavaliers ventre à terre, les fantassins au pas de course. Mais les Prussiens ne les attendirent pas ; ils avaient vu le mouvement, le prosternement de tous ces hommes, la prière du prêtre, et devinant à qui ils avaient à faire, il préférèrent décamper.

Le souvenir leur est resté, et partout où ils vont, leur premier soin est de demander aux paysans : *Où sont les Vendéens ?*

Moralité :

Qu'on trouve cent mille hommes pareils aux Vendéens, et les Prussiens auront leur compte, en dépit des Bibles dont eux, au dire de M. Viale, ont soin de se munir. — DUBOSC DE PESQUIDOUX.

L'ÉTENDARD DU SACRÉ CŒUR DE JÉSUS.

Nous avons parlé de la consécration de la légion des volontaires de l'Ouest au Sacré-Cœur de Jésus. On sait les circonstances qui ont amené le général de Charette à cet acte solennel de piété. Le glorieux étendard qui à Patay se passait de main en main à mesure que succombaient ceux qui le tenaient, ce glorieux étendard avait été brodé à Paray-le-Monial, au berceau de la dévotion du Sacré-Cœur, par les religieuses de la Visitation.

Les révélations de la bienheureuse Marguerite-Marie avaient mêlé le Sacré-Cœur à la défense et à la victoire de la France : une tradition du couvent de Paray-le-Monial désignait même « les défenseurs de l'Ouest. » Lors de l'invasion des Prussiens, on voulut faire parvenir au général Trochu le précieux étendard. L'investissement de Paris empêcha la réalisation de ce désir. Les sœurs de Paray-le-Monial, dans leur confiance, n'en adressèrent pas moins leur pieux drapeau à Tours à un fervent chrétien, en le priant de le faire parvenir aux *défenseurs de l'Ouest.*

Le jour où cet envoi arrivait à Tours, le colonel de Charette, dont les soldats avaient reçu en don de Pie IX et portaient brodé sur la poitrine un emblème du Sacré-Cœur, recevait de la délégation de Tours le titre de colonel de la légion des volontaires de l'Ouest.

L'étendard fut remis au brave colonel. La rencontre avait paru significative. On le déploya pour la première fois le premier vendredi du mois de décembre, à cette bataille de Patay, où fut décimé le régiment, où le lieutenant-colonel de Troussure fut massacré après le combat par les Prussiens sur le champ de bataille où il gisait blessé; où le colonel, blessé lui-même et hors de combat, ne fut sauvé que par l'héroïque dévouement de son frère Ferdinand de Charette; où périrent enfin en si grand nombre et avec un héroïsme incomparable tant de ces braves, vrais fils de France, vrais chrétiens, vrais adorateurs du Sacré-Cœur.

Celui qui portait l'étendard et qui fut frappé en le portant, le jeune sergent de Verthamon, la veille de la bataille avait demandé de consacrer publiquement le régiment au Sacré-Cœur.

D'autres circonstances précieuses, qui se présentèrent encore, incitèrent le général de Charette à accomplir ce vœu, qui se trouvait bien celui de toute la troupe.

On sait en quels termes le général s'acquitta de ce devoir à Rennes, le 28 mai dernier, dans la chapelle du séminaire de Rennes, en présence de toute sa troupe venant avec lui participer à la sainte Eucharistie.

« A l'ombre de ce drapeau, teint du sang de nos plus nobles et » plus chères victimes, moi, général baron de Charette, qui ai » l'insigne honneur de vous commander, je consacre la Légion des » volontaires de l'Ouest, les zouaves pontificaux, au Sacré-Cœur » de Jésus, et avec ma foi de soldat, de toute mon âme, je dis et je » vous demande de dire tous avec moi :

« COEUR DE JÉSUS, SAUVEZ LA FRANCE ! »

Ces paroles si chrétiennes et si françaises n'ont pas seulement rempli de courage et de confiance ceux qui les ont entendues. Elles ont retenti au loin. Beaucoup de cœurs vraiment français ont voulu s'y associer. Ceux qui ont servi à Rome sous les ordres du général de Charette se sont particulièrement émus. Un d'eux a adressé au général l'adresse suivante, que nous sommes heureux de reproduire aujourd'hui.

Saint-Donat, 14 juillet.

Mon général,

Veuillez permettre à l'un de ceux qui ont eu l'honneur de servir sous vos ordres de vous exprimer les sentiments qu'il éprouve, en apprenant votre consécration de la légion des zouaves au Sacré-Cœur de Jésus.

Devant un avenir aussi sombre que le nôtre, en face d'un aveuglement général qui empêche de reconnaître la main qui nous frappe, cette consécration solennelle de vos zouaves au cœur sacré du divin maître est un gage nouveau d'espoir et de confiance; c'est aussi le plus beau couronnement qui se pouvait donner à votre œuvre sublime de dévouement et de foi.

Notre pauvre France, trahie et brisée par l'esprit satanique de la révolution, remontera cependant du fond de l'abîme où elle se précipite; elle sera sauvée parce que l'esprit de Dieu anime encore ses plus nobles enfants, elle sera sauvée parce que cette parole ne peut mentir : Si Dieu est avec vous, qui sera contre vous ?

Héroïque légion des zouaves !

Quand la Providence fera luire le jour du salut, la France alors connaîtra votre œuvre, lettre morte à ses yeux aujourd'hui ; elle comprendra ce mystère de la foi qui nous soutient, de la foi, mère du dévouement sans borne et de l'honneur sans tache. Tout les Français alors salueront, dans un même élan de reconnaissance et d'amour, le drapeau de Dieu et le drapeau du roi, l'oriflamme du Sacré-Cœur et l'étendard de Janne-d'Arc, ces deux symboles de notre rédemption et de notre gloire; ces deux drapeaux qui seuls peuvent garder la France dans la voie glorieuse de l'honneur.

Général de Charette,

Soyez béni, vous et votre glorieuse légion, bénis pour tout ce que vous doit déjà et pour tout ce que vous devra encore notre France bien-aimée !

Dans ces sentiments, j'ai l'honneur de vous prier, mon général, d'agréer l'expression de mon profond respect et de mon entier dévouement.

AUGUSTE DE BEUGNY D'HAGERUE,

Commandant du 2ᵉ bataillon des mobiles de la Drôme, chevalier de la Légion d'honneur.

CŒUR DE JÉSUS, SAUVEZ LA FRANCE !

Nous demandions des actes de foi pour sauver la France. Dieu soit loué ! Ils ne manqueront pas. Ce matin, jour de la Pentecôte, le régiment de Charette, tout entier sous les armes, assistait à une messe solennelle célébrée pour le salut de la France. Près de l'autel, un officier tenait haut le glorieux étendard autour duquel l'admirable troupe des zouaves, ralliée à Patay, soutint si vigoureusement l'effort de tout un corps d'armée prussien. Le sang généreux versé ce jour-là a fait germer des moissons. Les vides laissés par les pures victimes ont été remplis et aujourd'hui le régiment se retrouve au complet. Ils étaient donc là, les survivants et les survenus, tous à genoux, le front courbé devant Dieu et avec eux leur brave général et l'aumônier pleins de zèle, qui ont partagé leurs fatigues et leurs combats.

C'était vraiment un grand spectacle. Il grandit encore au moment où Mgr Daniel, se levant au milieu de ces héroïques enfants, fit lecture, au nom de toute la troupe, d'un acte solennel de consécration au Sacré-Cœur de Jésus.

Voici l'acte rédigé par le général de Sonis.

« O Jésus! vrai Fils de Dieu, notre roi et notre frère, rassemblés » tous ici aux pieds de vos autels, nous venons nous donner pleinement à vous et nous consacrer à votre divin Cœur.

» Vous le savez, Seigneur, nos bras se sont armés pour la défense » de la plus sainte des causes, de la vôtre, Seigneur, puisque nous » sommes les soldats de votre Vicaire.

» Vous avez permis que nous fussions associés aux douleurs de » Pie IX, et qu'après avoir partagé ses humiliations, nous fussions » violemment séparés de notre Père.

» Mais, Seigneur, après avoir été chassés de cette terre romaine » où nous montions la garde au tombeau des saints Apôtres, vous » nous prépariez d'autres devoirs, et vous permettiez que les » soldats du Pape devinssent les soldats de la France.

» Nous avons paru sur les champs de bataille, armés pour le » combat. Votre cœur adorable, représenté sur notre drapeau, » abritait nos bataillons.

» Seigneur, la terre de France a bu notre sang, et vous savez si » nous avons bien fait à la patrie le sacrifice de notre vie.

» Beaucoup de nos frères sont morts ; vous les avez rappelés à » vous parce qu'ils étaient mûrs pour le ciel.

» Mais nous, nous restons, et nous ignorons le sort que vous » nous réservez.

» Faites, mon Dieu, que la vie que vous nous avez laissée soit » tout entière consacrée à votre service.

» Nous portons tous sur nos poitrines l'image de votre Sacré-» Cœur; faites que nos cœurs en soient l'image encore plus vraie; » rendez-nous dignes du titre de soldats chrétiens.

» Faites que nous soyons soumis à nos chefs, charitables pour » le prochain, sévères pour nous-mêmes, dévoués à nos devoirs et » prêts à tous les sacrifices.

» Faites que nous soyons purs de corps et d'âme, qu'ardents » dans le combat, nous devenions tendres et compatissants pour » les blessés.

» O Jésus, dans les dangers et dans les souffrances, c'est de » votre divin cœur que nous attendons notre plus puissant se-» cours. Il sera notre refuge lorsque tous les appuis humains nous » manqueront, et notre dernier soupir sera notre dernier acte » d'espérance dans la miséricorde divine.

» Et vous, ô divine Marie, que nous avons choisie pour notre » mère, à vous aussi nous avons rendu témoignage.

» Nos champs de bataille ont vu le long cortége des mères, des

» épouses et des sœurs en deuil; et, lorsque de pieuses mains
» remuaient la terre qui recouvrent la mort, on savait reconnaître
» les nôtres à notre scapulaire.
» Soyez donc notre protectrice, et obtenez-nous la grâce de nous
» tenir chrétiennement unis à vous dans le Sacré-Cœur de Jésus,
» durant la vie et à la mort, pour longtemps et pour l'éternité.
» Ainsi soit-il. »

UNE BELLE RÉPONSE AUX DÉCLAMATIONS IMPIES.

— Alors que tout Français gémit publiquement sur les maux de la patrie, ne serait-il pas étrange que l'on arrêtât la plainte des évêques ? Non-seulement on arrête leurs plaintes, mais encore on leur fait un crime de nous dire où est la consolation et la réparation de nos désastres. Telle est l'intolérance des feuilles révolutionnaires qu'elles reprochent à l'épiscopat d'avoir consacré les mandements du carême à ces douloureuses actualités.

Ce qui les chagrine surtout, c'est d'entendre nos prélats rappeler les populations au sentiment religieux ; elles sont décimées par la guerre, démoralisées par la révolution, et il ne serait pas permis à des ministres de Dieu de leur offrir le refuge de la prière et les salutaires ressources de la foi !

Avec quoi donc le *Siècle* peut-il rendre un peu de vigueur à nos pauvres tempéraments affaiblis, à nos âmes débiles ? Il a pu, tout à son aise, essayer l'effet de son matérialisme et de son positivisme sur les masses ; depuis cinquante ans, il exerce librement le sacerdoce de l'incrédulité : il a pu, tous les matins, sans être troublé, « manger du prêtre et donner à ses lecteurs le spectacle de cette ribotte impie ; il a déifié le mal et distribué l'impiété de Voltaire, sans l'assaisonnement de son esprit. Où a-t-il mené le peuple avec ce régime ? En promenant autour de nous nos regards attristés, nous voyons les fruits de ce misérable apostolat; nous les avions appréciés dans la paix, nous venons de les apprécier dans la guerre. »

On a pu faire la comparaison des disciples de Voltaire avec les croyants. Cherchez au premier rang de l'armée, dans les avant-postes, en face des canons : Qui se bat avec furie ? quels sont les jeunes héros qui bravent la mort et qui la reçoivent héroïquement ? qui voit-on marcher à l'assaut de Villejuif, à Châtillon, au Bourget, à Montretout ? qui se distingue à Coulmier ? qui a consolé la France des désastres de l'armée de la Loire ? Ce sont les braves Bretons, les braves Vendéens, les Poitevins, les paysans du Périgord et de la Gironde, les zouaves pontificaux ; ce sont les fils de nos vieilles familles françaises, nourris dans le respect de Dieu et dans le culte chrétien.

On a mis à l'ordre du jour des religieux, des Sœurs de charité ; on a cité comme des exemples de bravoure les Charette, les Cathelineau, les Dampierre, les Saillard. — Que le matérialisme montre ses héros ! Il en est assurément qui, sans croyance, par le seul stimulant de la gloire et du devoir patriotique, n'ont point reculé devant la mort; mais leurs exploits sont isolés; ils n'ont rien d'éclatant, de collectif, rien qui ait provoqué l'attention des chefs ou l'admiration des soldats.

On en a vu beaucoup se traîner dans les arrière gardes, rechercher les ambulances. Paris en a vu quelques-uns se dérober cyniquement aux premiers feux; d'autres se sont réservés pour la guerre civile. Les plus prudents se sont mis à l'abri de la bataille dans de calmes sinécures. Ce qu'ils savaient faire avec vaillance, c'était se parer d'uniformes brillants et de képis invraisemblables, c'était discourir dans les clubs en faveur de la guerre à outrance. Pendant que les soldats chrétiens versaient leur sang, les démagogues troublaient le pays et y jetaient des ferments de discorde; ceux qui n'étaient pas atroces étaient ridicules.

Maintenant, l'expérience est faite et la question jugée; il faut laisser la France revenir aux sources du pur patriotisme.

(*Constitutionnel.*)

SALUT DU SAINT PÈRE AUX HÉROIQUES ENFANTS DE CHARETTE.

Le Saint-Père a envoyé un salut aux « héroïques enfants de Charette, » et ses paroles ont été mises par M. d'Albiousse à l'ordre du jour de la légion des Volontaires de l'Ouest :

« Faites savoir le plus tot et le plus vite possible à Charette et » à tous ses héroïques enfants (*figli*) que mes vœux, mes prières, » mon souvenir les accompagnent sans cesse et partout, que com- » me ils étaient et sont encore avec moi, je suis de cœur et d'es- » prit avec eux toujours, demandant au Dieu des miséricordes de » les protéger, de les sauver, eux et la pauvre France, de les » bénir aussi spécialement, aussi largement que je le fais aujour- » d'hui moi-même en son nom, et avec toute l'effusion de mon » cœur. »

ILS SE BATTAIENT HIER POUR LE PAPE, AUJOURD'HUI C'EST POUR LA FRANCE.

Octobre 1870. — On écrit du Mans :

« A l'heure qu'il est, on ne voit pas sans émotion, dans les murs de notre ville, les vaillants *soldats du Pape*, ces intrépides combattants qui ont montré à ceux qui peut-être devaient donner l'exemple, comment le courage militaire s'allume au foyer de la foi et de la piété. N'est-ce pas ici un signe de la Providence de permettre que ces jeunes défenseurs de Rome, chassés hier du Vatican par une invasion semblable à celle des Prussiens, aient en un jour conquis la popularité, lorsqu'ils ne songent qu'au devoir ? Leur vêtement militaire porte les insignes du Pape, de sorte qu'on peut dire que c'est la milice du Pape qui vient relever les courages. Aussi sommes-nous touchés des marques de respect qu'ils reçoivent dans nos rues de la part des hommes d'ordre. Rien que cet exemple est meilleur, plus morale et plus efficace que la flétrissure demandée par les vantards de la démocratie contre les combattants qui auraient eu le malheur de ne pas montrer le même courage : nous voulons ajouter que les mobiles se sont montrés dignes de combattre à côté des zouaves. Tous méritent les mêmes témoignages d'admiration et de gratitude publiques. Oui, c'est bien ainsi que les choses se passent : la foi soutient le courage, elle exalte le patriotisme, elle fait les vrais héros, elle fait les martyrs ! Attendons encore quelque temps, que la légion entière du commandant de Charette s'ébranle, et *pousse* à l'ennemi, et nous comprendrons mieux ces paroles du général Trochu : « O vous tous, hommes de gouvernement et de commandement, qui avez été les témoins de ces cris indescriptibles (il s'agit des grandes émotions du combat), dites, pensez-vous qu'*à ce moment* l'appât de la gloire pour quelques-uns, des récompenses pour quelques autres, suffira à soutenir les cœurs soumis à de telles épreuves ? Non : il leur faut un plus noble excitant : il leur faut le haut sentiment des grands devoirs et du sacrifice. C'est alors que, dans leur liberté, ils marchent fermement et dignement à la mort; et, parmi eux, CEUX-LA SEULEMENT ONT LA SÉRÉNITÉ QUI CROIENT A UNE AUTRE VIE ! »

LES ZOUAVES PONTIFICAUX SUR LE TERRITOIRE DE CHARTRES.

Le R. P. de Gerlache, aumônier des Zouaves Pontificaux, adressait, il y a un mois, au R. P. Ramière, directeur du *Messager du Sacré-Cœur de Jésus*, des détails sur les faits militaires auxquels les héroïques défenseurs de Rome et de la France ont pris une si belle part. Comme la plupart de ces faits se sont passés sur le territoire du diocèse de Chartres, nous croyons que c'est un devoir pour nous de les consigner dans nos archives. Que Notre-Dame de Chartres bénisse les familles des héros dont la *Voix de Notre-Dame de Chartres* raconte l'histoire.

Nous extrayons ce récit d'une série de lettres dont la première était datée du camp de Marboué, 19 novembre.

Mon révérend Père,

Le Seigneur tout-puissant, maître des peuples et des armées, nous a soutenus, depuis notre retour en France, d'une manière paternelle, et a permis que nous nous réorganisassions dans les mêmes traditions de dévouement et d'abnégation que nous avions suivies à Rome. C'est à la dévotion au sacré Cœur de Jésus, dont nous portons tous le divin emblême sur la poitrine, que nous devons en grande partie cet heureux résultat. N'avons-nous pas appris, outre les promesses faites à la bienheureuse vierge de Paray-le-Monial, que le Seigneur était toujours avec son peuple : « Je prépare toutes choses, dit le Seigneur : la France sera consacrée à mon divin Cœur, et toute la terre se ressentira des bénédictions que je répandrai sur elle. La foi et la religion refleuriront en France par la dévotion à mon divin Cœur. »

Vous avez appris comment, dès les premiers jours du mois d'octobre, trois compagnies de zouaves pontificaux, au nombre de près de 200 hommes, s'étaient valeureusement conduites à l'affaire d'Artenay, dirigées par M. de Godinec. Ce noyau de braves et les cadres du régiment furent transportés au Mans, où bientôt accoururent de toutes les parties de la France des centaines de jeunes gens désireux de défendre leur patrie sous la bannière de la foi. Anciens zouaves de Castelfidardo, au camp d'Amagni ou de Mentana, mobiles, gardes nationaux, chacun était heureux d'apporter à la patrie menacée le même tribut de dévouement qu'il avait donné à l'Eglise, ou de combattre en France avec les mêmes convictions qu'il avait montrées sous les murs de Rome. Dans les premiers jours de novembre, deux bataillons de six compagnies chacun furent suffisamment armés et exercés pour entrer en campagne; un troisième bataillon devait demeurer au Mans pour recevoir les nouvelles recrues et les former. C'était le moment où le général d'Aurelles de Paladine exécutait son mouvement sur Orléans. Nous partîmes du Mans, dans la nuit du 9 novembre, accompagnés par 25 éclaireurs, commandés par M. du Tilleul, ancien capitaine aux dragons pontificaux, et nous arrivâmes par le chemin de fer à Nogent-le-Rotrou, vers sept heures du matin. Le premier bataillon était commandé par M. de Moncuit, le second par M. Olivier de Gonidec, tous deux sous la direction de M. le colonel de Charette et de M. le lieutenant-colonel de Troussures.

Vers huit heures et demie, la colonne se mit en marche sur la route de Châteaudun. C'était la première fois que marchait à l'ennemi, en France, ce régiment de zouaves dont on s'était tant préoccupé, pendant dix ans, sur la terre d'Italie; et l'impression qu'il faisait à ceux qui le regardaient sur son passage était à la hauteur de son passé et de sa réputation. Tout à la fois sérieux, allègres, gais et réfléchis, les zouaves s'avançaient d'un pas régulier et modeste; leur allure martiale et humble séduisait ceux qui s'étaient hâtés de venir les examiner. Comme nous sortions de Nogent-le-Rotrou, je remarquai, devant un café, un groupe d'hommes appartenant à la classe de la société dite lettrée. Un profond sentiment de curiosité et d'intérêt était peint sur leur visage, et quand les derniers zouaves passèrent devant eux, j'entendis cette exclamation sortir de leur bouche : « Je vous réponds, mes amis, que ceux-là ne reculeront pas devant l'ennemi. » C'était, en effet, un beau spectacle de voir confondus sous une commune livrée des jeunes gens qui venaient de quitter les bancs de l'école, un Montalembert, un Poulpiquet, un Blondel, un La Roche-Macé et le marquis de Coislin, qui servait déjà glorieusement son pays avant 1830. Ces volontaires étaient fiers de marcher sous les ordres de M. de Charette, qui les avait organisés avec autant de foi que de modestie, ces deux grandes garanties du succès. Ils allaient faire 29 kilomètres pour première journée de marche, et le lendemain 30 ; ils étaient fatigués, mais contents. Avant d'arriver à La Bazoche, le temps qui était clair se couvrit de nuages, et quand nous campâmes à la nuit tombante, la pluie était continue. Un grand encombrement de mobiles empêcha de donner aux soldats les soins qui leur étaient nécessaires, et nous reprîmes, le lendemain, peu reposés, la route de Châteaudun.

C'était d'abord l'étape de Courtalain qui nous avait été assignée : mais, la probabilité d'une action de l'ennemi sur Châteaudun nous fit reprendre nos sacs, après deux heures de halte. Nous avions devant les yeux le château du dernier duc de Montmorency, ce dernier représentant titulaire de cette race qui se faisait gloire de se dire *les premiers barons chrétiens*. Que s'est-il passé en France, que s'est-il passé dans la patrie de saint Louis, de Jeanne d'Arc, de saint Vincent de Paul, de la B. Marguerite-Marie, depuis que la tête d'un duc de Montmorency a roulé sur le billot du palais de Toulouse? La France provinciale avec ses traditions, ses souvenirs, ses franchises, a été nivelée ; la noblesse de cour a remplacé la noblesse militaire. Versailles est devenu la France, puis cet édifice de convention s'est écroulé, il est tombé en morceaux; et, en moins d'un siècle, on a vu le peuple de Paris arracher le petit-fils de Louis XIV du palais de ses pères, et le petit-fils de Frédéric de Prusse, de l'ami de Voltaire, venir s'installer, en vainqueur et en maître, dans la chambre du grand roi.

Nous pensions, en nous avançant vers Châteaudun, à la disparition de ces nobles et vieilles franchises provinciales qui servent tant à la consolidation de la liberté et de l'ordre en Angleterre. La nuit était close quand nous arrivâmes à Saint-Denis-les-Ponts ; quelques cris : *Vivent les zouaves !* nous apprirent que nous traversions un village, c'était le faubourg de Châteaudun : rien de lugubre comme ces ruines de deux rues entières, que l'ennemi avait incendiées à la main vingt jours auparavant. Pourquoi donc marquer sa victoire par des crimes? Est-il vrai que cette armée victorieuse qui a remporté, depuis trois mois, des avantages dont l'éclat devait désarmer sa colère, ait cru devoir faire périr volontairement dans les flammes des vieillards, des soldats blessés, des ménages entiers, en plaçant des factionnaires devant les maisons embrasées, d'où ces malheureuses victimes voulaient s'échapper.

Comme à La Bazoche, l'encombrement des troupes qui se dirigeaient sur la route de Chartres nous empêcha de trouver un logement convenable. Une compagnie de ligne était déjà installée dans l'église paroissiale de Sainte-Madeleine ; on y distribua aussi, sur la paille, les douze compagnies de nos deux bataillons. Cette église, d'un gothique de la renaissance, successivement modifiée par les époques modernes, conserve une magnifique ogive à l'arc de la nef, et a dû être primitivement fort vaste. Cinq ou six boulets l'ont traversé pendant le bombardement du 19 octobre, la sacristie a été toute saccagée, et le toit de la partie gauche de la nef est à jour. Nos soldats se rangèrent avec ordre et patience, aux divers endroits qui avaient été assignés à leurs compagnies ; et bien qu'il fût nuit close, et que leur souper, qu'on préparait dans le jardin voisin de l'église, se fît longtemps désirer, il n'y eut aucun mécontentement. Vers neuf heures, je récitai la prière du soir et les litanies de la sainte Vierge, auxquelles chacun répondit avec dévotion. L'Hôtel-Dieu, adjacent à l'église et desservi par les bonnes Sœurs de Saint-Vincent-de-Paul, ces dignes émules de la sœur Lequette de Rome, nous fut en ce moment d'un grand secours. Quarante de nos zouaves, exténués de fatigue, y furent immédiatement reçus, leurs pieds pansés et rafraîchis, et d'autres maladies qui commençaient à se montrer parfaitement traitées. Pendant trois jours, nous usâmes et abusâmes de la charité de ces excellentes Sœurs.

Le vendredi 11, je dis la sainte Messe au milieu des zouaves, à l'église Sainte-Madeleine ; plusieurs d'entre eux communièrent, les autres se recueillirent pendant le Saint-Sacrifice. Le temps était mauvais, la neige commençait à tomber, les nouvelles de l'ennemi étaient incertaines ; quelques rumeurs, relatives au succès d'Orléans, commençaient à circuler ; on nomme les postes de quatre compagnies de grand'garde, vers Notre-Dame-du-Noyer, où elles demeurèrent vingt-quatre heures.

La congrégation des Sacrés-Cœurs dirige, à Châteaudun, un pensionnat de jeunes personnes, et n'a pas eu à souffrir de l'entrée des ennemis. Cet établissement a été épargné ainsi que le château des anciens comtes de Dunois, appartenant à M. le duc de Luynes, tandis que l'Hôtel-Dieu, sur lequel flottait l'étendard noir et la bannière de la convention de Genève, fut traversé de maints boulets ; l'un d'eux passa dans la salle des opérations, entre le chirurgien qui amputait le bras d'un blessé, et la Sœur qui le soignait.

Le soir de ce même jour, M. Kermeal, capitaine de semaine, vint me prendre pour visiter cette malheureuse ville. Le château des comtes de Dunois paraît avoir été rebâti sous Charles VIII. L'aspect en est imposant, surtout au nord-ouest, vers la basse-ville ; il demeure une tour ronde d'une époque antérieure ; et la chapelle, ou plutôt l'église centrale, restaurée par l'ancien duc de Luynes, mort à Rome en 1868, est d'un beau gothique. Nous endrâmes avec M. de Kermoal dans cette chapelle où avaient reposé les corps de ces valeureux comtes de Dunois pendant tant d'années. Des compagnies de mobiles, des compagnies de régiment de marche mêlées, font cuire leur ordinaire le long de ces murs fleurdelisés. On voit çà et là épars des fragments d'un monument d'une princesse de la maison d'Orléans, de la race des Valois, et le peintre qui restaure les fresques n'a pas encore démonté son échafaudage. Ces souvenirs de l'ancienne gloire de la France étaient bien poignants au milieu des ruines qui nous entouraient, en face d'un ennemi puissant qui nous menaçait, à dix kilomètres de là, sur la route de Chartres. En portant nos yeux sur ces belles campagnes de la Beauce, en écoutant les pulsations de la foi dans ces populations si riches, si heureuses, si assurées de la graisse de la terre et de la rosée du ciel, il fallait avouer que Dieu n'était plus là, que le Seigneur était effacé de leurs calculs, et qu'il n'y avait que le malheur qui pût les ramener à la vérité. *Deus castigando sanat.*

La journée du samedi se passa pour les uns en grand'garde, pour les autres à se reposer ; on savait que le repos ne serait pas long. Après avoir dit la prière commune à l'église, à huit heures, et confessé jusqu'à dix heures, je rentrai à l'Hôtel-Dieu, et vers onze heures et demie, M. de Kermoal vint m'avertir que le départ étant fixé au lendemain à six heures, le réveil serait à quatre heures ; on désirait avoir la messe vers quatre heures trois quarts. Je fus sur pied à trois heures, entendis diverses confessions avant la messe et la célébrai vers cinq heures en l'honneur de cet héroïque Stanislas Kostka, l'un des plus puissants protecteurs de la jeunesse. Avec les braves qui m'entouraient, je recommandai spécialement à la protection du jeune Saint, un de leurs anciens compagnons d'armes, qui, en ce moment, dans une chapelle des Flandres, déposait son uniforme de zouave à l'autel de Notre-Dame, comme saint Ignace de Loyola avait déposé son épée à l'autel de Notre-Dame-de-Mont-Serrat.

La brigade commandée par le colonel Sautereau était rangée dès six heures du matin sur la place de Châteaudun ; elle était composée de fusiliers de marine, de deux régiments de ligne, de mobiles et des zouaves. Le lendemain, les régiments de ligne furent rappelés et dirigés vers Orléans, ainsi que la cavalerie. L'ennemi était campé à Labourdinière, au-delà de Bonneval, d'où il faisait de fréquentes excursions, jusqu'à cette dernière bourgade. Nous partîmes par une route large et commode et un beau temps, et nous marchâmes jusqu'au village de Marboué, situé à sept kilomètres de Châteaudun. En sortant du village, nous prîmes de fortes positions dans les bois ; le 2e bataillon s'étendant depuis la route de Chartres jusqu'à Logron, à l'ouest ; M. le commandant de Le Gonidec s'établit à la ferme de Vilsard, où se trouvait la compagnie de M. de Gouttepagnon. Le premier bataillon occupait les bois appartenant à M. le vicomte Reille, depuis le château de Coudreaux jusqu'au village de Saint-Christophe, où se trouvait M. de Bellevue.

Garde constante nuit et jour, nourriture irrégulière, coucher sur la bruyère, au commencement de l'hiver, telles sont les épreuves auxquelles se soumettent avec joie les zouaves pour payer leur dette à leur pays. En traversant les compagnies groupées dans une clairière, ou assises au delà d'un fossé, au bord d'un bois, on n'entend que l'expression d'un seul regret, celui d'être aussi éloigné des églises de Marboué ou de Saint-Christophe, pour pouvoir aller y faire ses dévotions. Telle est notre vie depuis huit jours.

Jeudi soir, le colonel Sautereau avait envoyé à M. le colonel de Charette et aux autres commandants supérieurs l'ordre de se porter sur Bonneval le lendemain à cinq heures du matin; à huit heures, nous arriva, au château de Coudreaux, le contr'ordre, qui ne put parvenir à temps aux fusiliers de marine, campés près de Flacey. Le lendemain, nous rongions notre frein pendant toute la matinée, quand, au milieu du déjeûner, M. Louis de Charette arriva, bride abattue, annonçant qu'un village au delà de Bonneval était incendié par l'ennemi. On partit immédiatement, au pas accéléré, réunissant à grand'peine ces douze compagnies étendues dans une envergure aussi considérable; sept kilomètres en une heure un quart, pour assister, au-delà de Bonneval, à la poursuite par nos fusiliers de cavaliers ennemis qui avaient mis le feu au village du Péruchet.

M'étant foulé le pied dans cette expédition, je fus obligé de quitter le régiment; et je ne pus le rejoindre que pour assister au sanglant sacrifice qu'il me reste à vous raconter.

Le 3e bataillon des zouaves pontificaux, parti du Mans pour renforcer les deux premiers, avait été retenu par le général Jaurés, et dirigé sur Saint-Calais. Le vendredi, 2 décembre, vers quatre heures du matin, nos deux premiers bataillons se mirent en marche pour venir camper au sud du bourg de Patay. Bien que des engagements eussent eu lieu depuis lundi 28, entre l'armée française et l'armée prussienne, sur une ligne de plus de vingt-huit kilomètres, la journée du 2 présenta un caractère particulier d'ensemble et eut des conséquences plus décisives. Les ordres venus de Tours prescrivaient d'opérer dans la direction de cette ville pour faire la jonction avec l'armée du général Ducrot, que l'on croyait à Etampes.

Notre premier bataillon se dirigea, par la route de Terminiers, vers Faverolles et Villepion; le deuxième fut envoyé sur la gauche, au nord-est de Guillonville. Il était plus de trois heures, quand le général de Sonis, apprenant les mauvaises nouvelles qui lui arrivaient du 15e et 16e corps, chercha à entraîner les troupes qui lui étaient confiées, et à percer les lignes prussiennes, en reprenant le village de Loigny. Aussi chevaleresque que chrétien, le général de Sonis se rappelait qu'à cet endroit Jeanne d'Arc avait vaincu les envahisseurs de la France; mais le Dieu des armées, en lui refusant une victoire sur ce champ illustre, opéra dans le cœur de ces deux cents jeunes gens qui sont tombés, à son commandement, baignés dans leur sang, un miracle plus précieux que le triomphe des bataillons : le miracle de la patience, de la confiance en Dieu et de la joie dans le sacrifice. Le général, n'ayant pas obtenu de deux autres régiments de marche la valeur qu'il désirait, arriva au colonel de Charette, les yeux pleins de larmes; et, crispant les rênes de son cheval, il lui dit : « O vous au moins, mon colonel, vous et vos soldats, vous ne m'abandonnerez pas comme ceux-là. » A peine avait-il dit ces paroles, que de toutes les poitrines des officiers comme des soldats s'échappa le même cri d'honneur : « *Non, non! en avant, vive Pie IX, vive la France* ! » Le général embrassa alors M. de Charette, serra la main à M. de Troussures, à M. de Ferron, à M. de Moncuit et à ses aides-de-camp, et partit, suivi par les zouaves, aux cris de : *Vive Pie IX, vive la France* ! C'est alors qu'eut lieu une de ces vigoureuses charges à la baïonnette si redoutée par les ennemis de la France. Avec une impétuosité irrésistible, on emporta un petit bois quadrangulaire qui fut laissé couvert d'ennemis blessés, et on occupa aussitôt le parc du château de Villepion, position importante que l'ennemi voulut bientôt tourner sur notre gauche. C'est là qu'il fut arrêté par le 16e corps, se repliant sur Orgères; il reprit bientôt ses positions au village de Loigny que nous attaquions, et nous mitrailla, pendant notre retraite, d'une manière désastreuse.

Des coups les plus graves et à jamais irréparables venaient de frapper notre beau régiment. Le général de Sonis, à la tête de son état-major, avait été atteint d'une balle à la cuisse, et gisait près du bois, sans qu'aucun autre général prît le commandement du corps. Le drapeau, portant l'image du Sacré-Cœur de Jésus, était confié au chevaleresque Fleury de Verthamon, qui avait abandonné sa jeune femme et ses deux enfants en bas-âge, pour venir servir son pays, comme il avait jusqu'à la dernière heure servi le Saint-Père. Une balle l'atteint à la jambe ; il se relève, et ne lâche son précieux dépôt que lorsqu'il est frappé par un second projectile. L'étendard baigné de sang est successivement repris par M. de Casenove, qui a le poignet emporté; par Jacques de Bouillé, par le jeune Le Parmentier, et rapporté enfin par le sergent-major Landeau. Plusieurs balles blessent le cheval du colonel de Charette, sans abattre le vigoureux animal; mais un obus vient éclater dans le poitrail, et blesse son cavalier à la cuisse. Le colonel se dégage avec peine, et reçoit bientôt une nouvelle blessure. Le lieutenant-colonel de Troussures, cet officier si intelligent et si instruit, qui portait si haut l'honneur du régiment, est mortellement atteint en pleine poitrine. Le commandant de Moncuit est frappé d'une balle dans cette partie du bras gauche que lui avait laissée l'amputation faite après Castelfidardo ; le capitaine adjudant-major Bertrand de Verron a la cuisse cassée par une balle; l'aide-de-camp du général de Sonis reçoit trois blessures : l'état-major avait glorieusement payé la dette de la bravoure et du sang. Quant aux compagnies, les officiers n'avaient pas été plus épargnés : outre M. de Gastebois, M. le capitaine de Reau avait été gravement atteint ; M. le lieutenant de Bois-Chevalier était couvert de blessures; M. le lieutenant Paul de la Bégassière avait-le côté gauche traversé par une balle ; le lieutenant Robert Welt portait une grave blessure au côté, et le lieutenant Ferdinand de Charette avait la jambe fracassée.

C'est dans ces douloureuses conditions que le village fut emporté par nos zouaves vers cinq heures du soir, à la nuit tombante; mais une poignée de braves était impuissante contre les compagnies prussiennes et bavaroises. Leurs officiers rallient à grand cris ces soldats allemands qui fuyaient épouvantés jusqu'aux environs d'Orgères, et les ramènent avec mille menaces, contre notre bataillon décimé et hors d'état de continuer la lutte. En effet, nous étions à peine soutenus, sur la gauche, par un petit corps de fusiliers de marine et par les francs-tireurs de Tours et de Blidah, qui vinrent jusqu'au village avec nous et firent bien leur devoir; l'artillerie, placée près de Terminiers, avait épuisé ses munitions; des mobiles, qui se plaignaient de n'avoir plus d'officiers, refusèrent de suivre M. le commandant de Moncuit. Alors commença, pour le bataillon de zouaves, cette scène d'extermination plus héroïque encore que l'attaque à la baïonnette de Terminiers et de Villepion : tout à l'heure il n'avait fallu que le courage des hommes d'honneur; ici il faut la résignation des martyrs.

La nuit arrivait, mais les légions ennemies sont nombreuses, et à chaque moment elles augmentent. Une fusillade soutenue pendant une heure entière est dirigée sur nos soldats qui se retirent séparément, mornes, silencieux, désespérés. En voyant tomber à côté d'eux leurs camarades, ils se disent que dans quelques minutes ils seront aussi devant Dieu, ils n'en font que plus courageusement leur devoir. Le sergent Quéré, un brave Breton blessé à Castelfidardo, est étendu raide mort par une balle; le lieutenant Henri de Bellevue reçoit cinq balles dans ses vêtements, et l'une d'elles lui enlève le galon de son uniforme, tandis que son cousin Jean de Bellevue est atteint d'une blessure grave à la poitrine ; le sous-lieutenant Garnier voit trois balles qui sillonnent ses vêtements, sans le toucher lui-même. Tous ces jeunes gens s'avancent sous la mort, qui passe à chaque instant sur leur tête; leur cœur est navré par le spectacle de leurs officiers blessés pendant l'attaque, et déposés à l'angle du bois, en proie à de cruelles souffrances; et ils ne peuvent avoir la consolation de les emporter avec eux. Il était sept heures environ, quand les premières compagnies rentrèrent à Patay, où le deuxième bataillon était déjà revenu. Mais peut-on donner le nom de compagnie à ces quelques hommes arrivant les uns après les autres, évitant de se placer en escouade, pour ne pas attirer les balles ennemies? Toute la nuit se passa ainsi, et ce ne fut que le lendemain matin que l'on put faire l'appel et établir le nécrologe approximatif de cette héroïque journée.

Avant de réunir les noms de ceux qui tombèrent sur la champ de bataille, je me permettrai une remarque relative aux causes de ce désastre. On a accusé le général de Sonis d'avoir fait une charge de cavalerie trop hardie, c'est vrai ; mais une pareille faute, est, après tout, bien excusable. On l'a accusé, de plus, d'avoir sacrifié les zouaves : ce second grief est de tout point inexact. Le général commandant le 17e corps jugeait les zouaves comme il se jugeait lui-même, et il avait raison. Le matin, il avait fait la sainte communion avec plusieurs de nos officiers, et s'avançait à la mort avec résolution et avec entrain, comme tout soldat doit le faire. Son plan de bataille, pour la journée du 2, avait été étudié avec soin et méthode; chaque corps avait sa place parfaitement déterminée, et l'objectif de la route d'Etampes était exactement reconnu. Mais la perte du village de Pourpry par le 15e corps, avait détruit l'équilibre de forces sur lequel il comptait; et quand le 16e corps, fatigué de la lutte de la veille, commença à fléchir à son tour, la partie était trop forte pour le 17e corps, et les éléments qui le composaient trop hétérogènes pour une action à laquelle des forces isolées ne pouvaient suffire. L'armée de la Loire, malgré cette défaite, avait apporté un contingent réel de patriotisme à la défense nationale; mais le principe d'autorité manquait partout : et sans principe d'autorité, il n'y a pas d'armée possible, surtout aux heures décisives. Depuis le commencement de la campagne, l'ennemi avait eu les mêmes chefs, à partir du comte de Moltke et du duc de Meklembourg jusqu'au dernier sous-lieutenant; dans notre armée, les chefs supérieurs étaient changés chaque semaine, et les chefs inférieurs faisaient défaut. L'art de la guerre, qui ne s'acquiert point par un trait de plume et une nomination insérée au *Moniteur*, n'était peut-être pas encore ce qui nous manquait le plus. Les zouaves se battirent comme des lions, sans doute, parce qu'ils avaient pour la plupart supporté les fatigues de la guerre en Italie, mais surtout parce que le principe de la subordination chrétienne et de confiance hiérarchique est vivant parmi eux. Rien de semblable dans des régiments dits *de marche*. On l'a observé déjà, la lecture de certaines feuilles leur a inspiré la haine et le mépris de leurs chefs; on dirait que les défiances et les accusations arrivent toujours à point pour déguiser la peur réelle que leur inspirent les Prussiens. Autant l'infanterie de marine est courageuse et tenace, autant la ligne est prompte à la débandade. Quant aux mobiles, particulièrement des bons départements de l'Ouest, avec qui nous nous sommes souvent trouvés au feu, ils sont venus à l'armée avec les meilleures conditions de foi, de moralité et de courage. Quand la France se retrouvera elle-même, elle prendra dans les mobiles les meilleurs et les plus solides éléments de la réorganisation de son armée. Mais, aux premiers jours de décembre, ces jeunes gens, fatigués par trois jours de marches et de contre-marches, mal vêtus, insuffisamment nourris, commençaient à s'étonner de cette étrange façon de combattre l'ennemi; ils voyaient des régiments se borner à chanter la *Marseillaise*, à s'enivrer et à fuir devant l'ennemi. A ce spectacle, leurs bonnes dispositions s'effaçaient de jour en jour. Telles étaient les troupes qui avaient été données au général de Sonis, et qui combattirent avec les zouaves, le 2 décembre. Il m'a paru bon de redire, pour l'avoir vu de mes yeux, ce que tant d'autres ont dit avant moi, et ce qui est la triste, mais exacte vérité.

Quel lugubre appel fut celui qui eut lieu dans nos rangs, le samedi 3 décembre ! M. le commandant Le Gonidec, faisant les fonctions de lieutenant-colonel, devait diriger la retraite vers Rozières et Beaugency, et atteindre enfin Poitiers, où le régiment a ordre de se reformer. Avant le départ, il voulut savoir ce qui lui restait de ses braves troupes.

A la première compagnie, il manqua trente-trois hommes, outre le sergent Quéré, tué pendant la retraite ; on a vu le sergent Lemaître atteint d'une balle dans l'aine à la prise du village ; Fernand de Ferron, blessé à l'épaule ; les sergents de Foresta et de Villebois atteints de plusieurs blessures, dont on ne connaît pas la gravité.

La deuxième compagnie, commandée par le lieutenant de Boischevalier et ramenée par M. le sous-lieutenant Pavy, constate vingt-cinq hommes disparus, parmi lesquels le sergent-major Armand du Bourg, grièvement blessé ; le sergent de Villemaret, blessé à la jambe ; Joseph de Vogué, mortellement atteint à l'aine.

La troisième est une de celles qui ont le plus souffert; son brave capitaine, Zacharie du Reau, est tombé glorieusement au champ d'honneur ; Pierre de Raincourt est blessé, ainsi que les sergents de la Peyrade et Laurier ; on dit graves les blessures de Roger de Richemond, de Charles de Ferron, du zouave de la Mallerie, de Pontourny et de l'Esparda ; en tout, trente hommes manquent à l'appel. Le comte de Bouillé, atteint de plusieurs coups à la poitrine, est ramené dans l'église de Patay, servant d'ambulance, d'où un aide-de-camp du général Chanzy le fait transporter à Orléans après notre départ ; Pierre de Lagrange, secrétaire de M. de Charette, qui souffrait si vivement de l'envahissement de la France, a disparu.

La quatrième compagnie, celle de l'excellent capitaine de Gastebois, n'a pas été plus épargnée que son commandant. Trente-deux hommes ont disparu : Heroé de Kersabiec est blessé à la poitrine par un soldat prussien qui, le traître ! avait levé la crosse comme pour se rendre ; le sergent Serio, cet ancien soldat de Gaëte, est atteint mortellement; les sergents Charries et de Vezins sont blessés ou prisonniers.

La cinquième compagnie, commandée par M. Paul de la Bégassière, a perdu trente-trois combattants.

Dans la sixième, commandée par M. le lieutenant Renaud, vingt-huit hommes manquent à l'appel ; le sergent-major de la Celle est blessé, comme le sergent-major de Macquilley ; le sergent Renaudière a une balle dans le genou ; le sergent Wagner est blessé et prisonnier; le caporal Dupé est blessé à la tête; on est fort inquiet des blessures du jeune de Mauduit, de Houdet et d'Hippolyte de Labrosse, dont le frère fut tué à Cercottes. Il paraît que le zouave de Grille, dont le haut de l'épaule a été fracturé, a pu être transporté à Orléans.

Dès ce moment cesse la part d'action du régiment des zouaves dans la marche offensive de l'armée de la Loire, qui devait le lendemain aboutir à l'abandon d'Orléans. Nous demeurâmes sans aucune nouvelle du troisième bataillon, que l'on disait à Marchenoir, tandis que le deuxième et les restes glorieux du premier viennent camper à Mer, dans la nuit du 4 au 5. En rentrant à Blois, dans la matinée du 5, nous apprîmes que plusieurs corps s'étaient encore battus pendant toute la journée du samedi, et que par suite de la marche de l'ennemi, nos blessés de la veille avaient pu être soignés et secourus dans les villages environnant Terminiers. L'inquiétude des familles dont les membres avaient pris part à ce combat meurtrier du 2 les amenait à Blois. Combien de parents dans l'anxiété voulaient traverser les lignes ennemies, pour aller soigner et ramener de chers blessés ou courir à la recherche des disparus ; mais ces efforts devaient être infructueux, et les angoisses si naturelles ne pouvaient être dissipées. En outre, chacun savait que nous avions abandonné ce triste champ de bataille, entre Terminiers et Loigny, à la nuit tombante, et que grand nombre de nos blessés étaient demeurés exposés sans premier pansement, pendant de longues heures, à toutes les rigueurs d'un froid glacial. Les versions, du reste, sur le sort de nos amis étaient nombreuses et parfois contradictoires. On conservait l'espoir de sauver le général de Sonis et le colonel de Charette ; on affirmait que les blessures du capitaine de Ferron et du capitaine de Reau n'étaient pas graves, tandis que d'autres assuraient qu'elles étaient mortelles. Le corps des éclaireurs commandés par M. du Tilleul arriva à Blois le lundi soir, n'ayant pas de renseignements plus précis que les nôtres. C'est en vain que je cherchai une voiture à Blois, pour me rendre à Mer ; toutes étaient réquisitionnées. Le mardi j'allai chercher au château, transformé en ambulance, M. le lieutenant de La Bégassière, qui s'y trouvait avec deux autres zouaves ; et bien qu'il souffrît beaucoup de sa blessure, qui l'empêchait de respirer, il voulut se rendre à Tours. Tantôt un char prêté, tantôt un train de chemin de fer nous amenait quelques blessés, confondus au milieu de toutes ces victimes des combats de la semaine écoulée. Dans une seule journée, celle du mardi, sept cents blessés étaient arrivés, par un même train, au château de Blois; et bientôt il fallait songer à les transporter plus avant dans le pays, parce que l'ennemi s'emparait de Meung et marchait vers Beaugency. M. le capitaine de Messelière, qui avait protégé avec sa compagnie la retraite de l'artillerie, se trouvait à Rosière, où il reçut l'ordre de se rendre à Poitiers par Tours. Enfin, mardi soir, les deux bataillons quittèrent Mer par le chemin de fer, et arrivèrent à Blois vers sept heures du matin ; ils étaient attendus à Poitiers dans la nuit du mercredi au jeudi. J'eus quelque peine à emmener de Blois nos blessés, dont l'un, fils de M. Girard, rédacteur de *la Terre-Sainte*, de Grenoble, était gravement atteint à l'épaule droite. Les médecins redoutaient le froid piquant de la journée; mais ils furent admirablement accueillis et soignés, à Tours, par madame de Trémiolles, le docteur Nivert et les bonnes sœurs Carmélites.

Malgré le désastre de la journée de vendredi, l'effet produit sur l'armée de la Loire par le courage des zouaves a été profond. Comme je me trouvais, hier, à la gare, pour attendre les blessés et chercher à recueillir des nouvelles de M. de Charette, je rencontrai un jeune officier de cavalerie, aide-de-camp d'un des généraux commandant l'armée de la Loire, et qui avait reçu trois blessures au combat de Patay. La conversation tomba naturellement sur la charge du général de Sonis et la conduite des zouaves : « Mon » Père, me dit il, je regarderai toujours, malgré notre défaite, » cette journée comme une des plus belles de ma carrière mili- » taire, parce que j'ai eu l'honneur de combattre à côté des zouaves » pontificaux. Ce sont les premiers fantassins du monde. »

Je finis, mon Révérend Père, en vous demandant des prières au Cœur adorable de Notre Seigneur, dont nous avons porté l'étendard au combat (1). Nous en avons grand besoin. Nous retournons à Poitiers sans colonel, sans lieutenant-colonel; ces deux pertes sont irréparables, et en outre le troisième bataillon ne nous revient pas pour recomposer, avec les compagnies de dépôt, les vides du premier. Enfin, ces dignes soldats de Pie IX ont rempli admirablement encore une fois leur devoir. Par l'effusion d'un sang, que le général de Sonis avait si bien nommé un *sang généreux*, ils ont montré quel courage donne au cœur l'amour sincère de l'Eglise et de la France.

Agréez...

Eugène DE GERLACHE, S. J.,
Aumônier des Volontaires de l'Ouest.

---

(1) M. Poujoulat nous fournit encore les détails suivants sur ce glorieux fanion des zouaves pontificaux ; « Dans les premiers jours d'octobre dernier, pendant que M. de Charette préparait à Tours son organisation, il fut informé qu'une bannière, déposée dans une maison chrétienne de cette ville, lui était destinée. Cette bannière était l'ouvrage d'une religieuse de la Visitation de Paray-le-Monial ; elle l'avait brodée bien avant la guerre et disait que des mains dévouées à la défense de la religion la porteraient au combat. Lorsqu'on sut que le corps des zouaves pontificaux allait prendre part à la lutte contre les envahisseurs de notre sol, on reconnut tout de suite en eux les combattants chrétiens qu'attendait la religieuse de Paray-le-Monial. »

Ajoutons que le sang des Volontaires du Cœur de Jésus a coulé le « premier vendredi » de décembre.

HÉROISME DES ZOUAVES DU PAPE.

— Les zouaves du pape ont été héroïques dans les combats récents donnés près d'Orléans. On en-jugera par les extraits suivants de la lettre d'un de ces braves :

« Après un combat très vif d'artillerie, près de Patay sur la route d'Etampes, le général de Sonis, voulant refouler à tout prix les Prussiens et les déloger de leurs positions, fit avancer toute sa division.

» Les troupes et la mobile, reçues par des tourbillons de projectiles, reculèrent en désordre, et la voix des chefs ne fut bientôt plus écoutée. Une déroute complète était inévitable ; Sonis se précipita alors vers les zouaves.

» — Colonel, dit il à notre brave Charette, nous sommes perdus,
» si nous ne relevons pas immédiatement le moral des troupes ;
» voulez-vous charger avec moi ? »

» — Enfants, vive la France ! » répond Charette, et les zouaves s'élancent, leur colonel et Sonis à leur tête.

» Les obus pleuvent, quatre cents mètres sont franchis au pas de course; les Prussiens plient, sous leurs baïonnettes, le massacre est terrible... mais les zouaves sont seuls.

» Les troupes les ont abandonnés, et même nombre d'entre eux tombent le dos percé par des balles françaises. Les soldats, dans leur panique, tirent à tort et à travers sur leurs frères.

» Les Prussiens ont fui et se mettent à l'abri sous leurs batteries. Leurs mitrailleuses commencent à siffler.

» Charette tombe, son cheval tué par un éclat d'obus, et lui-même la cuisse traversée ; autour de lui gisent, morts ou blessés quatorze de ses officiers sur les dix-sept du bataillon. Les soldats, rares survivants, veulent le couvrir de leurs corps.

« Allez, leur dit-il, mes enfants, à votre rang de bataille ; vive la
» France ! votre colonel est perdu, laissez-le. »

» Et les héros repartent dans un élan de sublime rage.

» Lorsque la retraite sonne, ils serrent leurs rangs décimés, et pareils au lion blessé, reculent lentement, le front haut et tenant à distance des masses profondes d'ennemis, effrayés de tant de bravoure.

» Ils étaient partis cinq cents ; ils revinrent cent cinquante !

LE COMMANDANT D'ALBIOUSSE A SA LÉGION.

» Officiers, sous-officiers et soldats,

» Appelé, pendant l'absence du colonel de Charette, au commandement de la légion, j'éprouve le besoin de me rapprocher de vous pour ne pas être écrasé sous le poids de l'honneur qui m'est fait et la responsabilité qui m'incombe.

» La crise que traverse la légion est terrible; mais quelque désastreuse que soit la situation qui nous est faite par l'éloignement de notre illustre chef et la perte de tant de braves camarades tombés sur les collines de Patay, nous ne devons pas nous décourager.

» La guerre que nous subissons est une guerre d'expiation, et Dieu a déjà choisi parmi nous les victimes les plus nobles et les plus pures. Elevons donc nos cœurs à la hauteur de la mission qui nous est confiée, et soyons prêts à tous les sacrifices. Retrempons notre courage dans nos convictions religieuses et plaçons notre espoir dans la divine sagesse, dont les secrets sont impénétrables, mais qui nous fait une loi de l'espérance.

» C'est par un acte de foi que la France est née sur le champ de bataille de Tolbiac; c'est par un acte de foi qu'elle sera sauvée; et, tant qu'il y aura dans notre beau pays un Christ et une épée, nous avons le droit d'espérer.

» Quoi qu'il arrive, *avec l'aide de Dieu et pour la patrie*, nous restons ici ce que nous étions à Rome : les dignes fils de la Fille aînée de l'Eglise.

« Le commandant de la légion,

» D'ALBIOUSSE. »

LE COLONEL DE CHARETTE A SES ZOUAVES.

« Officiers, sous-officiers et soldats,

» Séparé de vous depuis un mois, je remercie la Providence qui me donne l'indicible joie de me retrouver parmi vous.

» Plusieurs de nos camarades sont morts.

» Honneur à ceux qui sont tombés pour la défense de la patrie et ont enregistré une gloire de plus dans les annales du régiment.

» Je tiens à remercier M. le commandant d'Albiousse de la manière brillante avec laquelle il vous a conduits pendant mon absence. Je le remercie surtout de son ordre du jour, où il a su si bien exprimer les sentiments de dévouement, d'abnégation et de patriotisme qui sont au cœur de chacun de nous.

» Soldats, de nouveaux périls, de nouvelles gloires nous attendent. Restons à la hauteur de notre mission. Marchons à l'ennemi forts de notre passé, fiers du présent, et confiants dans la protection de ceux que nous avons perdus.

» Que notre cri de ralliement soit toujours : « *Dieu et la France* ! »

Poitiers, le 9 janvier 1871.

MES ZOUAVES, LES ZOUAVES DU PAPE !

C'était la veille de l'affaire de Brou, le 24 novembre dernier. Le général de Sonis passait la revue de ses troupes. Arrivé devant les zouaves pontificaux de M. de Charette il s'arrête : « Soldats, dit-il, j'ai à vous parler ! » Le silence le plus complet s'établit dans les rangs. Alors commence une chaleureuse allocution, toute spontanée, toute frémissante de patriotisme, une allocution dans laquelle le nom de Dieu revient à chaque instant mêlé au nom de la France. Et quand M. de Sonis eut fini, il s'écria : « Vive la France ! vive Pie IX ! Ce fut un enthousiasme, un délire inexprimables : général et soldats s'étaient compris.

Le lendemain, 25, les dispositions du combat furent prises de bonne heure. Bientôt l'action s'engagea. Tout à coup, il est besoin d'une troupe déterminée pour enlever une position. Le général de Sonis accourt vers les zouaves de M. de Charrette.

— Mes zouaves, les zouaves du Pape! s'écrie-t-il en indiquant de son épée un point qui vomissait la mitraille, là, en avant! *Vive Pie IX ! vive la France !*

Une acclamation lui répond comme un tonnerre : *Vive Pie IX* ! *vive la France* ! et nos zouaves, l'œil étincelant de joie et de courage, se précipitent comme un ouragan et emportent la position.

Ce n'est pas la première fois que les zouaves pontificaux se distinguent par de semblables actions de valeur, mais c'est la première fois que le nom d'un pape, uni au nom de la patrie, est pris par des soldats français comme cri de guerre. Vous reconnaîtrez que ceux qu'il guide au combat ne seront pas des lâches.

QUAND ON A SON AME EN RÈGLE AVEC LE BON DIEU, ON BRAVE HARDIMENT LA MORT.

— Un zouave écrit de Poitiers, le 9 janvier 1871.

» Nous l'avons enfin vu, notre illustre colonel ou plutôt notre général, le vaillant de Charette, véritable idole des zouaves. C'est hier, dimanche, qu'il est arrivé. J'ai eu la bonne fortune de le voir des premiers, me trouvant de service à la gare. Il est à peu près complétement remis de sa blessure à la cuisse; le 2 décembre, Mgr. Pie lui avait fait préparer des appartements dans son palais épiscopal.

» A peine arrivé, M. de Charette a voulu voir *ses enfants*. Impossible de décrire l'enthousiasme qui s'est emparé du cœur de tous les zouaves, à la vue de leur illustre chef. Il circulait comme un souffle de vie nouvelle dans les rangs de tous ces braves. Mais le silence se fait.

« Voici le sens de quelques mots adressés par M. de Charette à ses zouaves :

« Je suis heureux de me retrouver au milieu de vous. J'ai laissé » là-bas beaucoup des nôtres, mais leur sang ne sera pas perdu » pour nous. Les protecteurs que nous avons dans le ciel nous ai- » deront à supporter de nouvelles fatigues.

» Fiers de notre passé, forts de notre présent, nous pouvons en- » visager sans crainte l'avenir qui nous est réservé. »

« L'avenir réservé aux Volontaires de l'Ouest est la mort pour un grand nombre, mais un avenir d'honneur pour nous, comme il en est réservé seulement aux braves conduits par un héros. Mais si les zouaves ont retrouvé leur chef, la France retrouve aussi, en M. de Charette, l'un de ses plus glorieux défenseurs ; et, avec de tels bras pour remparts, espérons pour la France envahie dans un lendemain libérateur.

» M. de Charette, qui, à l'autorité du chef allie si bien la bonté du père, et sait aussi bien se faire aimer que respecter, après avoir fait entendre le noble langage du général, n'a pas dédaigné de causer avec nous en camarade. — Donnez-moi de quoi bourrer ma pipe, a-t-il dit au premier venu des volontaires. Mes amis, voilà une de mes recommandations : ne manquez jamais de tabac. — Il nous a longuement parlé du sanglant combat de Patay. — J'ai assisté, a-t-il dit, à bien des batailles ; jamais je n'ai vu des soldats joindre autant de calme à autant d'intrépidité. Leur calme extérieur, mes amis, n'était que le reflet du calme de leur conscience pure. Ah ! ne l'oubliez jamais, quand a son âme en règle avec le bon Dieu, on brave hardiment la mort.

ENCORE LES HÉROIQUES ZOUAVES.

Le Mans, 13 janvier.

« C'était le second jour de la bataille du Mans. Une partie des troupes, après de grands efforts en avant d Ivré-l'Evêque, reculèrent tout à coup, abandonnant d'importantes positions et laissant sur le terrain une partie de leur artillerie.

» Les généraux Colin et Gouchard voient le danger ; la retraite de l'armée est compromise. Alors, s'avançant vers les zouaves en réserve qui essaient de ramener les fuyards au combat, ils donnent l'ordre au premier bataillon de charger l'ennemi et de reprendre les positions perdues.

» Ils n'étaient pas 500 et n'avaient pour tout renfort que deux compagnies de mobiles des Côtes-du-Nord, environ 250 hommes.

» Il s'agissait de faire 2 kilomètres, enlever une position à pic et toujours dans la neige.

» Ils partent en poussant un hourrah retentissant, s'avançant sous une pluie de fer et de feu.

» L'ennemi, effrayé de tant d'audace, recule. Les zouaves avancent toujours; bientôt ils couronnent la cime; le combat s'engage corps à corps. Nos pièces de canon et nos mitrailleuses perdues sont reconquises. Les zouaves sont maîtres de nos positions.

» C'est maintenant qu'après avoir applaudi à tant d'héroïsme, il ne reste plus qu'à pleurer nos morts !!!

» Les capitaines Henri de Bellevue, Dubourg et Belon, tués.

» Le lieutenant Justin Garnier, mort en soulevant son képi et criant : Vive la France !

» Notre vaillant ami Calix de Becdelièvre, blessé grièvement d'une balle qui lui a traversé la mâchoire.

» Un de nos capitaines, M. Lallemand, est entouré au fort de la mêlée ; on lui crie : Rendez-vous ! Il répond : Jamais ! A l'instant son sabre est brisé par une balle. Ses camarades le délivrent.

» Le combat finit avec le jour : les troupes françaises rentrèrent dans les positions que les zouaves venaient d'arroser de leur sang. Les généraux ont crié : « Vivent les zouaves, vous êtes les pre-» miers soldats de la France : vous avez sauvé l'armée. »

» Nous ne pouvons aujourd'hui préciser le chiffre des pertes cruelles et nombreuses que l'on a à déplorer.

» Presque tous les officiers des deux braves compagnies de mobiles sont hors de combat. »

» *P. S.* – Dans les divers engagements, les marins, là comme partout et toujours, se sont conduits héroïquement. »

P.

LE COMTE DE BOUILLÉ

Une douloureuse émotion s'est répandue dans Nantes, quand a circulé la fatale nouvelle de la mort du comte de Bouillé ; et la Bretagne tout entière aujourd'hui s'associe à ce grand deuil...

Deux mois à peine écoulés, que, suivi de son fils unique et de son gendre, il quittait les loisirs d'une vie tranquille et les amitiés qui l'entouraient : il laissait derrière lui une demeure remplie par les joies bénies de la famille, pour aller volontairement au devant des ennemis de son pays.

Tous les trois, ils s'éloignèrent en silence, le cœur rempli des souffrances de leurs derniers adieux ; ils partirent en pressant la main de quelques amis qui leur faisait un modeste cortége. Ils firent presque un mystère de leur voyage, car la simplicité de leur caractère voilait pour eux la grandeur de leur dévouement ; et le mérite d'une abnégation si rare paraissait toute naturelle à leurs yeux. Ils ne cherchaient ni le bruit, ni la foule, ils ne cherchaient que les ennemis de la France... et ils les ont rencontrés !

Le comte de Bouillé et ses enfants s'engagèrent comme soldats dans cette légion qui a éteint les préventions et fait taire les haines à force de gloire. Ils acceptèrent gaiement les épreuves de leur nouvelle existence. Ils montrèrent dans les pénibles fatigues ce que peuvent les âmes fortement trempées. Ils furent aux premiers rangs, sous la pluie glacée et sous la neige, avec cette gaieté charmante qui les rendait si sympathiques à tous ceux qui les approchaient. Ah ! si quelqu'ombre traversait comme un nuage la sérénité de leurs pensées, ce n'était pas la clairvoyance de la destinée qui pouvait exciter leurs craintes ; c'était les visions radieuses et chéries qui reflétaient jusque sous la tente le lointain tableau où ils revoyaient les êtres bien-aimés dont les cœurs se perdaient dans les leurs.

Ils s'avancèrent vers ce dernier combat, où on vit le courage braver la mort sous toutes les formes; insouciants devant les dangers, mais pensifs en songeant à leur malheureuse patrie que les révolutions sans pitié poussaient à sa perte. Ils ne voulaient pas que cette France, que leurs rois avaient faite si grande, fut mutilée par un insolent vainqueur. En abordant les Prussiens, Bouillé, ainsi que d'Assas, s'écria : « A moi, mes enfants. – C'est l'ennemi ! »

Quelques instants après, il relevait le drapeau qui tombait avec son fils; atteint à son tour, il le remettait à son gendre, auquel il ne restait plus qu'une main pour le soutenir.

LE COLONEL COMTE DE BECDELIÈVRE.

Une lettre de Feurs apporte une nouvelle aussi imprévue que douloureuse :

Le colonel comte de Becdelièvre est mort dans la nuit du 26 au 27 février.

Imprévue, car il y a peu de jours, on nous assurait que notre ami, depuis longtemps alité, se trouvait mieux.

Douloureuse, car nous ne pouvons voir sans douleur disparaître les hommes de bien et les plus sûrs serviteurs du pays.

La lettre qu'on nous communique parle des sentiments de foi et de résignation héroïque montrés jusqu'au dernier instant par M. de Becdelièvre. C'est bien là l'homme que nous connaissions.

Le mot *héroïque* est exactement vrai, pour dépeindre la patience chez cet homme si vif, si chaleureux, qui se croyait toujours sur un champ de bataille, et qui souffrait cruellement d'être devenu un serviteur inutile pour l'Eglise et pour la France. Que de fois nous avons pensé à ces intimes tortures du soldat cloué par la maladie, qui entendait résonner continuellement à ses oreilles le clairon, et qui eût été si jaloux de donner sa vie pour la patrie ou pour toute noble cause !

Ce ne sont pas seulement nos amis qui pleureront M. de Becdelièvre; sa mort, nous en sommes sûrs, causera un vif chagrin au saint Père, et elle aura un long écho dans le cœur de ses brillants zouaves qu'il avait formés pour la Papauté, qu'il guidait à Castelfidardo et qui sont devenus l'honneur de la France.

Cette noble vie, si prématurément brisée, sera, nous l'espérons, racontée un jour dans nos colonnes, nous ne voulons aujourd'hui que payer un tribut de regret et d'affection à notre vaillant ami M. de Becdelièvre laisse une nombreuse famille, avec plus d'honneur que de patrimoine. Que Dieu protége ses petites orphelines et soutienne cette veuve qui, nous dit-on, est admirable de force dans son malheur!

(*Décentralisation.*) CHARLES GARNIER,

LE VŒU A SAINTE ANNE D'AURAY.

Le jour de la fête de saint Anne, vers sept heures du matin, ont eût pu voir sur la route qui conduit de la gare au sanctuaire un groupe de pèlerins s'avancer recueillis, le chapelet à la main et priant.

C'était le général Cathelineau, accompagné de son état-major. Ils venaient accomplir un vœu.

Reçus par le clergé à l'entrée du village, ils suivirent avec piété le parcours ordinaire des processions. Une grande foule suivait. A l'église des places d'honneur leur avaient été réservées. La messe d'actions de grâces fut dite à leur intention par M. l'abbé Lavigne, vicaire-général de Nice. Tout contribuait à remplir l'âme d'une émotion vive; elle augmenta encore quand on vit le général précéder humblement ses officiers à la table sainte, plus beau, plus noble et plus grand que lorsqu'il les conduisait au feu.

C'est de cette foi agissante et forte que sortira le salut de la France. Honneur à ces soldats chrétiens! Quand on récite le chapelet, quand on porte sur sa poitrine l'image du Sacré-Cœur, on peut être vaincu, écrasé par le nombre; mais de tels défaites sont glorieuses; ce courage et cette foi sont les germes de la victoire.

(*Semaine de Nantes.*)

AUTRE VŒU A SAINTE ANNE D'AURAY.

Nous avons assisté samedi dernier, à Sainte-Anne, à une cérémonie bien touchante, à une de ces professions de foi beaucoup plus éloquentes que celles que l'on entend débiter dans les clubs ou au congrès de Genève : un de nos ministres (non pas celui qui a son numéro à l'Internationale) est venu s'agenouiller devant sainte Anne d'Auray pour y accomplir un vœu, et voici à quelle occasion :

M. le général de Cissey, ministre de la guerre, car c'est bien lui, et son ami, le général Bastoul, général de brigade, avaient promis pendant la guerre que, s'ils ne se voyaient pas obligés de remettre leurs épées aux Prussiens, ils iraient dans un temps plus prospère les déposer aux pieds de la patronne des Bretons. Eh bien ! c'est ce vœu qu'ils viennent d'accomplir avec la foi la plus vive et la piété la plus édifiante.

Arrivés de vendredi soir à Sainte Anne, ils ont fait tous les deux leurs dévotions, le samedi matin, ont accompli leur vœu, puis, à deux heures, ils prenaient le chemin de fer de Rennes, où le ministre devait, le lendemain, passer la revue des troupes.

HONNEUR AUX ZOUAVES PONTIFICAUX.

Un comité vient de se former sous la présidence de M. le général baron de Charette, pour une œuvre toute religieuse, ayant pour but de restaurer l'église de Loigny, près Patay, ruinée par la guerre, et d'en faire un monument commémoratif de la valeur des zouaves pontificaux qui y ont trouvé, le 2 décembre 1870, une mort héroïque.

On nous prie de donner de la publicité à ce projet qui, nous n'en doutons pas, rencontrera de nombreuses sympathies parmi les catholiques de tous les pays. Nous nous empressons de reproduire le prospectus de l'œuvre :

Souscription pour un monument à élever aux zouaves pontificaux et aux autres soldats français glorieusement morts pour la patrie à Loigny, près Patay, le 2 décembre 1870.

Quand, dans les premiers jours d'octobre 1871, les zouaves pontificaux, arrivant de Rome où ils avaient défendu leur foi, parurent sur la Loire, pour défendre la patrie, ils obtinrent du Gouvernement l'honneur de marcher à l'extrême avant-garde. Ils se montrèrent dignes de ce privilège, et *partout où la noble légion a combattu, principalement à Cercottes, à Brou, à Patay et au Mans, elle s'est distinguée au premier rang par son élan devant l'ennemi, son dévouement, sa bonne discipline et son excellent esprit.* (*Ordre du jour du général de Cissey, ministre de la guerre, du* 13 *août* 1871).

Le 2 décembre au matin, les zouaves, fatigués de vingt jours de marche, de contre-marches et de luttes, arrivèrent à Patay avec le corps du général de Sonis dont ils faisaient partie depuis quelques jours. Ils étaient destinés à former la réserve. Mais tout-à-coup l'on apprend que l'armée est en plein recul. De Sonis reçoit l'ordre de se porter au-devant de l'ennemi pour soutenir la retraite A deux kilomètres de Loigny, il s'arrêta, et un régiment de marche fut lancé sur un petit bois situé en avant du village et ayant une longueur de trois cents mètres sur une largeur de trente. Embusqués là, les Prussiens, à couvert, faisaient un feu d'enfer.

Le général de Sonis, malgré tout son entrain, ne réussit pas à enlever le régiment qui résta, pendant tout le combat (dans la position qu'il avait choisie), caché derrière un pli de terrain. Le général, découragé, arrive au galop vers les zouaves arrêtés près du château de Villepion, pour protéger deux batteries qui ripostaient aux batteries ennemies du village de Guillonville. Ils y étaient restés une demi-heure, superbes de calme et de sang-froid, exposés au feu de l'ennemi. « Mes enfants, leur crie-t-il, venez et montrons comment se battent des hommes de cœur : suivez-moi. Vive la France ! Vive Pie IX ! » Il était environ quatre heures du soir.

Les zouaves ne marchandent pas le devoir. Ils savent qu'ils vont à la mort; mais l'honneur commande et l'honneur est obéi. Le commandant de Troussures descend de son cheval, se met à genoux en présence de tout le monde, fait un signe de croix et reçoit l'absolution. Presque tous ses frères d'armes se signent également, envoient une pensée au ciel, une autre à leurs familles, puis, pendant que quelques compagnies des Côtes-du-Nord, les francs-tireurs de Tours et de Blidah appuient le mouvement sur la droite et chassent bravement les Prussiens des fermes de Villours et de Faverolles, les zouaves pontificaux s'avancent en tirailleurs, tranquillement, régulièrement, comme sur un champ de manœuvre et sans presque tirer un coup de fusil. Le premier tombe, le suivant prend sa place. M. de Vertamon, qui porte le drapeau, est blessé mortellement; M. Jacques de Bouillé, son voisin, saisit alors le glorieux emblême qui sert de mire à l'ennemi, et le brandissant violemment, il se précipite sur le bois avec un terrible hourra. Une balle le frappe à son tour, et c'est à un tout jeune zouave, M. Leparmentier, qu'est réservée la gloire de rapporter au campement le drapeau du bataillon. Tous les officiers sont démontés. Le général a la cuisse fracassée; le colonel Charette se débat sous son cheval tué; le commandant de Troussures tombe; une foule d'officiers et de braves soldats mordent la poussière. N'importe ! Il faut arriver au petit bois où les Prussiens font rage. On y arrive, en effet, à la baïonnette.

L'ennemi épouvanté tourne le dos et fuit. Mais les zouaves en quelques bonds ont franchi le bois, et, dans un espace de deux cent mètres qui le séparent du village, ils entassent les morts. Les cadavres gisaient en monceaux à l'entrée des jardins, dont les haies et les palissades avaient retardé la fuite. Un chemin creux qui tourne autour du village en était littéralement comblé.

Six mille Prussiens étaient dans le village et à l'entour; une armée entière se tenait sur l'arrière-plan. Tel fut leur frayeur, en voyant l'impétuosité de cette attaque, que sur plusieurs points l'ordre de retraite était donné. On se croyait en présence de tout un corps d'armée puissant. Cependant personne ne venant plus, pas même le régiment prudemment caché à moins d'un kilomètre de là, et dont la présence en ce moment eût assuré la victoire, les Prussiens purent compter les assaillants et reprirent vigoureusement l'offensive. Ce qui restait des zouaves se jeta dans les premières maisons, où ils soutinrent un véritable siége. Mais que pouvait cette poignée d'hommes contre des multitudes qui encombraient le village, mettaient le feu aux maisons pour les en déloger ? Il fallut sonner la retraite, qui se fit en bon ordre, mais non sans laisser sur le carreau de nombreux défenseurs et le colonel lui-même blessé.

Ils étaient partis environ trois cents, cent quatre-vingt dix-huit sont restés. Sur quatorze officiers, quatre seulement sont revenus sans blessures. Les mobiles des Côtes-du-Nord perdirent cent dix hommes ; la compagnie des francs-tireurs de Tours, trente hommes et deux officiers, ceux de Blidah vingt-huit hommes et deux officiers.

Quant aux Prussiens, immenses ont été leurs désastres. Pour les dissimuler et ne pas jeter le découragement dans les rangs de leurs soldats, ils firent ramasser par leurs brancardiers la majeure partie de leurs hommes et les jetèrent dans les maisons en feu. Dans le jardin du presbytère, on entassa vingt-huit voitures d'armes, de casques, de sacs, de bidons, de marmites, etc.

Ce brillant exploit des zouaves pontificaux fut le salut de l'armée et de toute son artillerie. Car l'ennemi, atteré, n'osa plus, ce jour-là, sortir de ses positions, et les Français profitèrent du répit pour assurer leur retraite.

Voilà la bataille de Loigny, à laquelle on donne par erreur le nom de Patay, bataille qui restera dans l'histoire comme une des plus mémorables de nos fastes militaires.

Aussi, rien de plus naturel que l'idée qui se fit jour, presqu'immédiatement et partout, de consacrer à tous ces glorieux martyrs de la religion et de la patrie un monument funèbre qui conservât leur souvenir. Interprète de la pensée générale, un comité s'est formé pour réaliser ce vœu.

A deux cents mètres du point central de la bataille se trouve le village de Loigny, dont la moitié est incendiée. L'église a subi de grands dégâts par les balles et les obus. Comme, en outre, elle a servi d'ambulance, on n'a pas encore réussi à enlever l'odeur cadavérique ni à en faire disparaître d'énormes taches de sang. Cette église est d'ailleurs peu séante, humide et obscure. L'air et le jour y manquent. La toiture et le plafond, composé de poutrelles non peintes, ne protégent plus les fidèles contre les accidents de l'atmosphère.

Au cimetière, devant le portail, dorment de leur dernier sommeil un grand nombre de zouaves, ensevelis sans cercueil dans une fosse commune, et aussi dans une fosse voisine, beaucoup de soldats d'autres armes.

Il faudra plusieurs générations pour sortir le village de ses ruines. Ce ne sont donc pas les habitants actuels qui peuvent restaurer la maison de Dieu.

L'idée est alors venue de choisir l'église même pour en faire le monument de la bataille, sauf à ajouter une croix commémorative à l'entrée du petit bois où tant de braves sont tombés. On réparerait cette église, on l'embellirait, on y placerait un marbre avec le nom de toutes les victimes de ce triste et grand jour; on y fonderait un service annuel, on y creuserait enfin un caveau dans lequel, après les délais fixés par la loi, seraient rassemblés les ossements connus. Ce serait à la fois un monument à la gloire des zouaves pontificaux et de leurs intrépides frères d'armes, et une œuvre pie qui réjouirait leur âme.

C'est ce projet, approuvé par M. le curé et M. le maire de Loigny, et ratifié par Monseigneur l'Evêque de Chartres, qui se recommande aujourd'hui non-selement aux anciens frères d'armes des héros de Loigny, non-seulement aux familles dont les fils reposent à l'ombre de ce clocher, mais à tous les Français qui aiment et admirent le dévouement à la patrie et à la religion. Quand nos fils visiteront cet héroïque champ de bataille, ils aimeront à rencontrer un monument qui implore la prière et rappelle le souvenir des soldats de Pie IX et de la France.

Le Comité du monument des zouaves est composé de :

M. le général baron de Charette, président;

MM.

Aubineau (Léon), rédacteur de l'*Univers*;
Barbier, vicaire général de Chartres, délégué de Monseigneur;
De Boisjolly, conseiller à la cour d'Appel, président de la commission des blessés d'Orléans;
De Cazenove de Pradines, député à l'Assemblée nationale;
Le vicomte de Chaulnes (Gabriel), à Orléans;
Emmerand de la Rochette, directeur de l'*Espérance du Peuple* à Nantes;
Houdet, négociant, chevalier de Saint-Grégoire-le-Grand à Nantes.
Peigné (Stanislas), missionnaire de l'Immaculée Conception, à Nantes, aumônier à l'ambulance des Volontaires de l'Ouest;
Poujoulat (de), rédacteur de l'*Union*;
Rey, capitaine commandant de la compagnie des mobiles du canton d'Orgères;
De Riancey (Adrien), rédacteur en chef de la *France nouvelle*;
Le général de Sonis, à Castres;
Theuré, curé de Loigny;
Tourne, maire de Loigny;
De Troussures;
Vagner, rédacteur-gérant de l'*Espérance* de Nancy, chevalier de Saint Grégoire-le-Grand;
Veuillot (Louis), rédacteur en chef de l'*Univers*;

Les souscriptions sont reçues par chacun de MM. les Membres du Comité, mais plus particulièrement par MM. Boisjolly, trésorier-général de l'Œuvre, à Orléans; Theuré, curé de Loigny (par Orgères), et pour la Lorraine, par M. Vagner, rue du Manége, 3, à Nancy.

VI

SOLDATS CHRÉTIENS

LE DIEU DES ARMÉES.

En plusieurs endroits de la sainte Ecriture, Dieu se fait appeler le Dieu des *armées*, en hébreu *Sabaoth*, qui signifie armées. Mais de quelles armées ? — De celles des cieux et de la terre.

Armées des cieux, c'est-à-dire des esprits immortels qui ont vengé ses droits et soutenu sa cause contre les esprits rebelles. Ces phalanges innombrables du Dieu trois fois saint forment là-haut sa garde d'honneur, ont à ses ordres ses carquois et ses foudres, et, protectrices sur la terre de la sainteté des hommes, s'efforcent d'y accroître la gloire qui revient au Seigneur de la fidélité de ses créatures.

Armées de la terre, celles encore de l'humble soumission à l'autorité divine contre la révolte et l'orgueil, des dévouements et de l'amour contre la trahison et la haine, de l'ordre et de la justice contre le désordre et l'injustice ; saintes milices dont Dieu est le généralissime et qu'il revêt de sa force, parce que là sont ses chevaliers, ses vrais enfants, ses nobles croisés guerroyant pour sa cause et ne mettant qu'en son nom leur confiance et leur courage.

Qu'est-ce qu'une armée sans Dieu et sans foi, sans prière, sans instruction religieuse et sans dimanche, sans eucharistie, sans Marie ? La rage et l'ivresse des combats, l'orgueil et ses audaces peuvent y susciter des héros, mais en dehors de cette devise, Dieu et Patrie, cet héroïsme qui brave la mort en la donnant n'est encore que peu de chose. C'est le courage du lion, si l'on veut, mais le roi du désert est un être sans raison. Ce courage, bien qu'assez commun, est néanmoins glorieux devant les hommes quand il est juste, mais ce sacrifice fait à l'honneur sera-t-il pris par Dieu pour sacrifice fait à la foi ? *Quid prodest.....*

Lors, au contraire, que le sentiment catholique épure et vivifie l'amour du pays, lorsque nos armées sont vraiment chrétiennes, lorsqu'elles ont sollicité pour leurs étendards les bénédictions de l'autel et qu'elles les irradient comme les catholiques phalanges de don Juan d'Autriche de la sainte image de la Mère de Dieu, ces armées sentent alors se centupler leur force et leur courage. Qu'importent les gros bataillons et la multitude des engins de mort ? *Le salut réside dans la droite du Seigneur. Qui est comme Dieu ?* Que peuvent des adversaires, seraient-ils encore Lucifer et les siens, contre si forte partie que Dieu ? La lutte n'est pas longue. L'*Exurgat Deus*, ce psaume des saintes batailles, devient le signal de la défaite. Dieu se lève dans sa force, et les ennemis sont bientôt dissipés. Quelque profondes que soient leurs masses, vingt mille comme à Lépante en écrasent cent vingt mille.

Un contre six ! Voilà bien notre histoire d'aujourd'hui. Si le dénouement n'a pas été le même, c'est que la foi non plus n'a pas été la même ; car le Dieu des armées mettrait en ligne tous ses tonnerres et bouleverserait l'univers entier pour le salut de ceux qui le servent avec amour, l'implorent humblement et mettent en lui toute leur confiance.

Rappelons-nous encore les merveilles de Dieu opérées par deux simples jeunes filles. Geneviève repoussant Attila, Jeanne d'Arc balayant les Anglais, maîtres de la France. Dieu, dans ces temps si profondément troublés, renouvellerait encore de tels miracles pour le peuple qu'il s'est élu ; mais cette France que la pensée chrétienne fit pendant tant de siècles si noble et si grande s'est pervertie loin de Dieu dont elle ne veut plus, et bien rares sont aujourd'hui les soldats héritiers de la foi de nos pères.

Tout ce qui est grand cependant s'inspire par la foi, et il n'y a d'immortel que ce qu'elle consacre. Qu'il serait beau d'être brave et chrétien ! Comme la pensée divine embellit et grandit un soldat ! Est-il aussi quelque chose de plus digne de nos respects et de notre admiration que le dévouement à la patrie s'élevant à la hauteur d'un acte d'amour de Dieu !

Avec nos idées nouvelles où Dieu n'entre plus, que sont devenus nos vieux usages chrétiens ? « Où est, dit un journal religieux, l'oriflamme que nos pieux rois venaient prendre à Saint-Denis ? Où sont les drapeaux bénits à Notre Dame au départ de l'armée et qui revenaient triomphants sous les mêmes voûtes escortés de drapeaux ennemis offerts au Dieu des armées? Où sont les combattants que le prêtre bénissait et les vainqueurs qui s'agenouillaient sur le champ de bataille? » Ces coutumes nationales si chevaleresques, si chrétiennes, qui reflétaient tant de grandeur sur nos armées et les aimantaient de tant de vaillance n'appartiennent plus à notre époque de *progrès*. Dans nos derniers événements, un ministre s'est contenté, après même le départ de nos troupes, de demander des prières auxquelles l'armée n'a point participé, et cette armée, bien que sa cause ait été légitime et son entrain admirable, n'en est pas moins partie sans une prière, sans un signe de croix, sans Dieu et ses bénédictions. Composées de chrétiens, nos armées ne sont plus chrétiennes ; elles sont ce que les ont faites depuis quarante années nos malheureux gouvernements.

Et cependant, nous avons encore, grâce à Dieu, de nobles et religieux enfants sortis de nos campagnes et même de nos cités qui n'arrivent à la caserne ou sur le champ de bataille qu'après s'être unis à Jésus-Christ et s'être revêtus des livrées de son auguste Mère. Ne dirait-on pas en eux la grande et noble France, celle du Christ, redemandant pour ses étendards et la garde de son épée la croix de Tolbiac qui l'a sacrée chrétienne !

Bons et braves soldats qui, avec leurs vingt ans épanouis, furent des agneaux aux pieds du prêtre et sont devenus des lions en face de l'ennemi, grand nombre d'entre eux ont pu succomber, car Dieu qui veille sur bien des innocences permet souvent néanmoins que les justes soient punis avec les coupables « parce qu'il a, dit Bossuet, de meilleurs moyens de les séparer les uns des autres que ceux qui paraissent à nos sens. Les mêmes coups qui brisent la paille séparent le bon grain. » Mais ces hommes unis à Dieu par la grâce sont morts dans leur simplicité, martyrs silencieux et gais de l'obéissance et du devoir, du devoir envers Dieu qu'ils aimaient avant tout, puis envers la patrie qui est la chose publique, l'honneur et la religion du pays, la paix des cités, le repos du foyer domestique. Qu'est-ce qu'un tel amour s'il n'est l'évangélique charité s'oubliant soi-même pour se donner à tous, se donner jusqu'au glorieux sacrifice du sang?... Qu'ont fait de plus les Machabées et les martyrs? Ne sont-ce pas tous là des soldats de la même famille? Dieu qui se souvient d'un verre d'eau, que ne doit-il pas réserver à l'offrande du sang même?

Il sait bien aussi, Lui notre père, tout ce que cette moisson pour le ciel nous coûte de larmes, mais ces larmes comme le sang rachètent et expient. Ne pleurons pas trop cependant ces nobles enfants sacrifiés à l'honneur national, car il doit leur être fait là-haut de tels triomphes qu'ils prennent en pitié les palmes et les couronnes que nous leur réservions ici-bas (1).

(Extrait de la publication *la Bonne Pensée*, paraissant à Montbrison (Loire).

PAUVRES AMES AFFAMÉES DE LA GRACE DU PARDON ET PRIVÉES DES MINISTRES DE LA GRACE.

Depuis bien des années, écrivait un ecclésiastique, le cœur saigne, et pour bien des motifs. Parmi nos douleurs du moment, une des plus poignantes est le sentiment des besoins religieux de nos soldats, de l'avidité avec laquelle ils accepteraient nos secours, et de l'inactivité à laquelle nous sommes officiellement condamnés.

Il faut avoir été, comme moi, sur les lieux, pour entendre au fond du cœur un immense cri de détresse en faveur de ces pauvres âmes affamées de la grâce du pardon en face de la mort et privées des ministres de la grâce.

Nos Pères, quelques-uns du moins, ont dû à leur séjour dans la Lorraine allemande la faveur de s'occuper de nos chers soldats, depuis leur arrivée dans le pays. De leurs relations écrites, qu'ils m'envoient chaque jour, et où perce, à chaque ligne, l'admiration pour les dispositions chrétiennes de nos soldats, résulte un fait que l'un d'entre eux me signale en ces termes : « Quant à moi, après l'expérience que je viens de faire, je certifie qu'un prêtre zélé, attaché au régiment, et pouvant fraterniser avec les soldats qui lui seraient assignés, réussirait à en confesser plus des deux tiers, même avant la bataille. »

Je puis moi-même rendre témoignage à la vérité de cette assertion, ayant parcouru les contrées remplies de nos soldats. Bien des fois ces braves gens, apercevant mon habit religieux, m'ont crié, soit des fenêtres d'un wagon, soit du champ où ils campaient : « Mon Père, venez donc avec nous ! nous avons besoin de vous ! » Jugez de ce que le cœur éprouve, lorsqu'en pareil cas, on est obligé de répondre : « Mon ami, je ne puis pas. »

Là où se trouvent des prêtres en nombre suffisant, les confessions sont nombreuses, très-nombreuses. Cependant le respect humain enchaine encore trop souvent les consciences. Mais, quant au scapulaire et à la médaille de la sainte Vierge, je puis vous dire que l'avidité est générale, tous veulent la sainte Vierge pour eux. Ils ne sont pas contents quand on ne leur en parle pas.

Dans une de nos maisons convertie en ambulance, il y a, chaque soir, *Salut* pour les soldats, et chaque soir, église comble. — « Hier, m'écrit un père, au *Salut*, j'ai prêché de quinze à vingt minutes au milieu d'un silence et d'une attention admirables. Après la bénédiction, qui a été parfaitement reçue, imposition générale des scapulaires. Rien de beau comme la tenue des militaires à ce moment. A chaque bénédiction du prêtre (et elles sont nombreuses dans la formule), tous faisaient un grand et magnifique signe de croix. Les larmes me venaient aux yeux. » Oh ! oui, vraiment ! n'y a-t-il pas de quoi verser des larmes d'attendrissement, de compassion et de zèle, à la pensée de tous ces braves et chers jeunes gens, qui, s'en allant ainsi combattre, souffrir et peut être mourir, font voir qu'ils pensent à leur éternité, et implorent le secours du prêtre?

Notre ministère aux camps et dans notre maison est des plus intéressants. Nos Pères vont se poster soit derrière des haies, soit au coin d'un bois, soit dans quelque chambre retirée du couvent. Quelques-uns se mêlent aux soldats pour les exhorter et leur indiquer le gîte des confesseurs en embuscade; c'est surtout la nuit que nous faisons les plus abondantes pêches, quoique bien certainement beaucoup de soldats ne se gênent guère pour faire leur affaire en plein jour. Dernièrement, un d'entre eux, craignant que son tour au confessionnal n'arrivât pas, se jeta à genoux en pleine église et se mit à dire ses prières tout haut. Un autre venant de Paris en chemin de fer, et m'apercevant dans une gare, se précipita sur la voie du plus loin qu'il me vit, fit une chute parce que le train ne s'était pas arrêté, et se releva de suite pour venir me dire combien il gémissait d'avoir été expédié si précipitamment, et de n'avoir pas eu le temps de se confesser.

Le sérieux de leurs dispositions égale l'avidité de leurs désirs.

— « Donnez-moi de l'eau, disait l'un d'eux à son confesseur, après avoir reçu l'absolution, que je me lave, afin qu'on ne voie pas que j'ai pleuré. »

— « C'est pour la dernière fois, disait un autre en parlant de sa confession, il faut que je la fasse bonne. »

— « Je viens me confesser, disait un vieux troupier du Mexique, pour mon Dieu d'abord, pour mon âme ensuite, et enfin pour la bataille, car quand on a le cœur libre, on n'a pas peur. »

Telles sont les sérieuses dispositions de nos chers militaires; aussi nos Pères de ces contrées, qui jusqu'ici n'avaient eu affaire qu'aux religieuses populations de la Lorraine allemande, ne tarissent-ils pas en éloges sur les sentiments si parfaitement chrétiens de nos soldats de langue française.

Il faut dire, à la louange de nos officiers, qu'ils donnent à leurs soldats de magnifiques exemples. Tous ne se confessent pas sans doute, car l'éducation, ou au moins une certaine éducation, est souvent un obstacle de plus; mais tous, sans exception, montrent le plus grand respect pour le prêtre et secondent avec empressement les désirs religieux de leur troupe. Quelques-uns, beaucoup même, vont plus loin. Un brave colonel, à peine campé dans le village assigné à son régiment, s'empressa d'aborder quelqu'un de nous en lui disant : « Monsieur l'abbé, pouvez-vous disposer de vos messes? » Sur la réponse affirmative, il ajouta : « Veuillez la dire pendant huit jours pour moi et pour mon régiment. » — Bientôt après, ce chef digne s'approchait de la sainte table avec beaucoup de ses compagnons d'armes.

LE TESTAMENT D'UN JEUNE SOLDAT.

Nous lisons dans la *Semaine de Langres*, juillet 1870 :

Voici une preuve toute récente et locale de la générosité héroïque inspirée à nos soldats par la foi catholique qui s'allie si bien à la bravoure française. Qu'on en juge par la lettre suivante, laissée il y a quelques jours par un simple soldat de notre garnison de Langres, entre les mains d'un laïque de nos amis. Ce dernier était depuis plusieurs mois l'ange gardien de plusieurs militaires, pour les soutenir dans leurs sentiments de foi et de piété, par ses sages avis et sa bonté vraiment paternelle. Partant dernièrement pour la défense de nos frontières de l'Est, le bon soldat écrivit de sa main le testament suivant, expression de sa foi vive, afin de consoler ses bons parents, auxquels cette pièce touchante est adressée.

« A mon père J. L..., propriétaire à Larchamp (Orne).

» Au nom du Père, du Fils et du Saint-Esprit.

» Si je viens à succomber dans la campagne de Prusse, je fais le » sacrifice de ma vie au bon Dieu, qui est mort pour moi à la » Croix : je lui donne volontiers mon sang pour ma patrie, notre » chère France. Je pars content et sans crainte : car le bon Dieu » est pour moi et la bonne Vierge Marie ; par conséquent, je ne suis » pas orphelin. Je meurs dans le sein de l'Eglise catholique, apos- » tolique et romaine, à laquelle j'ai le bonheur d'appartenir. Je » prie le bon Jésus, mon Sauveur, de me recevoir dans sa miséri- » corde infinie. Ma dernière pensée est pour mon bon papa, pour » ma tendre mère et tous mes frères et sœurs. Oui, je vous em- » brasse tous en Jésus et Marie.

» J. LEMOINE,

» *Soldat.*

» Si je viens à mourir, priez tous pour moi. »

RECIT D'UN AUMONIER.

Dieu déjà tire un grand bien de tous ces maux apparents, écrivait un aumonier ; hier, pendant plusieurs heures, j'ai vu des officiers assister à la sainte messe et communier ; un général, arrivé à sept heures avec un colonel de hussards, se tient humblement à genoux dans le premier banc, et le colonel communie, puis c'est le lieutenant d'artillerie. Deux capitaines de cuirassiers, en large ceinture rouge, viennent se mettre à genoux dans mon banc, à côté de moi, et ne savent que faire de leurs jambes et de leurs éperons. Ensuite, ce sont des soldats blessés. Plusieurs se confessent dans les confessionnaux des Pères.

Le 1er septembre au matin, étant sous une tente de blessés à l'hôpital, un lieutenant d'artillerie me voit et me fait signe de venir. Je comprends ce qu'il désire ; je le prends sous le bras, et, en nous promenant dans une terre labourée, je le confesse au bruit du canon. Les anges ne sont-ils pas plutôt là que dans la vie luxueuse et molle des temps de paix ..

» Comme ils se confessent bien, ces pauvres blessés couchés sur la terre froide... comme ils répondaient bien à la prière que je faisais faire le soir à ceux que nous venions de panser avec André... Espérons donc.

DIVERS TRAITS DE LA FOI DE NOS SOLDATS.

Les sentiments religieux dont nos soldats ont fait preuve pendant le siége de Sébastopol, se montrent de nouveau dans tous les rangs de l'armée. C'est à nous, catholiques, de le développer et de le satisfaire.

L'avidité de nos soldats pour les secours religieux s'est manifestée dès le début de la campagne. Il y a là un sentiment qui ne nous étonne pas, qui s'indique d'une façon éclatante et dont témoignent toutes nos lettres des frontières.

Nous allons citer les traits au fur et à mesure qu'ils nous sont apportés par les journaux ou des lettres particulières.

On lit dans la *Gazette de France :*

« Monsieur le rédacteur,

» Ce matin, à neuf heures, à la gare Saint-Lazare, un fait touchant s'est passé, qui doucement repose de ces cris de haine que depuis huit jours on fait retentir à nos oreilles.

» Un détachement d'artilleurs se trouvait rangé sur le quai du chemin de fer, prêt à embarquer, lorsque du train de Versailles descendit un évêque *in partibus*, en habit de dominicain, suivi d'un autre prêtre.

» Au moment où tous deux passaient devant la troupe, un artilleur s'écria : « Monseigneur, bénissez-nous avant que nous par-
» tions ; cela nous portera bonheur ! »

» L'évêque s'arrêta, se recueillit un instant, sans doute pour prier, et la bénédiction pastorale descendit sur les mâles visages de ces hommes qui, dans si peu de jours, donneront la mort ou la recevront !

» A. de Cool. »

On lit dans l'*Union :*

« Depuis quelques jours les fidèles qui fréquentent Notre-Dame des Victoires remarquent, avec satisfaction, que ce sanctuaire vénéré est visité par un grand nombre de militaires de tous grades et de toutes armes. Avant d'aller affronter les hasards de la guerre, ces braves soldats viennent implorer un secours que ne peuvent donner ni les savantes stratégies, ni la précision des engins meurtriers. Une armée qui donne de pareils exemples est capable de grandes et nobles actions. Nous n'attendions pas moins d'elle : la foi a toujours inventé des héros. »

On lit dans le *Figaro :*

« Depuis que la guerre est imminente, l'église miraculeuse de Notre-Dame-des-Victoires ne désemplit pas de braves soldats qui viennent remplir leurs devoirs chrétiens, et, comme le disait le maréchal Castellane, laver leur linge sale avant de se fourrer un coup de torchon.

» Un vieux chevronné de la ligne disait hier en sortant de Notre-Dame-des-Victoires : « Nous sommes venus prendre congé » d'elle avant de lui donner quelques victoires de plus. »

Un vénérable prêtre a été salué l'autre jour dans la rue de Vaugirard par deux soldats ; il s'approche de celui qui avait pris l'initiative et lui donne une petite croix. — Et moi, dit l'autre aussitôt. — Voici la vôtre, mon ami. Le don fut accompagné de quelques paroles pieuses, et les deux soldats sautèrent au cou du prêtre.

— Les distributions de médailles, chapelets et scapulaires ont épuisé les magasins de Bar-le-Duc. Voici un trait que l'on me racontait à ce sujet :

« Une personne était à la gare, sachant que son fils devait arriver. Le jeune homme descend de wagon et court à sa mère : « Avez-vous encore ce que vous portiez, maman ? » La mère comprend, tire son scapulaire et le passe au cou de son fils, qui alors seulement songe à se rafraîchir. »

On écrit de Saint-Avold, le 21 juillet :

« Nos troupes montrent le plus vif enthousiasme. Les rues de Saint-Avold retentissent des mêmes cris et des mêmes chants que les rues de la capitale.

» D'un autre côté, soldats, officiers, généraux s'empressent de satisfaire à leurs devoirs religieux. Du matin jusqu'au soir, les confessionnaux sont assiégés ; et tous les jours de longues files de soldats s'avancent vers la sainte table avec un profond recueillement. Nous n'avons plus assez de médailles et de scapulaires pour contenter leur pieuse avidité. »

— Thionville a reçu de nombreuses troupes ; beaucoup sont dirigées sur la frontière, beaucoup encore campent autour de la ville en attendant l'ordre d'envahir la Prusse.

Nos soldats sont admirables à Thionville ; toute la journée l'église ne se désemplit pas. Nous en avons vu des centaines s'approcher du *saint tribunal de pénitence* pour se réconcilier avec le Dieu des armées, et entre autres un colonel.

Toute la journée ces braves militaires vont à la sacristie chercher des médailles, des chapelets, des scapulaires bénits. Nous avons évalué à plus de 2,000 le nombre de ceux que nous avons vus prier à l'église de Thionville vendredi dernier.

C'est en cela que l'armée française était bien inférieure à la plupart des armées de l'Europe. Le Prussien prie matin et soir publiquement; c'est même un exercice prescrit. Il fait ses pâques; le dimanche et les fêtes sont pour lui d'obligation. Il ne craint pas de prier tout haut, le chapelet à la main, avec âme et conviction. Combien de mères de famille seraient heureuses de voir ceci introduit en France!

On écrit de Metz :

« Le patriotisme fait des siennes à Metz comme partout. Les RR. PP. Jésuites ont offert 500 lits pour les blessés; les Frères de Thionville, 250 lits et la place pour en installer 250 autres. Toutes les femmes font de la charpie ou des cache-nuque si utiles quand le soleil darde. Les dons en nature abondent et on les envoie directement aux chefs de corps; les souscriptions vont aussi bon train. La ville de Metz a voté 50,000 fr. pour installer des ambulances ou hôpitaux volants au polygone de Chambières; il y aura là 2,500 lits. Je remarque beaucoup de soldats dans les églises. J'admirais ce matin un magnifique maréchal-des-logis des lanciers de la garde qui suivait la messe à côté d'un officier d'artillerie, et ce spectacle en disait plus que toutes les diatribes des journaux libres-penseurs. Il se fait ici des distributions énormes de médailles et de scapulaires. Les zouaves ne sont pas les derniers à réclamer de ces pieux symboles.

» Un zouave se présente chez les PP. Jésuites, accompagné de deux autres zouzous de la plus belle venue. Un Père se présente, le zouave lui dit carrément : « Je veux un scapulaire. — Très-bien, fait le Père Jésuite, on va vous le donner. » Et il l'introduisit. Il revient cinq minutes après, un peu ému. Ses deux compagnons l'attendaient au parloir, n'osant entrer. « Eh bien ! dit le zouzou, « qu'est ce que vous faites là? En avant, marche! Est-ce qu'un » zouave de la garde a jamais reculé? » Les deux zouaves ne se le firent pas répéter. Deux minutes après, ils avaient leur scapulaire. »

— A Rodez, dit le journal de l'*Aveyron* du 27 juillet, pendant les derniers jours de la semaine passée, les églises de Rodez offraient un touchant spectacle. Elles étaient pleines de militaires qui, avant de quitter leurs foyers, venaient demander à Dieu la force d'âme nécessaire pour affronter sans pâlir les balles ennemies. Presque tous désiraient se placer sous la protection de la Mère de Dieu; ils demandaient des scapulaires. Dans la paroisse de Saint-Amans, seule, près de 500 ont été reçus dans la sainte confrérie. Plusieurs d'entre eux, qui n'avaient pas eu le temps d'accomplir leurs devoirs religieux avant de quitter leur village, ont voulu aussi se confesser.

On ne pouvait voir sans une vive émotion ces braves militaires sortir graves et recueillis de la maison de Dieu ; ils portaient sur leur mâle visage l'indice d'une résolution ferme et froide. Ils semblaient avoir fait le sacrifice de leur vie, et c'est avec une sérénité calme qu'ils partaient pour la frontière, prêts à verser jusqu'à la dernière goutte de leur sang pour la patrie. En paix avec Dieu, peuvent-ils craindre les hommes.

Nous lisons dans la *Semaine religieuse* de Cambrai :

« Dans le diocèse de Cambrai, le départ des garnisons et de la réserve a été presque partout signalé par des actes de foi et de piété, par des cérémonies touchantes qui ont vivement impressionné les troupes et les populations. Nous avons pu recueillir certains détails sur quelques paroisses où l'esprit religieux de nos soldats s'est manifesté d'une manière éclatante. A Comines, les hommes de la réserve ont fait demander une messe à laquelle ils ont pieusement assisté ; ils ont ensuite fait leurs adieux à M. le doyen, qui les a vivement excités à remplir toujours fidèlement leurs devoirs de chrétiens et de soldats.

» A Iwuy, avant le départ des militaires appelés sous les drapeaux, un salut solennel a été chanté en l'honneur de la sainte Vierge pour prier Notre Dame de-Grâce de veiller sur les soldats français et plus particulièrement sur ceux de la paroisse. Durant le salut, tous ou presque tous les hommes de la réserve sont venus recevoir le scapulaire ; un grand nombre de leurs parents et amis ont voulu prendre en même temps ce vêtement béni qui protége contre les ennemis visibles et invisibles. A Douai, beaucoup d'officiers, dont plusieurs appartenant aux grades les plus élevés, se sont approchés des sacrements avant de partir pour Thionville et Metz, bon nombre de sous-officiers et de simples soldats ont suivi leur exemple. »

» Dans la ville, les ecclésiastiques ont vu plus d'une fois venir à eux des chasseurs et des artilleurs qui leur demandaient une médaille. Dans l'église Saint-Jacques, dimanche dernier, un salut solennel a été chanté pour remercier Dieu de la proclamation du dogme de l'infaillibilité, et pour attirer la protection divine sur les armes de la France ; une éloquente allocution de M. Mortreux, préfet des études au collége Saint-Jean, a vivement ému la foule qui se pressait dans l'édifice. Sur la frise des colonnes, contre lesquelles s'appuie le maître-autel, a été placée l'invocation suivante : *Notre-Dame des Victoires, protégez la France et priez pour nos frères.* »

— On nous écrit de Dunkerque que le 20 juillet, sur l'invitation de M. le doyen de Saint-Eloi, l'état-major et bon nombre de militaires ont assisté à la messe célébrée à l'intention de la garnison avant son départ pour la frontière du nord-est. M. le doyen leur a adressé la parole avec une foi, un patriotisme et une éloquence qui ont profondément impressionné et les troupes et les nombreux fidèles qui assistaient à cette cérémonie. Après la messe il a distribué des médailles au corps d'officiers et à tous les soldats présents. M. le lieutenant colonel est allé ensuite remercier M. le doyen au nom de l'état-major. Les militaires que leur service retenait au moment de la messe sont allés demander des médailles au presbytère.

» Nous savons que des faits analogues se sont produits dans beaucoup d'autres paroisses du diocèse. »

— Les journaux religieux de Langres félicitent les militaires de la garnison de cette ville, qui en bon nombre se sont approchés des sacrements avant de partir pour la frontière de l'Est. — Une parole suffira pour donner une idée des sentiments religieux qui se sont fait jour à Rouen. Il y a quelques jours, en pleine rue, trois magnifiques artilleurs abordent M. le curé de Saint-Godart et lui disent : « Monsieur le curé, vous prierez le bon Dieu pour nous et pour nos camarades. » « Oui, mes bons amis, dit M. le Curé en leur serrant la main, tous nous prierons pour vous. »

— Sur la place d'Armes de La Rochelle, dit la *Semaine* de ce diocèse, bivouaquaient 1,500 soldats, portant les uniformes les plus variés et attendant le signal du départ pour la frontière. Le pain de munition vient d'être distribué à une centaine de soldats de la réserve du 72e de ligne. « Dites donc, les amis, s'écrie une voix, si nous donnions notre pain aux pauvres? » Oui, oui, adopté ! répondent tous ces braves militaires. Cinq minutes après, la cour de l'Hôtel-de-Ville, transformée en depôt de boulangerie, voyait s'élever en piles le pain de munition, et trois sous-officiers montaient chez M. le maire pour le prier d'accepter, au nom des pauvres, ce souvenir d'adieu du 72e. M. le maire s'avança et remercia avec émotion. Et le détachement retournait en chantant, joyeux de sa bonne action. Braves soldats ! que la prière du pauvre reconnaissant vous accompagne à la frontière ; qu'elle vous suive dans les hasards de la guerre et vous ramène au pays et à la famille !

— Les protestants, comme toujours, se mettent en frais de Bibles et d'ouvrages de leur bord. A Pont-à-Mousson, notamment, ils ont distribué aux soldats des exemplaires de l'*Epître aux Romains*, selon la version protestante d'Osterwald. Après avoir lu un exemplaire, le soldat le remit à un prêtre que le hasard avait fait son compagnon de route. « Tenez, Monsieur le curé, lui dit-il, on m'a donné un petit livre ; mais je n'en fais aucun cas ; il n'y est pas question de la sainte Vierge »

Le soldat a mieux accueilli les dons du clergé et des P. Jésuites. Ces derniers, à eux seuls, ont distribué plus de *dix mille* médailles et des scapulaires en proportion.

LILLE. — En même temps que, dans nos églises et chapelles privées, bon nombre de mères venaient, au commencement de cette semaine, répandre, avec leurs larmes, d'abondantes et ferventes prières pour leurs fils exposés aux périls de la guerre, c'était un spectacle émouvant de voir ici nos généraux, leurs aides-de-camp et des officiers s'approcher de la sainte table, pour se préparer à entrer en campagne. Ces actes de profonde religion de la part des chefs de nos vaillants soldats ne peuvent qu'attirer sur les armes de la France les bénédictions de Celui de qui relèvent tous les empires et qui veille même sur un cheveu de notre tête.

— Un ecclésiastique du diocèse de Strasbourg écrit à l'*Univers :*

« Nos jeunes Alsaciens, obligés de partir pour la guerre, viennent remplir leur devoir religieux, et puis demandent la médaille et le scapulaire.

» Pour les troupes de passage ici, voici ce que je puis constater. Le prêtre n'est plus, aux yeux de nos militaires, cette bête noire d'autrefois ; au contraire, c'est un ami qu'ils estiment, qu'ils aiment ; tous le saluent avec une certaine satisfaction ; ils se font un plaisir de s'entretenir avec lui. De ces troupiers qui n'ont été que de passage, plusieurs sont venus faire leur confession ; les premiers sont allés à la recherche de leurs camarades, et les ont engagés à faire comme eux ; mais ce qu'il faut remarquer, c'est que ces pauvres militaires, arrivés ici pendant une chaleur du tropique, étaient fatigués, harassés ; le lendemain ils durent partir à quatre heures, donc pour communier ils durent se rendre à l'église à trois heures du matin ; ce sacrifice, ils l'ont fait. Un de ces braves garçons, né en Alsace, vint me demander un scapulaire ; il me parut si peu fatigué que je lui demandai s'il était venu avec les autres? « Oui ; j'ai soin de mes pieds, et puis je me garde de me griser. » Il avait deux galons, et seulement onze mois de service. « Vous vous confesserez maintenant avant d'aller au feu, lui dis-» je. — Oh ! quant à cela, hier j'ai fait douze lieues pour aller de » Mulhouse dans ma paroisse, me confesser et communier, et je » suis rentré à minuit à Mulhouse, pour être à mon poste. » Je passe plusieurs traits édifiants de ce genre. Quand je parlai de religion à un militaire du Dauphiné, tout de suite il tira son portefeuille, et me montra son chapelet et sa médaille, disant que depuis douze ans qu'il est militaire il ne s'en était jamais dessaisi. Ceux que j'ai vus étaient fiers de montrer leur scapulaire et leur médaille. Quelle différence entre les soldats d'autrefois et ceux d'aujourd'hui, quant à leurs dispositions religieuses ! »

NOBLE CHARITÉ.

J'ai vu de mes yeux et applaudi de mes mains un trait que Plutarque ou Xénophon eussent envié pour leurs héros classiques. Un jeune homme de grande maison est allé hier recevoir son équipement à la mairie de la rue de Grenelle.

Il était élégamment vêtu, comme il convenait à sa position.

Lorsqu'il sortit avec son sac et ses grossiers vêtements de troupier, il vit devant lui une pauvre vieille, dont les souliers buvaient la pluie. Il s'aperçut alors qu'à chaque côté de son sac un gros soulier de cuir blanc était attaché.

Il s'arrêta donc sous la porte cochère, il quitta ses fines bottines de chevreau, les tendit à la bonne femme et emprisonna gaîment ses pieds dans la chaussure réglementaire, en disant :

« — Je n'en veux point d'autre jusqu'à la première victoire où je contribuerai. »

LA DISTRIBUTION DES MÉDAILLES ET OBJETS DE PIÉTÉ.

L'autre jour, M. le curé de Bouzonville est venu deux fois au camp avec son vicaire. En y allant, ils avaient les poches remplies d'objets de piété, et ils s'en sont retournés les poches vides. Il a suffi de montrer un paquet de médailles, pour qu'aussitôt cent mains fussent tendues pour les recevoir. On se pressait, on se serrait autour du brave curé au point de l'étouffer.

De temps à autre, il disait : « — Ecartez-vous, amis, formez un cercle autour de moi. » On ne lui a obéi qu'un instant, parce qu'on avait peur de ne pas en recevoir. « — A moi, à moi, Monsieur le curé, criait-on de toutes parts. — Tournez-vous vers nous, nous ne pouvons attendre plus longtemps, les clairons, les tambours ont appelé. » Et comme le curé disait qu'il reviendrait demain : « — Demain, nous ne serons plus ici, nous partirons de grand matin, etc. »

Un paquet de médailles s'étant entortillé et ne pouvant être débrouillé à cause de l'obscurité, M. le curé voulait le donner à un soldat pour le démêler. « — Le plus brave d'entre vous, dit-il, le distribuera. — C'est moi, c'est moi, monsieur le curé, criaient tous les soldats à la fois. — Non, dit un sous-officier, regardez ma figure, monsieur le curé, et vous verrez que c'est moi. — Vous avez raison, tenez, je vous en charge, et vous aurez une médaille d'argent pour vous récompenser. »

Le bon curé était ému jusqu'aux larmes.

Nos soldats sont religieux, malgré tout ce qu'on a fait de notre temps pour arracher la foi à nos habitants de la campagne. Dites-le bien haut à nos libres-penseurs, et s'ils ne vous croient pas, qu'ils viennent assister à une de ces touchantes scènes, ils se rendront peut-être à l'évidence. Ces traits se sont reproduits dans bien des villes et villages de France.

CONFESSION EN PLEIN AIR.

Vous ne sauriez croire combien ces soutanes qu'on a faites à nos soldats si noires, sont bien venues d'eux au moment du péril. Ah! c'est qu'alors la vieille foi se réveille et elle fait ses œuvres. Quel accueil cordial, quelle fraternité, quelles chaleureuses poignées de main... C'est mieux encore! J'ai vu un militaire au bras d'un abbé, se promenant le long du train; ce sont, croyez-vous, deux vieilles connaissances d'enfance? Oh! non, il se passe entre eux quelque chose de grand. J'ai vu l'abbé lever la main, après cette confession en plein air, et le soldat s'en aller l'âme soulagée et pleine d'espérance : ce n'est pas lui qui aura peur de l'ennemi désormais. Quant à l'abbé, Dieu seul est témoin de la consolation et de la joie dont son cœur déborde.

Ah! ne nous le dissimulons pas, il y aura des choses cruelles, nous verrons tout ce qui déchire l'âme humaine et brise les cœurs les plus durs, mais il y aura des choses sublimes!

COMME DIEU AIME A DESCENDRE DANS CES MALES POITRINES.

Nancy. — Avec la gaieté, l'ordre, une tenue incomparable, la religion veille au camp. Les Pères jésuites ont ouvert tout de suite leur chapelle aux dragons campés sous leurs fenêtres; il y a eu jusqu'à deux instructions par jour, et les confessions ont été nombreuses. Les Pères Oblats de Marie se rendent tous les jours à Tomblaine, au nombre de cinq ou six et ne reviennent que quand la retraite sonne. Ils se dispersent un à un à travers les tentes, ne cessant de distribuer des médailles et d'imposer des scapulaires.

Puis, vous les voyez s'écarter, emmenant un brave au pied d'un saule, à l'ombre d'une tente ou dans une carrière de sable. Ceci me rappelle la confession de Bugeaud derrière un buisson. Les camarades respectent la consigne, en ne laissant point passer leur tour. C'est à moi, c'est à moi, disait un enfant de Paris, c'est à mon tour; crois-tu donc qu'il n'y ait que les Bretons qui aient de la religion? Regarde la petite statuette de Notre-Dame-des-Victoires, que m'a donnée ma sœur. Et il allait s'agenouiller aux pieds de son prêtre de la Vierge.

Assurément le soldat aime le prêtre. Parlez-lui de sa mère, de son vieux père, de sa première communion : le chemin du cœur est trouvé tout de suite, et de grosses larmes roulent sur ces mâles figures, noircies par la poudre ou le soleil des camps. On se serre fortement la main, on se souhaite courage et victoire, et on dit : A demain, à l'église. Comme Dieu aime à descendre dans ces mâles poitrines, où le cœur bat si fort pour lui et pour la patrie! Quel ciboire et quel autel!

AH ! SI MA MÈRE CONNAISSAIT LE BONHEUR DE SON FILS !

Le soldat français au camp et sur le champ de bataille, n'est plus indifférent. Hier encore un jeune sous-officier de Paris m'abordait : « Monsieur l'abbé, me dit-il, je n'ai plus été me confesser depuis ma première communion. Je ne puis ainsi partir en Prusse. » Et il tombe à genoux, dans la poussière du grand chemin... Quelques minutes après il se relève radieux. « Ah ! si ma mère, s'écrie-t-il, connaissait le bonheur de son fils ! Maintenant je puis mourir... Adieu, monsieur l'abbé, et mille fois merci ! »

Voilà le soldat français. Et rien, ou presque rien n'est fait pour lui sous le rapport religieux. Depuis le 18 juillet je vois autour de nous des milliers et des milliers de soldats. Et nulle part d'aumôniers ! Aucune instruction la semaine ; point de messe le dimanche ; manque complet d'ordre et d'organisation.

Tous nos soldats catholiques, depuis trois semaines, auraient eu le temps de se réconcilier avec Dieu. Et alors quels soldats ! quels officiers ! quelle armée !

POUR MA FEMME ET MES ENFANTS.

Jeudi dernier, un soldat de la réserve, dont le congé devait expirer dans cinq mois, était forcé de quitter une pauvre femme et deux petits enfants, sans la moindre ressource ; il ne laissait pas à la maison de quoi acheter un pain, et, le cœur déchiré, il arrivait au Mans, pour partir le lendemain matin ; un ami, pauvre homme comme lui, lui propose un gîte ; il raconte son dénuement à lui, n'osant rien dire pourtant de la navrante misère dans laquelle il a laissé sa malheureuse famille. Son hôte et ses voisins se cotisent afin de procurer à ce pauvre jeune homme quelque secours dont il pourra avoir besoin le long de sa route On recueille dix francs. Le lendemain, à cinq heures du matin, l'hôte compatissant est tout surpris d'apercevoir le soldat à la porte de la maison, debout et plus fatigué encore que la veille. Que s'était-il passé ? Heureux de son trésor, *dix francs!* le pauvre soldat était parti pour les porter à sa malheureuse femme ; dans la nuit, il avait marché pendant plus de sept heures : il succombait sous le poids de la lassitude et du besoin ; mais il avait essuyé au moins quelques larmes de ceux qu'il aimait, il les laissait moins dénués entre les mains de la bonne Providence. Et l'on pourrait dire que la France n'est pas toujours la patrie des héros ! Cet acte, si simple et si sublime à la fois, en serait le démenti.

FRÈRES EN DÉVOUEMENT.

Dans une gare du diocèse, un Frère de la Doctrine chrétienne, son sac de voyage à la main, parcourait une suite de wagons, cherchant une place, lorsqu'il fut aperçu par des officiers de zouaves, qui le prièrent avec beaucoup d'honnêteté de venir auprès d'eux. Le train parti, ces braves militaires commencèrent avec le religieux une conversation franche et cordiale.

« Nous sommes six officiers, lui dirent-ils, conduisant chacun deux cents hommes au dépôt. Nous allons réorganiser un régiment de zouaves détruit à Forbach, et dans peu de temps nous le conduirons à l'ennemi. Nous venons de l'Algérie. Dès notre arrivée à Marseille, nous nous sommes tous confessés.

» Moi, cher Frère, dit l'un, je ne m'étais plus confessé depuis trente ans, et je me sens heureux d'avoir rempli ce devoir. — Voici un crucifix, dit l'autre; je le porte sur moi depuis mon entrée dans la carrière militaire. Il m'a accompagné à la guerre de Crimée; je lui attribue le bonheur d'en être revenu sain et sauf. J'espère qu'il me protégera aussi contre les Prussiens. Ma mère de qui je le tiens, y avait joint une médaille que j'ai perdue. Si vous pouviez, mon frère, m'en donner une, vous me feriez le plus grand plaisir. »

Le jeune religieux n'avait pour le moment d'autre médaille que celle de son chapelet. Il n'hésita pas à l'en détacher et la remit au capitaine, qui la reçut avec une expression bien marquée de bonheur et de reconnaissance.

Durant tout le trajet, ce fut entre nos voyageurs un échange continu de paroles amicales et de procédés bienveillants. Puis, quand vint pour le bon religieux le moment de se séparer de ses compagnons de voyage, ceux-ci demandèrent à l'embrasser. Le Frère s'y prêta volontiers, et descendit du wagon échangeant avec eux les plus affectueux souhaits.

LE VÉTÉRAN.

Mgr l'évêque de Marseille rapporte le fait suivant dans sa lettre pastorale :

« Ce matin, samedi, au moment où je sortais du sanctuaire de Notre-Dame de la Garde, après y avoir célébré la messe accoutumée, pour nos soldats et pour la France, un vieillard vénérable est venu me demander ma bénédiction en me disant: « — Ce soir,
» je vais rejoindre mon régiment, que j'ai quitté il y a quarante
» ans. Je n'y retrouverai plus mes anciens compagnons d'armes;

» mais j'y porterai encore, malgré mes années, un cœur sans peur et un bras vigoureux. » J'ai embrassé avec émotion ce digne vétéran, et je l'ai béni du fond de mon âme. Nous ne nous rencontrerons plus en ce monde, sans doute, mais ce souvenir sera pour moi ineffaçable, et je ne l'oublierai jamais devant Dieu. »

BÉNÉDICTION DES DRAPEAUX DU 19e CHASSEURS.

La *Gazette du Languedoc* nous apporte le discours suivant, prononcé par Mgr l'archevêque de Toulouse, dans la basilique de Saint-Sernin, à la bénédiction des drapeaux du 19e chasseurs à pied :

« Messieurs,

» Dans le temps où nos anciens rois prenaient l'oriflamme de Saint-Denis, et où Massillon bénissait les drapeaux de l'armée de Catinat, la religion fut souvent conviée à étendre sa main bienfaisante sur les étendards des peuples chrétiens : jamais sa mission à cet égard ne fut aussi facile qu'aujourd'hui.

» Vaillant gardien du sol de la Patrie, vous ne partez point pour d'ambitieuses conquêtes, vous allez combattre pour l'intégrité du territoire et pour l'inviolabilité de vos foyers. Certes, si la guerre soutenue par un peuple en deçà de ses frontières fut appelée une guerre sainte, si la lutte *pro aris et focis* était regardée chez les anciens comme un devoir pieux, combien ce drapeau qui n'a point démérité de la Providence a droit à nos bénédictions, quand il n'est arboré que pour sa légitime défense.

» Aussi, messieurs, portez-le bien haut; il est décoré avant même que de combattre, par la justice de sa cause. Si la victoire s'en est éloignée un instant, elle ne peut s'en séparer, et bientôt un retour inespéré des choses apprendra au monde que, pour le peuple protégé par de telles cohortes, c'est quand on croit tout fini que tout est à recommencer.

» Oui, messieurs, élevez-le bien haut cet étendard, c'est l'image sainte d'une patrie souffletée par les insolences diplomatiques, dévastée par les brigandages d'une force brutale, menacée de morcellements par des convoitises sans frein comme sans pudeur.

» Donc, la cause représentée par ce signe est sacrée; la moralité de l'histoire exige qu'il ne soit pas abandonné du ciel; et puisque jusqu'à présent Dieu et la victoire ne furent pas du même côté, ne craignez plus, messieurs, les trahisons de la fortune avant la fin, la victoire passera du côté de Dieu.

» Toutefois, une triste pensée se mêle à mes espérances quand je regarde cette noble bannière; c'est que nous sommes plus certains de la revoir que de vous revoir tous !

» Les drapeaux de la France, en effet, sont toujours sauvés sur le champ de bataille, tandis que leurs défenseurs oublient de se sauver eux-mêmes. Considération bien honorable pour vous! Aussi, je ne m'étonne pas si les peuples acquittent par la gloire la dette contractée envers un tel héroïsme. Mais, considération aussi moralisante que glorieuse, car elle vous rappelle sans cesse que le soldat n'est séparé de la mort que par un degré : *Uno tantùm gradu ego morsque dividimur.*

» Je ne connais pas de trépas plus subit, messieurs, que celui auquel vous êtes exposés. C'est pourquoi, je vous en conjure, au nom du ciel et de vos mères, recueillez-vous dans cette grave perspective avant l'heure du péril, et n'oubliez pas que si votre vie est à la France, votre âme appartient à Dieu.

» Après cela, chrétiens sans reproche, comme vous êtes soldats sans peur, partez sans regret. Votre éloignement ne sera pas un exil, car tous nos cœurs accompagneront ce drapeau avec vous.

» C'est vous dire, messieurs, que nous ne resterons pas inactifs pour vous, dans ces jours où vous allez vaincre pour nous. Ministres de la prière et de la miséricorde, pendant votre absence, nous ferons vaillamment notre service auprès de Dieu, et des douleurs que vous pourriez laisser derrière vous.

» Eloignez vous donc sans inquiétude pour ceux qui vous sont chers; tandis que vous serez au feu, nous serons à la peine: les parents et les amis de ceux qui s'en vont seront adoptés par la charité de ceux qui demeurent, et ce ne sera pas la faute de notre cœur, si nous ne leur rendons pas en consolation tout le bien que vous allez faire à notre chère France.

» Partez donc avec confiance. Du haut du ciel l'auguste Marie, patronne de la France, vous enverra de ses bénédictions qui donneront la victoire au courage et la paix à notre patrie en pleurs. »

M. DE ROCHETAILLÉE AUX FRANCS-TIREURS DE CITEAUX.

Dijon, 4 octobre.

Je suis allé, dimanche dernier, 2 octobre, visiter le magnifique établissement industriel et agricole de Citeaux.

Des Pères de l'Ordre de Saint-Joseph dirigent huit cents jeunes gens qu'ils arrachent de la prison et des mains de la justice; de pauvres enfants qui, abandonnés à eux mêmes, deviendraient des mauvais sujets, dangereux pour la société, et qui, sous l'influence heureuse des Révérends Pères, forment d'excellents sujets.

Pour diriger ces sept cents enfants (il y en a eu souvent huit cents), les Pères, au nombre de cinq, ont, comme auxiliaires, une centaine de Frères.

Tous ces enfants sont élevés sous le régime de la discipline militaire; ils manœuvrent comme de vieux soldats.

En voyant les dangers qui menacent notre malheureux pays, les

Révérends Pères ont eu la généreuse idée de former une compagnie de francs-tireurs, composée des aînés de leurs jeunes gens.

Dimanche dernier, on leur a remis leur drapeau. Pour partir, ils n'attendent plus que des armes. Lorsque l'autorité voudra bien leur en donner, ils se mettront à sa disposition.

Les Révérends Pères ont invité quelques personnes pour cette cérémonie, entre autres quelques officiers des mobiles de la Loire : M. Fraisse, lieutenant ; M. Théolier (du *Mémorial*), mon sous-lieutenant et votre serviteur.

Après la grand'messe, chantée par l'abbé Devuns, aumônier volontaire au 4e bataillon des mobiles de la Loire, a eu lieu la cérémonie de la remise du drapeau.

On a fait ranger en bataille les sept cents jeunes gens de l'établissement ; puis les francs-tireurs sont arrivés pour recevoir leur drapeau.

Sur la demande des Pères, M de Rochetaillée, notre compatriote, capitaine au 4e bataillon de la mobile de la Loire, a prononcé une petite allocution que j'ai pu, avec deux ou trois autres témoins, recueillir lambeau par lambeau.

« Messieurs les francs-tireurs,

» Vos bien-aimés directeurs m'ont fait un grand honneur en me chargeant de vous remettre votre drapeau.

» Ce drapeau, ne l'oubliez pas, c'est celui de la France. Il n'y a pas encore un siècle que nous l'avons adopté, et déjà il a conduit nos armées victorieuses dans toutes les capitales de l'Europe. Déjà il a sillonné les mers dans tous les sens, soit pour porter nos soldats sur les rivages civilisés où ils allaient répandre les idées françaises, soit pour porter nos humbles et courageux missionnaires dans les pays sauvages où ils sont allés, au péril de leur vie, planter l'étendard de la croix et publier partout les vérités de l'Evangile.

» C'est ce drapeau, messieurs, qui flotte sur notre capitale momentanément humiliée par la présence de l'étranger. C'est lui qui bientôt, je l'espère, nous conduira à la victoire.

» Nous traversons en ce moment une des crises les plus affreuses que notre nation ait jamais éprouvées. Si la Providence nous châtie, c'est que nous avons oublié la vieille devise de notre chère France : Religion et Patrie.

» On a voulu dans les temps derniers supprimer la religion dans les cœurs ; et en la supprimant on a émoussé le patriotisme.

» Combien n'est-il pas triste de penser que lorsque nous sommes en face de l'ennemi, il y a des gens dont l'unique occupation du moment est de combattre Dieu, et de chasser ses ministres ! Il semble qu'à leurs yeux la religion est l'ennemi du patriotisme. C'est pour lutter contre cette idée fausse que vos honorables directeurs ont eu la grande et noble pensée de fonder une compagnie de francs-tireurs. C'est à vous, Messieurs, qu'il appartient de montrer que la religion, loin d'affaiblir le patriotisme, ne fait que le développer, et sait le rendre capable des plus beaux actes de dévoûment.

» Je ne sais quel est l'avenir que le ciel nous réserve, ni quelle est la mission que la Providence vous confie; mais ce que je sais, c'est que vous remplirez courageusement votre devoir.

» Vous ne serez ni les francs-tireurs de la Bourgogne, ni les francs-tireurs de Dijon; mais vous serez les francs-tireurs de Citeaux. Vous ferez honneur à cet établissement qui a abrité les plus belles années de votre jeunesse, vous en serez la gloire.

» Vous serez les dignes fils de cette nation française placée dans le monde par la Providence pour être la sentinelle avancée du progrès et de la civilisation chrétienne.

» Lorsque vous irez sur les champs de bataille, les vœux et les prières de ceux que vous appelez à juste titre vos pères, vous accompagneront. Vous aussi, vous songerez à eux; vous vous souviendrez qu'ils ont consacré leur vie toute entière à développer votre intelligence et votre cœur.

» Soyez donc partout et toujours leur gloire et leur consolation en ce monde, en attendant qu'un jour, assis à côté d'eux dans la patrie céleste, vous soyez tous, Messieurs, les fleurons de leur couronne.

DEUX TRAITS RACONTÉS PAR UN AUMONIER.

Le 76e de ligne combattait auprès du village de Stiring. C'est là que je vis tomber sous le feu de l'ennemi le jeune M. Luiset de Lille, sous-lieutenant et porte drapeau du régiment. Plus préoccupé du drapeau que de sa blessure, je l'entendis dans sa chute crier de toutes ses forces : « Mes amis, au drapeau ! au drapeau ! sauvez le drapeau. » Je courus à lui, et, aidé du tambour-major, je l'emportai dans la voiture de l'ambulance. Sa blessure lui avait ouvert le ventre, et ses entrailles sorties traînaient dans la poussière et sur le marchepied de la voiture. Il perdait tout son sang et il devait déjà être d'une faiblesse extrême. Mais rien ne paraissait, et, toujours occupé du drapeau, il criait par la portière de la voiture : « Mes amis, où est le drapeau? le drapeau est il sauvé?. . » Arrivé à l'ambulance, je le remis aux mains de notre chirurgien en chef, et, dès qu'il fut pansé, il m'appela et me dit : « M. l'aumônier, vous pouvez me confesser et me donner tous les sacrements; je les recevrai avec bonheur. J'appartiens à une famille chrétienne, et puis j'ai eu de si bons maîtres au collége de Marcq ; j'en ai reçu de si bons principes que je suis heureux de l'occasion de remplir mon devoir de chrétien après avoir rempli celui de soldat. » Je lui administrai donc les sacrements, et après encore une heure de courage et de prières, il rendit le dernier soupir.

— Le même jour, à cinq heures du soir, au moment où commençait la débâcle de Forbach, nous arrive à l'ambulance du quartier-général un capitaine du même régiment avec six de ses hommes... Ils étaient tous criblés de blessures légères et ils étaient les seuls qui restassent de toute la compagnie... Le vieux soldat, un brave s'il en fut, marqué déjà de bien des blessures reçues en d'autres campagnes, s'approche de nous. Le sang et les larmes inondaient sa mâle figure, et s'adressant à tout le personnel de l'ambulance, il nous cria avec une animation extrême : « Messieurs, voici le capitaine et sa compagnie. De tous mes pauvres enfants, voici les six qui me restent. Messieurs, je ne sais si vous avez la foi... ; mais je dois vous dire que ces six et leur capitaine portent tous le Scapulaire, et qu'ils proclament hautement que c'est à ce signe qu'ils doivent leur salut... Voyez, Messieurs, les voici... » Et se découvrant la poitrine et découvrant celles de ses six hommes, il nous montrait les sept Scapulaires sur ces sept vaillants cœurs, avec un tel accent de foi et de reconnaissance envers la Sainte-Vierge que tous les assistants ne purent lui répondre que par un silence de respect et d'admiration.

LA MÈRE BAULMÉ.

Le 2 septembre 1870, le 16e régiment de marche, composé de trois bataillons de mobiles du Rhône, arrivait à Belfort. Nous étions partis du camp de Sathonay à dix heures du soir la veille, et nous arrivions à quatre heures de l'après-midi, exténués, couverts de poussière.

On nous logea dans les granges et les écuries des faubourgs. Pour tout costume militaire, nous avions à cette époque un képi et une horrible blouse bleue au col rouge, avec un galon posé en angle sur la manche.

Parvenus au faubourg du Fourneau, alors que nous étions encore sur les rangs, une brave femme s'approcha de moi et me dit : « Monsieur le sergent, vous allez être bien mal dans ces granges ; j'ai une petite chambre libre où il y a deux lits ; ils ne sont pas bons, mais vous serez toujours mieux que sur la paille. Si vous voulez venir avec trois ou quatre de vos camarades, je vous logerai avec plaisir. »

Comme on le comprend, j'acceptai l'offre qui m'était faite, et nous nous installâmes aussitôt, moi et quatre de mes amis, chez cette dame. Le lendemain, nous voulûmes payer, mais notre hôtesse se fâcha tout rouge. Nous la priâmes de nous faire à manger, car nous étions par trop écorchés dans les restaurants, et elle accepta. Elle nous servit à des prix si modiques qu'un nombre considérable de mobiles de ma compagnie prirent l'habitude de venir déjeûner et dîner chez elle.

Quelque temps après l'investissement, alors que la petite vérole commençait à sévir violemment, alors que les hôpitaux regorgeaient de malades (dont bien peu étaient sauvés, faute de soins suffisants), *la mère Baulmé*, car on ne l'appelait déjà plus qu'ainsi, nous déclara qu'elle prendrait chez elle tous les malades de la 4e compagnie, et Dieu sait si elle a tenu parole! Pendant le siége, TRENTE-CINQ de mes camarades, atteints en majeure partie de cette horrible petite-vérole, ont été soignés par elle avec une patience angélique. On sait que le règlement défend de se faire soigner en dehors de l'hôpital militaire, mais *la mère* n'entendait pas de cette oreille, et dès qu'un de nous était malade, elle le venait chercher, l'installait dans sa maison, et toutes les baïonnettes de la garnison ne l'en auraient pas fait sortir. Instruit de ce fait, le colonel Rochas, qui commandait notre régiment, se rendit un jour chez elle. Il y trouva deux des nôtres, horriblement défigurés par la petite-vérole, hideux à voir; *la mère* était en train de leur laver la figure avec du lait tiède, pour adoucir leurs horribles démangeaisons. Touché jusqu'aux larmes, le brave colonel, qui était venu pour faire respecter le règlement, ne put que serrer avec effusion les mains de cette digne femme et la remercier en termes touchants de sa sollicitude pour nous.

Au moment où le bombardement était dans toute sa fureur, alors que les blanchisseuses se refusaient totalement à laver notre linge, *la mère* s'en chargeait, et n'acceptait, en retour de sa peine, que des prix réellement ridicules.

Quand, le siége se prolongeant, nous fûmes tous privés d'argent, elle continua à nourrir une partie de ses *enfants*, avançant ainsi le peu d'économies qu'elle avait, et même elle prêta de l'argent à bon nombre de nous, sans intérêt ni garantie aucune, se contentant de notre simple parole.

Quelques jours avant la fin du siége, sa maison fut incendiée, et son premier soin fut de sauver une multitude d'objets que nous lui avions confiés; elle ne pensa à ses propres affaires qu'après. Obligée de se réfugier avec ses quatre enfants chez un parent, elle ne cessa point son œuvre de dévouement envers nos malades, et le jour de notre départ de Belfort, je la trouvai, à cinq heures du matin, un grand pot de café au lait à la main, le donnant *gratis*, comme ses soins, à ses *enfants*.

Peu de temps après, traduisant une réclamation à un sous-officier prussien, elle en recevait un coup de sabre qui lui entaillait l'avant-bras droit, bien heureuse encore d'avoir pu parer ce coup qui lui avait été porté à la tête.

En vérité, je le demande, cette brave femme n'a-t-elle pas mérité la croix?

HENRI DE FALAISEAU.

La famille du marquis de Falaiseau appartient tout à la fois à l'Orléanais et au Nivernais. Aussi les *Annales* d'Orléans s'empressent-elles, comme les *Semaines religieuses* de Tours et de Nevers, de consacrer quelques lignes à la mémoire d'un noble défenseur de l'Eglise et de la France.

Henri de Falaiseau était le type du gentilhomme chrétien; sa bravoure égalait sa foi. Plein d'entrain et de gaîté, il allait au feu comme il allait à la sainte table, sans crainte comme sans forfanterie. Le soir, dans une réunion d'amis, à voir cet esprit charmant s'échapper en mots heureux, en joyeuses saillies, ceux qui ne l'auraient pas connu ne se seraient jamais doutés que le matin il avait reçu son Dieu ou qu'il aurait pu recevoir la mort.

Un des hommes qui ont été le plus à même de l'apprécier écrivait à son père : « Votre fils n'a pas été seulement un saint, c'était encore un cœur plein de noblesse, de générosité, de dévouement, qui ne comptait ni les difficultés ni les dangers. Qui n'a connu son enthousiasme pour tout ce qui est noble, son amour pour sa patrie, son ardeur pour le métier des armes? Il m'écrivait de Saint-Cyr : *Devenir un militaire brave comme la lame de son épée, chrétien comme ces hommes de l'ancienne roche, d'une moralité exemplaire, voilà l'idéal que je poursuis et qui remplit toutes mes espérances.* Henri a été fidèle à ce programme que lui avait dicté son cœur si noble et si pur. »

Atteint grièvement au bras à la bataille de Gravelotte, il aurait pu se retirer. Il voulut rester. A la vue du sang qui coule en abondance, on le presse de quitter le champ de bataille. Il demeure au milieu des soldats. Il faut un ordre exprès de son capitaine pour l'obliger à recevoir les premiers soins qu'exigeait sa blessure.

Transporté à Metz, il resta renfermé pendant toute la durée du siége, mais ce fut pour soigner les autres bien plus que pour se faire soigner lui-même. A l'ambulance des Jésuites où on l'avait envoyé, il étonna tout le monde, excepté lui même, par sa charité et son abnégation. Il n'a qu'un bras valide, et il l'emploie à soulager toutes les douleurs qui l'entourent. Il rend à ses camarades les services les plus abjects; et, malgré les plaintes et la mauvaise humeur dont on paye quelquefois ses peines, sa patience est inaltérable. C'est le témoignage que lui rend un capitaine, son compagnon d'ambulance : « Nous l'appelions, dit-il, *la sœur de charité*; c'en était une en effet, et si sa blessure a été si longue à se guérir, cela tient aux fatigues qu'il prenait et aux soins qu'il donnait à des plaies souvent dangereuses. »

Dès les premiers jours de la capitulation de Metz, il parvint, quoique souffrant, à sortir de la ville. Il traversa les lignes prussiennes, les mains dans ses poches, comme s'il eût fait une simple promenade matinale, et vint frapper à deux lieues de là à la porte d'un curé secrètement averti de son arrivée. Quelle ne fut pas sa surprise de trouver deux Prussiens, un officier et un ministre protestant, installés au presbytère! L'effroi et l'embarras du pauvre curé n'étaient pas moindres. Pour tous les deux, en effet, il s'agissait d'être fusillés si le prisonnier était reconnu. Ils se continrent néanmoins l'un et l'autre, et Henri de Falaiseau déjeuna bravement et de bon appétit, en compagnie de ses deux ennemis, qu'il dérouta par son air de jeunesse et l'aisance de ses manières. Bien qu'imparfaitement guéri de sa blessure, il reprit du service comme capitaine dans un bataillon de chasseurs. C'est à la tête de ses soldats qu'il fut frappé, le 29 janvier, au combat de Chaffoy. Sa mort est un deuil cruel pour les deux nobles familles de Falaiseau et de Maumigny.

Henri de Falaiseau est tombé à vingt-neuf ans.

Pour tout éloge funèbre, nous reproduisons ces quelques lignes que son commandant adressait aux parents de notre héros. Blessé lui-même, l'officier supérieur oublie ses souffrances pour pleurer un compagnon d'armes. On pourrait citer comme modèle de la littérature du champ de bataille ce billet écrit au crayon par la main d'un homme de cœur :

« M. le capitaine de Falaiseau a été frappé au même moment que moi. Comme j'étais à cheval, j'ai pu arriver promptement à la chambre que nous occupions avant le combat et en faire une ambulance. Le docteur coupait ma tunique et les manches de mon bras, lorsque, sur une couverture, on apporta M. de Falaiseau. « Voyez, dis-je au docteur, voyez ce qu'a le capitaine. » Quand il revint à moi, je vis à sa figure que notre ami était perdu. Je me levai, et, soutenu par le docteur, j'allai serrer la main et donner le dernier adieu au brave soldat tombé en faisant son devoir. Une balle était entrée dans le côté, une hémorrhagie interne s'était produite, et la mort avait été instantanée, car l'œil était fermé, déjà la main ne répondait plus, et mon appel n'a pas été entendu. On l'étendit sur la paille à côté de nous et des autres blessés qui arrivaient successivement. Les hommes qui l'avaient apporté étaient retournés au combat. Le lendemain j'amenais son corps à Pontarlier, et je donnais des ordres pour qu'il y fût enterré.

» S'il m'est permis maintenant de parler en chrétien, je vous dirai, monsieur, que Henri est mort dans l'accomplissement de son devoir en soldat chrétien. Quelques jours auparavant, le hasard, les mêmes croyances, le même besoin de prier nous trouvaient réunis dans une église de village, et lorsque nous sortîmes tous deux, nous savions que nos destinées étaient confiées au Père céleste, et nous marchions avec confiance sous l'œil de Celui qui ne permet pas qu'un cheveu de notre tête soit enlevé sans qu'il le veuille. Que vous dirai-je de plus, monsieur? La mort du martyr et la mort du soldat se ressemblent. Le premier meurt pour sa foi, l'autre pour son devoir. »

PRIONS TOUJOURS.

Quelqu'un écrivait, il y a quinze jours : « Que les armes nous soient contraires, que Dieu mette de l'autre côté les chevaux, les canons et les habiles chefs de guerre ; il y a des armes qu'il ne veut pas nous ôter et qu'il ne donnera pas à l'ennemi victorieux pour un jour. » L'une de ces armes, c'est la prière. - A l'heure douloureuse où nous nous trouvons, ces paroles doivent être rappelées comme une espérance. Elles nous indiquent d'où le secours peut nous venir, et d'où certainement, si nous nous tournons vers Dieu, le salut nous viendra.

Sans doute beaucoup semblent encore ne point soupçonner que Dieu est pour quelque chose dans le destin des peuples. Mais à côté de ceux qui ne voient pas, il y a les enfants de la lumière, et ils sont nombreux dans la généreuse et chrétienne France. Comme leurs pères des siècles de foi, ils prient la sainte Vierge, patronne de la France; saint Martin, le palladium des Gaules; sainte Geneviève, qui sauva l'antique Lutèce des fureurs d'Attila ; saint Victor de Marseille, soldat et martyr ; saint Denis de Paris et saint Rémy de Reims ; sainte Clotilde, par qui la France fut conquise à Jésus-Christ; saint Louis, l'honneur de notre nom et la gloire la plus pure de nos annales.

Aujourd'hui ces invocations retentissent partout; au château et dans la chaumière, auprès du foyer que garde et sanctifie une épouse chrétienne. Elles s'élèvent du cœur de la mère pour son fils, de celui de la jeune fille pour ses frères qui, demain peut-être, seront engagés dans les hasards de la mêlée. Elles sont avant tout familières à l'homme du sanctuaire. Le prêtre prie pour ces jeunes hommes qu'il a baptisés, instruits, fortifiés par les sacrements, qui étaient son espérance, et que la guerre seule eût suffi à rendre la portion la plus touchante de sa famille.

Plus qu'ailleurs, on prie dans les cloîtres.

A quoi, demande-t-on, nous servent les moines, les religieuses? — Ils prient. — Ce mot dit qu'ils sont une armée, et que leurs phalanges forment un bataillon sacré qui combat pour la France. Non-seulement ils prient, mais ils se dévouent et s'immolent dans les jeûnes et les mortifications ; plusieurs offrent leur vie pour le salut commun.

Un homme d'Etat allemand, à qui l'on faisait le décompte de nos religieuses disait : « La France est sauvée, car il n'y a rien de pareil dans le reste du monde. » Acceptons l'augure de cette parole, et croyons que les mains innocentes et les cœurs purs referont parmi nous l'œuvre de sainte Geneviève et de Jeanne d'Arc.

ALBERT ROUVIÈRE.

— On écrit de Nîmes :

« Nous pleurons et nous sommes fiers. Un enfant du collége de l'Assomption, mon élève et mon ami, le capitaine Albert Rouvière, est tombé glorieusement, après s'être battu comme un lion. C'était un bel officier, fort instruit, d'un brillant avenir. »

Albert Rouvière était âgé de trente-deux ans. Ancien officier d'ordonnance de l'infortuné Maximilien, empereur du Mexique, capitaine adjudant-major au 77ᵉ de ligne, il allait être promu au grade de chef de bataillon, dont il faisait les fonctions à Sarrebruck et à Forbach.

A Saint Avold, il avait reçu le *Pain du voyage, le Pain des forts,* ce pain qui donne la vie et le courage, et qui transforme les chrétiens en lions pour le combat; — « après avoir fait la meilleure de ses confessions, » disait-il dans l'intimité domestique, avec cette délicatesse de piété qui était une des distinctions de son caractère. Au soldat qui se penchait sur son corps pour recueillir son dernier souffle, il a pu dire dans un suprême effort : « — Je vous prends à témoin que je meurs en soldat et en chrétien. » Grandeur d'intention, noblesse de parole qui élèvent la mort sur le champ de bataille à la hauteur d'un véritable martyre.

LE RÉCIT D'UN AUMONIER DE L'ARMÉE.

14 septembre 1870.

Monsieur le rédacteur,

C'est un désir naturel de raconter ce qu'on a vu, surtout si le concours des circonstances vous a rendu témoin de quelqu'un de ces événements extraordinaires qui sont les surprises de l'histoire. Toutefois, si je n'avais d'autre titre pour vous parler, je me tairais aujourd'hui, non-seulement dans la crainte de redire ce qui a été mieux dit avant moi, mais aussi, et bien plus encore, parce que le silence est le meilleur compagnon de la tristesse et de la stupeur.

Aussi ne viens-je pas vous parler de nos revers ; mais, appelé à l'honneur de suivre nos soldats pour tenir toujours à leur portée le pardon de Dieu et l'espérance du ciel, je considère en ce moment comme un devoir de rendre un public témoignage à l'estime et à l'usage qu'ils ont fait de ces religieux secours.

Dans ces longues journées de marche qui ont précédé les trois fatales rencontres, le rôle de l'aumônier se bornait presque toujours à partager les fatigues du soldat, à se montrer dans les rangs comme pour dire : Amis, je suis là.

Seul, celui que son titre attachait à l'avant-garde pouvait mettre à profit les loisirs de la colonne arrivée la première à l'étape. Ainsi faisait, à la tête du premier corps, le vaillant échappé de Reichsoffen, celui dont de nombreux amis ont pleuré la mort et que nous étions tout heureux de retrouver plein de vie à notre tête, M. l'abbé de Beuvron. Sur pied avant le jour, en marche avec les siens, arrivant vers midi à l'étape, sa première visite était pour le curé du prochain village : il prenait avec lui les dispositions nécessaires, puis se rendait au camp et annonçait à travers les tentes une réunion à l'église pour le soir. Jamais cet appel ne fut stérile : chaque soir un nouveau sanctuaire voyait accourir, couverts de boue ou de poussière, les jeunes recrues et les vieux troupiers, heureux d'entendre cette parole fraternelle qui repose l'âme, la relève et la purifie. L'instruction terminée, beaucoup demeuraient sur leurs bancs ; vous devinez pourquoi : c'était pour se confesser. Le soldat appelle les choses par leur nom.

Embarrassé le plus souvent dans les lenteurs de l'arrière-garde, je n'ai pas connu, pendant les marches, la joie de ces charmantes réunions. Plus d'une fois, cependant, parmi les fatigues de la route, le prêtre côtoyant la colonne discernait dans le regard du troupier comme une interrogation et une espérance ; la réponse muette ne se faisait point attendre, et sur le revers du fossé on voyait le prêtre et le soldat cheminer côte à côte comme absorbés dans un entretien intime, la main du prêtre s'élevait discrètement pour tracer la croix, la tête du soldat en marche s'inclinait un instant sous le pardon, puis les deux mains se serraient dans une chaude étreinte, et le soldat courait reprendre sa place, le cœur léger, prêt à dire à la mort : « Viens, si tu veux, je ne te crains plus. »

Elle vint, en effet, pour beaucoup d'entre vous, nobles enfants d'un pays malheureux ! Le 30 août, jusqu'à midi, l'armée de Châlons ne connaissait de la guerre que les privations et les fatigues ; le soir de ce même jour, elle avait fait une rude expérience de ces trois choses qui s'appellent la défaite, la douleur et la mort. Ici commence le labeur pour ceux que Dieu a chargés non de détruire, mais de consoler et de guérir. Prêts à sortir de la petite ville de Mouzon pour continuer, à la suite du 12e corps, notre marche sur Montmédy, nous sommes arrêtés à la porte par deux flots qui se croisent et se contrarient : l'artillerie s'élance au galop sur la hauteur pour installer ses batteries, la cavalerie descend au trot pour se poster dans la vallée.

Il ne s'agit plus de marche pour la journée, il s'agit de combat. Déjà le canon prussien retentit formidable sur les collines de Beaumont, et la fumée s'élève en colonnes épaisses : Mac-Mahon est là, devant nous, avec son état-major, observant les débuts de l'affaire qui se passe encore à deux lieues : une vive curiosité nous presse de rester auprès de lui, et de voir enfin de nos yeux cette chose inconnue dont le nom est si familier à nos lèvres : une bataille. Mais voici un chasseur à pied qui m'arrête au passage : « Monsieur l'abbé, me dit-il, je crois qu'on a besoin de vous à l'hôpital. — Eh quoi ? y a-t-il donc déjà des blessés ici ? » Adieu la curiosité, voici le devoir. Je cours à l'hôpital ; un blessé vient d'être apporté ; son état est affreux : ses entrailles pendent sanglantes avec ses chairs arrachées ; mais déjà un de mes collègues a pris place auprès de son lit. Le malheureux a sa pleine connaissance ; le prêtre a reçu ses aveux, il lui a donné avec le suprême pardon l'onction qui fortifie l'athlète pour le dernier combat : un quart d'heure ne s'est pas écoulé, et le premier blessé a rendu son âme à Dieu. Mais en voici bien d'autres qui arrivent : l'un est sur un brancard, l'autre sur un cacolet ; celui-ci vient à pied, il a parcouru huit kilomètres avec une main emportée ; c'est un sergent de zouaves : il monte au pas de course les degrés de l'hôpital. « Qu'avez-vous, mon ami ? — Ce n'est rien, répond il, il me manque une main. »

L'ambulance militaire n'est pas là : elle se trouve embarrassée, sur les bords de la Meuse, parmi les bagages de l'armée. Que vont devenir ces pauvres blessés qui ne cessent d'arriver plus nombreux, à mesure que le combat se rapproche ? Heureusement, la deuxième ambulance internationale n'a pas encore quitté Mouzon.

Sous la direction du docteur Sée, le service est organisé en un clin d'œil : pansements, extractions de balles, amputations nécessaires, soulagements précieux, tout arrive à point ; les jeunes médecins et étudiants attachés à l'ambulance font preuve, en cette première rencontre, d'un sang-froid et d'une adresse qui répondent à leur dévouement. Pendant qu'ils prodiguent leurs soins aux membres meurtris et déchirés, les deux aumôniers de leur ambulance, puis le vénérable doyen de Mouzon et son vicaire, ne cessent d'aller de place en place porter la consolation et le pardon. Nous avons eu aussi notre part à ce glorieux ministère, et, dans cette première journée, pas un blessé ne s'est rencontré qui ne l'ait accueilli avec joie et reconnaissance.

Mais voici un fracas effroyable, signe certain de notre défaite.

A chaque instant, la mousqueterie plus proche nous annonce que l'ennemi gagne du terrain. Des hauteurs opposées qui environnent Mouzon, les deux artilleries se répondent, et leurs obus croisés passent en mugissant par dessus la grande place ; au roulement des feux de peloton se joint le grincement sinistre des mitrailleuses Tout à coup voici les pantalons rouges qui envahissent la place ; ils sont refoulés jusqu'aux portes de l'hôpital.

A ce moment solennel, il faut pourvoir au salut des blessés. Nous fermons les portes, en ayant soin de jeter en dehors toutes les armes ; puis, les bras croisés, sur le perron, nous attendons l'événement. Trois fois entraînés par l'intrépide maréchal, nos fantassins s'élancent en avant ; trois fois, nous les voyons revenir en désordre. L'un d'eux a la main percée ; il accourt à moi : « Faites-moi vite bander la main, que je retourne au feu. Je veux aller mourir.

Il est six heures du soir : le combat est encore plus acharné au faubourg. Plusieurs de nos officiers supérieurs trouvent dans cette rue de village une mort glorieuse. Toutes les maisons, toutes les granges sont encombrées de blessés ; la paille est rougie de sang. La nuit tombe et un silence de mort succède au tumulte du combat. Les Français battent en retraite sur Sedan, hélas ! (ce n'était pas leur chemin) et les Saxons attendent le jour pour faire leur entrée dans Mouzon. Jusque-là (procédé sommaire d'éclairage), ils allument deux maisons aux deux bouts de la ville pour observer les mouvements de l'ennemi !

Toute la nuit se passa pour nous à visiter nos pauvres blessés ; l'hôpital regorgeait ; l'église, transformée en ambulance, contenait deux cent cinquante malades ; la maison d'école en était remplie.

Si l'incendie venait à gagner! Il y eut là deux heures de mortelle angoisse. Enfin le feu s'amortit; la plainte des blessés s'endort, elle aussi, vaincue par la fatigue, et chacun tombe par terre pour prendre un instant de repos.

Le lendemain et le surlendemain, dans les environs de Sedan, se jouaient les destinées de la France, et nous ne savions rien de ce qui se passait. Occupés, soit à battre les bois et les champs pour y rechercher les blessés oubliés, soit à les visiter dans toutes les maisons de la ville, nous n'accordions qu'un regard indifférent au spectacle nouveau pour nous des uniformes prussiens. Là, cependant, nous pûmes les voir à l'œuvre, pleins d'égards et de soins délicats pour les blessés, rudes et brusques avec les habitants, exigeants, mais disciplinés pour la plupart, et malgré d'inévitables excès, desquels aucune armée victorieuse ne sut jamais entièrement s'abstenir, dignes jusque-là de l'estime de ceux qu'ils avaient vaincus.

Cependant le canon du 1er septembre avait dû nous préparer de nouveaux labeurs. Inquiet de l'événement, je laissai mes confrères au soin des blessés de Mouzon, et je partis le 2 pour me mettre au service des blessés de Sedan. Sur la route, la rencontre inattendue de longs cortéges de prisonniers vint m'avertir de notre désastre. Hélas! alors même je n'en pouvais soupçonner l'étendue. C'était l'heure où la main qui devait tenir l'épée de la France signait sa honte. Tout a été dit sur la capitulation : je n'y reviendrai pas ....

Entre Douzy et Sedan, affreux itinéraire. Je n'essayerai pas, après tant d'autres, d'en retracer les horreurs. Et pourtant je l'ai vu, ce bourg de Bazeilles, la veille encore asile florissant de 2,000 habitants, succursale active de la grande industrie sedanaise : aujourd'hui monceau fumant de pierres calcinées, de cadavres noircis par les flammes. Et qui donc a pu allumer cet incendie inexorable qui n'a rien oublié? Sont-ce les bombes du combat? Non; c'est la main patiente du Bavarois, instrument d'une barbarie qui, au nom de la civilisation, insultait en le châtiant l'héroïsme des défenseurs.

Je sors de cette fournaise où l'air même est embrasé. Je poursuis ma route au milieu des régiments prussiens, dont les musiques triomphantes, échos admirables des grands maîtres, ne font qu'irriter ma douleur. Deux prêtres bavarois m'arrêtent au passage : « Vous êtes Français, me disent-ils, vous allez pouvoir etre utile au curé de Balan qui sera probablement fusillé. » Je m'approche, glacé d'horreur. Le conseil de guerre siége dans la plaine; au centre, un vieillard dresse noblement sa tête blanche; le vent souffle impétueux, la pluie tombe en abondance, les feux obscurcis de Bazeilles reprennent, à la faveur de la nuit qui s'approche, une lugubre intensité.

De quoi est-il accusé, ce vieux prêtre? D'avoir tiré sur l'ennemi. Oh! cette accusation, il la repousse avec indignation ; le pasteur ne sait pas l'art de tuer. — Mais, du moins, il a pris part à la défense. – Oh! s'il suffit pour cela d'avoir accueilli nos braves soldats de marine, qui, de toutes les fenêtres du bourg, infligeaient à l'ennemi des pertes sanglantes, pourquoi non? Devrait-il en rougir? — A en croire mes interlocuteurs, il le devrait assurément. Pendant ces deux mortelles heures que je passai avec eux dans ce champ, j'eus tout le loisir d'apprendre comment ils entendent la civilisation. Celui-là est civilisé qui considère le soldat comme une machine à tuer, et lui en laisse le droit; — le bourgeois comme une machine à subir les conséquences de la guerre, et ne lui permet pas d'y prendre part. Un médecin se mêle à notre entretien : il partage l'avis de ses compatriotes; mais, avec plus de sagacité, il ajoute : « En matière de civilisation, il nous est difficile de nous placer au point de vue des Français. – Oui, monsieur, car à notre place vous n'eussiez pas, sans doute, admiré les Espagnols, et dans le siége de Sarragosse l'humanité eût été, à vos yeux, du côté des envahisseurs! »

Enfin le conseil a terminé son œuvre. Renvoyé à une juridiction supérieure, le vénérable curé entendait, le lendemain, prononcer son arrêt de mort, et ne devait la vie qu'à la *clémence* du général. Moins heureux, un pauvre paysan, que je vois assis, pâle, défait, va subir sa peine. Hier déjà une famille entière, le père, la mère, l'enfant, sont tombés sous les balles prussiennes; voici leurs trois cadavres dans le fossé de la route. Je les ai vus de mes yeux.

J'arrive à Sedan, je vois notre armée captive défiler sans armes devant nos vainqueurs; je vois nos canons, nos mitrailleuses se ranger en parc sous les ordres de l'ennemi; je vois nos chassepots entassés sur les remparts, et chargés dans nos propres voitures par les mains de l'étranger. J'entends ce cri sinistre : « Brisons, brisons! » Ce sont nos lanciers qui n'ont pas encore rendu leurs armes, et qui, les jetant à terre, les rompent d'un seul coup. Mais je ne suis pas venu ici pour me repaître de ces lugubres spectacles. Je cherche les blessés : ils sont partout. Hôpitaux civils et militaires, églises, théâtres, temples, écoles, tribunal, usines, maisons particulières, tout dans la ville est ambulances; au dehors, tous les villages regorgent de malheureux à qui tout manque, même un peu de pain, même une poignée de paille pour reposer leurs membres sanglants. De toutes parts cependant les soins s'organisent. Plus d'une main habile et généreuse travaille à soulager ces misères. C'est le moment pour le prêtre de songer aux âmes.

Je puis affirmer ici que chacun a fait son devoir. Pendant dix jours, pour ma part, je n'ai cessé de m'agenouiller de place en place, recueillant l'aveu sur les lèvres du blessé, et lui rendant en échange la grâce et la paix. Les catholiques allemands, et ils sont nombreux, ne sont pas les moins empressés à saisir ce crucifix que je porte à mon côté, et que les baisers de cent mourants me rendront à jamais sacré. Si quelqu'un doutait des services que le sacerdoce catholique rend à nos blessés, je l'inviterais à prendre les blessés pour juges : sur plus de 500 à qui j'ai offert mon ministère, il s'en est trouvé six qui n'en ont pas profité. Et je ne parle pas seulement de ceux à qui les approches de la mort enlevaient toute autre espérance : un grand nombre, retenus par des blessures relativement légères, saisissaient avec empressement l'occasion de se mettre en paix avec Dieu, et le sourire de l'incrédulité disparaissait de leurs lèvres quand j'en approchais l'image sacrée du Rédempteur,

Chaque soir, à mon retour d'un village dont j'avais parcouru les maisons, je réunissais, dans la chapelle des Frères, les blessés *valides* de mon ambulance : j'avais le bonheur de leur parler de Dieu et de la patrie, puis nous faisions ensemble la prière du soir, et je leur donnais la bénédiction du Saint-Sacrement. Dès le premier soir, douze restèrent pour se confesser, et l'un d'eux me disait en pleurant : « Ah ! monsieur, vos paroles de tout à l'heure m'ont été jusqu'au fond du cœur. — Non, mon ami, vous vous trompez, lui dis-je, ce ne sont pas mes paroles, c'est Dieu qui a pénétré dans votre cœur ; il vous attendait ici : il vous fallait cette blessure pour retrouver le chemin du ciel. »

Cependant, grâce aux mesures intelligentes de l'autorité prussienne, l'évacuation des blessés se faisait rapidement. Au bout de dix jours, j'avais terminé ma tâche et je me hâtais de demander à la libre terre de Belgique un passage pour regagner notre Paris et m'enfermer dans ses murs avec ses défenseurs. Et maintenant, Paris, souviens-toi de ceux qui sont tombés au loin pour te couvrir. Toi aussi, tu vas combattre : imite les en toutes choses, ces nobles aînés. Imite-les dans leur héroïsme, mais imite-les aussi dans leur foi. Pas plus qu'eux, ne rougis de t'agenouiller devant Dieu et devant son Christ, de demander la victoire au pied de l'autel et le pardon au tribunal de la miséricorde. Savoir prier, c'est savoir vaincre, puisque c'est savoir mourir.

Ch. d'Hulst, prêtre,
Aumônier du 12e corps.

LA GARDE MOBILE A PARIS.

(Septembre 1870)

Paris est inondé de la garde mobile de province, jeunes gens qui apportent à la ville menacée leur intelligence, leur bonne volonté et leurs vingt ans épanouis. C'est beau d'avoir vingt ans et de les mettre, avec un entrain sans amphase, au service de son pays.

Les mobiles nouveaux venus portent des uniformes de fantaisie dont la coupe, la forme et la couleur laissent le champ libre aux caprices des municipalités diverses qui les ont élaborés. C'est la blouse bleue avec parements rouges, c'est la vareuse brune, voire la vareuse noire, qu'un galon écarlate militarise suffisamment.

Toutes les tenues ne sont pas martiales, ni les démarches belliqueuses, — on peut porter un grand cœur dans une bourgeoise enveloppe d'ouvrier ou de commerçant, — mais les visages sont résolus, et c'est là l'essentiel.

Paris, tout sceptique qu'il est, regardait ce matin, avec complaisance, les mobiles bretons montant en bon ordre à la Madeleine, où ils allaient entendre la messe au nombre de deux ou trois cents. On en rencontre isolément dans les églises, qui, dans l'ombre recueillie, se sentent plus à l'aise pour recommander à la Providence la mère qu'ils pleurent, la femme aimée que leur départ met en deuil.

Si derrière le pilier où vous les apercevez immobiles, pensifs, une larme monte à leurs yeux et une prière de leur cœur, ne craignez pas que ce tribut payé aux affections brisées n'affaiblisse leur courage : la vaillance qui s'appuie sur la foi n'en devient que plus irrésistible.

Je ne sais pas, d'ailleurs, d'heure plus solennelle pour se dire à soi-même, pour dire à tous ce mot simple, sévère et fortifiant : *Sursum corda ! Le cœur en haut* !

Le cœur en haut ! soldats décimés qui luttez encore à Metz, à Strasbourg, à Toul, à Montmédy.

Le cœur en haut ! hommes jeunes et courageux qui allez offrir vos poitrines pour cibles à l'ennemi.

Le cœur en haut ! blessés qui souffrez sans vous plaindre pour la Patrie vaincue.

Le cœur en haut ! êtres dévoués, — médecins, infirmiers, aumôniers, — qui savez braver à la fois le danger, la fatigue et les dégoûts.

Le cœur en haut ! épouses qui attendez, brisées, des lettres qui n'arrivent pas, des nouvelles qui n'arrivent plus.

Le cœur en haut ! mères qui avez donné vos fils.

Le cœur en haut ! vous tous qui aimez, qui pleurez, qui espérez un retour et ne reverrez pas même un cadavre.

Le cœur en haut ! vous surtout, hommes politiques élus dans une heure de crise par un peuple aux abois, qui portez le lourd fardeau de la défense nationale, de la tranquillité intérieure, de la confiance publique.

Le cœur en haut ! à quelque croyance que vous apparteniez, car l'instant est suprême, et les plus forts pourraient faiblir sous la responsabilité de leurs actes, en face des conséquences redoutables qui en peuvent ressortir.

Le cœur en haut !... cela donne une force inconnue pour porter l'épreuve, une mystérieuse sérénité pour attendre les éventualités sinistres, une foi pure pour se courber sous une main toute puissante.

Le cœur en haut ! c'est, je le sais bien, le mot de la religion ; mais combien, aujourd'hui, il est utile et consolant d'en faire le mot du patriotisme.

(*Salut public*). CLAIRE DE CHANDENEUX.

CHRÉTIEN FIDÈLE ET BON FRANÇAIS.

Ernest Sageret est mort le 11 octobre dernier des suites d'une blessure qu'il avait reçue dans les Vosges, à la tête de la compagnie des francs-tireurs de Neuilly. Rien ne pourra mieux faire connaître ce noble cœur, cette âme tendre et vaillante, que les quelques lignes qu'il écrivait quelques jours avant son départ pour les Vosges, au moment où, malgré tant d'affections qui cherchaient à le retenir, il prenait sa courageuse et patriotique résolution :

« Nous avons perdu deux batailles (Wissembourg et Reischoffen);
» je pars demain pour la frontière au devant de l'envahisseur. Ma
» chère morte serait contente de moi et je suis sûr d'agir comme
» elle l'aurait désiré. Mon testament est fait. . Mon brave servi-
» teur, Louis, part avec moi... Adieu, mes enfants, un jour vous
» lirez ceci. Souvenez-vous alors d'être d'honnêtes gens, de fidèles
» chrétiens, de bons Français, et si l'occasion s'en présente,
» faites votre devoir en face de l'ennemi et devant Dieu... O ma
» bien-aimée, je ne pouvais avoir une plus noble et plus sainte
» occasion de t'aller rejoindre ! Que Dieu protége la France ! »

« Dieu protégera aussi les orphelins qu'il laisse derrière lui, et les rendra dignes de recueillir l'héritage d'honneur que leur a laissé leur p re. »

UNE ARMÉE AINSI COMPOSÉE SERAIT INVINCIBLE.

Le marquis de Fénelon, neveu de l'archevêque de Cambrai, ne pouvant marcher par suite d'une blessure, se fit mettre à cheval pour escalader les retranchements autrichiens, à la bataille de Rocoux, et fut tué glorieusement dans la victoire. Voltaire, parlant de ce noble guerrier, ajoute : *Son extrême dévotion augmentait encore son intrépidité : il pensait que l'action la plus agréable à Dieu était de mourir pour son roi. Il faut avouer qu'une armée composée d'hommes qui penseraient ainsi serait invincible.*

Voltaire a raison sur ce point : il existe un rapport intime entre la religion et le patriotisme, entre la *dévotion* et l'*intrépidité*. C'est à ces deux nobles sentiments étroitement unis que nous devons nos gloires militaires les plus pures et, si je puis le dire, les plus françaises; ce sont eux qui forment les traits caractéristiques des grandes figures de Clovis, de Charlemagne, de saint Louis, de Jeanne d'Arc et de Bayard.

LE VRAI SOLDAT SAIT PRIER ET N'A PAS PEUR.

A Paris, au club des montagnards, un orateur discourait sur et contre le général Trochu, qu'il accusait de momifier les soldats en leur faisant distribuer des livres de prières. Ce disant, l'orateur faisait passer devant les yeux de l'assemblée, comme preuve palpable, un excellent livre que nous avons déjà recommandé plusieurs fois, le *Manuel du soldat*, et énumérait ironiquement les titres des prières qu'il contient.

Tout-à-coup une voix énergique réclame la parole.

« — Est-ce pour ou contre ce que dit l'orateur? interroge le président.

» — C'est contre, répond la voix avec un accent plus ferme encore. »

On pousse l'interrupteur à la tribune. C'était un bel et grand jeune homme, de fière mine, de mâle tournure, dont la seule vue impressionne les clubistes.

« — Messieurs, dit-il, je viens protester contre les paroles de l'orateur. Il a osé dire que le général Trochu est un lâche. Je donne à cette accusation le plus formel démenti, car l'orateur ne connaît point le général, et je le connais, moi ! L'orateur a osé dire encore que le général Trochu voulait momifier les soldats parce qu'il leur faisait faire leurs prières. Eh bien ! je le dis très-haut : pour moi, je trouve mon meilleur secours et ma plus grande joie dans les prières que m'enseigna ma mère. Et cependant je n'ai pas peur, car je suis un des cuirassiers de Reischoffen, et à peine revenu, l'on m'a revu parmi les éclaireurs qui vont le plus près de l'ennemi. »

Ces quelques paroles furent dites d'un ton si loyal à la fois et si ferme qu'elles emportèrent la plus grande partie de l'auditoire. Le jeune homme fut vigoureusement applaudi et l'insulteur, réduit à un complet silence.

LE COMBAT.

Nous empruntons au livre que Trochu a publié en 1867, intitulé l'*Armée Française*, les passages suivants. Nous croyons que, dans les circonstances présentes, ces quelques pages admirablement écrites seront un encouragement et un aide puissant à relever le moral de nos soldats :

Sursum corda.
Elevez vos cœurs.

« Le combat, dans sa réalité, est un drame saisissant. Il remue profondément l'âme humaine et la soumet, alors même qu'elle est préparée par de généreuses inspirations, par l'éducation, par l'habitude, à des épreuves multipliées, variables, imprévues. Celles qui viennent assaillir les officiers chargés du commandement à ses divers degrés, avec une responsabilité proportionnelle, diffèrent de celles qui atteignent la foule des combattants; mais tous en ont leur part, et la plus lourde pèse naturellement sur le commandant en chef.

» Devant ces épreuves, les hommes sont inégaux entre eux; et souvent il arrive qu'ils sont très-inégaux par rapport à eux-mêmes, c'est-à-dire par rapport à ce qu'ils ont été dans d'autres combats. C'est que le ressort, l'entrain, la bravoure, l'intelligence elle-même ont leurs bons et leurs mauvais jours. Les préoccupations de famille ou d'affaires, l'état du moral, l'état de la santé, l'excès du chaud, la faim, la soif, influent invinciblement sur les dispositions que chacun apporte dans la lutte. On sait que, dans les guerres du premier empire, on distinguait entre la valeur, l'empereur présent, et la valeur, l'empereur absent, de certains généraux, et que la confiance des soldats, dans les mêmes circonstances, s'exaltait ou s'affaiblissait. Enfin, de grands revers, dont les effets sont redoutables parce qu'ils sont généralisés et s'étendent à tout le monde, introduisent, avec le doute, la tiédeur dans l'esprit et quelquefois dans les efforts des troupes.

» Je résume ces observations en disant qu'aucun homme de guerre dirigeant, fût-il à l'épreuve de cent combats, ne peut sans excès répondre absolument d'avoir, à un jour donné, la pleine et entière possession de ses facultés directrices; qu'aucun exécutant n'est assuré de se ressembler toujours à lui même et de rester toujours au-dessus des impressions qui peuvent le saisir. Et ma conclusion, que j'ai déjà exprimée ailleurs, c'est que, entre toutes les qualités d'un homme de guerre, celles qui témoignent le plus hautement de la solidité de son caractère et de la réalité de sa valeur, *c'est la modestie.*

» D'un autre côté, le combat enflamme le patriotisme, le courage, le dévouement, les ambitions. Toutes ces causes certaines d'excitation, et les causes possibles d'affaiblissement que j'ai énumérées, se partagent les esprits et les agitent en des sens différents. Il semble que par l'intensité comme par la diversité des sentiments, des émotions, des intérêts, des passions que provoque l'instant de la crise, on puisse à l'avance en mesurer la grandeur.

» Cette agitation des esprits, soigneusement contenue, reste latente pendant le cours des mouvements qui précèdent le combat; et lorsque la troupe arrive à cette zone, où le sifflement des premiers boulets lancés de loin, et encore inoffensifs ou à peu près, l'avertit que le péril est proche, ses impressions ne se manifestent que par un silence profond. C'est le moment pour les hommes qui commandent, d'agir sur l'esprit des troupes françaises, auxquelles il faut montrer un visage serein et faire entendre des paroles enflammées que leur porte une voix vibrante. C'est à ce moment que l'empereur Napoléon, parcourant le front des lignes prêtes à s'engager, trouvait des mots qui électrisaient le soldat : « En avant, la France vous regarde ! »

» C'est aussi l'heure de manœuvrer, c'est-à dire de prendre les formations tactiques que conseillent les dispositions du terrain, les mouvements de l'ennemi et les circonstances. Car les troupes sont encore tout entières à leurs généraux, elles ont les yeux sur eux, elles attendent tout d'eux, et elles obéissent silencieusement à leur parole. Encore un instant et leur voix et toutes les voix du commandement seront dominées par la tempête du combat. Le canon se rapproche et tonne; la fusillade éclate. Les boulets passent en trouant les lignes; les balles pleuvent en blessant et tuant; des ondes de mitrailles dessinées sur le sol par les soulèvements réguliers d'une poussière épaisse, cheminent en ricochant vers les rangs, les atteignent et les renversent. L'atmosphère est tourmentée par mille bruits à la fois sourds et aigus. Le terrain se couvre de morts, de mourants qui expirent dans d'intraduisibles convulsions, de blessés qui se traînent péniblement, cherchant l'abri des haies, des fossés, des murs de clôture, pour échapper aux pieds des chevaux et aux roues de l'artillerie. Partout des amas d'armes, de coiffures, de havre-sacs; partout des chevaux étendus ou qui errent épouvantés sans maîtres, annonçant à l'infanterie immobile que la charge vient de passer près d'elle. Des soldats accumulés en nombre toujours excessif autour de leurs officiers blessés, les transportent sur les derrières, cherchant le drapeau rouge des ambulances et réclamant des secours. Des groupes dépareillés, qui ont subi des pertes extraordinaires, désertent le combat, la tête égarée, annonçant que l'ennemi les suit, que tous leurs camarades ont été tués, que tout est perdu. D'autres groupes réguliers, venant des réserves, opposent aux premiers le contraste de leur confiance et de leur ardeur; ils courent en avant, s'excitant mutuellement à une offensive résolue.

» O vous tous, hommes de gouvernement et de commandement, qui avez été les témoins de ces crises indescriptibles, dites, pensez-vous qu'à *ce moment*, l'appât de la gloire pour quelques-uns suffise à soulever les cœurs soumis à de telles épreuves? Non, il leur faut un plus noble excitant.

» Il leur faut le haut sentiment des grands devoirs et du sacrifice. C'est alors que, dans leur liberté, ils marchent fermement et dignement à la mort. Et parmi eux, ceux-là ont la sérénité qui croient à une autre vie.

» Général TROCHU. »

TRAIT DE FOI D'UN BLESSÉ.

On veut bien nous envoyer de Chagny le beau trait de foi que voici :

« Un jeune soldat de dix-huit ans, engagé volontaire, me disait dans ma chambre où je lui avais offert l'hospitalité : « Monsieur l'abbé, savez-vous ce que j'ai demandé au bon Dieu? « Non. — Je lui ai demandé de n'être pas tué sur le champ de bataille. — Bah! cette prière n'a rien de surprenant. — Attendez donc ; j'ai prié Dieu d'être blessé et de bien, de bien souffrir avant de mourir. « — Et pourquoi cela, lui dis-je, le regardant tout étonné? — Mais, monsieur, pour avoir le temps de faire mon purgatoire sur la terre. »

« Or tout dernièrement, ce cher enfant laissa tomber son chassepot tout chargé, qui partit aussitôt : la balle lui traversa la jambe, déchirant horriblement les chairs. Ce pauvre jeune homme, transporté à l'hospice de Chagny, endura d'atroces souffrances, calme, résigné. On lui a amputé la jambe, mais sa vie est en danger. Sa prière est exaucée.

Si tous les soldats avaient foi au purgatoire, quel ne serait pas leur courage.

LE COMMANDANT HYPP. LE COMTE.

Le commandant Hippolyte Lecomte, commandant des mobiles de Châteaudun, tué le 1er octobre à l'affaire d'Epernon, diocèse de Chartres. — Le dimanche qui précède cette semaine fatale, d'après le récit de l'*Union de l'Ouest*, M. Lecomte réunissait ses soldats à Argentan. « Mes enfants, leur dit M. Lecomte, je vais faire dire demain une messe à notre intention commune. Je ne force personne à y assister. Cependant vous me ferez plaisir si vous répondez à mon appel : N'oubliez pas, mes amis, Celui qui ne nous oubliera pas ! »

J'ajoute, qu'avant de partir, M. Lecomte avait voulu recevoir tous les secours religieux. Au moment d'engager la lutte, il s'agenouilla dans la rue avec plusieurs de ses officiers pour recevoir l'absolution d'un prêtre qui se trouvait là. Quelques heures après, il était mortellement frappé et mourait de la mort d'un chrétien et d'un héros.

UN BEL EXEMPLE.

Au début du combat de la Fourche, le 21 novembre, la 5e compagnie du 1er bataillon des Mobiles de l'Orne a perdu son capitaine, M. Alexandre Lefèvre, ancien maire de Marche-Maisons. Ses jeunes soldats, qu'il appelait « ses enfants, » l'ont pleuré comme un père. Notre pays regrette en lui l'homme excellent au cœur loyal.

Un acte de foi, simplement, dignement accompli aux yeux de tous, a couronné sa vie tout exemplaire. Il venait de prendre position devant l'ennemi avec sa troupe, lorsque voyant approcher l'aumônier du bataillon, le R. P. Cabirol, il alla à sa rencontre, et lui serrant la main : « Mon père, dans deux ou trois jours, j'aurai quelques mots à vous dire. » — « Pourquoi pas tout de suite, capitaine, répondit l'aumônier, la journée va être chaude. » — « Vous avez raison... Eh bien ! tout de suite..., je suis à vous. »

Les soldats les virent alors qui s'éloignaient ensemble. Ils s'arrêtèrent à quelques pas de là, près d'un talus. Le capitaine s'agenouilla en faisant le signe de la croix ; la main du prêtre se leva sur sa tête, et il reçut l'absolution. Une demi-heure à peine était écoulée qu'il tombait foudroyé, atteint en pleine poitrine par un boulet.

Il était âgé de cinquante ans, il avait servi et comptait plusieurs campagnes faites en Afrique. Courageux, instruit, capable comme il était, nul doute qu'il ne fût arrivé aux grades élevés de l'armée, s'il eût continué l'état militaire. Revenu au pays, il ne s'était pas marié ; il vivait heureux près d'une de ses sœurs plus jeune que lui, qui, toute dévouée à ce frère si parfait, était demeurée au foyer paternel.

Notre capitaine a été enterré dans le cimetière de Condé-sur-Huisne (à peu de distance du hameau de La Fourche) ; il repose près de l'église où il avait fait sa première communion.

Le curé de Condé, son parent, l'a déposé dans un cercueil ; il a béni sa tombe, et la tombe de ses compagnons frappés comme lui.

Sa perte, écrit le digne curé, doit nous affliger ; mais sa mort doit nous réjouir. Bien préparé comme il était, il est un martyr de la charité.

LES MOBILES D'EURE ET LOIRE.

LETTRE D'UN DE LEURS AUMONIERS

Cher monsieur l'abbé,

Vous me demandez des détails sur la mission que j'ai eue à remplir pendant la guerre, c'est me prendre par mon faible ; j'aime tant à parler de mes chers mobiles au milieu desquels j'ai passé de tristes moments, il est vrai, mais aussi bien des instants de douces jouissances et de vraies consolations ! Aussi je m'empresse de répondre à vos désirs, d'autant plus que, plein de reconnaissance envers Notre-Dame de Chartres qui m'a envoyé vers ses soldats, j'espère lui offrir ici un faible tribut de ma vive et profonde gratitude. Heureux si, en parlant de ses miséricordes dont j'ai été l'instrument avec mes zélés confrères, je pouvais porter quelques cœurs à la bénir, à la prier et à l'aimer davantage !

C'est le 4 octobre, fête de saint François d'Assise, que nous sommes partis avec nos mobiles, M. l'abbé Piau et moi, ayant été devancés par M. l'abbé Pâty et M. l'abbé Robé qui, ce même jour, à Epernon, couraient les plus grands dangers : le premier n'est revenu qu'après quinze jours d'une dure captivité. En entrant à la gare, le mobile que je rencontre tout d'abord, m'inspire une telle confiance que je ne fais pas difficulté de l'entretenir de ses intérêts spirituels : bientôt nous nous comprenons ; il est heureux de trouver l'occasion de se réconcilier avec Dieu, et moi plus heureux de la lui procurer. Consolant début qui doublait mes forces et mes espérances.

Nous eûmes bientôt remarqué, mes confrères et moi, que l'église était souvent visitée par les soldats ; dès lors nous tâchions de nous y trouver à leurs heures. Or une fois j'en vis deux qui priaient plus longtemps que les autres ; je m'approche de l'un en lui disant combien j'étais édifié de le voir ainsi prier. « Mais, ajoutai-je, cela ne suffit pas ; dans ces moments de danger, il faut être en grâce avec le bon Dieu ; n'auriez-vous pas besoin de vous confesser » — « Ah ! monsieur, si seulement j'étais seul ! mais mon camarade ! ! ! » — « Votre camarade ! il fera comme vous ! » — Aussitôt je l'aborde : « Votre ami va se confesser, lui dis-je, vous aussi, n'est ce pas ? » — Le camarade surpris : « Vraiment ? monsieur. » — « Oui, je vous l'assure. » Tous les deux se regardent en souriant, et viennent avec joie recevoir le pardon que Dieu leur offrait en récompense de leur bonne volonté. *Pax hominibus bonæ voluntatis.*

Mais voici qu'au milieu de la nuit on entend retentir le cri sinistre : Aux armes ! aux armes ! Les soldats sont sur pied ; plusieurs, ne se sentant pas prêts pour le combat, cherchent l'aumônier et le trouvent occupé à chercher lui-même les soldats. Aussi avec quelle joie il accueille ceux qui se présentent, et comme c'est de bon cœur qu'il leur donne le pardon désiré ! « Allez maintenant, chers amis, leur dit-il, vous n'avez plus rien à craindre. » — « C'est vrai, monsieur, me répond l'un d'eux, je me sens plus brave ; et puis que ma mère sera contente de me savoir réconcilié avec le bon Dieu ! » — Bientôt l'aumônier, suivant ses mobiles dans la marche, est avec eux au fond des bois, où la pluie tombe avec une opiniâtreté désespérante. Là on assigne à chacun son poste ; et nos hommes se trouvant un peu dispersés, j'en profite pour aller de l'un à l'autre leur suggérer la pensée de Dieu et de l'éternité. Le soldat, à la vue de son aumônier, élargit sa couverture et lui fait partager son unique abri. Tous deux s'entretiennent ensemble ; et, après quelques moments, se séparent en se serrant la main. Qu'ont dit ces amis ? C'est le secret du ciel. Mais toujours est-il que l'aumônier remercie Dieu de lui avoir donné une si bonne nuit.

Le 21 octobre, jour de triste mémoire, après une nuit et une matinée de marche, nous revoyions notre chère cathédrale ; mais, hélas ! c'est à peine si nous y étions entrés, afin de demander à la sainte Vierge le salut de sa ville bien-aimée, que nous avons été obligés de lui dire adieu pour longtemps. Toutefois Notre-Dame de Chartres n'a pas laissé nos troupes se retirer sans les bénir ; car, dès notre première journée de séjour dans le camp de Châteauneuf, nous avons été comblés de consolations. Les voyez-vous ces soldats qui se promènent en causant intimement avec chacun des aumôniers? Si vous y faites attention, vous remarquerez que de temps en temps la main du prêtre se lève : c'est le pardon, c'est la grâce de Dieu qui descend dans ces jeunes cœurs. Aussi comme ils s'en vont joyeux vers leurs camarades qui viennent à leur tour prendre place au bras de l'aumônier. Eloquent spectacle pour ceux qui n'osent pas encore les imiter; et il se prolongea bien avant dans la soirée, quoique nous fussions quatre et même cinq prêtres! Mon Dieu, quel beau jour nous avons passé, mes confrères et moi, dans le camp de Châteauneuf!

La solennité de la Toussaint, qui est venue ensuite, nous a également fort édifiés. Pour ne parler que du bataillon de Châteaudun auquel je donnais alors tous mes soins, il a assisté à la messe, au sermon, aux vêpres de la fête et à celles des morts. Le lendemain il s'est encore rendu à l'église afin d'y entendre la messe célébrée pour ses défunts d'Epernon. Hélas! le nombre de ces pauvres victimes devait bientôt être augmenté!

A la malheureuse journée de Tréon, notre brave commandant, un capitaine et quatorze mobiles restèrent morts sur le champ de bataille. Pauvres amis! avec quelle émotion je leur fermai les yeux, et je les inhumai ensuite dans le cimetière de Marville! Sur les bords de la tombe qui devait les renfermer tous, représentant de la religion et de la famille, je priais, je pleurais surtout, je pensais à leurs mères désolées qui, me semblait-il, me chargeaient de les suppléer auprès de leurs chers enfants. Je ne m'éloignai qu'avec peine de ces précieux restes, en assurant à mes défunts le bénéfice d'une messe hebdomadaire et me promettant de revenir plus tard prier sur cette tombe chérie.

Cependant nos soldats avaient pris de l'avance; je ne les rejoignis qu'au bout de huit jours; et cette fois nous allions à des luttes bien autrement sérieuses. Près de Marchenoir (Loir-et-Cher), durant trois jours entiers, le canon gronda sur nos têtes. Le 8 décembre, fête de l'Immaculée Conception de la sainte Vierge, la bataille commence dès le point du jour. La neige couvre la terre; et nos mobiles, à peine vêtus, s'étendent sur ce blanc linceul. C'est là qu'étendu comme eux j'en réconcilie plusieurs avec le bon Dieu; d'autres, plus prudents, s'étaient préparés la veille. Mais voyez-vous à travers ces vastes plaines, là-bas dans le lointain, semblables à de frêles esquifs sur l'immensité de l'Océan, ces groupes d'hommes qui se dirigent vers les habitations voisines? Ce sont les blessés que leurs camarades transportent aux ambulances; et en quelles ambulances, mon Dieu! Dans des granges, sur la paille, souffrent et gémissent ces malheureuses victimes. Les aumôniers à genoux, penchés sur leurs jeunes fronts vieillis par la douleur, écoutent leurs plaintes, compatissent à leurs maux, et les allègent de beaucoup en leur procurant le bienfait inappréciable de la paix de l'âme. A la nuit, l'aumônier inquiet va voir, sur le champ de bataille, s'il n'entendrait point quelques cris. Partout c'est le silence de la mort; mais, à côté, dans une maison abandonnée, sont étendus de pauvres blessés, privés de tout secours. Aussi ils se désespèrent et invoquent le trépas. Soudain apparaît l'aumônier : on le salue comme un libérateur, il fait transporter ces malheureux et leur rend sinon la vie au moins l'espérance. Après trois jours passés dans ce dur mais utile ministère, nous avons la douleur de voir nos mobiles, qui jusque-là avaient gardé leurs positions, forcés de les abandonner ; parce que l'autre aile de l'armée avait plié. Nous faisons retraite vers le Mans.

C'est alors que Monseigneur, plein de sympathie pour notre œuvre qui, du reste, était la sienne, mais obligé de pourvoir aux besoins de son diocèse, envoya M. l'abbé Piauger remplacer M. Robé et M. Piau dont la présence était si utile à Chartres. Ces messieurs se sont séparés avec un vif regret de leurs chers bataillons au milieu desquels ils avaient fait un bien réel et déjà sensible. M. Piauger et moi, suivant avec bonheur nos soldats, nous sommes allés camper à cinq kilomètres du Mans, dans le pays de Sargé, où nous avons célébré les fêtes de Noël. La nuit de cette grande solennité, les aumôniers à l'autel priaient pour leurs soldats; mais le matin, les soldats sont venus prier eux-mêmes. La modeste église du village a vu se succéder devant le berceau de l'Enfant-Dieu les braves marins, les nobles zouaves pontificaux qui avaient communié, dans leur camp, à la messe de minuit; les mobiles de la Vendée qui communiaient presque tous; les habitants de la paroisse; et enfin les quatre bataillons de nos mobiles pour lesquels deux messes ont été dites avec allocution. Le général y assistait, accompagné de son état-major; et un de nos capitaines, musicien très-distingué, a charmé l'assistance par l'heureux parti qu'il a su tirer de son médiocre instrument. Les vêpres ont été chantées avec âme par les soldats au milieu desquels dominaient les zouaves; c'était un jour du ciel sur la terre.

Quelque temps après, nous nous portions en avant, afin de soutenir l'attaque de l'ennemi. La première journée fut terrible pour les troupes de la ligne; la seconde fut funeste aux nôtres. Environ trente de nos soldats tombèrent morts sur le champ de bataille; plus grand fut le nombre des blessés. En voici un qui accourt vers moi. Le trouble est dans son âme, mais le courage le transporte : il me prend les mains, les couvre de ses baisers, les arrose de son sang; il fait à plusieurs reprises le signe de la croix, et demeure dans la plus vive inquiétude jusqu'à ce que je l'aie rassuré, en lui disant qu'il pouvait recevoir l'absolution, bien qu'il ne parlât pas. Le malheureux avait une balle dans la gorge. Sans plus tarder, je lui donne le pardon de ses fautes; et il m'en remercie avec effusion de cœur. Il me fait ensuite comprendre qu'il voulait un crayon, je lui présente le mien; et, sur un papier rougi de son sang, il écrit ces mots à sa famille : « Mes chers parents, priez pour moi. » Après cette recommandation, il attend tranquillement la mort, souffrant comme un martyr, résigné comme un saint. De ma vie je n'oublierai ce cher enfant que je me réjouis de revoir au ciel.

Ce même jour, deux autres soldats arrivent à l'ambulance. Le premier, tout pâle et tout défait, me paraît être à ses derniers moments : vite je le confesse, suivant son désir. Le second, plus fort et plus robuste, ne me donne pas les mêmes craintes. Les médecins le pansent ; et à peine ont-ils terminé, qu'il expire. Quelle n'est pas ma douleur, lorsque, retournant à lui, je ne trouve plus qu'un cadavre ! Pour me rassurer, j'aurais voulu lui voir quelque image de la sainte Vierge, mais je cherche en vain ; tandis que j'aperçois le scapulaire sur la poitrine du premier qui s'était si bien confessé. Il est donc vrai, me disais-je, qu'on ne meurt point en péché mortel, quand on a le scapulaire. J'espère pourtant que le pauvre soldat qui ne s'en était point muni, aura néanmoins trouvé grâce devant Dieu : la veille, il avait reçu l'absolution générale que son courageux aumônier, M. Piauger, avait donnée au plus fort de l'action.

Le lendemain je m'occupai de la sépulture de nos chers défunts. Comme l'ennemi encombrait toutes les routes, on ne put les transporter au cimetière. J'ai bénit les endroits qui m'ont paru les plus convenables pour leur sépulture, en recommandant d'y élever des croix ; afin que, dans des jours meilleurs, leurs parents et leurs amis au nombre desquels je me compte, puissent venir vénérer les restes de ces braves défenseurs de la patrie.

J'étais encore une fois séparé de nos troupes ; j'eus de la peine à les retrouver ; mais, Dieu aidant, j'y parvins néanmoins et je ne les quittai plus ensuite. Entrés dans la Mayenne, nous commencions à jouir d'un repos presque nécessaire, lorsqu'il nous a fallu nous mettre de nouveau à l'œuvre, afin de venir en aide à de nombreux malades, abandonnés dans un palais de justice. Les malheureux étaient dans le dénûment le plus complet : ils n'avaient ni pain pour se nourrir, ni lit pour se reposer, pas même un peu de paille. Nous avons fait un appel à la charité publique, nous sommes allés mendier pour eux ; et, hâtons-nous de le dire à la louange de nos bienfaiteurs, notre ambulance fut bientôt abondamment pourvue : nous étions dans une ville pauvre, mais religieuse ; et l'on sait combien la foi agrandit le cœur.

Dans les loisirs de l'armistice, nous partagions notre temps entre les malades et les soldats du camp. Les malades, dont le nombre était étonnant, nous consolaient beaucoup par leurs bonnes dispositions. Sans même être en danger, ils revenaient volontiers au bon Dieu ; et toujours ils étaient heureux de voir leurs aumôniers qu'ils comprenaient être leurs meilleurs amis. Au camp, nos aimables officiers et nos bons mobiles nous faisaient un cordial accueil : nous passions avec eux de longs instants que l'agrément de leur société rendait trop courts ; à la fin de la journée, nous nous retirions avec la consolation d'avoir fait aimer le prêtre et par là même le Dieu dont il est le ministre. En rentrant au presbytère, nous y trouvions des confrères dévoués et charitables qui se faisaient un bonheur de nous offrir cette gracieuse hospitalité dont nous ne perdrons jamais le souvenir et dont nous prions Notre-Dame de Chartres de les récompenser. Ainsi fut notre vie dans l'Anjou et dans le Poitou jusqu'au jour où, apprenant la triste paix qui terminait une campagne dans laquelle nos soldats avaient tant souffert pour la France sans parvenir à la sauver, nous nous sommes mis en marche afin de regagner notre pays.

Que de ruines nous avons rencontrées sur notre passage! Et quelle arrivée nous avons eue à Châteaudun! Nous étions tous émus jusqu'au fond du cœur, en voyant si triste et si ravagée cette ville naguère joyeuse et belle : nous avions besoin de penser à sa gloire pour ne pas trop déplorer son malheureux sort.

Enfin le dimanche, 26 mars, nous étions en face de nos clochers. Dès lors rien ne peut plus modérer notre ardeur, nous volons vers notre chère cité, où nous surprenons nos aimables compatriotes partis pour venir à notre rencontre. Avant que j'aille les saluer, Notre-Dame de Chartres avait reçu déja mes actions de grâces et mes vœux pour nos mobiles dont je me séparais avec regret, mais aussi avec l'espérance de les retrouver là où je leur ai donné rendez vous, dans la céleste patrie; car j'aime à croire que leurs souffrances si dures et si longues leur mériteront la grâce de mourir en vrais chrétiens.

Vous voyez, M. l'abbé, par l'ensemble de ce récit, que la foi n'est point encore éteinte dans notre pays : espérons, prions et travaillons, travaillons particulièrement à l'éducation de la jeunesse; tout est là; ma mission d'aumônier m'a confirmé dans cette idée.

Qu'il me soit permis en finissant de recommander nos mobiles, d'une manière toute spéciale, à leurs zélès Pasteurs, dont nous avons tâché de leur inspirer le respect et l'affection. Puissent aussi ceux qui auront eu la patience de me lire adresser au ciel une fervente prière pour ces chers amis! Ils contribueront par là au salut de cette intéressante jeunesse qu'on s'acharne à perdre de toutes parts, mais que Dieu, dans son amour, voudrait si bien sauver.

Agréez, Monsieur l'Abbé, l'assurance de mes respects affectueux,

A. Hervé,

Professeur à l'Institution Notre-Dame.

MORT ADMIRABLE.

Une religieuse, attachée au service de nos soldats malades ou blessés dans l'hôpital d'une ville du midi, écrivait, le 21 novembre, à une de ses sœurs en religion, une lettre qu'on a bien voulu nous communiquer, et de laquelle nous extrayons ce qui suit :

« Parmi les traits édifiants que je pourrais vous raconter de la foi de nos braves soldats, en voici un qui nous a confondus d'admiration :

» Le mois dernier, on apporta à l'hôpital un jeune homme d'u apparence fort distinguée. A une complication de maux, fièvre, affection de cœur, etc., venait s'ajouter une souffrance morale, celle de ne pouvoir connaître la situation de son père, de sa mère et de tous les siens, enfermés à Fontainebleau que les Prussiens occupaient. Tant de souffrances ne trouvèrent jamais une plainte sur les lèvres de ce jeune homme, toujours paisible et résigné.

Comme un austère religieux, il n'acceptait jamais la moindre douceur pour alléger son mal. Un jour, notre supérieure lui en fit un petit reproche, et lui dit que, puisqu'elle ne pouvait lui être utile en rien, elle cesserait ses visites auprès de lui. « Non, ma » sœur, répondit-il, aujourd'hui je me sens fatigué; vous ne me » quitterez point, n'est-ce pas? Je ne vous refuserai plus rien. — » Veuillez, ajouta-t-il, me faire administrer les derniers sacre- » ments. Le temps presse. Il est six heures, mais à quatre heures, » ce soir, j'entrerai dans mon éternité. Oh! qu'il m'en coûte de » faire le sacrifice de ma vie, et de ne plus revoir mon bon père » et ma bonne mère! » Après quelques mots échangés avec notre digne supérieure, il dit: « Oui, mon Dieu, je fais ce sacrifice de » tout mon cœur. »

» A deux heures, il reçut une lettre de sa famille et 50 francs. Après avoir signé le reçu, il mit cet argent entre les mains de la supérieure en lui disant: « — Je n'en ai plus besoin; vous vous en » servirez pour acheter quelques douceurs à mes compagnons ma- » lades. — Non, lui répondit la supérieure, cet argent est pour » vous. — Puisque j'ai promis de ne rien vous refuser, alors, oui, » pour des messes. » Il disposa de son chapelet pour sa bonne mère, et de ses papiers pour son père.

» A deux heures après midi, il reçut les sacrements. A ce moment solennel, il dit d'une voix forte et émue: « Vive Pie IX! Je » meurs pour la sainte Eglise; je fais le sacrifice de ma vie à mon » Dieu, pour la conservation des jours de Pie IX. » Puis il ne cessa de proférer des aspirations pleines de foi et d'amour. « Mon Dieu, » dit-il enfin, prenez-moi tel que je suis. » Notre supérieure et l'autre sœur qui l'assistait, l'entendirent ensuite prononcer doucement et distinctement: « Jésus! Marie! Joseph! je vous » donne mon esprit, mon cœur, ma vie. Jésus! Marie! Joseph! » assistez-moi. Jésus! Marie! Joseph! que je meure en votre sainte compagnie! On crut alors qu'il s'endormait. Il venait d'expirer.

» Sa grande modestie nous avait caché sa position dans le monde; mais ses titres, que nous eûmes dans les mains après sa mort, nous apprirent qu'il était docteur en médecine et qu'il s'était engagé dans l'armée du Saint-Père à vingt ans; il en avait vingt-trois. »

QUELLE BELLE MORT QUE CELLE DE VOTRE ENFANT !

Lyon, le 10 Décembre 1870.

Un jeune homme d'une honorable famille de notre ville, qui faisait partie des troupes envoyées à Paris pour défendre la capitale, fut dernièrement tué dans une sortie. L'aumônier de son régiment écrivit à son père cette terrible nouvelle.

« M. T.... conçut aussitôt le dessein d'aller chercher le corps de son fils, pour avoir au moins la douloureuse consolation de le faire enterrer à Lyon au milieu des siens. A force de démarches et de persévérance, il obtint un sauf-conduit prussien et se mit en route pour Versailles.

» Il arrive, après mille obstacles, dans la ville où l'orgueil prussien a établi son quartier-général. C'était le soir. Versailles, morne et muet comme une tombe, est endormi. Le malheureux père cherche de toutes parts un gîte pour y attendre le lendemain.

» Il désespérait de réussir dans ses recherches, lorsqu'il aperçoit à travers les persiennes d'une maison, une lumière. Il frappe; une jeune servante vient ouvrir. « — Pourriez-vous, dit-il, donner » abri pour une nuit à un père qui vient chercher le corps de son » enfant tué il y a quelques jours.. »

» Il n'avait pas fini que la servante avait fermé la porte de la maison en disant « qu'on ne pouvait pas le recevoir. »

» Le pauvre père, à bout de forces et de courage, s'éloignait tristement; tout à coup il entend une voix qui l'appelle : c'était la servante de tout à l'heure qui avait rapporté à ses maîtres la demande de M. T .. et qui, toute confuse, venait le prier de leur part de vouloir bien accepter l hospitalité dans leur maison.

» Le lendemain, dès que l'aube parut, M. T... n'eut rien de plus pressé que de se mettre en quête de l'aumônier du régiment de son fils. La tâche n'était pas facile, il y parvint cependant.

» — Ah! monsieur, lui dit l'aumônier, quelle belle mort que » celle de votre enfant! C'était dans une de nos dernières sorties. » Après la bataille, je parcourais le champ, administrant ici un » moribond, trouvant là un cadavre. Soudain j'aperçois un soldat, » à genoux au milieu d'un monceau de corps, et qui me faisait » signe d'approcher; j'accours! — Monsieur l'aumônier, me dit » ce jeune homme, donnez-moi vite l'absolution et l'extrême onc- » tion, je me suis confessé, il y a trois jours ; depuis je n'ai pas » commis de péchés, je crois. Vous le voyez, j'ai reçu trois balles, » — et il me montrait une blessure à la tête, une seconde à la » poitrine et une troisième au ventre, — faites vite!

» Je me hâtai ; puis quand j'eus fini, votre fils, toujours à ge- » noux, malgré le sang qui ruisselait de ses blessures, me dit avec » effort - Vous trouverez l'adresse de mes parents là, dans mon

» portefeuille; vous pourrez dire à ma mère que je suis mort... » comme il faut. Et il s'affaissa dans mes bras, mort! »

» — Son corps, où est-il? s'écrie M. T...

» — Hélas! répond l'aumônier, dans la fosse commune depuis deux jours. Impossible de le retrouver! »

» J'ai vu hier ce père; il me racontait ces tristes mais glorieux détails en sanglotant.

» Il m'a semblé que ce trait pourrait intéresser vos lecteurs.

» Que d'obscurs héros tombés comme ce jeune homme, depuis le commencement de cette effroyable guerre!

» Agréez, etc.

« A. »

LE COMTE DE LA TOUR-MAUBOURG.

M. le comte de la Tour-Maubourg, sous-lieutenant d'un bataillon de la Haute-Loire, vient de tomber à Bellegarde, frappé en pleine poitrine par une balle prussienne.

Il était fils unique et le dernier héritier de ce beau nom qui, depuis neuf siècles, a été maintenu sans tache par tous ceux qui l'ont porté, et se trouve glorieusement inscrit presque à toutes les pages de notre histoire nationale.

Ceux qui l'ont connu peuvent en rendre témoignage, il serait difficile d'imaginer rien de plus accompli que ce noble jeune homme : il y avait en lui comme un rare assemblage des avantages naturels héréditaires dans cette forte race, et des plus pures, des plus touchantes qualités de l'esprit et du cœur. Devant lui s'ouvrait un brillant avenir, il venait d'avoir vingt ans, et il est mort en héros et en chrétien ; sa famille a fait rechercher sa dépouille mortelle jusqu'au milieu des Prussiens, et, grâce au concours empressé de Mgr l'évêque d'Orléans, elle a pu retrouver tout ce qui lui restait de tant de jeunesse et de tant de vie!

Pendant huit jours le cercueil est demeuré dans l'église de Saint-Maurice-de-Lignon, et devant ce cercueil arrosé de larmes si sincères et couvert de fleurs précieuses venues du midi, la milice nationale n'a pas cessé, et le jour et la nuit, de monter une garde d'honneur.

Malgré une couche épaisse de neige et les chemins presque impraticables en cette saison, dans les montagnes du Velay, plus de deux mille personnes, accourues de tout le département, témoignaient assez et de la part qu'on prenait au deuil d'une illustre maison et de l'étendue des regrets inspirés par cette mort précoce et glorieuse; et quand deux mobiles blessés eux-mêmes à Bellegarde et qui, malgré leurs souffrances, avaient quitté Issingeaux et le Puy pour rendre un dernier hommage à leur compagnon d'armes, ont raconté d'une voix émue comment le jeune officier était adoré de ses soldats qui l'appelaient leur ami, leur père, et comment il était tombé l'épée à la main, les entraînant en avant contre l'ennemi, des sanglots éclatèrent dans l'assistance.

Il faut respecter les grandes douleurs; cependant qu'il nous soit permis de dire que, s'il y a quelque chose de plus admirable que la mort de ce fils bien-aimé, c'est la résignation toute chrétienne de ses parents. M. le marquis de Fay de la Tour-Maubourg, encore jeune, est un ancien officier de notre armée d'Afrique, et depuis vingt-trois ans représentait au Corps législatif le département de la Haute Loire. — Madame la marquise est une petite-fille du maréchal Mortier, duc de Trévise. Déjà familière avec la douleur, cette femme admirable a vu, il n'y a pas un an, et à huit jours d'intervalle, mourir entre ses bras son père et sa mère dans cette magnifique résidence de Sceaux qu'occupent et ravagent aujourd'hui les barbares d'outre-Rhin. Depuis le commencement de cette horrible guerre, ils ont eu vingt-six de leurs proches parents à l'armée : quatre sont prisonniers, trois blessés, et deux sont déjà morts; quant à eux, ils portent désormais dans leur cœur navré un deuil qui ne finira pas; mais ils ont une foi vive; et pendant qu'on descendait dans la tombe leur fils unique, tous deux retirés dans la chapelle de leur château de Maubourg, ils venaient en compagnie de la fille qui leur reste, s'agenouiller à la table sainte pour y recevoir le Dieu de toute consolation; ils savent bien d'ailleurs que Juste est au ciel lui qui, deux jours avant Bellegarde, remplissait pour la troisième fois depuis son départ ses devoirs de chrétien fervent et disait, à cette occasion, à l'aumônier du bataillon : Ah! l'abbé, quand on est bien avec le bon Dieu, on ne craint pas la mort.

Voici, du reste, une lettre qu'il est impossible de lire sans attendrissement, c'est un dernier adieu, où respire toute entière la belle âme de M. Juste de la Tour-Maubourg.

Monistrol, 14 octobre.

« Cher papa,

» J'étais trop ému hier pour vous faire un adieu comme je l'aurais voulu; nous ne partons qu'à midi et j'ai le temps de vous écrire un mot. Laissez-moi vous dire une fois de plus, cher papa, combien je vous aime vous, maman et Nancy. Autant je suis fier d'aller défendre mon pays, autant je suis navré de vous quitter; mais soyez sûr que quoi qu'il arrive et où que je sois je me souviendrai du nom que je porte et de ce qu'ont su faire, avant moi, les miens. Dieu et Notre-Dame de la Salette, en laquelle j'ai mis toute ma confiance, me protégeront, j'en suis convaincu, et avant peu de temps je pourrai vous embrasser encore.

» Si cependant je devais succomber, vous n'aurez pas à rougir de votre fils, je saurai tomber la tête haute et la poitrine en avant, je m'en sens le courage, car je vous le jure ici, vous pou

» vez être assuré qu'avant d'aller au feu j'aurai réglé mes comptes » avec le Seigneur.

» Ne vous attristez pas maintenant, cher papa, de ce que je vous » dis là. Au lendemain de notre séparation, mon cœur déborde » malgré moi; mais dans le fait, il s'affirme de plus en plus que » nous ne marcherons pas avant deux ou trois semaines, et d'ici- » là bien des choses peuvent se passer.

» Au revoir donc, cher et adoré papa, chère maman et chère » sœur : je ne crois pas vous avoir souvent fait de la peine, mais je » vous demande pardon ici de tous les petits chagrins que j'ai pu » vous causer à tous; pardon aussi de cette lettre que je n'aurais » pas dû vous écrire, mais je n'ai pu m'empêcher de le faire.

» Au revoir, chers parents, je vous embrasse de tout mon cœur » ainsi que tous les miens; mille affectueux souvenirs à cette » bonne miss Mary.

» JUSTE.

P. S. J'arrive du collége, où je me suis confessé et ai reçu l'ab- » solution. »

QUELQUES JOURS DE REPOS ET DE SALUT.

On nous communique une lettre d'un des aumôniers des mobiles de la Loire, d'où nous extrayons les lignes suivantes :

Ouroux, près Chalon, 26 décembre.

« ..... Nous n'avons pas eu, pour notre fête de Noël, les splendeurs de la cathédrale de Bourges, que je rêvais alors que nous pensions séjourner dans cette ville. N'importe, nous avons eu quand même nos jours de repos pour fêter la crèche à notre aise, et ces jours de repos auront été des jours de salut au-delà de toutes mes espérances.

» Samedi, toute la soirée, confession des soldats, et tout hier, si vous aviez vu la petite ville d'Ouroux, elle a eu ses merveilles ! quatre prêtres pour les messes : messe de minuit, messe militaire à huit heures, avec le général en tête, clairons, piquet officiel de vingt-cinq hommes. Grand'messe solennelle à dix heures, et à toutes ces messes soldats en foule; beaucoup ont communié. Cela nous a encouragés, et, avec l'abbé B..., aumônier du Jura, qui se trouve avec moi, nous venons d'organiser une prière du soir, avec instruction, qui attire grand nombre de militaires; nous confessons avant et après. Ce matin encore, plusieurs se sont approchés de la table sainte. Bref, bien peu resteront en arrière, et nous voilà tous remontés. »

27 au matin.

LETTRE D'UN JEUNE MOBILE A SA SŒUR.

Dijon, le 20 octobre 1870.

« Ma bien chère sœur,

» Nous sommes toujours à Dijon, peut-être n'y resterons-nous pas longtemps. Je te remercie bien de ce que tu m'as envoyé dans ta lettre, je le préfère bien à tous les trésors; car le Cœur de Jésus est sur mon cœur, je ne risque rien, il sera ma sauvegarde dans les combats. Oui! doux Cœur de Jésus, tant que vous reposerez sur mon cœur, je ne puis hésiter. Oh! Cœur sacré de mon Jésus, qui avez tant aimé les hommes, qui avez donné jusqu'à la dernière goutte de votre sang précieux pour les racheter, du haut du Ciel, je vous en conjure, jetez les yeux sur cette pauvre France, ma patrie, ne la laissez pas plus longtemps gémir sous le joug de ses oppresseurs. Oui! divin Jésus, la France vous a bien offensé; mais il y a tant d'âmes encore qui vous prient, qui vous supplient d'avoir un regard de compassion pour ce pauvre pays. Ah! doux Cœur de Jésus, transpercé par la lance du soldat, pourrez-vous nous refuser ce que nous vous demandons. Non, j'en suis sûr, votre Cœur nous a déjà pardonné. Oui, bientôt nous reverrons fleurir la France; bientôt nous aurons la double joie d'aller vous remercier et vous rendre hommage dans ce saint temple, où nous avons eu le bonheur d'apprendre à vous connaître; et là, accompagnés de ceux qui maintenant gémissent sur notre sort, nous ferons monter vers votre Cœur sacré un encens d'agréable odeur.

» Cœur sacré de mon Jésus, qui reposez sur mon cœur, pouvez-vous ne pas écouter la petite prière de ce pauvre soldat qui, loin de tout ce qu'il a de plus cher, n'a recours qu'à vous et à la prière de ceux qui l'aiment.

» Oh! Marie, ma bonne Mère, offrez à votre divin Fils la prière de votre enfant, et il l'aura pour agréable.

» Ma bien chère sœur, ne manque pas de m'écrire toutes les fois que tu pourras; car tu ne peux comprendre comme cela fait plaisir de recevoir des nouvelles de son pays. Dis-moi bien comment tout se passe là bas. Mon père doit être bien triste et bien ennuyé maintenant; néanmoins il faut prendre courage, tout surmonter, en attendant que le ciel nous réunisse, car après l'épreuve viendra la récompense.

» Je t'embrasse de grand cœur.

» Ton frère qui t'aime,

« C. Arthoud. »

AUTRES LETTRES D'UN JEUNE MOBILE A SA SŒUR.

Un de nos amis veut bien nous communiquer d'aimables lettres qu'un de ses fils écrit du champ de bataille. Le bon et brave enfant ne s'occupe pas de décrire les mouvements militaires. De son petit poste, il ne voit pas si loin, et il regarde plus loin encore; il regarde à la maison. Mais pour l'entrain, la gentillesse de cœur, la force morale et l'amour du devoir envers la patrie, il fait sans y songer quelque chose de bien supérieur à la stratégie, et il donne à son insu de bonnes leçons d'une science dont la stratégie profitera grandement un jour.

Il nous est agréable que ces lettres soient d'un mobile parisien. Tous n'en écriraient pas de semblables. Il y a dans Paris divers genres d'esprit et divers genres d'éducation, et ces divergences se font sentir. Mais il s'en faut, Dieu merci, que notre jeune ami soit le seul de son espèce, ni même que cette espèce soit rare, et ce n'est pas celle-là qui se laissera entamer. En France, le sous-sol est chrétien. La profondeur du labour que nous recevons en ce moment mettra au jour des fruits et des forces qui changeront en bien, et beaucoup, la face de la terre.

LOUIS VEUILLOT.

Plateau d'Avron, mardi 28 décembre.

« Ma chère sœur,

» Pendant que peut-être vous êtes inquiets de moi, je relis l'article de l'abbé Moigno et quelques notes que j'ai prises sur mon calepin, et qui doivent me servir pour mon projet de ballon.

» Dix ou quinze mille hommes sont autour de moi. Nous occupons le plateau d'Avron, autour duquel on a braqué douze batteries de mitrailleuses et des pièces de 24, nouveau modèle, que les Prussiens seraient bien hardis de braver.

Les obus du fort de Noisy sifflent au-dessus de nous et éclatent au bord de la Marne. On voit des Prussiens, dit-on. Pour moi, je ne puis réussir à en voir, même avec ma lunette.

» Je viens de récolter des légumes : la soupe chauffe; je guette, sachant que les Allemands ont coutume de jeter des pierres dans nos marmites.

» Cent officiers courent en tous sens avec les éclaireurs pour escorte. Ce sont des colonels, amiraux, généraux, que sais-je? Ce que je voudrais voir, c'est un général prussien. — Nous n'avons encore trouvé de ces messieurs qu'un Godillot abandonné.

» Chère sœur, nous avons passé une nuit des plus curieuses, marchant pendant dix minutes toutes les demi-heures, sans faire le moindre bruit et sans rien voir que notre plus proche camarade. Rien de fantastique comme ces carabiniers courbés et endormis sur leurs chevaux, ces artilleurs, assis sur leurs mitrailleuses, ces cacolets, ces omnibus de chemin de fer porteurs de drapeaux blancs.

» Je n'oublierai jamais cette nuit où j'ai beaucoup prié mon ange gardien et où je n'ai pas même eu froid ; cette nuit où j'ai renouvelé à Notre-Seigneur, et le sacrifice de ma vie pour vous, pour l'Eglise et pour la France, et la prière instante de me conserver la vie pour vous, pour l'Eglise et pour la France. O France, ô Pie IX, que j'aimerais vous servir encore et vous voir triompher de vos ennemis, qui sont les ennemis de Dieu ! »

Mercredi 30 novembre, 9 h. du matin.

« Le jour consacré à Saint-Joseph nous vaut un beau soleil. Cent obus passe au dessus de nous et éclatent dans la vallée que nous surveillons. Je n'ai vu aucun Prussien.

» Il paraît que l'on aurait repris Choisy, d'autres disent Châtillon. Ce dont je réponds, c'est du plateau d'Avron, où nous sommes en force, crénelant les murs, barricadant les routes et mangeant des soupes numéro 1. »

Jeudi 1er décembre, 10 h. du matin.

« Me voici de faction (en sentinelle perdue, dit-on) ; j'ai demandé ce poste. Or, voici que je ne suis pas perdu du tout. Je trouve ici, indépendamment du soleil, un bon petit restant de feu, allumé derrière un petit mur qui m'abrite du vent. Mille bruits courent sur notre victoire d'hier. Pour moi, je n'ai pas encore vu un seul Prussien.

» Nous avons passé la nuit dans une jolie maison parfaitement meublée. J'ai fait trois heures de faction de nuit seulement, et sous prétexte de manque de vivres, j'ai mangé tout le temps les provisions que maman m'avait données : chocolat, mortadelle, biscuit, etc. Dame, l'isolement ! Mon seul ennui est de penser que vous êtes peut-être inquiets de moi. Certes, vous avez bien tort. Oublié en faction, j'ai manqué le vaguemestre. Je confie ma lettre à ***. »

Samedi 3 décembre.

« Chers parents, je vais très-bien. Nous avons maintenant des vivres en abondance. Avez-vous reçu mes lettres ? Pour moi, je n'en ai reçu aucune depuis que j'ai quitté Montreau. C'est une rude épreuve pour moi. Je l'offre au bon Dieu, pour qu'il vous bénisse et qu'il fasse que les bruits de victoire qui courent dans notre camp soient bientôt confirmés. Ils sont si beaux que je n'ose y croire... Mais, si ! l'heure de grâce est venue. Vive Dieu ! Vivent Mgr saint Denis, Mme sainte Geneviève ! Vive la France de saint Louis, sergent du Christ !

» Adieu, je vous embrasse tous ; à bientôt, j'espère.

» Votre fils, frère et ami,

» G. L..., enfant de Marie. »

Dimanche 4 décembre.

« Nous allons avoir la messe sur le plateau d'Avron. Vive Dieu ! J'ai passé une nuit humainement cruelle, spirituellement douce et précieuse. Je ne la donnerais pas pour quantité d'écus. La nuit dernière, grand'garde ; la nuit d'avant, grand air. On méprise les abris, n'en ayant pas. Cette nuit, poste avancé : sept heures de faction nocturne, avec tous les agréments que peut fournir la température, et toujours point d'abri. C'est à prendre ou à ne pas laisser !

» Que mon papier est donc sale. Excusez le soldat. Un plus petit et encore plus sale, mais qui me donnerait de vos nouvelles, comme il me ferait plaisir !

» Courage, espoir ! Bientôt nous sortirons de ce purgatoire. Cette nuit j'ai pensé à la sainte Vierge pendant mes factions. Marie chérie, tu comprends que j'ai pensé à nos plans.

» Et mon pauvre Eric, mon vieux type, mon ami Jean-Paul, que deviennent-ils tous ? Vive la France !

» Je vous embrasse tous de tout mon cœur, votre fils, frère, ami,

« G. L., enfant de Marie. »

P. S. — J'ai vu hier un coin assez grand d'un champ de bataille moderne : mille bombes, et pas un soldat. C'est vide, ça n'a l'air d'être fait que pour la mort.

(*Univers*, édition de Paris, 10 décembre.)

LES ADIEUX D'UN SOLDAT MOURANT.

I

Adieu, patrie en deuil ! adieu, patrie aimée,
Pour toi j'ai combattu, pour toi je vais mourir.
Hélas j'ai tout quitté : mère, femme éplorée,
Je voulais te venger, je t'entendais gémir.
Mes frères, comme moi perdus dans les ténèbres,
Expirent sans secours et murmurent tout bas
La dernière prière ; à ces hymnes funèbres
Succèderont bientôt d'héroïques trépas.

II

Et toi, Pauline, adieu, mon épouse adorée !
Ton ombre près de moi semble essuyer mes pleurs.
Ah ! viens, viens dans mes bras, car mon âme oppressée
Recherche ton amour, seul baume à ses douleurs.
Redis près du berceau, lorsque l'enfant repose,
La prière du soir, qui montait vers les cieux.
Pour son père expirant, sur son visage rose
Dépose pieusement le baiser des adieux.

III

Mais, hélas ! nul ne vient à mon heure dernière
Adoucir les regrets de mon cœur expirant.
Mon Dieu, prêtez l'oreille à l'ardente prière
Que vous adresse ici l'humble soldat mourant.
O vous qu'on doit bénir dans vos décrets sévères,
Bénir dans tous les pleurs, bénir dans tous les chants,
Dans les cuisants chagrins, les profondes misères,
Ah ! Seigneur, sauvez-les, faites-les triomphants.

Mme A. M.

PROTECTION DE MARIE.

A une lettre de M. A. Hulot, curé d'Eschilleuses, écrite en date du 26 août, nous emprunterons un passage qui montre Marie couvrant de sa protection trois jeunes gens de la paroisse. Deux de ces jeunes gens faisaient partie de ce malheureux 74me qui a été si cruellement maltraité : « Au plus fort de la mêlée, écrivait l'un « d'eux à sa mère, il y a quelques jours, quand j'ai vu que ça « chauffait comme çà, je pris les petites affaires que vous m'aviez « dit de porter à ma bouche (médailles et chapelets), et en les em- « brassant, je pensais à toutes les bonnes prières que vous faites « pour moi. Quelques camarades qui étaient autour de moi se mi- « rent à ricaner et à me plaisanter, quand aussitôt une grêle de « mitraille s'éparpille sur nous ; ils étaient tous par terre ; je res- « tais seul debout au milieu d'eux. Dalbert, mon camarade d'Es- « chilleuses qui combattait plus loin, est aussi sauvé. »

Aux dernières affaires devant Metz, le troisième de ces jeunes gens a reçu une balle dans son sac et dans son bidon, sans qu'il lui soit arrivé aucun mal. C'est lui-même qui vient d'écrire ceci à ses parents désolés.

Il est bon de savoir que les pieuses mères de ces trois enfants, avaient conçu, dès le début de la guerre, l'heureuse idée de les faire inscrire à la Confrérie de Notre-Dame-du-Sacré-Cœur d'Issoudun et leur avaient bien recommandé d'en lire de temps en temps avec dévotion les Litanies qu'elles leur avaient envoyées. Presque tous les dimanches et quelquefois en semaine, les bonnes mères, toutes soumises à la volonté de Dieu, font la sainte communion pour leurs enfants......

UNE CONVERSION SOUS LA MITRAILLE.

Un ecclésiastique du diocèse de Bayonne nous communique la lettre suivante, écrite par un officier de l'armée française dont il a été le confesseur au temps *de son enfance*.

« Je viens d'écrire à ma famille pour lui annoncer mon avancement en grade... et je vous écris, à vous, pour faire amende honorable de tous les outrages à la religion que j'ai pu faire depuis longtemps.

» J'ai passé le 8 décembre par un nid à mitraille, qui a eu bientôt raison de mon orgueil et de ma prétendue incrédulité.

» J'en suis revenu à répéter, là, au feu, toutes les prières dont je pouvais me souvenir, comme ces enfants dont j'avais l'air, naguère, de plaindre la simplicité.

» La leçon a été rude, mais elle comptera.

» Notre compagnie a été, ce jour-là, littéralement écrasée. Quant à moi, je n'attribue mon salut qu'à l'intervention de la sainte Vierge, qui continuera, je l'espère, à me protéger. »

VINGT FRANCS.

C'était pendant le blocus de Metz ; on y subissait déjà depuis longtemps les horreurs de la faim. Un lieutenant du 57e de ligne, en passant dant la rue, vit un petit jambon suspendu à la devanture d'un charcutier. Las de ne manger que du cheval depuis plus d'un mois, il voulut s'offrir, ainsi qu'à ses camarades, le luxe d'un festin de Luculus.

« — Combien ce jambon ?

« — Vingt francs. »

Et il allait s'exécuter, quand il voit passer une dame qui quêtait pour nos blessés.

« Tenez, madame, s'écrie-t-il, prenez vite cette pièce de vingt francs pour de plus malheureux que moi. Cette pièce me brûle la main, et si vous ne vous hâtez, je sens que je vais succomber à la tentation. »

UNE PREMIÈRE COMMUNION.

Voici un fait bien touchant, qui s'est passé dimanche dernier dans le couvent des Dames de Nazareth, à Oullins.

Les mobiles de la Gironde, casernés en grand nombre à Lyon, n'ont jusqu'ici donné que des exemples de leur discipline et de leur bon esprit. Tout le monde n'a qu'à se louer de leur conduite.

Dimanche, l'un deux, instruit par l'aumônier des Dames de Nazareth, a fait sa première communion dans la chapelle du couvent, entre son colonel et son commandant qui se sont approchés de la Sainte-Table avec quarante de leurs soldats.

Soixante autres mobiles, également de Bordeaux, chantaient des cantiques de circonstance.

LES MOBILES DE L'AVEYRON.

La religieuse ville d'Autun, souillée, pressurée par les Garibaldiens et forcée de subir pendant de trop longs jours le spectacle hideux de leurs sataniques désordres, s'est enfin vue consolée par les nobles et chrétiens exemples des mobiles de l'Aveyron. Ces jeunes gens, écrivait-on d'Autun, font partie de l'armée des Vosges et ont séjourné dans notre ville pendant un mois et demi. Ils ont été logés les uns au grand, les autres au petit Séminaire. Leur courage devant l'ennemi, soit à Lantenay, soit aux environs d'Autun, joint à leur modestie et leur piété, leur ont rapidement conquis l'estime de tous. Braves et bons jeunes gens, comme ils nous ont édifiés ! Non-seulement ils assistaient aux offices divins le dimanche, mais encore on les voyait tous les jours en grand nombre le matin à la messe, le soir devant le Saint-Sacrement. Le jour de Noël ils nous donnèrent à minuit le plus touchant spectacle. Quatre cents jeunes soldats, au milieu de tous les dangers de la vie des camps, aussi fervents qu'au jour d'une première communion, reçurent leur Sauveur avec l'amour de privilégiés enfants. Pour eux c'était une chose toute naturelle que cette pieuse habitude, tant la foi s'est conservée vivante dans cet heureux diocèse de Rodez ! Mais nous, nous étions profondément attendris. Deux prêtres s'étaient partagé le bonheur de distribuer le pain de vie à ces âmes si belles; et leurs mains tremblaient d'émotion, et nos chants expiraient sur nos lèvres. Tout le monde avait les larmes aux yeux. Nos pieux jeunes gens adorèrent Jésus au fond de leur cœur, puis de leurs voix mâles et fortes entonnèrent le *Magnificat*, que tous chantèrent de mémoire.

A dix heures encore une messe chantée à laquelle assistèrent tous ces braves soldats. Le soir, même empressement aux vêpres que nos Aveyronnais chantèrent eux-mêmes. Ils savent tous les psaumes de David et les chantent sur des tons plus doux, plus suppliants que ceux que nous connaissons. C'est vraiment le chant d'une âme chrétienne qui, du fond de l'exil, soupire après les joies de la patrie.

Un professeur du petit Séminaire les remercia de nous avoir procuré le bonheur d'une fête si édifiante, puis tous chantèrent le *Tantum ergo* et reçurent la bénédiction du Saint-Sacrement.

Au grand Séminaire, même ferveur, même empressement aux offices et a la table sainte.

Tous ces chers mobiles nous ont quittés le lundi après l'Epiphanie. Puisse Dieu les protéger, les conduire. De tels soldats ne sauraient craindre la mort. Ils savent que le Ciel est la récompense de toute vie que l'on sacrifie pour Dieu à la défense de la patrie.

Ces braves jeunes gens ont à leur tête de dignes et intrépides officiers qui leur donnent l'exemple et du courage dans la mêlée et de la piété dans nos églises et à la Table sainte. Ils ont avec eux un aumônier, homme de Dieu d'un zèle infatigable, d'un dévouement à toute épreuve. Ils le vénèrent comme un saint et l'aiment comme un père ; et lui, il ne les appelle que ses chers enfants, les suit partout, même sur le champ de bataille leur consacre ses jours, ses nuits, ses forces, sa vie, avec l'humilité et la simplicité d'un apôtre. Jamais nous, qui l'avons vu à l'œuvre, nous n'oublierons ses vertus ni la foi de ses mobiles.

SENTIMENTS ET ACTES DE FOI DE NOS SOLDATS.

— Nous extrayons d'une lettre de Mgr d'Orléans les détails qui suivent :

« Voici quelques faits certains, qui sont venus à ma connaissance :

» On a vu presque toute la mobile d'un département s'approcher tour à tour de la sainte table.

» A *Salbris*, tous les soirs, pendant dix jours, nos braves soldats remplissaient l'église; il y avait chant de cantiques populaires, et prédication.

» A *Mer*, le jour des Morts, sans aucune convocation officielle, le matin tous les soldats sont venus prier pour leurs camarades morts pendant la campagne; et le soir, tous vinrent à l'instruction.

» A *Bourges*, deux églises, la cathédrale et l'église Saint-Pierre, tous les soirs, étaient remplis.

» Partout où notre armée s'arrêtait, on voyait chaque jour des soldats communier, sans aucun respect humain. On a vu même, le jour de la Toussaint, dans une église de village, un général, avec plusieurs officiers de son état-major, entendre, dès le matin, une messe, et y communier.

» A *Orléans*, dans une ambulance, sur 53 blessés, 52 ont rempli leurs devoirs religieux.

» Avant que l'armée de la Loire se mit en marche, on entendit un général dire : « Si nous n'avons pas Dieu avec nous, nous ne » ferons rien ; » et il rappelait ces paroles de l'Ecriture : « *Nisi* » *Dominus ædificaverit domum* ! »

» Le soir d'une bataille, on faisait compliment à un autre général qui avait eu une grande influence sur le succès de la journée. Il répondit avec une simplicité toute chrétienne : *Non nobis, Domine, non nobis* !

» Des blessés avaient été transportés, pour recevoir les premiers secours, dans une chapelle de la sainte Vierge. L'aumônier leur disait : « Mes enfants, vous êtes là sous les yeux de votre Mère ! » L'un d'entre eux, répondit : « Oui, Monsieur l'aumônier, et nous « sommes contents d'être ici. »

» Quelques instants après, le même soldat demandait au prêtre :

« — Monsieur l'aumônier, où en est la bataille ? — Vous entendez » bien mon ami, le *braillard* (le canon) qui s'éloigne. Ça va bien. » — Dans ce cas, reprit le jeune soldat, je ne regrette pas ma » blessure. »

» Voilà ce qui se passe dans notre armée. De tels sentiments et de tels actes, qui rappellent ce que raconte l'histoire des grands guerriers chrétiens, ne sont-ils pas bien consolants ? »

LES ENFANTS DE LA PAROISSE DE TRÈVES.

Les mobiles de Belforts et légionnaires de l'armée de l'Est, enfants de la paroisse de Trèves, nous envoient la note suivante :

« Le 26 mars, notre vénérable pasteur annonce à la paroisse qu'il a résolu spontanément de célébrer un service solennel le lendemain, pour les cinq enfants du pays, morts au service de la patrie, soit dans l'Est, soit sous les murs de Belfort.

» Il y convie les parents, les amis, et particulièrement tous les compagnons d'armes, en uniforme, qui ont eu l'heureuse chance de revenir sains et saufs au foyer paternel.

» Puis a suivi une touchante allocution dont voici quelques mots :

« Mes enfants, nous vivons dans des temps bien tourmentés, qui semblent préparer le découronnement et le tombeau de la société civile et religieuse. — Eh bien ! c'est précisément ce qui prépare un autre temps de triomphe et de prospérité pour la France catholique.

» Quand et comment cela arrivera-t-il ? c'est le secret de Dieu.
» En attendant, son œuvre se fait malgré les hommes et même avec leur malice.

» Et la preuve ? Parce que la France a vu la croix traînée dans la boue, et c'est pour cela qu'elle l'a placée sur son cœur d'or et qu'elle y restera ; — parce qu'un trône est tombé et que la croix est restée debout ; — parce que la croix ne fait plus peur qu'aux ennemis de toute autorité, qu'aux libres-penseurs de la marche indépendante ; — parce que nos jeunes soldats improvisés ont fait de belles et bonnes actions.

» De même que les matelots deviennent sages quand gronde la tempête ; de même nos riches bons bourgeois, libres-penseurs, nos philosophes voltairiens ont peur quand le peuple montre les dents.

» Aujourd'hui ils disent :

« Le peuple n'est pas changé ; qui le changera ?

« Le peuple est gangrené ; qui le guérira ?

« Le peuple est un lion déchaîné ; qui le domptera ?

« Qui ? ce n'est pas vous, riches bons bourgeois libres-penseurs qui faites un si mauvais usage de vos richesses ; ce n'est pas vous, écrivains, journalistes, qui empoisonnez le peuple tous les matins par vos doctrines antireligieuses et antisociales, en lui promettant un bonheur imaginaire, un bonheur sans Dieu et sans religion, — mensonge grossier qui ne prend que les aveugles volontaires.

» Mais ce sont les bons chrétiens fortunés qui se font pardonner de Dieu et des hommes en soulageant toutes les misères humaines si nombreuses sous le soleil. — Ce sont nos Sœurs de charité qui pansent nos plaies sous le feu de l'ennemi, dans les hospices et les ambulances. — Ce sont nos pauvres soldats improvisés, instruits par les malheurs de la guerre et les rigueurs d'un cruel hiver, regagnant, avec leur foi plus affermie, le clocher de leur village et le toit paternel. — Ce sont les missions, qui font tant de bien aux âmes, dans les campagnes, sous le point de vue de l'instruction, de la civilisation, de la fraternité et de la moralité des familles villageoises qui ont si souvent sauvé la France et qui la sauveront encore de l'anarchie des partis oppresseurs.

» Le peuple, il a besoin de deux choses : il a besoin de foi et de force ; il ne les trouvera que dans Jésus-Christ et son Église ; et il en a grand besoin pour supporter les rigueurs de la vie laborieuse des champs. — Il sait bien que les faux prophètes qui le trompent ne peuvent le délivrer ni du travail ni de la misère, ni de la maladie, ni de la mort. — Il voit bien qu'ils ne viennent pas à son chevet, quand il souffre, lui apporter des soins empressés, des paroles de consolation, de pardon et d'espérance d'une meilleure vie à venir.

» Oui, la grande majorité du peuple sait bien faire la différence entre les ambitieux charlatans et les humbles chrétiens charitables. — Il sait bien que la religion seule, par sa céleste doctrine, peut le rendre moins malheureux dans son sort, et de plus lui assurer le seul vrai bonheur dans la patrie des vivants.

» Quand tout le peuple saura cela et le croira, alors arrivera le triomphe et la prospérité des deux sociétés civile et religieuse. — Après bien des malheurs, cela arrivera bientôt après ; redoublons donc notre foi et notre confiance en Dieu. »

» Donc, le lendemain 27, à l'heure dite, l'église était comble ; son appel avait été entendu. Après un mot de souvenir paternel pour les uns, consolant pour les autres, et le service fini, nous nous sommes rendus en corps au presbytère où un frugal repas nous avait été préparé. — Chacun de nous y a raconté un épisode plus ou moins émouvant de sa vie guerrière.

» Après quelques heures de joie intime, nous nous somme retirés comme des frères se retirent de la table d'un bon père de famille.

» *Au nom de tous, et pour tous nos camarades :*

» Bruyas (Claude), *de la garnison de Belfort.*

» Bourdon (Benoît).

» Journoud, *caporal de la 3e légion de marche du Rhône.* »

Trèves, 1er avril 1871.

ENCORE DEUX ÉPISODES POUR L'HISTOIRE DES SOLDATS CHRÉTIENS.

Lombron, 17 mai 1871.

A Monsieur l'abbé Goussard.

Mon cher ami,

Vous avez écouté avec intérêt, dimanche, le récit que je vous ai fait de notre triste campagne dans le diocèse de Chartres, et vous voulez que je vous adresse l'épisode de Guillonville, qui vous a particulièrement ému. Je me rends volontiers à votre désir. Abonné à la *Voix de Notre-Dame de Chartres* depuis son premier numéro, pour vous et bon nombre de vos excellents confrères dont je n'ai pas oublié la bienveillance, je ne suis pas un étranger.

Ceux qui connaissent votre incomparable cathédrale savent qu'à des hauteurs où l'œil de l'homme n'atteint pas, l'ouvrier des âges catholiques a sculpté des beautés qui ne sont admirées que des anges. Ils travaillaient pour l'amour du bon Dieu et la gloire de Marie très-sainte. Ceux qui ont parcouru nos ambulances, assisté aux champs de bataille nos chers mourants, ont recueilli des traits sublimes, ont vu des sacrifices héroïques accomplis sans bruit dans le coin d'une grange abandonnée, sur le bord d'un fossé; ont vu mourir de nobles enfants dont personne n'a su le nom, mais dont la mort attirera, je l'espère, sur les jours troublés et malheureux que nous traversons la miséricorde de Dieu.

En voici un exemple :

..... C'était le jeudi 1er décembre, nous venions de quitter Saint-Sigismond, et laissant sur notre gauche Saint-Péravy-la-Colombe et Patay, nous arrivions au nord-est de Guillonville; il pouvait être deux heures. L'action déjà engagée devenait sérieuse, nous ne tardâmes pas à y prendre part. Pour nos blessés, M. le curé de Guillonville disposa son église. Deux heures plus tard elle était remplie, et lorsque je revins, vers huit heures, du champ de bataille, accompagnant les voitures chargées de nos derniers blessés, nous fûmes obligés de faire sortir ceux qui étaient transportables et de les diriger sur Patay. Depuis le seuil de l'église jusqu'au fond du sanctuaire, furent bientôt entassés sur la paille nos malheureux enfants. Je ne dois pas oublier le vénérable curé de Guillonville. Sa maison, son linge, le peu de provisions que lui avaient laissées les Prussiens, tout fut donné avec une générosité sans réserve. L'instituteur de son côté, à la maison d'école remplie, se sacrifiait entièrement. Mais nos besoins étaient immenses, et cette nuit-là je pleurai toutes les larmes de mes yeux. Après avoir pourvu aux plus pressants besoins, je vins me jeter un instant tout habillé sur le lit de M. le curé, où un général prussien avait couché la veille, et devait revenir, hélas ! bientôt; mais l'homme charitable qui gardait nos pauvres mourants dans l'église, ne tarda pas à venir me chercher.

Il était trois heures. On venait d'apporter des fermes environnantes de nouveaux blessés. J'aidai à sortir les morts pour faire une place sur cette paille où le sang ruisselait. Arrivé à l'autel de la sainte Vierge, je m'agenouillai auprès d'un jeune soldat qui paraissait en de vives souffrances.

« — Mon enfant, lui dis-je, vous souffrez beaucoup.

» — Beaucoup, oui, mon père, mais trop, non, car j'expie.

» — Vous expiez, pauvre enfant !...

» — Oui, mon père, les fautes de ma vie. Veuillez en recevoir l'aveu. »

J'entendis sa confession qu'il acheva dans des sentiments admirables.

« Maintenant, mon père, dit-il, voici mes commissions : « Prenez dans ma poche ma montre, vous l'enverrez à mon frère, » comme un dernier souvenir d'affection. Je m'appelle Jean Sarda, » je suis de Loupiac, canton de Limoux, au département de l'Aude... Dans mon autre poche, une petite chaîne que vous donnerez à la sainte Vierge Marie. Ecrivez bien au pays, mon père, » que je meurs sur l'autel de la sainte Vierge, que j'ai appris à » aimer dans mon enfance... que je meurs calme, résigné... (une » larme coula de ses yeux)... et content... Vous avez intérêt, mon » père, à le leur dire, car désormais ils uniront votre nom au » mien dans leurs prières... mais ne me laissez pas mourir sans » revenir me bénir ! .. »

Le pauvre enfant avait deux balles dans la poitrine, et les symptômes précurseurs de la mort apparaissaient déjà.

Je parcourus tous les bancs, cela demanda plusieurs heures, mais mes yeux se tournaient sans cesse vers ce noble jeune homme. Lorsque je revins à lui, sa voix était éteinte. Je lui pris les deux mains...

« Mon cher enfant, c'est moi, votre ami, le consolateur de la dernière heure... » Il ouvrit les yeux... j'en vis sortir des larmes... « Courage ! enfant, dans un instant le ciel; et vous prierez pour moi... » Si vous me reconnaissez, serrez-moi la main... Il fit un suprême effort, la serra, la porta à ses lèvres... et rendit à Dieu sa belle âme !...

Et je restai à genoux, demandant au bon Dieu, par les mérites d'un si généreux sacrifice, d'avoir pitié de moi.

Depuis, ses commissions ont été faites, et la famille Sarda, de Loupiac, transmettra ce récit à ses enfants.

Le lendemain, bien des cadavres étaient entassés le long du mur de l'église. Je n'eus pas la consolation de leur donner la sépulture, mon régiment se battait, et ce jour-là comptera dans ses annales.

Je jetai un dernier regard à ces morts de la nuit. .

Evigilabunt... Dominus custodit omnia ossa eorum; unum ex his non conteretur.

Deux jours après j'échappais moi-même des mains des Prussiens à Germigny-Rosière... Mon cœur était brisé, je commençais à voir que toute espérance était perdue... je regagnais mon régiment, lorsque, au pied d'une croix, sur les limites de votre diocèse, j'aperçus un jeune sergent assis, sa tête dans ses deux mains.

... Je frappai sur son épaule... « Enfant, lui dis-je, vous paraissez accablé... »

— « Oui, mon père, j'ai vu tomber les miens, je suis du bataillon de Charette, et ils sont là-bas, fauchés par la mort comme le moissonneur aligne les épis sous sa faucille... »

— « Mon enfant, je vais à Josnes ; faisons route ensemble... »

— « Oui, mon père, quand je rencontre un aumônier, mon sac me semble moins lourd. »

Le long du chemin je découvris en lui une foule de connaissances. Il citait avec beaucoup d'à-propos et sans ostentation de fort beaux textes de l'Imitation, de saint Augustin, de saint Bernard, des passages de Frédéric Ozanam, de Balmès, etc. Arrivés à l'endroit où nous devions nous séparer pour rejoindre nos corps, je voulus garder son nom comme un de mes bons souvenirs de campagnes. Il écrivit sur une des feuilles de son carnet : Jean-Marie le D. (Le Dinaher) de Kéraenor, Plougerin (Côtes-du-Nord). « Kéraenor, me dit-il, ce mot signifie : « peuple de la croix, » et nous ne l'avons pas oublié. »

Puis jetant un regard dont je n'oublierai jamais l'expression sur cette plaine immense, remplie de fuyards, de voitures renversées, de chevaux crevés : — « Voyez, père, *cecidit, cecidit Babylon magna!...* Eh bien! faisons notre devoir, et si demain le plomb prussien nous tue, au ciel nous achèverons le texte de saint Jean. »

Votre tout dévoué et respectueux ami,

Ch. MORANCÉ,

Curé de Lombron, ancien aumônier du 33e.

SERMON D'UN CUIRASSIER.

— Les Dames du Sacré-Cœur de Nantes ont ouvert une ambulance à nos braves blessés. Dire qu'elles en font elles mêmes le service, c'est constater que les héroïques victimes de nos désastres y sont l'objet des soins les plus assidus comme les plus intelligents; c'est constater aussi que ces soins s'étendent à des intérêts plus élevés que ceux du corps. Nous aimons à en donner une preuve — entre cent autres — dans le récit suivant que nous reproduirons dans sa pureté native afin de n'en point altérer le parfum.

Sorti de l'ambulance depuis deux heures à peine, un cuirassier était commandé, avec trente de ses frères d'armes, pour aller appuyer l'artillerie du Mans. En troupier reconnaissant, il se serait reproché de changer de résidence sans aller porter ses adieux à la révérende mère L***, supérieure de la communauté. Après l'avoir remercié de nouveau de tout le bien qu'elle lui avait fait en le rappelant à la pratique de ses devoirs religieux : « Ah ! ma Sœur, continua t-il, je veux vous annoncer une bonne nouvelle qui vous prouvera que vous n'avez pas perdu votre temps à m'instruire. Ce matin, en déjeûnant avec mes compagnons de route, la conversation a roulé sur les ambulances que l'on connaissait. Moi, j'ai naturellement prétendu que la mienne était la meilleure, puisque non seulement on m'y avait soigné comme ma mère ne l'aurait pas fait, mais qu'on m'y avait replacé dans la piste droite en me rappelant ce que j'avais oublié depuis longtemps. Je leur ai ensuite débité par-ci par-là ce que vous m'aviez dit du bon Dieu, en ajoutant que, à présent que mes états de service étaient en règle avec lui, ça m'était bien egal de rencontrer les Prussiens et de recevoir une de leurs balles, car je savais où je défilerais. Eh ! bien, ma Sœur — vous me croirez si vous voulez — après ce sermon, voila-t-il pas que tous mes trente cuirassiers se lèvent comme un seul homme en me disant qu'ils veulent faire comme moi ? Je leur réponds que cela ne leur fera pas de mal tout de même. Et aussitôt, sans boute-selle, je les conduis à Saint-Pierre où nous entendons la messe tout d abord ; puis nous avons promis à Dieu que nous en ferions autant chaque dimanche, sauf le service, ainsi que vous me l'avez recommandé ; après quoi tout le piquet a passé au confessional. »

Et comme madame L***, toute radieuse, félicitait le brave de sa bonne action. « Oh ! ma Sœur, fit-il, ne m'en flattez pas ! non, non, ne m'en flattez pas, je vous en prie, car je n'avais point l'intention de faire executer ce changement de front. J'ai tout simplement conté aux camarades ce que j'avais fait, et le bon Dieu a fait tout le reste, *illico*, voilà ! »

QUOI ! MOURIR SANS LE BON DIEU !

— Le R. P. Dufor, missionnaire du Calvaire, écrit à un de ses confrères de Toulouse :

« ..... De nos prisonniers et de moi que vous dirai-je ? Ah ! j'en sais tant que je suis embarrassé pour le choix. Je pourrais même vous faire un peu rire. Ainsi, je voudrais que vous vissiez nos braves quand ils sont de corvée autour des remparts et dans les cours des casernes. Vous assisteriez à d'autres Reischoffen, Gravelotte et Saint-Privat. Ils commencent la bataille en chantant : divisés en deux camps, ils s'attaquent à coup de boules de neige, s'assomment, ne ménageant pas toujours les Wurtembergeois qui les gardent, se renversent, se cernent; et souvent cela finit par une capitulation qui n'a pas toutes les conséquences de celles de Sedan et Metz.

» Mais si vous le voulez, mon Père, laissons pour un autre jour le comique pour passer au sérieux et à l'édifiant.

» Dès le début, dans la forteresse d'Asperg, c'était un Allemand qui me servait la messe; un caporal de Basses-Pyrénées vint me dire qu'il était convenable que ce fût un soldat français, et il s'offrit lui-même. Plusieurs voulurent avoir cet honneur. Parmi les concurrents, je remarquai un soldat du 63ᵉ, petit, sans barbe, et portant sur la physionomie je ne sais quoi de pieux. Il fut le préféré, et voilà mon clerc. Eh bien, ce jeune homme est un pauvre frère des écoles chrétiennes que les révolutionnaires de Lyon ont forcé de prendre les armes. Il était presque nu : pas de capote, pantalon rapiécé, tunique râpée, et pour mouchoir de poche il avait un mauvais chiffon. Je l'habillai de pied en cap ; jugez de sa joie et de sa reconnaissance.

» L'autre matin, à deux heures, quelqu'un vient frapper à ma porte. On me crie qu'un sous-officiers me réclame à la salle des fiévreux. C'était un des docteurs qui, quoique protestant zélé, s'était donné la peine de venir chez moi. Il m'accompagna auprès du malade et recommanda à l'infirmier de ne lui faire prendre la médecine qu'après la réception des sacrements. Que dites-vous de ce trait-là ?

» Pas plus tard qu'hier soir, un autre, vieux sergent, m'édifia au dernier point. Il passait pour un démon dans sa compagnie, et quelques jours auparavant il avait fait un tapage d'enfer dans une cantine, brisant tout et assommant tout le monde. Il paraît que ça lui avait si bien troublé le sang, qu'au lieu de l'emmener en prison, on fut obligé de le porter à l hôpital des varioleux.

» J'allais le visiter tous les jours, et le voyant perdu, je l'engageais à faire ses devoirs de chrétien. Il ne disait pas non : mais tantôt il était en train de boire sa tisane, tantôt il y avait trop de monde, parfois même il faisait semblant de dormir. Enfin, samedi soir, vers onze heures, se sentant près de mourir, il me fait demander. Je me lève, j'y cours. Le sergent était affreux à voir, tant le typhus et la petite vérole avaient ravagé sa figure.

» Il se confesse avec une foi admirable et je lui administre le sacrement de l'Extrême-Onction. J'allais me retirer, lorsque le moribond m'interpelle avec force : — Dites-donc, monsieur l'aumônier, et la sainte Eucharistie, et le bon Dieu ? — Ce soir, impossible de vous le porter; l'église est fermée et c'est monsieur le commandant qui a la clef. — Quoi ! moi, mourir sans le bon Dieu? Cela ne peut être. Dans mon pays, la Savoie, on donne le saint

Viatique aux mourants. Si vous me le refusez, vous êtes tous damnés. — Eh bien! ce sera demain matin. — Non, il me le faut ce soir; demain matin je serai mort.

» La salle était infecte et je ne pouvais plus y tenir. Je sors et me dirige vers la porte de l'église. O Providence! par extraordinaire, on avait oublié de fermer la porte. Vite je pris le saint Viatique et je le portai au vieux Savoyard. Il poussa un cri de joie, se leva sur son séant et communia comme un saint. Puis, en pleurant, il me dit : Merci, monsieur l'aumônier; vous m'avez rendu le plus grand de tous les services. Je vous donne ce que j'ai de plus précieux, mes cinq médailles, que vous garderez comme souvenir d'un coupable qui s'est repenti. Veuillez me dire trois messes... — Et voilà, mon cher Père, de ces scènes auxquelles j'assiste presque tous les jours.

» Il me semble que ces détails peuvent édifier les lecteurs de la *Semaine catholique*. Veuillez les communiquer à monsieur le rédacteur. Merci mille fois pour lui et ses abonnés.

» Mgr Mermillod m'a envoyé 5,600 fr. pour mes cinq mille paroissiens. Ceux qui m'ont été recommandés ne sont pas oubliés. Je vais envoyer quelque argent aux autres aumôniers pour être affecté au soins de nos compatriotes.

» A tous bonne année et vive reconnaissance.

» P. Dufor,

» *Aumônier militaire à Hohen-Asperg* (Wurtemberg). »

POUR LA PÉNITENCE DE MES FAUTES.

Un de nos artilleurs français, qui avait eu la jambe emportée par un boulet, souffrait horriblement. Le père aumônier voulait le consoler et lui faire reprendre courage.

« O mon Père, dit-il, pourquoi me consoler? Jésus-Christ a été blessé aux deux pieds et aux deux mains, et il était innocent; moi je n'ai qu'une blessure et je suis pécheur. J'offre ma blessure pour la pénitence de mes fautes.

LE COLONEL CELLER.

— M. le colonel Celler, blessé au combat de Nuits, est mort pour la France. Sentant sa fin approcher, il a demandé les secours de la religion et a fait appeler un prêtre. M. l'abbé Gambu, récemment arrivé des ambulances de la Loire, est accouru et l'a administré.

En voyant passer ce cercueil, précédé de la croix, signe de l'*unique espérance*, et des prêtres du Christ, chacun se découvrait avec respect, et la comparaison des consolations qu'offre la religion avec le froid glacial et le désespoir des enterrements athées, dont un triste exemple vient d'être donné officiellement à Lyon, se présentait à tous les esprits.

LE GÉNÉRAL DE SONIS.

Nous empruntons, en l'abrégeant, à la *Guienne*, cette notice sur le brave général de Sonis :

Le général Gaston de Sonis appartient par sa naissance au département de la Gironde. Son père était commandant de place à Libourne. Lui-même suivit fort jeune la carrière des armes. Entré d'abord dans la cavalerie, il était depuis quinze ans en Afrique. Au commencement de l'année 1869, étant lieutenant-colonel et commandant du cercle de Laghouat, il dispersa, avec 450 hommes, près de 5,000 Arabes marocains rebelles, ce qui mit fin au soulèvement. A la suite de ce brillant fait d'armes, il fut fait colonel, et, placé à la tête de la subdivision d'Aumale, il remplissait ainsi les fonctions de général, lorsque, au mois d'octobre dernier, il fut nommé général de brigade.

A l'époque de la guerre d'Italie, il avait pris part à la campagne, et eut un cheval tué sous lui dans une charge à la tête de l'escadron qu'il commandait. Vingt-trois hommes seulement se retrouvèrent après cette charge, et il se releva presque seul du champ de bataille à travers le feu de deux carrés autrichiens sans avoir été blessé. « C'est, disait-il avec foi, c'est la sainte Vierge qui m'a » protégé ! »

Lors de la déclaration de guerre à la Prusse, il demanda un commandement; mais comme il possède à fond la langue arabe, chose précieuse pour traiter avec les chefs, sa demande ne fut pas agréée. Cependant, la guerre prenant des proportions alarmantes, il télégraphia à Tours qu'il voulait marcher à l'ennemi, dût-il quitter les épaulettes et se faire simple soldat. C'est alors qu'il a été nommé général de division et commandant du 17e corps.

Voici maintenant l'homme privé et le chrétien. Il s'est marié, fort jeune, avec la fille de M. Roger, notaire à Castres (Tarn). Il n'a que quarante-six ans et il est père de dix enfants, qu'il élève dans ses fermes principes de chrétien fidèle.

Trois de ses fils sont soldats. Le plus jeune n'a pas seize ans; l'aîné, fait prisonnier à la frontière, s'est évadé, et s'est réfugié dans la citadelle de Bitche, où il lutte vaillamment contre l'envahisseur.

Le général de Sonis a toujours placé la religion au premier rang, au-dessus de tout. Catholique fervent, d'une piété angélique, il prend part a toutes les bonnes œuvres. Il vint l'an dernier, à Bordeaux, et ses amis ont pu goûter le charme de sa conversation.

Plein de distinction et de noblesse, d'un abord doux, modeste à l'excès, tout en lui captive et attache. Il confia à un de ses amis qu'en venant à Bordeaux, il avait voulu faire le pèlerinage de Notre-Dame de Lourdes. Il l'a fait et y avait laissé sa croix d'officier. Il avait déposé sa croix de chevalier à Notre-Dame des Victoires, à Paris.

La dernière lettre qu'il écrivait d'Aumale, le 1er novembre dernier, porte l'empreinte d'une profonde tristesse; on ne peut en faire la lecture sans être attendri :

Il disait :

« Lorsque Dieu se mêle de donner des leçons, il les donne en maître. Rien ne manque à celle que la France reçoit en ce moment.

» J'ai télégraphié à Tours pour marcher à l'ennemi; je ne veux, à aucun prix, rester ici... Plutôt mourir les armes à la main, en soldat ! »

Et plus loin, après des considérations sur les hommes qui ont perdu la France :

« Pour nous, ne parlons pas; mais demandons à Dieu qu'il ne nous quitte pas et de nous faire la grâce de savoir mourir comme un chrétien doit finir, les armes à la main, les yeux au ciel, la poitrine en face de l'ennemi, en criant : Vive la France ! »

Et plus loin encore :

« En partant pour l'armée, *je me condamne à mort.* Dieu me fera grâce, s'il le veut; mais *je l'aurai tous les jours dans ma poitrine, et vous savez bien que Dieu ne capitule jamais, jamais* ! »

Tels sont les héroïques soldats que forme la foi catholique !

GASTON DE BELSUNCE.

— Encore un grand nom à inscrire en lettres d'or au livre des dévouements patriotiques. M. Gaston de Belsunce, petit-neveu du saint et célèbre évêque de Marseille, a rendu son âme à Dieu hier, à l'ambulance du Grand-Hôtel.

M. de Belsunce s'était, dès le début de la guerre, engagé dans le 125e de ligne.

Blessé grièvement au premier combat de Villers, le 30 novembre, il fut d'abord porté à l'hôpital Saint-Antoine, puis au boulevard des Capucines.

Il a vécu peu de jours, mais assez cependant pour laisser après lui de très-fortes et très-durables sympathies. Intelligence distinguée, nature délicate et modeste, conscience admirablement loyale et chrétienne, tels sont les traits saillants de ce jeune homme, que la mort vient de ravir à sa famille et la Patrie.

La France catholique, plusieurs fois illustrée par le nom de Belsunce, ne peut s'arrêter devant cette tombe privée sans verser une larme et murmurer une prière.

LE COMMANDANT DE DAMPIERRE.

« Hier, au début d'une journée brillante pour nos armes, et glorieuse surtout pour les mobiles de la Côte-d'Or et de l'Aube, le commandant de Dampierre a été frappé à la tête de son bataillon. Je me trouvais en ce moment aux avant-postes, sur la route d'Orléans, à gauche du village de Bagneux, vers dix heures du matin, lorsqu'un messager vint en toute hâte chercher un prêtre. Le commandant avait en tombant réclamé ce suprêmes secours.

» J'arrivai, en courant de toutes mes forces, à une petite maison abandonnée où il venait d'être transporté. Le major lui avait déjà donné les premiers soins. Ses chers mobiles l'entouraient avec une émotion et des paroles que je ne saurais mieux rendre qu'en disant qu'on eût cru voir un père mourant au milieu de sa famille éplorée. Ces braves gens ne savaient qu'imaginer pour lui adoucir ses souffrances. L'un quittait sa varcuse pour la lui étendre sur les jambes, car il faisait froid sur ces hauteurs ; un autre lui soutenait la tête; un troisième lui serrait les mains, ce qui paraissait le soulager, car une sorte de crispation qui se produisait dans l'avant-bras lui semblait pénible, et l'appui d'une main amie lui faisait du bien.

» A mon arrivée, son visage, déjà bien pâle, s'illumina d'une joie céleste. Sans perdre de temps, il récita très-fermement : *Je confesse à Dieu tout-puissant*, se confessa et reçut l'absolution avec des sentiments dignes d'un héros chrétien. Je lui demandai plusieurs fois s'il consentait à offrir à Dieu le sacrifice de sa vie. — Oui, me répondit-il, *que la volonté de Dieu soit faite*. Il réitéra cet acte de parfaite charité quatre ou cinq fois pendant que nous le transportions à l'ambulance d'Arcueil. Il récita, de plus, le *Souvenez-vous, ô très-pieuse Vierge Marie*, et répéta souvent : *Jésus, Marie, Joseph*. Je dus le quitter à mi chemin d'Arcueil, parce que d'autres blessés réclamaient mon ministère.

» Je n'ai pu encore, à l'heure où j'écris, retourner jusque-là pour connaître le moment précis de sa sainte mort; mais j'ai tout lieu de penser, à en juger par l'état dans lequel je l'ai laissé, qu'il ne sera pas arrivé vivant jusqu'à l'ambulance.

» J'apprendrai aujourd'hui ou demain quelque chose de positif sur ce point, et je vous le ferai savoir. Mais j'avais hâte de faire connaître à l'honorable et chrétienne famille de Dampierre ces consolants détails dont je suis le seul à pouvoir rendre un témoignage authentique.

» De tels sacrifices, je le répète, sont douloureux, mais pleins d'espérance. Une patrie qui suscite de pareils dévouements ne sera jamais ni abattue, ni déshonorée.

LE CAPITAINE DE L'EPINAY-S.-LUC.

Un brave capitaine d'une compagnie des mobiles de Maine-et-Loire, M. de l'Epinay-Saint-Luc, se sentant mortellement blessé par un éclat d'obus se fait porter à cent mètres en dehors du champ de bataille. Là l'aumônier vient le confesser et lui donne la sainte Communion. Mais avant de recevoir son Dieu, il fait approcher ses hommes et leur dit : « Mes amis, je vous appris à combattre, je veux maintenant vous apprendre comment on meurt en chrétien. » Puis, d'une voix mourante, mais forte encore, il commande : « Portez armes — Présentez armes — Genou terre. » Et pendant que tous ces braves soldats, émus jusqu'aux larmes, présentaient les armes au Roi des rois, le chrétien qui allait mourir recevait avec bonheur le Viatique de l'éternité. « Adieu, mes amis, s'écrie bientôt M. de l'Epinay, maintenant, en avant, au feu !!! » Et comme autrefois Bayard, il a attendu la mort avec calme, priant Dieu de bénir sa pauvre mère et ses six enfants que cette mort allait plonger dans la désolation. Cette horrible guerre nous a offert en très-grand nombre ces magnifiques exemples de foi chevaleresque. Oh ! la foi qui sublimise tout, comme elle honore le soldat et couronne dignement les nobles luttes de la vaillance !

GUSTAVE GUICHON.

On lit dans le *Courrier de Lyon :*

La semaine dernière ont eu lieu, à l'église de Notre-Dame-Saint-Vincent, les funérailles d'un de nos jeunes concitoyens, caporal à la première légion de marche du Rhône, Gustave Guichon, frappé mortellement à l'affaire de Nuits, où de nombreux Lyonnais ont trouvé une mort glorieuse et se sont signalés par leur intrépidité et leur bravoure.

La perte de Gustave Guichon est d'autant plus regrettable, que ce pauvre jeune homme a été victime non-seulement de l'accomplissement de son devoir de soldat, mais encore d'un acte admirable de dévouement, que nous devons signaler. La bataille était terminée ; il avait été épargné par les balles ennemies, mais il y avait des blessés restés sur le champ de bataille, étendus sans secours.

Ce jeune caporal, assisté d'un camarade, part pour accomplir sa mission de charité, et c'est au moment où, penché sur un blessé, il se disposait à le relever, qu'un uhlan, venant à passer, lui décharge sa carabine à bout portant, et le tue sans défense en repartant au galop.

Gustave Guichon fut d'abord inhumé à Nuits, avec ses camarades, puis de pieux amis s'y rendirent de Lyon pour ramener à sa malheureuse mère sa dépouille mortelle. Les recherches furent longues et pénibles. Il fallut opérer de nombreuses fouilles pour retrouver son corps, sur lequel se trouvaient des lettres de famille. La garde nationale a voulu lui rendre les derniers honneurs. Des compagnies de son bataillon en armes et des détachements des autres bataillons assistaient à cette cérémonie religieuse, rendue plus imposante encore par l'appareil militaire. Une foule compacte de citoyens de tous rangs se pressait dans l'église beaucoup trop petite pour la recevoir, et a accompagné le jeune Guichon à sa dernière demeure.

ENCORE UNE MORT LUMINEUSE.

— Ces jours derniers, écrit-on de Paris, expirait au Grand-Hôtel, en brave et *en saint*, un jeune officier de la mobile du Loiret. Il avait tout ce que le monde a l'habitude de regarder comme l'idéal du bonheur ici-bas, la jeunesse, une belle fortune, et un grand nom. J'ajoute, mais cela le monde ne l'estime guère, qu'il avait des amis qui aimaient son âme. Savez-vous quelle a été une de ses dernière paroles après un martyre de huit jours : « L'enfant qui ne sait pas marcher se laisse conduire par sa mère, et moi qui ne le suis plus, je me laisse conduire par Dieu..., et il me conduit bien. »

C'EST UN SOUVENIR DE MA MÈRE

On nous communique la lettre suivante, écrite par un prêtre français qui s'est dévoué au soulagement des misères physiques et morales de nos prisonniers en Allemagne :

Mon très-révérend Père,

Vous êtes désireux, sans doute, de savoir si le bon Dieu veut bien se servir de mon ministère pour le salut de nos chers prisonniers. Hélas ! je sens mon incapacité, et, d'autre part, il est à craindre que mon indignité ne soit un obstacle au succès de ma mission.

Ce qui m'occupe surtout, ce sont les malades. Deux d'entre eux sont morts, et j'ai dû, selon l'usage du pays, adresser sur le cimetière, à leurs compagnons d'armes, une allocution de circonstance. Le premier, surtout, m'a beaucoup édifié par sa dévotion envers la sainte Vierge, et par sa piété filiale. Après avoir reçu le sacrement de pénitence, il me remit un chapelet que sa mère lui avait donné au sortir du pays.

— C'est, me dit-il, le souvenir de ma mère; quand je serai mort, veuillez le placer dans ma tombe.

— Oui, mon ami, lui dis-je, je vous le promets.

Et, voyant sur la croisée son scapulaire, je le mis à son cou comme un gage d'espérance. Bientôt après il rendait son âme à Dieu.

J'eus à cœur d'accomplir ses dernières volontés, mais lorsque je voulus mettre le chapelet entre ses mains, il était trop tard. Ce cercueil avait été fermé plusieurs heures avant la sépulture.

La Providence avait ses vues à cela; je montrai à nos Français ce chapelet vénéré; je parlais des pieux sentiments du défunt et de sa tendresse pour sa mère et je déposai le chapelet sur sa tombe. Cher ami, m'écriai-je, ta mère sera consolée dans sa douleur en apprenant que tu es mort en chrétien et que tu n'as pas voulu te séparer du seul souvenir qui te restât d'elle. Pauvre mère, elle ne reverra plus son fils ici-bas !... Mais, quant à nous, n'oublions jamais que si des revers inattendus nous ont arrachés au foyer paternel, si la mort peut nous séparer de ce que nous avons de plus cher en ce monde, il est une chose que personne ne peut nous ravir, malgré nous, c'est notre foi ; il est un lieu où tous les chrétiens doivent se donner rendez-vous pour y retrouver auprès de Dieu un père, une mère, une sœur : c'est le ciel ! Gardez votre foi, mes chers amis, et pensez au ciel.

L'émotion que j'éprouvais, jointe à la vue de cette fosse, au regret d'être éloigné de la Patrie et de leurs familles remua profondément tous nos braves. De grosses larmes jaillirent de leurs yeux.

Une partie de la population de Wemgarten assistait à la funèbre cérémonie et compatissait à nos douleurs. Je terminai mon discours en annonçant que j'allai dire tout haut un *Pater* et un *Ave* pour le défunt et pour la France. Et, quand j'eus prié, tous les Allemands dirent à leur tour, mais à haute voix, cinq *Pater* et cinq *Ave* dans la langue du pays. Le surlendemain c'était le sergent Pommereau que j'accompagnai au dortoir des chrétiens et où plusieurs autres très-probablement le suivront de près.

LETTRE D'UN AUMONIER DE NOS PRISONNIERS.

Speiker, 3 novembre.

« Mon cher frère,

» En route pour la Pologne avec les 130,000 pauvres soldats prisonniers, j'apprends que Lyon n'est pas encore bloqué ; j'essaie donc de vous faire parvenir de mes nouvelles par la Suisse Nous voici déjà loin, tout va bien, très-bien ; nous souffrons un peu... Mais j'ai cependant pu porter bravement mon sac; la veille de la

Toussaint a été horrible; il a fallu marcher dans la boue la plus affreuse et par la pluie, de Boulay à Sarrelouis. L'abbé Jacques est parti de Metz pour me rejoindre. Les soldats sont très-contents de me voir au milieu d'eux. Ils sont très-bons pour moi, me donnent la meilleure place sous leur tente, et j'ai mes distributions de vivres comme eux. Les autorités prussiennes sont également pleines de déférence pour moi. Tout est donc au mieux... Nous allons, je crois, en Pologne, c'est loin, très-loin, mais Dieu est avec moi, je le crois... Je suis très-content et plein de force, quoique nous fassions de véritables marches forcées; hier on a marché neuf heures sans s'arrêter. Je n'en pouvais plus... mais nous avons été bien reçus à Speiker. C'était dix heures du soir. La route était bordée de traînards. Ce matin ils nous rejoignent peu à peu.

» Je suis sûr que vous penserez que j'ai fait mon devoir en suivant nos pauvres exilés. Pouvait-on les laisser partir sans prêtre? non, c'eût été une lâcheté. Vous m'enverrez votre approbation ; Dieu viendra à votre secours, comme il est venu au mien. Il saura inspirer à nos excellents bienfaiteurs de venir au secours de notre œuvre. Ayez donc confiance et priez pour moi. Je pense sans cesse à vous... à nos sœurs... à la cité... Qu'est devenu tout cela, mon Dieu? Voilà trois mois que je suis sans nouvelles. Dans nos conversations, mon bon frère, nous avons souvent été prophètes. Mais adieu, adieu à tous.

» Votre frère,

» Camille Rambaud. »

Kœnigsberg, 20 novembre 1870.

« Ici je commence à beaucoup agir... Chaque matin et chaque soir, ma grande chambre voûtée se remplissait de militaires : ce matin, dimanche, j'ai donc dû dire la sainte messe dans un vaste corridor de casemate; j'avais six cents soldats, et ce soir nous avons eu nombreuse réunion dans le même lieu, et tous les soirs ainsi... Puis j'ai à une demi-lieue de là un hôpital dans une tour casematée; il y a bien cinquante malades que je vais visiter une ou deux fois par jour, puis deux autres casernes; bientôt j'aurai six mille prisonniers sans compter les officiers.

» J'ai retrouvé un peu de l'ardeur de ma jeunesse pour leur parler... Il y a jusqu'aux officiers prussiens qui viennent m'entendre... Quelle admirable pensée on a eu à Lyon et à Genève de s'occuper de nos prisonniers... Il est à désirer que des secours soient distribués aux soldats par des prêtres, afin qu'il en résulte quelques biens pour leurs âmes. . Si vous saviez combien ces pauvres enfants souffrent de cette vie désœuvrée de la caserne !

» Ce qui sera précieux dans ces climats si froids, ce sont des vêtements chauds... quelques suppléments de vivres... Que je serais heureux, si je pouvais disposer de quelque chose... Ici on peut acheter *bon marché* de fort *bons lainages*... Les soldats *ne font rien*; ils se confectionneront facilement entre eux caleçons, vestes de dessous, chaussettes, etc... On nous promet 25 à 30 degrès de froid pour cet hiver.

» Des livres, des livres seraient aussi très-précieux, petits paroissiens de Tours, à 25 centimes ou autres petits livres de prières ayant messe et vêpres ; puis des cantiques... Je donnerais beaucoup pour en avoir cinq ou six cents et même davantage... Puis des livres, des livres d'histoires quelconques. Le grand mal ici, c'est l'ennui, c'est l'oisiveté. Comment occuper un si grand nombre d'hommes ! Quant à moi, ne vous inquiétez pas, ma santé est parfaite ; je vis à peu près comme nos prisonniers, je mange leur pain noir de seigle qui est d'une pesanteur au moins double ou triple de notre pain.

» J'avais peu d'argent en quittant Metz, mais je n'ai rien dépensé pour moi en route ; pour nos soldats, j'ai eu à leur acheter du pain et du tabac ; et ici je n'ai rien à dépenser, c'est tout pour les malades. Quand je n'aurai plus rien, j'ai prévenu les officiers français que j'irai faire la quête auprès d'eux. Quelques-uns sont riches.

» J'ai été caserné avec nos soldats comme l'un d'eux, comme prisonnier même... C'est ce que je voulais... je peux au moins les voir aussi souvent que je le veux. Sans cela il m'aurait fallu bien des permissions pour les visiter, car nos soldats sont fermés.

» N'oubliez pas de m'envoyer ce que je vous demande, des livres de prières, surtout.

» On a toujours donné à nos soldats à peu près le nécessaire. Ce matin encore on distribuait à chacun d'eux un paquet d'excellent tabac. Adieu, vous comprenez combien j'ai encore à vous dire, mais je crains d'abuser de la patience du colonel qui lit mes lettres et les envoie rapidement. Vos lettres ne sont jamais lues.

» Vous pouvez donc toujours m'écrire à Koënigsberg, poste restante, confédération de l'Allemagne du Nord.

» Tout à vous,

« F. Camille Rambaud. »

LETTRE D'UN AUMONIER DE NOS PRISONNIERS DE KŒNIGSBERG.

Kœnigsberg, 20 décembre 1870.

« Mon bon frère,

» Je ne saurais vous dire combien je suis touché des aumônes considérables que je reçois et des lettres qui les accompagnent... cela a commencé le beau jour de la fête de la T.-S. Vierge, le 8 décembre, et cette aumône venait de Lyon, de la ville de l'Immaculée-Conception. Ecoutez... n'est-ce pas merveilleux ?... Vers 8 heures, je m'en allais, le sac au dos, dire la sainte messe à 7 ou 800 hommes dans une vaste salle d'exercice du polygone de Kronpring... arrivé dans Stindammer strass, un monsieur m'aborde. Vous êtes l'abbé Rambaud, me dit-il... Oui... Eh bien, vous avez une lettre de crédit de mille francs chez M. Simon..... Mille francs... je n'en pouvais croire mes oreilles... Vous savez qui me les envoyait, mon bon frère... Mais il ne faut pas dire le nom du donnataire ; il ne veut que les anges pour confident de ses aumônes, et la Très-Sainte Vierge a voulu recevoir de lui ce beau bouquet le jour de sa fête... Puis, avant-hier, revenant à notre grande caserne par un temps froid, et un peu triste de ma solitude... j'entre à tout hasard à la poste... Ah ! monsieur prêtre, dit l'employé qui déjà me connaît..., une lettre chargée pour vous... Je l'ouvre, il s'en échappe un paquet de thalers... ce sont mille francs que Mgr Mermillod m'envoie... O mon Dieu ! comment vous remercier assez ?... Quelle multitude de chaussettes, de tricots, de bottes me représentent ces petits morceaux de vieux papier !... Comment vous remercier assez, Monseigneur, et ce n'est là que l'avant-garde de vos dons !... Puis c'est vous, mon bon frère, qui m'envoyez plusieurs centaines de francs... Où les avez-vous pris ?... vous qui devez avoir tant de peine à faire vivre notre pauvre cité que je vous ai laissée chargée de tant de dettes... *meâ culpâ, meâ culpâ...*

» Puis que dire de nos pauvres vieilles qui, avec leurs aiguilles de bas, les vieux papiers qu'elles ramassent, ont pu vous donner 50 fr., quarante paires de chaussettes de bonne laine blanche... Nous retrouverons, je l'espère, celles-là dans le ciel et ornées de pierres précieuses... Vous m'annoncez encore une autre aumône... C'est enfin une lettre de M... qui, en m'envoyant 500 fr. par le correspondant du Crédit foncier, s'excuse gracieusement de ne pas envoyer d'avantage, et me prie de lui demander encore si j'en ai besoin... ce sont encore des lettres m'annonçant des envois en nature. Il n'y a pas jusqu'à un monsieur très-âgé de Lampersdorf en Silésie qui, dans une lettre délicieuse, m'annonce que « *percé dans son âme de la pitié humaine pour les prisonniers français, il m'envoie pour la lecture divers livres français et une grande quantité de très-bonnes pômes nômées gravenstein tirées de son jardin, et qu'il espère que ce cadeau nous conviendra beaucoup, surtout s'ils n'arrivent pas gelées... Plus une petite caisse de bois d'aune* (*alvus glutinosus*) *tachée, superbe et très-rare, tirée de ma belle forêt de sapins et de belles arbres foliacées* »..... De cette caisse, si cela se peut, nous ferons le tabernacle où reposera votre très-saint corps, ô Seigneur Jésus... *O charitas, ô amor...* Puis se sont MM. E. Castell, négociants en grains de Kœnigsberg qui, en me remettant 80 thalers qu'ils ont reçu de Mulhouse, me disent qu'ils seront très-heureux de faire beaucoup pour les prisonniers. Et un de leurs principaux employés m'aide chaque jour à opérer mes colossales emplettes dans les meilleures conditions.

» Tout cela me fait espérer beaucoup de bien, mon bon frère, nous souffrons sans doute, et on ne peut penser sans frémir à ces terribles batailles que nous racontent nos nouveaux prisonniers ;

mais la France est comme l'or, elle sortira plus pure du feu des tribulations... Rien de plus triste que la mort prématurée de tant de ses enfants, et les maux infligés à l'ennemi ne guérissent pas les nôtres... Mais il faut être chrétien et croire à la parole sainte... et quand je voyais hier matin nos jeunes gens de France se presser en foule dans le vaste corridor casmaté où je disais la sainte messe en l'honneur de l'Immaculée-Conception..., quand je les entendais faire vibrer ces énormes voûtes par le chant de nos cantiques, je vous assure que je ne pouvais m'empêcher de voir la main de Dieu dans tout ce qui nous arrive. Oh! les anges sont là, mes amis, leur disais-je, courage, sachons, comme le dit Mgr l'archevêque de Lyon, sachons honorer notre patrie par notre résignation et notre dignité dans le malheur. Courage, nous la reverrons notre patrie, mais ce sera pour y vivre en vrais chrétiens, en vrais enfants de Dieu, et alors il nous bénira, et ne sera plus obligé de nous affliger afin de nous ramener à lui ..

» Vous serez content de ma lettre, cette fois, elle entre dans les détails que vous aimez. Vous pourrez la faire lire aux nombreux parents que vous me dites venir vous demander des nouvelles de leurs enfants. J'admire la charité inépuisable de notre cher Lyon... Combien d'âmes sauveront ces innombrables chaussettes, vêtements chauds, etc., que je puis distribuer... Peu à peu il n'y aura pas un de nos sept mille soldats auquel je n'aurai donné quelque chose, au moins une poignée de tabac, un livre, du papier pour écrire. Et songez au grand bien qui en résulte.

» Je viens aussi de recevoir vos caisses de livres et de vêtements et celles que m'envoie Mgr Mermillod, auquel nos prisonniers devront tant... Si vous aviez vu avec quelle avidité ont été reçus les petits paroissiens, les cantiques..., et voici que nous chantons les vêpres à faire envie à une cathédrale.

» Quelle admirable chose que la religion!... Peu importe le ciel sous lequel vit le chrétien, partout il trouve Dieu, et Dieu c'est la vie, c'est la joie, c'est le bonheur...

» Mais adieu, il faut finir. J'aimerais cependant encore bien vous raconter nos espérances pour la Noël, puis cette petite confidence du colonel Schultz, qui se propose de donner, le jour de Noël, aux 5,400 prisonniers sous ses ordres, un beau morceau de saucisse, plus un paquet de tabac... Un fourgon à quatre chevaux n'y suffira pas; cinq mille quatre cents hommes, c'est tout un peuple... Je ne veux pas être accusé de *prussianisme;* je reste Français et Lyonnais de tout mon cœur, et, comme nos prisonniers, je soupire après l'heure du retour; mais franchement, je ne puis faire autrement que d'admirer la sollicitude que montre pour nos prisonniers le gouverneur de Kœnigsberg, le général Von Borke, ainsi que tous les officiers qui l'entourent, et je serais vraiment bien ingrat et même très-coupable si je ne leur rendais pas ce témoignage... Au reste, pour rassurer les parents sur leurs enfants, il suffira de remarquer que sur les 7,300 prisonniers actuellement à Kœnigsberg, nous avons seulement 20) malades, chiffre officiel, et que, depuis le 12 août jusqu'au 18 décembre, il n'en est mort que 40, ce qui est un nombre très-petit, si l'on songe qu'il s'agit d'hommes fatigués par une campagne très-pénible de plusieurs mois, et ayant opporté le germe de maladies très-graves. Que les parents se rassurent donc. Et sauf la différence de système médical dans le traitement, je crois que nos soldats ne sont pas moins bien dans les hôpitaux d'ici que dans ceux de France; et les médecins prussiens m'ont paru très-consciencieux, s'occupant beaucoup de leurs malades. Nos hommes atteints de la petite vérole, qui régnait déjà à Metz, sont traités avec les plus grands soins, et ils le reconnaissent.

» Tout à vous, à la vie, à la mort.

» Votre frère,

» Camille Rambaud,

» *prêtre de Lyon.* »

DISCOURS AUX PRISONNIERS FRANÇAIS DE KŒNIGSBERG PAR LEUR AUMONIER.

Veille de Noël 1870.

Chers amis,

Voici les grandes fêtes de Noël. J'aurais aimé vous réunir dans une vaste église, y chanter avec vous la messe de minuit, vous parler à tous.... Ne le pouvant pas, j'ai eu l'idée de vous écrire, c'est le seul moyen pour que tous sachent que je pense à eux, que je les aime... Laissez moi donc vous ouvrir mon cœur de prêtre et de père.

En vous suivant sur cette terre étrangère si loin de notre patrie, j'ai voulu d'abord, moi prêtre, vous rappeler par ma parole et ma présence Celui que nous devons aimer par-dessus tout, Notre Seigneur Jésus-Christ né dans l'étable de Bethléem et crucifié pour nous; il ne fallait pas, non plus, que des chrétiens restassent sans sacrements, sans une voix amie et connue, pour les assistir au lit de mort.

Mais je n'ai pas oublié que notre Dieu très-bon nous enseigne aussi l'amour des uns pour les autres, et j'ai vivement désiré pouvoir soulager les plus nécessiteux d'entre vous... NN. SS. les évêques et les catholiques de divers pays ne vous oubliaient pas. Des aumônes m'étant donc arrivées par eux, je vous ai distribué quelques vêtements... Comment faire pour en donner à tous?... c'est impossible... vous êtes neuf mille. Que faire?... Vous comprenez vous-même mon embarras, je désire que vous soyez tous contents, vous êtes ma vie, que puis-je chercher sous ce ciel étranger, si ce n'est votre affection, votre cœur?... Comme je le disais en sortant de Metz, à beaucoup d'entre vous, qui me croyaient prisonnier : Oh ! non, je ne suis pas prisonnier des Prussiens, je ne suis le prisonnier que de vous et de Dieu... De vous pour vous aider, pour vous servir, pour vous parler du ciel.

Oh ! si vous saviez, mes amis, avec quel respect vous devriez recevoir ce qui vous est donné, quels sacrifices admirables font en effet souvent les personnes qui vous envoient ces secours... mais je vous dirai cela le jour de Noël. Demain vous viendrez en grand nombre à la messe, je le sais ; j'aimerais surtout qu'il m'en vienne quelques-uns de chaque chambre, afin que mes paroles puissent arriver à tous...

Venez, nous chanterons les joyeux cantiques de Noël... nous prierons pour que bientôt nous puissions retourner dans notre patrie, y retrouver nos parents, nos amis, et y vivre en véritables chrétiens.

Mais en attendant, je l'espère, nous saurons honorer notre religion sainte et notre pays lui-même par notre résignation et par notre dignité, que nous saurons conserver au milieu des peines inséparables de l'état auquel nous a réduit le sort des armes... Dieu lui-même, pendant son séjour sur la terre, a voulu sanctifier la prison en s'y laissant enfermer... nous nous rappellerons ces grandes choses, et alors notre âme s'élevant vers Dieu, nous serons facilement calmes et résignés, car nous possèderons la vraie joie, cette joie que rien ne peut détruire et qui surpasse toutes les joies parce qu'elle vient de Dieu.

MAISON OU JE SUIS NÉ, QUE MON CŒUR TE SAIT BELLE !

Un sous-officier de dragons, prisonnier à Kœnigsberg, apprenant son prochain retour dans la patrie, adressait ces vers à l'aumonier :

Ami, serait-ce vrai que la nuit qui s'achève
Soit la dernière nuit du long et triste rêve
Qui vient de s'écouler ? Serais-je assez heureux
Pour revoir mon pays, ma rivière aux flots bleus ;
Pour embrasser encore ma douce et bonne mère ;
Pour aller pleurer seul au tombeau de mon père ;
Pour dire que je l'aime à ma petite sœur,
Cet ange de bonté, de grâce et de douceur ?
O ma vieille maison, demeure paternelle,
Maison où je suis né, que mon cœur te voit belle !
A chaque pas je foule un ancien souvenir :
Ici, c'est un chagrin ; plus loin, c'est un plaisir,
A côté du bonheur, je cherche la tristesse,
Sentiments passagers qu'emporte une caresse.
Ne vois-je pas d'ici la chambre des enfants,
Où nous jouions tous deux, légers, insouciants ?
Age heureux où les pleurs, essuyés par le rire,
Naissaient pour un regard, mourraient dans un sourire !

DERNIERS ADIEUX DES PRISONNIERS FRANÇAIS A LEURS FRÈRES D'ARMES DÉCÉDÉS

Une cérémonie des plus émouvantes s'accomplissait à Ulm le 13 mars au matin.

Notre aumônier militaire, le R. P. Joseph, qui, depuis six mois, partage volontairement notre exil avec tout l'héroïsme de la charité et du dévouement sacerdotal, a voulu nous rassembler une dernière fois. C'était au cimetière d'Ulm, où reposent 318 de nos frères d'armes qui ne verront plus leur patrie terrestre!

Dès huit heures du matin, des milliers d'hommes descendaient des forteresses qui dominent la ville, pour se rendre d'abord à l'église où devait avoir lieu le service funèbre. Un beau catafalque, entouré d'un brillant luminaire, avait été dressé au milieu du chœur.

Le R. P. Joseph, assisté du clergé de la ville, officia solennellement et fit l'absoute; pendant la messe, un grand nombre d'entre nous s'approchèrent de la sainte table et firent la sainte communion pour le repos de l'âme de leurs compagnons.

Cette première cérémonie terminée, commença la marche au cimetière; elle était ouverte par le R. P. M., le doyen d'Ulm et ses vicaires, qui voulurent bien nous accorder jusqu'au bout le tribut de leurs prières et de leurs sympathies ; des milliers de prisonniers suivaient, calmes tristes et respectueux.... Arrivé sur le champ de repos, après une nouvelle absoute, le R. P. Joseph monte sur un tertre; il avait devant lui ces 318 tombes qu'entouraient nos vaincus restés vivants; des larmes étaient dans son cœur et dans ses yeux. Qu'il faut regretter de ne pouvoir reproduire l'allocution qui nous fit tous pleurer!

En voici le pâle sommaire :

« Leur espérance, dit-il, est pleine d'immortalité : *Spes illorum plena est immortalitate.*

» Je ne devais point, mes chers amis, me séparer de vous sans vous faire de suprêmes adieux ; c'est sur cette terre de la mort et des grands enseignements qu'il convenait de les faire.

» Je vous les devais de cette sorte, car il y a dans nos douleurs une leçon de miséricorde qu'il importe de ne point méconnaître.

» J'ai voulu répondre aussi à un besoin de mon âme, en répandant une dernière fois, avec vous, mes prières et mes larmes sur la tombe de ces nobles jeunes hommes qui, tous, ont rendu le dernier soupir entre mes bras.

» Vous m'avez dit souvent : qu'il est triste de mourir sur la terre étrangère! cela est vrai, quand les espérances de l'homme n'ont pas d'autre horizon que celui des intérêts passagers. Mais le vrai chrétien porte d'autres ascensions dans son cœur ; il n'emploie le temps qu'au profit de l'éternité ; et lorsqu'il succombe aux labeurs de la vertu, l'Eglise qui bénit ses restes, sanctifie aussi le lieu de son repos. Voilà pourquoi cette terre qui a reçu nos pauvres exilés n'est pas la terre étrangère, puisqu'elle a été consacrée par la religion qui est de tous les temps et de tous les lieux. Mais ils sont morts en fermes et solides chrétiens. Je tiens à leur accorder ce témoignage.

» Les épreuves subies devaient préparer ce retour à des vérités qui n'ont jamais trompé personne. Ils avaient été témoins du carnage des champs de bataille; plusieurs y avaient reçu des blessures auxquelles ils ont succombé. Ils avaient vu les désastres de la patrie; ils furent traînés dans l'exil, dont ils ne purent manger jusqu'au bout le pain amer; leurs chefs les avaient abandonnés; la patrie était impuissante à les soulager, et leurs familles consternées n'avaient pour eux que d'inutiles larmes et de stériles regrets...

» Oh! bénissez, mes amis, la religion sainte qui leur apparut alors, pour leur rendre avec ses inexprimables consolations tous les biens perdus.

» Toutefois, il faut bien l'avouer, malgré ces sévères leçons, je rencontrai quelquefois d'inexplicables résistances. Un jour, je luttais avec les armes de la patience auprès d'un de ces moribonds dont l'intelligence avait été empoisonnée par les sophismes qui courent les casernes; un de ses compagnons, mourant aussi, s'en aperçut : *Malheureux !* dit-il, *après tant de défaites, veux-tu subir celle d'une mauvaise mort?* — Ce fut le coup de la grâce, et il se convertit...

» Mais je rencontrai aussi chez quelques-uns de rares sentiments de piété : *Mon père,* me disait un jour un jeune Breton, *je voudrais communier. — Mon ami, vous l'avez déjà fait... — Oui, mais je voudrais le faire pour ma pauvre mère, afin que Dieu la console; vous lui écrirez que j'ai communié une fois pour elle et une fois pour moi.* Le soir même cet ange alla recevoir dans la vraie patrie la récompense de la foi et de la piété filiale.

» Et nos libres-penseurs prétendent que la religion tue les sentiments de la famille...

» Il est juste d'ajouter qu'aucun de ces 318 hommes n'est mort sans avoir été réconforté par la grâce des sacrements.

» Ils étaient en général de solides chrétiens. Hélas ! ils ne reverront plus leurs pères et leurs mères, le clocher de leur village, leur infortunée patrie !... Faut-il le regretter ? Dieu n'a-t-il pas promis d'asseoir sur son trône celui qui aura remporté, dans la vertu, la plus difficile des victoires ? *Et qui vicerit dabo ei sedere mecum in throno.* Leur course est achevée, leur combat est fini ; ils ont conservé leur foi et le juste juge les a admis à la couronne qui ne se flétrira point, car leurs espérances étaient pleines d'immortalité !

Eh bien ! ce sont précisément ces espérances anéanties

par les sophismes de ce siècle que je dois faire revivre au milieu de vous, car elles font toute la dignité de l'homme et du chrétien.

» Elles constituent toute sa valeur; elles sont l'immuable sanction de la loi morale, dans la promesse des récompenses qui survivent à nos vertus et la menace des châtiments qui punissent le crime après cette vie. Et voilà ce qu'on a voulu détruire par cet ignoble blasphème, devenu pour quelques-uns un axiome : *Quand on est mort, tout est mort.* »

»Comment, mes amis, ceux que nous pleurons n'ont donc recueilli, pour prix de leur martyre, de leurs vertus, de leur sainte mort, que la corruption du tombeau, les stériles et hypocrites adieux du solidarisme ?

» Vous ne le croyez pas !

» S'il y a une différence entre l'homme et l'animal pendant la vie, cette différence existe à la mort et lui survit ; elle reste notre éternel honneur ! Sans elle, il n'y a plus que d'ignobles avilissements et la source intarissable de tous les malheurs. En effet, n'allez pas croire que nos castastrophes sont le fait d'une heure de lâcheté et d'oubli du devoir; non ! elles remontent plus haut, un siècle entier y a travaillé. On a semé dans les âmes de désolantes doctrines ; le journalisme cynique, les clubs, les théâtres, le roman, le feuilleton à un sou ont répété sous mille formes : *Quand on est mort tout est mort.*

» Qu'en est-il résulté?

» La discipline a disparu, le respect de l'autorité s'est évanoui, aux chastes mœurs qui font la force des armées a succédé un sensualisme hideux; la délicatesse de la conscience n'a eu d'autre stimulant que la force brutale; la sainte liberté des âmes est devenue la licence de faire tout excepté le bien ; et le vice a été appelé vertu.

» *Quand on est mort, tout est mort.*

» Alors, pourquoi se faire tuer sur le champ de bataille? On lâche le pied et on livre la patrie à l'ennemi... Voilà comment les *libres penseurs* et leur *morale indépendante* tuent le patriotisme dans les âmes des plus fiers combattants ! Avez-vous du cœur, mes amis, et tous, voulez vous travailler à la résurrection morale de la patrie en ruines? Foulez aux pieds ces abrutissantes doctrines, aimez l'abnégation de la discipline, sacrifiez les passions honteuses, détestez la luxure et livrognerie; et si cette lutte vous paraît surhumaine, cherchez dans les sacrements de la religion la force de Dieu : c'est elle qui, en préparant la victoire sur ses penchants, ménage le triomphe sur les champs de bataille. O vous, qui avez payé à la patrie le tribut de votre sang, adieu !

» Adieu ! au nom de la France qui vous pleure, de vos amis qui vous regrettent, et de vos mères que votre sainte mort consolera ! Du haut du Ciel, n'oubliez point la patrie que vous avez tant aimée; servez-la encore par votre appui auprès du Tout-Puissant, afin qu'oubliant ses justices, il n'ait plus pour elle que des miséricordes. Priez pour vos familles, afin que le baume des joies du Ciel soit répandu sur leur douleur, et pour vos frères d'armes réunis sur vos tombes, afin que, vous imitant dans la vie, ils soient couronnés avec vous dans la réalité des immortelles espérances!

» Adieu ! »

Tous les visages de nos soldats étaient baignés de larmes, ils avaient compris cet éloquent enseignement. Puissent-ils le mettre en pratique, par un retour sérieux aux vertus chrétiennes qui ont fait la France d'autrefois.

Le R. P. Joseph ajouta quelques mots pour remercier M. le doyen d'Ulm, qui fut pour nous tous un vrai père. Il fit ensuite l'aspersion de l'eau sanctifiée sur toutes les fosses. Cette dernière cérémonie accomplie, tous ces milliers d'hommes se mirent à genoux et récitèrent d'une voix émue, mais d'un cœur ferme : *Notre Père, Je vous salue, Marie*, pour le repos de l'âme de leurs frères.

Cette cérémonie laissera en eux un impérissable souvenir.

— Le 20 mars, le révérend père Joseph passa à New-Ulm, en Bavière, pour accomplir les mêmes cérémonies auprès de nos soldats, dont il a accepté, là aussi, la paternité spirituelle. 1,200 prisonniers étaient réunis dans l'église que M. le curé de New-Ulm avait disposée pour cette cérémonie. Une messe de *Requiem*, préparée pour les soldats et accompagnée de leur musique, produisit le plus religieux effet. On a eu à déplorer, dans ce dépôt, la perte de 44 hommes. Notre aumônier fit, là encore, un de ces discours pathétiques dont Dieu a mis dans son cœur une source toujours jaillissante. Là se firent les adieux.

Il restera donc acquis que c'est encore la religion, cette messagère du Père des miséricordes, qui nous a tendu la main dans les horribles angoisses de la captivité. C'est elle qui a illuminé nos sombres cachots, qui a relevé nos âmes abattues, qui a soutenu nos courages; elle a procuré à nos membres glacés le vêtement chaud, à nos souffrances le remède, à nos malades toutes les délicatesses du confort; elle a sauvé plus d'un désespéré et consolé tous les mourants. Que l'impie sache donc la respecter !

Pour nous, nous lui jurons une fidélité éternelle.

Un prisonnier de guerre.

LE MONUMENT COMMÉMORATIF.

Nous recevons du R. P. Joseph, qui a été pour nos prisonniers une véritable Providence, la lettre suivante que nous nous empressons de porter à la connaissance de nos lecteurs. Ce n'est pas en vain, nous en sommes sûrs à l'avance, que ce vénérable hospitalier aura fait appel à leur charité et à leur dévouement.

Lons-le-Saulnier (Jura), le 30 septembre.

Monsieur le rédacteur,

La captivité est finie! Il y a quelques semaines, nous rentrions en France avec nos derniers malades. Vous avez fait connaître, dans votre journal si dévoué à toutes les nobles et saintes causes, tous les actes de dévouement que la charité a inspirés pour soulager de si grandes infortunes.

Notre tâche n'est pas finie; une des pensées qui m'oppressait le plus douloureusement en quittant le sol allemand, c'était de savoir que des milliers de nos défenseurs restaient ensevelis sous cette terre, sans qu'il y ait un signe pour attester qu'ils étaient chrétiens et qu'ils appartenaient à la France.

Sur 43 villes allemandes où j'ai pris des renseignements, 9 seulement possèdent des monuments funéraires, et ils sont dus à nos soldats qui, avant leur rapatriement, ont prélevé une obole sur leurs maigres ressources, pour laisser à leurs frères d'armes un témoignage suprême de l'amitié. Il y a des villes comme Cologne, Coblentz, Glogau, Posen, où nous avons laissé jusqu'à 800 et 1,000 soldats, sans une pierre qui marque le lieu de leur sépulture, et on rencontre des cimetières protestants où nul signe religieux n'abrite leurs restes. . Dans quelques années, on aura perdu jusqu'à la trace du lieu où reposent ces pauvres exilés !

Je le demande, la France ne doit-elle pas au moins une pierre aux braves qui ont tant souffert pour elle et qui ont succombé pour sa défense?

Et la religion ne doit-elle pas un signe chrétien aux restes mortels de ses fils qui sont morts pieusement dans son sein?

Cette pensée a touché déjà des cœurs généreux; notre épiscopat l'a bénie, nous avons des encouragements de NN. SS. les évêques de Saint-Claude, de Bayeux, de Montpellier, d'Hébron, de Grenoble, etc.

Mgr Le Courtier écrivait à un de nos plus zélés collaborateurs, M. Saint-Pierre, de Cette :

« Vous avez le religieux désir d'élever, dans les cimetières allemands, un modeste monument à nos prisonniers qui n'auront pas le bonheur de revoir leur patrie, et vous me demandez une parole qui assure le succès et la réalisation de cet appel dans le diocèse ; cette parole, c'est mon cœur qui vous la dira.

» Touché au delà de ce que je puis dire d'une pensée aussi pieuse qu'émouvante, aussi fraternelle que patriotique, je bénis ce monument et la croix qui le surmontera; j'appelle autour de lui les offrandes de mon clergé dévoué, de mon troupeau si généreux, et je vous prie de m'écrire parmi vos souscripteurs... »

Grâces à ces bienveillants encouragements, nous consacrerons tous nos efforts à réaliser cette œuvre de justice, en dotant tous les cimetières où reposent nos soldats d'un monument commémoratif.

Elle a commencé déjà; des milliers de familles dont les enfants reposent là-bas, sont directement intéressées à ne pas refuser leur obole.

Toutes les âmes catholiques et françaises trouveront, dans leur patriotisme et leur foi, une dernière aumône. Nous le demandons au nom de ces chers morts, dont le dernier soupir a été pour la France et pour Dieu ! La patrie du ciel et de la terre en seront reconnaissantes !

Nous espérons, monsieur le rédacteur, que cet appel sera entendu, et que vous pourrez annoncer bientôt dans vos colonnes que la France qui a tant fait, malgré ses ruines, pour soulager les vivants, a trouvé encore dans son cœur assez de ressources pour honorer la sépulture de ceux de ses fils qui ont succombé sur la terre de l'exil.

Toutes les offrandes pourront être adressées au R. P. Joseph, place de la Paix, 13, à Lons-le-Saulnier (Jura).

Je vous remercie à l'avance, monsieur le rédacteur, du concours patriotique que vous voudrez bien appporter à cette œuvre, et je vous prie d'agréer l'expression de mes plus dévoués sentiments.

J. Joseph,
aumônier des prisonniers de guerre en Allemagne.

VII

LA PLUS TRISTE PAGE DE NOTRE HISTOIRE

PENSÉES DE FOI

Une nouvelle insurrection vient d'éclater à Paris. Nous n'avons pas à en raconter les honteuses et fatales péripéties. L'abîme appelle l'abîme. Dans l'état de désorganisation où nous sommes, le succès de l'émeute était prévu. Cependant on n'aurait jamais imaginé qu'il y eût à Paris autant de gens indignes et de Français dégénérés, qui, au milieu du deuil de la patrie, en face de ces plaies toutes vives, eussent conçu l'abominable projet de la démembrer, de la dépecer de leurs propres mains. Cet attentat dépasse tout ce que l'histoire des nations nous a conservé en fait de folies. On n'a jamais vu jusqu'ici un peuple, en face de l'ennemi, et blessé mortellement, se décapiter lui-même. Les hommes du 18 mars ont voulu achever ce que la guerre a commencé : la ruine et autant qu'il était en eux, le suicide de la France.

La Révolution porte ses derniers fruits Ceux qui ont suivi attentivement ses entreprises depuis un siècle ont prédit maintes fois qu'elle en arriverait là. Elle y est. Triomphera-t-elle, ou notre salut viendra-t-il de l'excès même de nos malheurs ? Nous ne pouvons que répéter ce que tous les hommes de bien n'ont cessé de dire très-haut à l'origine de nos désastres. Une maison sans Dieu court à son anéantissement. Impossible, absolument impossible de nous sauver sans Dieu, sans la foi, sans la vertu. Tous les politiques et les sages du monde y useront leur prudence, leur intelligence, leur finesse, leurs calculs. Il faut en revenir aux seuls principes constitutifs de toute société, la religion et la morale, ou périr.

On ne peut prévoir ce qui sortira de l'attentat de Paris. Nous savons que tout ce qui a encore en France un cœur et une voix crient vers Dieu et implore sa suprême miséricorde. La somme de prières et de réparations l'emportera t-elle sur la masse des iniquités ? C'est le secret de la justice éternelle, qui aura nécessairement son heure. Verrons-nous après tant d'angoisses et de tribulations, le grand jour de Dieu, ou nous est-il réservé d'assister à 'effroyable effrondement de tout ce qui fut la belle, la généreuse, la chrétienne, la catholique France, notre premier et notre dernier amour ?

Ah ! nous comprenons la noble douleur que nos poëtes du moyen âge mirent en la bouche de Roland, lorsqu'il fit le sacrifice de sa vie pour la patrie. « Terre de France, dit-il en pleurant, terre de France, moult estez duz païs. — De plusieurs choses à remembrer lui prit de dolce France... A Dieu ne plaise que douce France soit abaissé à cause de moi ! A Dieu ne plaise, à ses saints et à ses anges, que France perde pour moi de son honneur ! « Nous mouillons de nos larmes ces pages où revit l'ancien patriotisme français, et nous éprouvons à ce souvenir comme une consolation. Quand Guillaume, un de nos preux, quitta la patrie pour ne plus la revoir : « Vers douce France, dit Charroi de Nîmes, il s'est retourné. Un vent de France le frappe au visage. Il ouvre son sein pour le laisser entrer plus à plein. Placé contre le vent, il se met à genoux : « O doux souffle qui vient de France ! c'est là que sont tous ceux » que j'aime. Je te remets entre les mains du Seigneur Dieu ; car, » pour moi, je ne pense plus te revoir ! »

N'avons-nous plus qu'à répéter ces douloureux adieux à la vraie France qui tombe chaque jour par lambeaux sous les coups de ses enfants dénaturés ? Non encore. Nous nous obstinons dans l'espérance, nous chrétiens, parce que nous disons du fond de nos cœurs, et avec la puissance infinie de la prière : « O France, nous te remettons entre les mains du Seigneur Dieu ! Sauvez-nous, Seigneur, nous périssons. » Et le Seigneur daignera sans doute se laisser fléchir. Il ne nous est pas défendu de le penser, puisque Notre Saint-Père le Pape l'a si souvent exprimé lui même, dans son inépuisable affection pour la France. Des jours meilleurs luiront sur notre patrie régénérée. Nous ne les verrons peut-être pas, nous ne vivons qu'un jour. Ceux qui viendront après nous en seront les heureux témoins. C'est là notre invincible espoir : Dieu sauvera la France !

Que nos lecteurs bien-aimés nous laissent exprimer ici toute notre pensée, qui répond, nous en sommes sûr, à la leur.

Nous sommes courbés sous le poids du malheur, nous nous alarmons justement des folies et des scandales inouïs qui se passent sous nos yeux ; nous prions, nous prions beaucoup, et nous voudrions que tout fût rétabli dans l'ordre et être témoins de ce rétablissement. Désirs légitimes, mais quelquefois téméraires, qui marquent deux choses : et la précipitation de nos cœurs, et le peu d'idée que nous avons de l'éternité de Dieu. Nous devons dire : Dieu est éternel. Il saura faire tout quand sa sagesse l'ordonnera. Rien ne peut lui échapper. Tôt ou tard il fera justice ou miséricorde, selon cette belle et forte pensée de saint Augustin (*in Ps. XCI, n° 8*) :

« Qu'est-ce que la plus longue vie de l'homme, en comparaison de l'éternité de Dieu? Voulez-vous être patient? Considérez Dieu dans son éternité. Ce qui nous rend impatients, c'est le peu de durée de nos jours : nous voudrions voir la consommation de tout. Dieu qui est éternel, fait chaque chose en son temps. Il attend, il ne se presse pas. Imitez sa longanimité. Joignez votre cœur à son éternité, et vous n'aurez d'empressement sur rien ; vous serez, en quelque sorte, éternel comme Dieu. »

IL NOUS FAUT NOTRE CURÉ OU SINON...

Le curé de Saint-Eustache, arrêté comme nous avons dit il y a plusieurs jours, vient d'être rendu à la liberté, et il a pu officier hier, jour de Pâques, dans son église.

La veille de la fête, *les dames de la halle* étaient allées réclamer sa liberté.

« Il nous faut notre curé, disaient-elles, il faut qu'il office demain à dix heures dans son église de Saint-Eustache ; il le faut ou sinon.... »

Cela fut accentué avec énergie et dignité, la dignité de personnes qui remplissent un devoir, exercent un droit et entendent être respectées, fortes de leur honneur et de la justice de leur réclamation. Enfin cela fut dit de telle manière que nous n'ayons pas besoin de savoir la réponse qu'on leur donna, ni les promesses qu'on leur fit; dans la nuit même, M. le curé de Saint-Eustache fut rendu à la liberté. Il rentra à son presbytère, et à dix henres, le jour de Pâques, selon le vœu des *dames de la halle*, il célébrait la grand'-messe dans son église.

A l'issue de la grand'messe, dit la *Patrie*, les fidèles qui se pressaient en grand nombre dans l'église se sont précipités dans la sacristie pour témoigner à M. l'abbé Simon toute la joie qu'ils éprouvaient à le revoir.

Lorsque M. le curé était monté en chaire après l'Evangile, les paroissiens n'avaient pu déjà se retenir de manifester leur émotion. Les hommes levaient leurs chapeaux, les femmes agitaient leurs mouchoirs.

« Pour être silencieuse, la scène n'en a pas été moins pathétique, » dit le *Soir*.

Honneur aux *Dames de la halle* ! Elles gardent leurs anciennes traditions. Il y a des siècles que leurs devancières ont témoigné de leur attachement et de leur reconnaissance aux curés de Saint-Eustache.

Le lien n'est pas brisé entre les pasteurs et leurs ouailles, et la démarche de la veille de Pâques 1871 restera un titre de gloire en même temps qu'un exemple pour l'avenir. Honneur aux *Dames de la halle* !

Si dans la crise violente que nous traversons les hommes avaient montré autant d'intelligence et de courage que les femmes, combien d'actes arbitraires et honteux pour la cité entière lui eussent été épargnés !

(*Univers*).

PATER, DIMITTE ILLIS.

La première communauté de femmes visitée par les bandits de l'insurrection fût une maison de Petites-Sœurs des pauvres.

Tout au haut du faubourg Saint-Antoine, dans le quartier de Picpus, avant-hier vers les sept heures du soir, — si le récit que nous avons pu recueillir est exact dans ses petites circonstances, — au moment où les vieillards se couchaient et où les Petites-Sœurs allaient prendre leur collation, un coup de feu retentit à la porte de la maison.

C'est le signal, on le sait, par leqel ces sortes d'expéditions s'annoncent. Émoi de la petite communauté et terreur dans tout l'asile. On ouvre les portes ; une troupe de près cent hommes se précipite avec fragas dans la maison. Ils sont menaçants, l'officier surtout paraît échauffé et terrible. — « Fermez les portes, s'écrie-t-il, placez des factionnaires, et si une seule de ces femmes essaye de sortir, fusillez-la. »

La supérieure de la maison, celle que dans l'usage de la petite famille on appelle la bonne mère, était présente. Le commandant, de ce ton dont il parlait à ses hommes et qui n'admet pas de réplique, lui demande à visiter la caisse.

La bonne mère le conduit tranquillement à son tiroir, l'ouvre, et expose à ses yeux le trésor de la communauté.

Je n'en sais pas le chiffre, mais ce chiffre étonne le capitaine : « Vous n'avez que cela, dit-il d'un air de défiance et d'interrogation. — Pas davantage, répondit la bonne mère, c'est tout ce que nous possédons : les Petites-Sœurs vivent au jour le jour, comme les oiseaux du ciel. Du reste, monsieur, vous pouvez chercher partout. »

Il ne refuse pas ; elle le conduit par la maison C'était le soir, nous l'avons dit. Les vieillards étaient sur le point de se coucher, quelques-uns étaient déjà dans leurs lits. On entre dans le dortoir ; notre capitaine y entend un concert auquel il ne s'attendait pas. Les prières, les supplications partent de tous côtés et se mêlent aux injures et aux malédictions.

— Que voulez-vous faire à nos bonnes Petites-Sœurs ! c'est indignes, c'est une honte ; vous êtes des lâches ! Mon bon monsieur, que deviendrons-nous si vous les enlevez !

Les bonnes femmes étaient furieuses, quelques bons hommes pleuraient. Le capitaine se sent troublé. Il tâche de rassurer tout ce pauvre monde.

— N'ayez pas peur, bonnes gens, nous ne ferons aucun mal aux sœurs, » leur dit-il. Il avance ainsi quelque temps ; mais plus il avance, plus il a à multiplier les promesses et plus il s'engage. Il s'arrête enfin.

— Ma sœur, dit-il, vous n'avez pas fermé votre tiroir.

— C'est vrai, monsieur, répond la bonne mère, mais je n'en ai pas l'habitude. Chez nous, vous savez, c'est bien inutile !

— Du tout, du tout, reprend l'officier, il faut le fermer, cela vaut mieux ; je ne connais pas tous les gens qui sont là ? » Il rebrousse chemin vivement, ferme le tiroir sans toucher au contenu, et remet la clef à la bonne mère. Il est ému et tout à fait radouci : il ne peut s'empêcher de dire :

— Je ne savais pas ce que c'était que les Petites-Sœurs ; c'est bien beau ce que vous faites... se dévouer ainsi à tous ces pauvres vieux !...

En le voyant si bienveillant, une petite sœur des plus effrayées dans le principe, une sœur Simplicienne, comme il y en a dans toutes les communautés, se hasarde d'approcher et de dire : Monsieur l'officier, nous avons grand'peur. On nous a dit que les rouges voulaient venir chez nous faire des perquisitions. Vous serez assez bon pour nous protéger ! — Certainement, répond l'officier. Donnez-moi la main, ajoute t-il en tendant la sienne, je vous promets que si quelqu'un veut vous tourmenter, il aura affaire à moi !

Cependant la supérieure offrait à boire à la compagnie. Quelques gardes seulement acceptèrent. Le plus grand nombre refusa, et toute la troupe prit congé d'un tout autre air qu'elle n'était entrée.

« Je ne savais pas ce que c'était que les Petites-Sœurs ! » Combien d'autres de ces malheureux égarés l'ignorent aussi ! — *Pater, dimitte illis*. .

Ils sont coupables sans doute ; les vrais misérables sont ceux qui leur persuadent que les communautés religieuses renferment des richesses et fomentent des complots. Ceux-là, Dieu peut toujours leur pardonner, mais la société leur doit demander un compte sévère de leurs perversités, sinon elle périra malgré tous les trésors de foi, de prière et de charité qu'elle renferme dans son sein et qui ont si vivement touché et transformé l'officier et les gardes nationaux dont nous parlons.

JAMAIS TOUR NE FUT MIEUX JOUÉ.

Un officier de la garde nationale arrive de grand matin dans une communauté. Il demande le frère X. Le vénérable frère se hâte de se présenter. « Mon frère, dit l'officier, dans une heure on va venir vous arrêter. Je le sais de bonne source. C'est moi qui suis chargé de cette belle besogne. Il faut fuir, et vite ! » — « Comment, dit le bon frère ? je ne ferais pas quatre pas sans être arrêté, avec mon habit. » — « Voici des vêtements laïques que je vous apporte. Mettez-les tout de suite. » — « Mais, où irai-je ? » — « A telle porte. Voici un passeport en règle, c'est le mien. Une fois la porte franchie, vous irez chez Mme P., la mère de deux de vos anciens élèves. Elle est prévenue, et vous attend. » — « Mais, cher Monsieur, objecte encore le bon frère, « ce passeport donne votre signalement. Vos cheveux sont noirs, et les miens tout blancs ! » — « Voici de quoi les teindre. Permettez que je vous rende ce service. » En quelques minutes, le bon frère devint méconnaissable. Il partit, et l'officier alla rejoindre son poste. Une heure après, il revint à la tête de ses hommes, fouilla la maison du grenier à la cave, cria, tempêta, au grand scandale des voisins, et s'en alla d'un air aussi furieux que possible. — Pendant ce temps, le bon frère arrivait chez Mme P. Jamais tour ne fut mieux joué !

INEXPLICABLES MYSTÈRES DU CŒUR HUMAIN.

L'un des assassins des otages, au nombre desquels se trouvait Mgr l'archevêque de Paris, le citoyen Régine avait un fils arrivé à l'âge de sa première communion. Quelques jours avant la solennité de l'Ascension notre athée va trouver le clergé de Saint-Etienne-Dumont, sa paroisse, et lui tient à peu près ce langage :

— Au nom du Dieu vivant et de la fraternité, je viens vous demander de faire faire la communion à mon fils !

— Vous, monsieur, lui dit un des vicaires stupéfaits, vous voulez que votre fils communie ! Mais vos principes !

— Il ne s'agit pas de mes principes, je vous supplie de vous rendre à mes désirs. Si je meurs, que mon enfant soit sauvé.

On se rendit paternellement à ces prières ; non-seulement les vicaires eurent raison comme ministres chrétiens, mais encore comme gardiens de l'église, car ce fut à cette considération que l'église Saint-Etienne-Dumont, protégée par Régine l'athée, dut de ne pas être pillée. — Expliquez donc les mystères du cœur humain. — Paul Max.

UN BRAVE CŒUR FOURVOYÉ PARMI DES SCÉLÉRATS.

— L'abbé Delaunay, le vénérable curé de Saint-Etienne-du-Mont, a échappé au sort de Mgr Darboy et des autres otages, grâce à une singulière intervention.

Un fédéré vint le trouver et lui dit à peu près ceci :

« — Monsieur le curé, je suis pour la Commune. C'est mon opinion, ce n'est pas la vôtre; mais vous êtes un brave homme et moi aussi... Vous m'avez fait du bien, vous avez nourri ma femme et mes enfants quand je buvais ma paie... A mon tour, je vais vous rendre un grand service. Tout à l'heure j'étais chez Rigault, et j'ai vu sur une table l'ordre de vous arrêter. Je l'ai pris, et le voici.

« — Quelle singulière orthographe! dit simplement M. Delaunay, en examinant l'ordre.

« — Il n'y a pas de temps à perdre, Monsieur le curé. Habillez-vous en bourgeois, et partez. Je vous accompagnerai jusqu'à une porte, et si on ne veut pas vous laisser sortir, je dirai que vous êtes mon père. »

Depuis l'entrée de l'armée de Versailles, M. Delaunay, revenu à son presbytère, n'a plus revu son sauveur.

« — Peut-être est-il mort, disait-il à un ami, mais peut-être aussi est-il prisonnier. Si sa bonne action pouvait le faire acquitter, je suis prêt à en témoigner. Il est possible qu'un homme ait dit pour sa défense qu'il m'a sauvé la vie, et qu'on ne l'ait pas cru...; mais celui-là je le reconnaîtrai, et je suis prêt à tout faire pour aider à sa délivrance... »

LE COMMANDANT DE SIGOYER.

« Un courage à toute épreuve et une énergie qui ne connaissait pas d'obstacles, l'esprit de dévouement et de sacrifice poussé jusqu'à la passion, l'oubli de soi même en toute chose, nul souci du bien-être matériel et des biens de la fortune; la tendresse et la bonté dans la force, pas l'ombre de vanité, mais un certain mélange de fierté aristocratique et de rondeur militaire, tel était le commandant de Sigoyer, admirable figure de soldat, quelque chose qui se place dans mon estime fort au-dessus de l'orateur, de l'écrivain et de l'artiste, et qui est à mon sens ce que le monde offre de plus grand après la sainteté.

« Tout ce qui sentait la vanité ou l'ostentation lui était odieux. De son nom véritable, il s'appelait René Martin de Bernardy, marquis de Sigoyer; mais il ne prenait pas son titre.

» Non seulement jamais on ne put le décider à faire la moindre démarche pour son avancement, mais il ne souffrait pas que personne en fît pour lui. Joignez à cela qu'éprouvant un assez grand mépris pour le régime impérial, il dissimulait peu ses sentiments, et vous aurez la raison pour laquelle longtemps on le laissa végéter dans l'obscurité d'un grade au dessous de son mérite.

» Du reste, l'armée le connaissait, et il y était généralement aimé et estimé. Il y a peu de jours, deux officiers généraux, causant de lui, disaient à un député de la Loire, ami de sa famille :

« — M. de Sigoyer était un de nos officiers les plus distingués ;
» depuis longtemps il aurait dû être colonel, et parmi nous tout
» le monde s'étonnait qu'il ne le fût pas encore. »

» A quoi le député ne put s'empêcher de répondre que le regret et l'étonnement venaient un peu tard.

» A-t-il été fusillé, comme l'annonçait la circulaire de M. Thiers? Je le croyais au moment où j'écrivais ma notice; mais la vérité est que les scélérats aux mains de qui il était tombé l'ont fait périr d'une mort plus terrible.

» Celui des frères de sa femme qui s'est rendu à Paris, avec la triste mission de recueillir ses restes, a retrouvé le corps, reconnaissable à la face qui avait été épargnée. Ce corps ne portait aucune trace de blessures; les exécrables assassins l'avaient enduit de pétrole et brûlé vif après lui avoir coupé les deux mains.

» A sa femme, abîmée de douleur, son oncle disait :

» — Pleure, ah! pleure, mon enfant; mais cependant écoute :
» Je puis te le dire, dans mes plus grandes épreuves, j'ai tou-
» jours trouvé la force de bénir Dieu. Cette fois, j'ai cru qu'elle
» allait me manquer; j'ai failli murmurer; mais j'ai prié Jésus et
» la Vierge, et voici leur réponse :

« Cette mort n'est pas une peine, c'est une récompense.

« La mort, vois-tu, mon enfant, c'est la dette universelle, et
» c'est en même temps la rançon ; acceptée dans un sentiment de
» conformité de notre volonté à la volonté divine, elle expie et
» rachète. Mais volontairement offerte, pour l'accomplissement
» d'un devoir, le sacrifice de la vie est d'une vertu plus haute.
» Voilà pourquoi la mort du soldat qui tombe pour la patrie, en
» combattant l'ennemi national, glorieuse devant les hommes, est
» généralement aussi grande devant Dieu.

» Si la guerre est une guerre comme celle-ci, une guerre où les
» mobiles ordinaires de gloire humaine font défaut, où la lutte est
» sans pitié et la victoire sans charmes, alors qu'en même temps
» que la cause est plus élevée, le devoir plus pénible et l'im-
» molation plus douloureuse, la mort devient d'un plus grand prix
» encore.

« Il reste un dernier échelon, un sommet suprême, auquel s'est
» élevé ton héroïque Martin. Frappé d'une balle ou d'un obus,
» sur la barricade, il n'eût eu que la mort d'un soldat; tombé aux
» mains de ces brigands et massacré par eux, c'est un martyr.

« Il est de cette glorieuse cohorte des Darboy, des Duguerry, des
» Ollivain, des Clerc, des Captier, dont le sang est monté vers

» Dieu, comme une fumée du sacrifice qui désarmera sa colère et » sauvera la patrie. — Mort, il combat toujours, et son sang, ré- » pandu pour cette France tant aimée, continue à couler comme un » flot puissant, qui la défendra de l'ennemi.

» Encore une fois, pleure donc, mon enfant. Néanmoins, reçois » cette consolation, qui, pleine d'amertume en ce moment, t'ap- » portera plus tard une grande douceur. »

« Vous le dirai-je, Monsieur, au milieu des pleurs que m'arrache cet horrible assassinat d'un homme si bon, si généreux, si simplement grand, j'éprouve comme une secrète joie. Cette mort fait naître dans mon esprit des rapprochements qui peut-être n'ont de fondement que dans mon imagination, et qui me frappent cependant.

» Il venait de sauver des flammes le Louvre, le Louvre, le palais français par excellence, celui en qui s'exprime le plus complétement notre histoire; et quelques heures après, c'est lui qui périt du supplice dont il vient de préserver cette image de la patrie.

» Et il meurt de la mort de Jeanne d'Arc, de la mort aussi de son saint patron, martyr comme lui par le feu.

» Ai-je besoin d'ajouter qu'il était chrétien et que ses enfants sont chrétiennement élevés?

» Le jour de ma visite à Bourg-Argental, résidence actuelle de la pauvre veuve, on était réuni en famille, dans le plus triste des déjeuners, chacun ayant présente à l'esprit la pensée du martyr et tout le monde évitant d'en prononcer le nom. A je ne sais plus quel propos, un parent dit aux deux petits garçons : « Mes enfants, » quand vous serez grands, vous vous ferez soldats aussi, c'est un » état où l'on ne gagne pas beaucoup d'argent, mais très-beau et » très-noble : prêtre et soldat, ce sont les deux plus nobles états. « — Moi, fit alors d'une voix serrée par l'émotion l'aîné des fils, » petit garçon de sept ans, je veux être prêtre, et tous les jours je » dirai la messe pour mon pauvre papa. » Faut-il ajouter qu'à ces mots les larmes jaillirent.

UNE DIGNE ET COURAGEUSE CHRÉTIENNE.

Une courageuse femme, restée à Paris jusqu'aux derniers jours, nous adresse, dit l'*Univers*, le récit suivant d'un épisode qui a marqué l'entrée de nos troupes :

Rester à la maison, c'est notre devoir à nous autres, mères de famille; c'est notre gloire et notre salut. A l'approche de nos malheurs, on m'avait dit : Fuyez! Je répondis : Avant le Christ, le plus grand éloge qu'on pût faire d'une femme, c'était, *domum mansit*. Depuis qu'il est venu, quel est le suprême honneur? Ressembler à Marie, qui se tenait *debout* près de la croix : *Stabat Mater*.

Donc, je suis restée au logis, et bien d'autres, qui avaient à le faire plus de mérite que moi, puisque leurs maris et leurs fils avaient dû fuir. Toutes ces bonnes femmes ont fait du bien : toutes ont servi d'instrument à la Providence pour atténuer les vengeances. — Une pauvre hôtelière de mon voisinage a sauvé deux maisons vouées à la destruction, et quelles maisons ! — Voici comment :

Au moment où les Français approchaient et où l'épouvante et le désordre se mettaient dans les rangs des fédérés, deux d'entre eux, excédés de fatigue, noirs de poussière, l'air égaré, vinrent boire chez cette femme, et y reposèrent quelques instants. Le petit garçon de la maîtresse du logis les écoutait, sans qu'ils fissent attention à lui. Tout-à-coup, il court à sa mère, et lui dit tout bas : Maman, je les ai entendus. Ces deux hommes là sont chargés de mettre le feu chez les Petites-Sœurs des pauvres et au collége. J'en suis sûr.

La pauvre mère se hâte d'aller à eux, elle les flatte, les plaint. Quel malheur! dit-elle. La Commune est perdue! Vous avez le droit pour vous, vous êtes des braves, et vous allez périr ! — C'est vrai ! disent ces hommes : mais nous ne mourrons pas sans vengeance. Oui, répond-elle, je le sais; vous voulez mettre le feu au collége, qui est plein d'enfants innocents. Chez les Petites-Sœurs, où il y a deux cents vieillards malheureux? — Y avez-vous pensé? — Votre père et votre mère seront peut-être un jour recueillis par les Petites-Sœurs? — Avez-vous des enfants? — J'en ai cinq, dit un de ces hommes, et il se met à pleurer. — Eh bien, il faut vous échapper ! — C'est impossible, nous sommes cernés, et tout le monde nous a vus sur la barricarde.

Promettez-moi de ne pas mettre le feu, donnez-moi vos armes et je vous gage que je vous sauverai.

Ils se laissent persuader. Elle saisit les armes, les cartouches, jette tout dans les lieux et prenant les habits de son mari absent, déguise à la hate les deux fédérés, et les cache avec soin. La nuit suivante, elle les fit évader.

L'un d'eux est venu la remercier hier, chose méritoire, car il vient de loin. Vous m'avez épargné un crime et sauvé la vie, a-t-il dit. Je vous promets de vivre désormais en bon et honnête ouvrier.

Les Petites Sœurs ont su tout cela et me l'ont raconté. Leur bienfaitrice inconnue s'est fait recommander à leurs prières. Certes, elles ne lui manqueront pas.

ASSASSINAT DE L'ARCHEVÊQUE DE PARIS.

Paris-Journal donne des détails précis sur l'assassinat de l'archevêque et de ses compagnons. Ils ont été fournis par M. Jacob, bibliothécaire de la Roquette, témoin oculaire :

Jusqu'au dernier moment, Monseigneur s'est entrenu avec M. Bonjean, auquel il donnait le bras, aussi tranquillement que si l'un et l'autre avaient été mis en liberté. Ils ne se sont pas quittés.

Ils ont écouté sans colère, sans indignation apparente les injures de leurs bourreaux qui hurlaient, les tutoyaient, leur criant :

— A mort! à mort! assassins! crapules!

Interrogé par ces bandits en ces termes :

— De quel parti es-tu?

Monseigneur a répondu :

— Du parti de la liberté.

— Qu'est-ce que tu as fait pour la Commune!

— J'ai demandé au gouvernement de Versailles de ne point fusiller ceux qui combattaient pour elle.

Sur ces mots, les cris ont redoublé.

Un des fédérés, à ce moment, aurait même dit :

« Citoyens, faites votre devoir, mais n'insultez pas ! »

M. Jacob nous assure que si, à ce moment, il se fût seulement trouvé parmi les assassins deux hommes qui eussent appuyé celui qui venait de prononcer cette parole, Mgr Darboy et les autres victimes auraient été sauvés.

Mais pas une voix, pas une protestation ne s'éleva.

On entraîna les prisonniers dans la cour du second mur d'enceinte.

Huit fédérés, armés de chassepots, les accompagnent, vociférant, menaçant.

Il y eut deux décharges.

A la première, tous les prisonniers tombèrent, moins Mgr Darboy.

A la seconde, l'archevêque, lui aussi tomba foudroyé.

C'est alors que les fédérés se jetèrent sur les cadavres.

A coups de crosse ils brisèrent les deux jambes de M. Bonjean.

Les sauvages coupèrent le doit de Mgr Darboy et lui enlevèrent son anneau épiscopal, puis ils le fouillèrent. Il avait sur lui sa montre et une somme de 900 fr. On prit l'une et l'autre.

Le cadave du Révérend P. Allard fut également souillé.

Ces brutes *s'amusaient* à le défigurer à coups de baïonnettes.

Avant les brutes à baïonnettes, d'autres brutes, plus scélérates, les brutes à plume, avaient plus souillé et plus défiguré le prêtre vivant!

MASSACRES DE LA ROQUETTE.

Le lundi soir, 22 mai, vers quatre heures de l'après-midi, eut lieu à Mazas le choix des victimes qui, les premières, devaient être sacrifiées. Tous les membres de l'archevêché, au nombre de quatre, et plus de trente prêtres, curés, vicaires, religieux furent transférés à la Roquette.

Mon frère, employé au ministère de l'intérieur, incarcéré depuis le 12 avril, suivit avec une fiévreuse anxiété l'appel et le départ de ce premier convoi. Il fut prévenu qu'il ferait partie du second *transfert.*

Saisi moi-même au presbytère de Saint-Ambroise le 23, à midi, entraîné par des gardes nationaux complètement ivres, et suivi d'une multitude de femmes furieuses, qui ne demandaient rien moins qu'une exécution sommaire en pleine rue, je fus conduit tête nue, en simples chaussons, d'abord chez le commissaire et de là, sans aucune formalité, à la *Grande Roquette.*

Le sang des *otages* n'avait pas encore coulé, et l'opinion publique se refusait à l'idée de ces massacres non-juridiques qui ont souillé 93.

Le mercredi 24, jour de néfaste mémoire, tous les membres du clergé eurent la permission de se voir et de s'entretenir, dans le préau, de midi à deux heures.

Depuis le 4 avril, jour de son incarcération, Monseigneur avait, pour la première fois, la faculté et la joie de voir réunis autour de lui ceux de ses prêtres qui partageaient sa captivité.

Il reçut de nous tous, sur cette main qui devait être meurtrie, le témoignage respectueux de notre respect et de notre affection.

Il nous parla avec la plus suave bienveillance.

J'avais entendu raconter tant de faits contradictoires sur son arrestation, son interrogatoire, que je ne pus maîtriser mon indiscrétion.

« Depuis huit jours, dit-il, j'étais averti que l'on devait m'arrêter; je n'ai pas voulu fuir. Il n'eût pas été convenable que le pasteur se sauvât quand le clergé et les fidèles restaient. »

Je sollicitai de Sa Grandeur quelques explications sur son interrogatoire.

« Ce ne fut pas un interrogatoire, me répondit-il. Quand j'arrivai, le *citoyen* (Raoul Rigault), a demi tourné vers moi, me dit : « Depuis dix-huit cents ans vous nous *embastillez*, vous nous » *torturez !* »

« Je lui répondis : A quoi pensez vous, mes enfants?... Car ils parlaient tous à la fois. Ils ne répliquèrent rien, sinon : *Nous ne sommes pas des enfants, mais des hommes; nous ne sommes pas non plus des magistrats,* ainsi qu'on l'a supposé.

» Ils me demandèrent ensuite mes nom et prénoms, après quoi ils écrivirent : *Ex-archevêque de Paris.* — Vous ne voulez pas me faire signer cela, je pense. — Et pourquoi pas? — Parce que d'abord il ne vous est pas plus possible de défaire un archevêque que d'en faire un; en second lieu, parce que j'ai été, je suis et je serai jusqu'à la fin de ma vie archevêque de Paris; en dernier lieu, quand je serais à Pékin même, je n'en serais pas moins archevêque de Paris. » Alors ils biffèrent ce mot et le remplacèrent par ceux-ci : « *Le sieur Darboy, qui se dit archevêque de Paris.* »

J'avoue que je demeurais interdit quand Sa Grandeur nous raconta que jamais elle n'avait été traitée autrement que comme le dernier des malfaiteurs. A la Roquette même, Monseigneur couchait sur une paillasse, *sans draps*. — A terre et sans draps ? repris-je. — Sa Grandeur répondit par un sourire. Ce jour là, l'abbé de Maroy, de Saint-Vincent de Paul, lui fit accepter sa cellule où on était moins mal.

Monseigneur, comme on peut le voir, avait laissé croître sa barbe. La Commune lui avait fait enlever ses rasoirs, et quand elle lui envoya un barbier, il objecta : « La Commune n'a pas confiance en moi, qu'elle permette que je lui rende la pareille : je n'ai pas confiance en ses rasoirs. »

Le digne et vénérable curé de la Madeleine, M. Deguerry, causait avec animation dans un autre groupe. On me rapporta qu'il soutenait cette opinion : « Que le salut de Paris ne pourrait s'obtenir » sans l'effusion d'un sang innocent » Et qu'il s'appuyait de ce texte : *Non fit redemptio sine sanguinis effusione.*

Rentré dans ma cellule, je consignai immédiatement ces paroles et ces impressions, ne soupçonnant pas cependant que c'était le suprême adieu !

A sept heures du soir, agitation inaccoutumée dans la cour de la prison, va-et-vient du sous-directeur, cris tumultueux du dehors, cris sinistres. Le directeur, M. François, se rend lui-même au greffe. Je ne vis que cela, mais le frisson parcourait mes membres. Bientôt j'aperçus M. l'abbé Bayle, promoteur et grand-vicaire, dont la cellule, en face de la mienne, était dans le même couloir que celle de Monseigneur; je vis donc M. l'abbé Bayle faire un grand signe de croix, imitant la bénédiction épiscopale, et me répéter ce geste aussi longtemps que je parus ne pas l'avoir compris.

Quelques moments plus tard, vers les huit heures, nous bondîmes subitement sous la détonation d'un feu de peloton mal combiné, qui sortait du préau !. .

Quand le lendemain, jeudi, nous nous retrouvâmes dans le préau, nous pûmes compter les six absents, les six martyrs ! Point de tristesse ! M. l'abbé Bayle me raconta alors l'horrible scène qui précéda la sortie des victimes. Une centaine de gardes nationaux armés envahirent le couloir, bruyants et menaçants. On fit silence, et l'appel eut lieu lentement, solennellement : Bonjean ! Deguerry ! Ducoudray ! Clerc ! Allard ! Darboy !

Descendus dans le chemin de ronde, les cinq prêtres et le président passèrent entre un double rang de ces *défenseurs* de la république, dont le plus grand nombre, enfants de quinze à dix-huit ans, n'avaient certes pas conscience du crime horrible auquel on les poussait.

Monseigneur et le président Bonjean marchaient les premiers, se donnant le bras. Sa Grandeur répondit, à plusieurs reprises, aux outrages qui lui étaient adressées : « J'ai toujours aimé le » peuple, et si j'avais été condamné d'une manière juridique, on

» en aurait eu des preuves. Que mon sang amène la paix ! Je par» donne à ceux qui le font verser ! »

Un garde ému s'écria : « Il ne faut pas fusiller ces gens-là ! » Mais les cris et les insultes recommencèrent au point que le malheureux qui remplissait le rôle de capitaine fut forcé d'intervenir et de dire : « Vous êtes ici pour faire justice et non pour insulter les prisonniers ! »

Le gardien, un fallot à la main, appelait les victimes : « Par ici ! par ici ! »

Les *Vengeurs*, s'étant tenus à distance, ne tirèrent pas avec ensemble au mot : Feu ! La fusillade se prolongea, et le vénérable curé de la Madeleine, qui voyait tomber ses compagnons sans être atteint, s'appuya contre le mur. Il fut frappé presque à bout portant...

Pendant cette horrible exécution, on dévalisait les cellules; les exécuteurs volaient les victimes, dont quelques-unes même furent encore frappées.

L'abbé Allard avait montré un grand courage : « Vous avez soif de sang, leur avait-il dit, buvez le mien. » Et ce disant, il découvrait sa poitrine.

Ces derniers renseignements, je les tiens du bibliothécaire de la prison, M. Jacob, ancien sergent, qui a obtenu la médaille d'Italie, et qui nous a rendu de grands services. Il a pu suivre jusqu'à la fin, du haut d'une fenêtre, l'affreuse exécution.

Le 25, il n'y eut pas d'exécution parmi les prêtres.

Le 26, vendredi, vers six heures, M. l'abbé Bayle fixa un morceau de papier blanc à l'un des barreaux de sa fenêtre pour attirer notre attention. On faisait de nouveau l'appel dans son couloir. Bientôt il apparut, pâle, agité : il ouvrit ses deux mains de façon à nous faire comprendre le chiffre dix, puis il leva deux doigts : douze en tout.

Nous eûmes beau écouter, nous n'entendîmes pas d'exécution. Mais les cris formidables du dehors, certains chants, qui nous arrivaient par tronçons, nous fit craindre une exécution extérieure : ce qui était vrai.

Le samedi n'arriva qu'après une nuit de désolations et de terreurs incessantes. Le bibliothécaire, venant nous offrir, vers dix heures, ses bienveillants services, me dit, l'air consterné : « Beaucoup de courage ! » Nous avions tous compris; l'armée française n'arriverait pas à temps et notre exécution était arrêtée.

La troisième section — notre couloir — tenait enfermés avec neuf prêtres une centaine de ces braves jeunes soldats qui avaient constamment refusé de prendre les armes contre leurs frères. Ce sont eux qui ont sauvé le reste des victimes en se sauvant eux-mêmes.

Les membres de la Commune, chassés de la mairie du XIe arrondissement, arrivent vers une heure de l'après-midi; ils venaient de s'installer dans le greffe de la prison avec quelques-uns de ces monstres altérés de sang, qui n'ont plus de la femme que le nom.

Là Ulysse Parent, dernier *délégué civil à la guerre*, montant et descendant le bureau, le revolver au poing, disait : « Il faut que tous les otages soient égorgés ! Les soldats d'abord ! » — Un gardien vint me prévenir de cette résolution. — Et sur ses pas montait l'*auxiliaire* : « Tous les soldats, descendez ! » criait-il en ouvrant les cellules. Un zouave, descendant le premier, s'aboucha avec les sergents de ville qui occupaient le deuxième étage. « Vous allez à la mort ! Ne descendez pas ! » Aussitôt j'entends retentir ce cri : « Aux armes, on veut nous égorger ! » Et les soldats, ouvrant toutes les cellules, barricadent les deux extrémités du couloir, après avoir repoussé l'auxiliaire.

Nous étions à l'abri d'une attaque à main armée. Et les soldats, s'emparant des planches sur lesquelles sont étendues les paillasses, les partagent en deux longueurs, les aiguisent par un bout et se trouvent ainsi en quelques minutes armés d'une espèce de lance.

Au bruit des planches brisées, des cris de joie et de défi, la Commune comprend la révolte des condamnés, et une terreur subite s'empare de ces criminels ; ils prennent la fuite la plus honteuse, laissant sur le bureau des lettres commencées, abandonnant les uns leurs *guêtres*, et les autres leurs *chignons* ! Les *vengeurs*, voyant fuir la Commune, sortent en désordre, et la plupart des gardiens se sauvent.

La prison est vide : les détenus courent aux barricades. Quatre employés seuls restent, tenant les clefs.

En ce moment, témoins de la fuite de tout le personnel, les ecclésiastiques du bâtiment de l'Ouest, attribuant peut-être leur délivrance à l'approche de l'armée française, descendent dans la cour, tenant à la main leur petit paquet de linge. Quatre des plus pressés, parmi lesquels le jeune curé de Bonne-Nouvelle, ont l'imprudence de sortir en soutane ; ils sont immédiatement massacrés dans la rue, et leurs corps jetés sur la barricade.

Le bibliothécaire se jette au-devant de Mgr Surat, de M. l'abbé Bayle et de quelques autres, il les engage à prendre un vêtement civil. Cette métamorphose se fit précipitamment, et il ne nous fut pas possible de faire comprendre à ces dignes et braves prêtres que, pour se sauver, il était encore trop tôt.

Mgr Surat fut frappé et tomba mort à la première barricade. M. l'abbé Bayle, plus agile et plus heureux, put se retirer, dans la rue des Boulets, chez une brave femme qui le cacha toute la nuit.

M. l'abbé Petit, secrétaire général, et le digne curé de Saint-Leu, après avoir couru les plus grands dangers, eurent le bonheur de pouvoir rentrer dans la prison, où ils passèrent la nuit.

Au moment où M. l'abbé Petit retrouvait, à sa grande satisfaction, la porte de la prison, il reconnut, dans le prêtre que les insurgés enterraient au pied d'un arbre, Mgr Surat !

Les quatre gardiens fidèles qui nous suppliaient de quitter notre position fortifiée, ayant fermé les grilles et les portes de la prison, nous pûmes enfin prendre quelque repos. Après trois nuits d'insomnie, nous tombions de fatigue. La terrible batterie du Père-Lachèse, dont tous les obus passaient au-dessus de notre tête, était muette depuis trois heures : nous comptions sur l'armée.

Toutefois, commandés par le brigadier Pinet, dont l'ardeur et l'intrépidité sont au-dessus de tout éloge, les jeunes soldats, armés de leurs piques, montèrent scrupuleusement la garde jusqu'à l'aube.

Toute la nuit les assassins assiégèrent la porte, s'efforçant d'arracher la grille; mais cette fois les portes, faites pour un autre usage, abritèrent les gens de bien en résistant aux scélérats : les sourdes menaces de mort montaient seules jusqu'à nous.

Le jour parut, puis une vive fusillade se fit entendre. Enfin l'infanterie de marine, heureuse, rayonnante, pénétra dans la cour, criant : « Liberté ! liberté ! Vous voilà libres ! Descendez ! »

Ici commença une scène étrange. Les cerveaux, affaiblis par le spectacle de tant d'horreurs, se refusaient à croire à la réalité. « Gardons-nous de descendre ! ce sont des bandits déguisés ! » Bientôt deux cents soldats, colonel en tête, envahissent la maison. « Mais descendez donc ! » Jamais ! — L'un de nous fit cette proposition insensée : « Si vous êtes des amis, envoyez-nous des fusils ! » Et le digne colonel, comprenant l'état maladif de nos esprits, fit monter cinq chassepots. Cela ne suffit pas ; on exige les livrets des officiers, puis les cahiers de rapports, puis le drapeau français, qui n'avait pas encore paru. A sa vue, ce ne fut qu'un cri : Vive la France !

On hésitait quand parut un peloton de soldats de la ligne : « Vive l'armée ! » Les pourparlers duraient depuis plus d'une heure quand l'un de nous, gourmandant la folle peur de ces braves, s'offrit à descendre le premier ; son exemple fut suivi de tous, et bientôt les condamnés de la Commune serraient, les larmes aux yeux et la voix émue, les mains de leurs sauveurs.

Les sergents de ville descendirent à leur tour, et les lances de bois qui avaient chassé le troupeau des communeux servirent à préparer un pot-au-feu fraternel, qui restaura les libérés et les libérateurs.

L'abbé G. Delmas.

Vic. de St-Ambroise, ex-otage de la Commune.

(Extrait de l'*Univers*).

NOS GLORIEUX MARTYRS.

Les Dominicains sont morts en criant : *Pour le bon Dieu !* L'archevêque est mort, la main levée pour absoudre ceux qui l'assassinaient ! Les Jésuites et les autres prêtres, nourris du pain des forts, sont tombés en offrant leur vie pour la gloire de Dieu et le salut de la France. Dieu est vainqueur, Dieu est vainqueur ! Il a pris des martyrs, nous aurons des miracles, nous sommes sauvés.

On a remarqué que nos troupes, ou plutôt, comme le dit si bien la langue populaire, que « les Français » sont entrés dans Paris le jour où fut publiée la loi qui demandait des prières, et que le jour où l'Assemblée nationale, à genoux dans la cathédrale de Versailles, a solennellement exécuté la loi, le même jour, à la même heure, le feu a cessé.

Les prières étaient finies, lorsque Mgr l'évêque de Versailles a su que l'archevêque de Paris et ses compagnons avaient subi la mort en haine de Dieu, « pour le bon Dieu. » En ce moment aussi le vénérable évêque a su que les prières étaient exaucées, la colère divine éteinte et cette horrible guerre finie. Les martyrs ont prié avec nous, Dieu est désarmé.

Quelle scène, quelle leçon, quelle horreur et quel triomphe ! A présent nous pouvons relever la tête parmi les peuples. L'incendie s'éteindra, les scélératesses, les fourberies et les sottises immondes, toute cette immense part de Satan sera oubliée ; la gloire des martyrs décorera cette nuit abominable et restera sur nous. Comme la croix du Sauveur a plané sur les incendies qui dévoraient les plus fiers monuments de la ville et demeure parmi tant d'effondrements, elle que l'on voulait surtout abattre, la mémoire des martyrs demeurera. Leurs noms immortels et sacrés prévaudront sur tant de flétrissants souvenirs.

Victimes innocentes, si lâchement, si abominablement insultées, maintenant saintes et tutélaires ! L'archevêque, les curés, les religieux sont cette Eglise depuis si longtemps traînée sur la claie par le vil ramas des écrivains et dénoncée aux haines d'une populace abrutie. Que ceux qui se sont attelés à l'injure regardent et qu'ils se frappent la poitrine. Voilà le résultat de tant d'histoires ineptes et infâmes dont ils ont nourri ou laissé nourrir l'imbécile populaire. C'est à quoi aboutissent ces inventions des victimes cloîtrées de Varsovie, de Picpus et d'ailleurs. Qui osera dire que Rochefort et sa bande ne sont pas les véritables assassins de ces prêtres, ne les ont pas jetés à leurs bourreaux ignobles et n'ont suggéré les cruautés dont les détails ne se rencontrent point dans les *Annales de la Propagation de la Foi* et dans les *Actes des Martyrs*.

Pour nous, nous rendons grâce à Dieu et nos larmes coulent sans troubler notre joie. A présent nous allons commencer de lire une autre histoire. Nous allons voir, si l'on peut parler ainsi, le dessous divin de la trame infernale. Nous savons ce que l'homme a détruit, nous saurons ce que Dieu a planté.

Louis Veuillot.

LE RÉVÉREND PÈRE OLIVAIN.

Le R. P. Olivain avait été maître des conférences à l'Ecole normale, et l'un des élèves les plus distingués de cette institution, où il sut non-seulement conserver sa foi, mais la défendre et la répandre. Je l'ai connu en ce temps-là, dans une petite société de jeunes gens qui s'était formée autour du vénérable M. Edouard Dumont et dont faisait aussi partie Pierre Hernscheim, juif converti. Celui-ci, peu de temps après, est mort prêtre et Frère prêcheur, laissant une mémoire bénie.

Le 1er mai 1845, je rencontrai Olivain. C'était quelques jours après le vote rendu par la Chambre des députés contre les Jésuites, sur les interpellations de M. Thiers, qui, d'accord avec la gauche, et pour tuer le temps, s'était amusé à provoquer la persécution. Olivain avait l'air fort joyeux. Je lui demandai où il allait d'un pas si alègre. « Aux Jésuites, me dit-il. J'hésitais, je n'hésite plus. M. Thiers m'a indiqué mon chemin. C'est par là que la persécution se dirige, c'est là qu'il faut aller. J'entre aujourd'hui. » Maintenant il est arrivé.

Un quart d'heure avant son arrestation, il se promenait dans le cloître de la rue de Sèvres, disant son bréviaire. Un ennemi vint le prévenir de la prochaine visite des socialistes. Il répondit avec sa sérénité et son sourire ordinaires : « Je les attends. »

Ils sont venus, ils l'ont emmené, ils lui ont donné la mort, et quelle mort! Mais assurément, ils n'ont pas un moment réussi à troubler son âme, et tout son cœur leur a pardonné.

Ami, frère, père, priez pour moi

Louis VEUILLOT.

LE RÉVÉREND PÈRE CLERC.

On écrit de Toulon :

« Le R. P. Clerc, qui figure parmi les soixante-quatre victimes fusillées dans la prison de la Roquette, était un ancien lieutenant de vaisseau, qui avait donné sa démission en 1852, pour entrer dans une communauté religieuse. C'était un puits d'érudition et un mathématicien de premier ordre; au moment de la révolution, il occupait l'emploi de professeur de mathématiques préparateur pour les écoles spéciales dans le collége des Jésuites de la rue des Postes, c'est là qu'il fut arrêté et conduit à Mazas, d'où il est sorti pour aller tomber sous les balles d'une bande d'assassins. Connu seulement dans le monde savant, son seul crime, aux yeux de ses bourreaux, était de porter l'habit ecclésiastique. »

LE RÉVÉREND PÈRE CAPTIER.

Durant tout le siége et jusqu'au moment de son incarcération, le R. P. Captier et tous ses Frères s'étaient prodigués pour la cause publique. Ils avaient donné leurs maisons, leurs soins, le peu qu'ils possédaient. Du même cœur, nous en sommes sûrs, et avec une joie plus haute, ils ont offert leur sang.

La mort du R. P. Captier serait une grande perte pour l'ordre de Saint-Dominique, si elle n'était une plus grande gloire pour cette illustre famille religieuse et pour toute l'Eglise. Le P. Captier, jeune encore, éminent en science et en vertu, aimable, doux, sévère, plein d'ascendant, chéri de ceux qu'il conduisait, pouvait rendre longtemps de grands services. Mais celui qui meurt dans la grâce de Dieu, pour la gloire de Dieu, à cause de Dieu, a fait ce qu'il avait à faire et ne laisse point de vide. Ceux qui pensaient avoir encore besoin de lui ne manqueront de rien. C'est à eux qu'il est dit : *Pro patribus tuis nati sunt tibi filii; constitues eos principes super omnem terram.*

La Commune donc expire fidèle à elle-même, comme elle a commencé. Elle a commencé en assassinant des généraux, elle finit en assassinant des prêtres. L'instinct diabolique a bien guidé sa main. Elle a planté son poignard là où la Révolution intelligente avait le plus jeté ses taches d'encre; mais là aussi sont les sources du noble sang qui nous lavera. Les soldats et les prêtres, unis par le sacrifice, sauveront la France.

LE RÉVÉREND PÈRE GUERRIN.

Un témoin oculaire des massacres de la Roquette raconte, dans le *Journal des Débats*, ce touchant épisode :

« Je ne puis finir sans rendre hommage à l'admirable conduite des membres du clergé qui formaient la très-grande majorité des condamnés, et dont le courage d'une simplicité héroïque m'a rappelé celui des martyrs.

» Un trait qui me paraît sublime se détache pour moi au milieu de beaucoup d'autres, et je regarde comme un devoir sacré de le signaler à l'admiration de tous les hommes de cœur.

» Le père Guerrin, des Missions étrangères, occupait la cellule 22, qui communique avec la cellule 21, où se trouvait un des otages laïques, marié et père de famille.

» Après lui avoir prodigué toutes les consolations et tous les encouragements de la charité la plus affectueuse, le père Guerrin, dans la nuit qui suivit l'assassinat de l'archevêque et des cinq autres victimes, fit observer à son compagnon que l'appel des condamnés s'était fait et se ferait probablement encore sans contrôler leur identité ; que, par suite, une substitution de personne serait chose facile, et que, si l'on procédait par fournées, les derniers survivants auraient quelque chance de recevoir en temps utile le secours des libérateurs qu'il était encore permis d'espérer.

» Le hasard avait fait que le père Guerrin se trouvait vêtu d'habits bourgeois au moment de son arrestation ; il avait laissé pousser en prison sa barbe et ses moustaches, et son extérieur n'avait en ce moment rien qui pût révéler un membre du clergé. Se fondant sur toutes ces circonstances *heureusement réunies*, dit-il, avec une touchante simplicité, le père Guerrin proposa à son voisin de répondre pour lui et de prendre sa place, si, lors du premier appel, le nom de ce père de famille était prononcé le premier.

« Vous êtes marié, lui dit-il, vous avez une femme, un enfant, » auxquels vous devez vous conserver, s'il est possible ; ce sont » des liens par trop douloureux à briser, et votre sacrifice est bien » autrement pénible que le nôtre. Pour moi, prêtre, missionnaire, » le martyre que j'ai été chercher en Chine sans le trouver, eh » bien ! je le trouverai ici : peu importe que ce soit aujourd'hui » plutôt que demain ; surtout si je puis le rendre utile et le faire » contribuer à vous sauver la vie. »

» On ne pouvait proposer plus simplement, comme une chose toute naturelle, allant pour ainsi dire de soi et sans contestation possible, un acte d'héroïque abnégation ; et ce ne fut qu'à grand'peine, après un long débat, sur des instances réitérées, et avec la menace de se refuser absolument à profiter de cette substitution, que le compagnon du père Guerrin put obtenir de lui la promesse de renoncer à son généreux projet.

» Quels commentaires ajouter à un pareil fait et pour l'honneur de l'humanité, et pour l'honneur de la religion qui inspire de tels dévouements ; n'était-il pas légitime de faire violence à la modestie chrétienne de celui qui se plaindra sans doute d'avoir été nommé dans ce récit ? »

INVASION DES HORDES COMMUNARDES DANS UN ORPHELINAT

Le mercredi 10 mai, une troupe de gardes nationaux envahit l'orphelinat de Saint-Honoré, avenue d'Eylau, n° 105. Cet établissement, qui est la propriété privée de M. l'abbé Chéruel, curé de la paroisse de Saint-Honoré, renfermait soixante-quinze orphelines, neuf religieuses de la Sagesse, et quelques personnes affectées au service de la maison. Il avait surmonté les dures épreuves du long siége des Prussiens : aucune enfant n'avait été congédiée, malgré la difficulté de pourvoir à l'entretien d'un si nombreux personnel, et l'on espérait traverser encore heureusement la crise imposée à Paris par les sectaires de la Commune. Mais la haine sauvage de ces fanatiques contre les établissements religieux ne devait pas épargner celui-ci plus que les autres. Ces prétendus amis du peuple se sont rués sur cet asile ouvert aux enfants du peuple. Un fourneau économique, généreusement mis à la disposition de la mairie du 18e arrondissement et desservi gratuitement par les Sœurs de la Sagesse ; des distributions de pain et de viande faites par M. le curé, tous les services rendus au quartier par les œuvres nombreuses dont l'orphelinat était le centre, rien n'a pu sauver cet établissement fondé et entretenu avec tant de peines.

Depuis trois semaines il était menacé. Une des orphelines qui y avaient été recueillies, et dont un parent appartient à la Commune, avait reçu cette confidence : *Si tu aimes ton curé et tes religieuses, dis-leur de se tenir sur leurs gardes et de se mettre en sûreté, car dans quelques jours, il n'y fera pas bon.* Cette enfant suppliait chaque jour ses bienfaiteurs de fermer la maison et de partir ; mais malgré les avertissements qui venaient de là et d'ailleurs, M. le curé et les Sœurs ne pouvaient se résoudre à prendre une mesure si affligeante. Toutefois, pour ne pas être pris au dépourvu par les événements, M. le curé sollicita et obtint de M. le maire de Montmorency une maison communale inoccupée, par suite du mauvais état dans lequel l'avaient laissée les Prussiens. C'est là que furent conduites la plus grande partie des enfants et des Sœurs.

On espérait que les plus petites des orphelines pourraient sans inconvénient rester avenue d'Eylau et protéger même la maison par leur présence. Qui eût pu croire, en effet, que de pauvres petits enfants du peuple ne trouveraient pas grâce devant le peuple ? Mais il a suffi que ces enfants fussent confiées à des religieuses pour que cette horde impie vînt troubler et détruire leur asile. Ils sont donc venus, le blasphème à la bouche, espérant s'emparer des trois religieuses qui étaient restées, mais qui, averties à temps, avaient déjà pu s'enfuir. Désappointés et furieux, ils s'en sont pris aux personnes respectables à qui les Sœurs avaient confié la maison, les traitant de femmes attachées aux talons des religieuse ne leur épargnant aucune forme d'insolence. Ils ont fouillé la maison dans l'espoir de trouver les Sœurs ; ils ont soumis les pauvres enfants, toutes tremblantes, à de haineuses interrogations. Mais ne pouvant en tirer aucun témoignage qui ne fût un touchant éloge des soins et de la tendresse des Sœurs, ils ont insulté les enfants elles-mêmes, les accusant d'être élevées dans le mensonge. L'un de ces hommes a osé ouvrir son porte-monnaie et proposer à ces pauvres petites de leur donner de l'argent si elles voulaient dire la vérité et leur montrer où les Sœurs étaient cachées.

Pour couronner ces violences, ordre fut donné d'évacuer la maison et de donner la place à la garde nationale, qui s'en empara ainsi que du presbytère. Il y aurait de quoi décourager ceux qui vouent leur existence au bien public ; mais, dit l'Ecriture, les justes resteront fermes dans une grande constance en face de ceux qui les persécutent et qui détruisent leurs œuvres *Stabunt justi in magnâ constantiâ adversùs eos qui eos angustiaverunt et qui abstulerunt labores eorum*

Les religieuses de l'orphelinat de Saint Honoré et leurs enfants sont aujourd'hui réunies sous la conduite de leur pasteur, dans le local que la charité de M. de Foresta, maire de Montmorency a bien voulu mettre à leur disposition, provisoirement et en attendant le jour de la justice.

LES TOMBES DES VICTIMES DES ASSASSINS DE PARIS.

On adresse à la *Gazette de France* la lettre suivante :

« Je viens d'assister à un bien douloureux spectacle, à l'exhumation de plusieurs victimes des assassins de Paris, parmi lesquelles, hélas ! car ces infâmes bandits n'ont pas reculé devant ce crime, il faut bien compter Mgr l'archevêque de Paris ! Je me permets de vous donner les quelques détails que je sais sur la mort de ces victimes, persuadés qu'ils intéresseront les lecteurs de la *Gazette de France*.

» Ce matin, apprenant que la prison de la Roquette venait d'être prise par un régiment de marins, je me suis dirigé en toute hâte de ce côté pour avoir les renseignements exacts sur la mort de Mgr l'archevêque de Paris.

» A mon arrivée à la prison, on m'apprend que le corps de Monseigneur est déposé depuis trois jours au cimetière du Père Lachaise avec cinq autres victimes tombées avec lui. Je me dirige vers le cimetière et j'arrive bientôt à une tranchée assez profonde, creusée vers l'extrême droite du cimetière. Un premier corps venait d'être retiré de la fosse. Le bras gauche porte le brassard de la Société internationale, la croix sur le chapeau, également la croix rouge. C'est, me dit-on, M. Albert. Bientôt un deuxième corps est mis à découvert. Deux aumôniers et moi nous reconnaissons le R. P. Ducoudray, de la Compagnie de Jésus. La tête est horriblement mutilée.

» Le troisième corps est celui du R. P. Clerc. de la même Compagnie. Ces trois corps n'étaient pas ensevelis ainsi que les trois suivants, ils ont été posés à la hâte durant la nuit avec leurs vêtements qui les couvraient.

» Un quatrième corps est découvert : c'est celui du vénérable curé de la Madeleine, M l'abbé Deguerry. Il est reconnaissable à ses longs cheveux blancs et au visage à peine défiguré. Enfin, à l'extrémité de la fosse et se touchant par les pieds, nous découvrons les restes de M. le président Bonjean, dont les jambes sont brisées, et à gauche un pan de soutane violette nous fait deviner que là est le corps de Mgr l'archevêque de Paris. Il est revêtu de sa soutane et de sa douillette, et la tête est couverte de son chapeau. Mais sa croix pastorale, son anneau, les cordons du chapeau, les franges de la ceinture et jusqu'aux boucles de ses chaussures, tout a disparu et a été enlevé après le meurtre par les assassins. Monseigneur porte sur lui au moins trois coups de feu : un à la main droite et qui lui a enlevé l'index et brisé le doigt majeur ; le second à l'aile gauche du nez et le troisième à la poitrine.

» Voici quelques détails sur la mort de Monseigneur et d'autres victimes qui nous sont donnés par une personne, témoin forcé de cet épouvantable massacre.

» C'est le 25, à huit heures du soir, que l'on fit sortir nos six prisonniers de leurs cachots et conduire dans un des angles de la cour de la prison. *Là, les six victimes furent groupées.*

» Le crime était consommé : une grande et chrétienne victime venait de verser son sang pour la grande cause de l'humanité et de la religion. Les corps furent portés durant la nuit au cimetière et enfouis dans une tranchée où nous les avons découverts.

» Les corps, une fois exhumés et mis en bière, ont été placés : celui de Monseigneur et de M. l'abbé Deguerry dans un fourgon ; ceux des PP. du Coudray et Clerc dans une voiture, et nous avons pris la direction de l'archevêché. Un piquet de soldats escortait ce funèbre cortége. Tout s'est fait d'ailleurs le plus rapidement possible et sans aucun apparat.

» Tels sont, Monsieur le rédacteur, les douloureux détails que j'ai pu me procurer sur les derniers événements.

» Quatorze autres prêtres ont dû être fusillés, vendredi, à Belleville et quatre autres samedi soir, au moment où ils cherchaient à fuir. Mais je ne suis pas assez sûr du nom des victimes pour les citer. Je m'abstiens de toutes réflexions. Elles viennent naturellement à la lecture de ces tristes détails.

». La religion s'appuie sur le grand principe du sacrifice.

» Le sang du juste versé pour le coupable a sauvé et sauve chaque jour l'humanité.

» La justice humaine verse le sang du coupable, la justice du Ciel demande parfois en plus le sang de l'innocent.

» Espérons que le sang de nos saintes et innocentes victimes sera puissant pour crier vers le Ciel miséricorde et salut pour notre trop malheureuse et toujours aimée patrie.

» L'abbé E. LACROIX,

» Aumônier divisionnaire.

MORT DE M. BONJEAN.

M. Bonjean a fait une fin édifiante. Il s'était confessé au P. Clerc et il disait : « Oh ! si j'avais connu les Jésuites, moi qui les détestais et les ai souvent persécutés ! » Cet aveu et ce repentir lui seront comptés au tribunal de la miséricorde. Puisse ce témoignage servir aussi à éclairer et à convertir les trop nombreux ennemis de la religion qui survivent et qui ne haïssent que parce qu'ils ignorent !

DERNIÈRES PENSÉES ET DERNIERS ADIEUX.

On a bien voulu nous communiquer quelques feuillets trouvés à la Roquette dans la cellule de M. l'abbé Bécourt, curé de Bonne-

Nouvelle. Ce sont ses dernières pensées et ses adieux. Les bourreaux, qu'il attend de minute en minute, ne paraissant pas, il se hâte d'ajouter un nom qui pourra toucher ou même servir quelqu'un. A ces souvenirs il mêle des recommandations brèves, quelques avis, des expressions de son amour pour Dieu. Ce sont les pulsations de l'agonie d'un juste doux et aimant, sévère à lui-même, plein de foi, craignant Dieu. Au moment de paraître devant le Juge éternel, il s'examine d'un regard inquiet, mais néanmoins confiant. Il va à la justice, mais aussi à la miséricorde. *Cor contritum et humiliatum non despicies.*

Nous nous permettrons de donner quelques extraits de ce testament soudain, écrit sous le couteau. Dans sa simplicité et son désordre, il vaut la plus haute méditation sur la mort, et on ne l'estimera pas moins comme peinture vivante d'une âme chrétienne et sacerdotale. Nous indiquons ce document à tant d'hommes qui, avec plus ou moins de science et de conscience, se font les adversaires, nous ne voulons pas dire les diffamateurs du clergé.

Voilà un pauvre prêtre que l'on va tuer. Il n'a rien à attendre des hommes qu'une mort cruelle et immédiate. Il n'espère du monde aucun secours, son humble mémoire n'a besoin d'aucune réparation. Désormais son unique affaire est avec Dieu. Il se confesse à Dieu. L'on ne peut imaginer des conditions de sincérité plus entières.

Il a vécu cinquante-sept ans, il a été curé, il a gouverné en dernier lieu une grosse paroisse. Voyez de quoi il s'est mêlé dans le monde, ce qu'il a fait, ce qui l'inquiète au dernier moment, de quelle façon, il reçoit cette cruelle et injuste mort. Il nomme tous ceux qu'il a connu pour les embrasser une dernière fois ; pas une parole et visiblement pas un mouvement de son cœur contre personne ; il tombe assassiné comme s'il mourait par accident et ne songe à ceux qui le précipitent que pour leur pardonner. Vous avez le prêtre.

Louis VEUILLOT.

Prison des condamnés, à la Roquette.

Jeudi 25 mai, 45e jour de détention, quelques moments avant ma mort.

Je remets mon âme à Dieu.

Je me mets sous la protection de Marie et Joseph.

J'envoie à ma bonne mère mes dernières respectueuses et affectueuses salutations. — Un souvenir à mon cher père, mort en 1840.

Adieu chère mère, bonne sœur et bon frère. Adieu Mgr d'Arras.

Que Mgr d'Arras veuille bien les consoler.

. . . .

J'ai désiré être curé de Paris ; c'est l'occasion de ma mort : c'est un ancien pressentiment et peut-être une punition.

. . . .

Adieu à Dugny (où il avait été curé), aux pauvres comme aux riches. Croyez tous à mon amour en Notre Seigneur Jésus-Christ. Adieu ! Adieu !

. . . .

Je demande pardon à Dieu ;
A ma mère de mes manquements,
A mes frère et sœur de mes duretés,
A mes paroissiens de mes défauts,
A mes pénitents que j'ai mal dirigés.

. . . .

Je demande pardon de certaines oppositions que l'amour-propre m'a fait faire à l'égard de deux curés, M. Hanicle et M. Barot.

Je demande pardon à tous ceux que j'ai offensés et scandalisés.

Je pardonne à tout le monde, sans le moindre mouvement d'animosité. A ceux qui, par imprudence, auront occasionné mon arrestation et ma mort.

Au ciel, parents et amis, au ciel !

Pardon, mon Dieu, pardon !

Que ceux qui sont ennemis aujourd'hui, demain soient d'accord, et que Paris devienne une ville de frères qui s'aiment en Dieu.

Tout à Dieu, tout pour Dieu.

Que dieu soit aimé. — Que mes paroissiens croient à la parole d'un mourant.

Je me prépare comme si j'allais monter à l'autel.

Que l'on dise bien aux paroissiens et aux enfants que je meurs parce que j'ai voulu rester à mon devoir et sauver les âmes en ne quittant pas Paris.

Que tout le monde prie pour moi.

Dieu me recevra-t-il ?

Je prie que l'on me recommande partout aux prières. Pour le repos de l'âme du malheureux curé de Bonne-Nouvelle, si pécheur en sa vie.

Au *commencement de nos malheurs, au mois de septembre, je m'étais offert en état de victime pour Paris.* Dieu s'en est souvenu.

Que *mon sang soit le dernier versé !*

Mgr Daveluy, mon sous-diacre à ma première messe, a été martyrisé en Corée, en 1865.

Je meurs dans la foi et l'union à la sainte Eglise.

Que Dugny, que Puteaux se convertissent !

Je pardonne, je pardonne avec Jésus-Christ en croix.

. . . .

Je meurs à 57 ans et ..... jours.

Si j'en avais profité....

Ce vendredi 26 mai, 6 heures et demie du soir.

Je meurs dans l'amour de mon Dieu, avec soumission à sa volonté sainte.

Confiant dans Marie,
Nonobstant mes péchés.
Mes parents, mes amis, mes paroissiens et même ceux qui ne me connaissent pas personnellement, priez pour moi.
Je prierai pour vous si Dieu me met dans son saint Paradis.
Depuis deux jours, je fais mon sacrifice d'heure en heure.
Heureux celui que la foi soutient dans ce terrible moment !
Dieu veut toujours notre plus grand bien pour l'éternité.
S'il avait voulu faire un miracle.....
Il ne l'a pas voulu.
Tout à sa volonté.
Un de mes confrères ayant une sainte hostie, j'ai reçu la communion en viatique.

MASSACRE DES DOMINICAINS.

Les bandits du quartier des Gobelins ont recommencé, avec des circonstances encore plus affreuses, le drame abominable de 1848, près du lieu même où périt le général Bréa.

A quatre heures et demie du soir, une compagnie du 101e bataillon, sur l'ordre et en la présence de son colonel, le citoyen Cerisier, a fait sortir de la prison disciplinaire du secteur, avenue d'Italie, 38, où ils étaient renfermés, les membres du collége Albert-le-Grand et les a massacrés avec une fureur de cannibales, à mesure qu'ils franchissaient le seuil de la prison et se précipitaient dans l'avenue d'Italie.

Sur 24 personnes présentes, ecclésiastiques ou laïques, 18 et peut-être 20 ont péri.

A cinq heures et demie, quand les troupes victorieuses ont envahi l'avenue, les pères Cotrault, économe, Delhorme, Châteigneraie et Bourard, gisaient encore sur le sol, horriblement mutilés et déjà dépouillés de presque tous leurs vêtements.

On espère encore que le père Prieur a pu échapper, mais ce n'est qu'une espérance bien faible.

Tous ces pères sont morts en criant : Pour le bon Dieu ! et avec un courage admirable ainsi que leurs professeurs et domestiques.

Demain, si vous me le permettez, je vous enverrai une relation détaillée. Aujourd'hui je ne le pourrais. Je suis brisé.

Un survivant.

Abbé GRANCOLAS,
Réfugié hôtel Samson, rue Mézières.

MASSACRE DES FRÈRES DE LA DOCTRINE CHRÉTIENNE PAR LES ASSASSINS DE L'INSURRECTION.

Dans cette accumulation d'horreurs auxquelles l'insurrection communiste nous a fait assister, une des plus affreuses sera le massacre des Frères de la Doctrine chrétienne, accompli à la Butte-aux-Cailles. Quatorze de ces serviteurs du pauvre ont été tués, mis en pièces par des forcenés pour qui il n'y a point de nom dans les langues humaines, comme il n'y aura jamais de punition égale à leur crime. Ils avaient fait le bien, ceux qui ont baigné de leur sang innocent une terre que tant de forfaits menacent de frapper d'une malédiction éternelle ; ils donnaient leur vie à la tâche ingrate d'instruire les enfants des ouvriers ; on les avait vu pendant le siége aller sous les balles recueillir les blessés et les rapporter aux ambulances. Les insurgés les ont massacrés. Ce crime n'est qu'un des mille crimes commis par les communeux Pour trouver des faits pareils, il faudrait les chercher dans les atrocités qu'on rapporte des Cannibales.

PÈLERINAGE DE LA PAROISSE DE S. SULPICE DE PARIS A NOTRE DAME DE CHARTRES.

Les pèlerinages à Notre-Dame de Chartres ne trouvent jamais notre cité indifférente, mais celui de Saint-Sulpice empruntait aux circonstances présentes un caractère des plus émouvants. Le vénérable curé de cette paroisse, échappé avec son troupeau à la plus terrible des tourmentes sur la mer Rouge, venait invoquer l'Etoile de la mer dans le plus antique et le plus auguste de ses sanctuaires. Dès le mardi matin, l'oriflamme sacrée ondulait au sommet de la plus haute flèche de la cathédrale : le bourdon lançait dans les airs ses majestueuses volées, et une foule recueillie se pressait aux environs du chemin de fer. Déjà M. l'abbé Dallier, curé de Notre-Dame, entouré du clergé de la paroisse, du supérieur, des directeurs et de tous les clercs de la maîtrise, se rendait processionellement à la gare pour recevoir les hôtes de Marie. Un frémissement indicible parcourut tous les rangs quand on vit apparaître le bon pasteur avec ses six cents paroissiens ; on ne se lassait pas de contempler ce saint vieillard, exposé si longtemps à la rage des monstres qui voulaient détruire Dieu et la société. Après les premiers épanchements de la charité chrétienne, la procession se mit en ordre, et s'avança, précédée de la charmante bannière de Notre-Dame de Sous-Terre, vers la cathédrale, en passant par la rue du Cheval-Blanc. Les habitants de cette rue avaient eu l'heureuse idée de laisser l'arc triomphal, les guirlandes et les oriflammes de la procession générale du dimanche précédent pour fêter nos pieux hôtes et rehausser l'éclat de cette sainte et patriotique cérémonie.

Arrivé à la cathédrale, M. le curé de Saint-Sulpice commença le saint sacrifice à l'autel dressé devant le chœur, tandis que les autres prêtres qui l'avaient accompagné célébraient la sainte messe dans les chapelles. La plupart de ces pieux pèlerins s'approchèrent de la table sacrée, attirant sur leur famille, sur leur paroisse et sur la cité qu'ils visitaient les bénédictions célestes. Après l'Evangile, M. le curé monte en chaire, et, dans un langage simple et paternel, il explique à son nombreux auditoire les motifs de ce pèlerinage et les résultats qu'ils doivent en obtenir. Ils viennent remercier Notre-Dame de Chartres des faveurs insignes qu'elle a daigné leur accorder; car, pendant que l'ange exterminateur promenait le pillage, le meurtre et le feu dans la cité impie, l'église de Saint-Sulpice n'a subi aucune perte, ses prêtres n'ont point été inquiétés, et pas une seule maison de la paroisse consacrée à Notre-Dame de Chartres n'a été endommagée Ils vont promettre à leur auguste protectrice d'introduire la simplicité dans leur maison, à leur table et dans leurs vêtements, d'exercer, chacun de son côté, une espèce d'apostolat, en tâchant de convertir quelques uns de leurs proches; car si Paris, si la France ne se hâte de revenir au Dieu de ses pères, d'inénarrables calamités vont fondre sur nous. Le bras de Dieu est levé, armé de la foudre; la prière seule peut l'arrêter. Qui pourrait retracer ici les accents déchirants, les sanglots de ce bon pasteur, lorsque le soir, après vêpres, il recommandait à Notre-Dame de Chartres la malheureuse France piétinée par l'ennemi, affaiblie par l'impiété et déchirée par ses propres enfants; l'Eglise persécutée; son Chef auguste, ce roi de l'univers, maintenant captif, l'organe infaillible de la vérité exchaîné! En ce moment nous avons vu les larmes inonder tous les visages, et nous-mêmes nous n'avons pu maîtriser notre émotion, et l'on disait tout bas : « Heureux pasteur! heureux troupeau! »

Entre la messe et les vêpres, ces dévôts pèlerins avaient visité les salles du trône où la Reine de grâce se plaît à donner audience : Notre-Dame du Pilier, Notre-Dame de Sous-Terre et Notre-Dame de la Drèche. Après le salut solennel, la procession se dirige vers le chemin de fer, dans le même ordre et avec les mêmes cérémonies que le matin, et la foule se presse sur tous les parcours encore plus compacte et plus sympathique. On est si joyeux, après la tempête, de voir quelques éclaircies! Enfin ils pénètrent dans la gare, les prêtres échangent de touchants adieux, une pieuse communication de pensées s'établit entre la butte des Charbonniers et les wagons, les mouchoirs s'agitent dans l'espace; mais la vapeur impatiente mugit, et le train disparaît bientôt, emportant nos aimables hôtes et laissant au fond des cœurs l'espérance. Notre Mère qui est dans les cieux sourit à ce spectacle; attendrie par tant de prières ferventes, elle continuera à protéger la ville de Chartres, qui est son domaine privé, et la France, qui est et restera son royaume.

VIII

VARIÉTÉS

DON DU S. PÈRE A NOS ÉGLISES QUI ONT LE PLUS SOUFFERT DE NOS DÉSATRES.

Dans tous les livres qui ont paru jusqu'à ce jour sur la campagne de 1870-71, on a négligé la part prise par le clergé dans cette lutte effroyable où la France a été écrasée, mutilée, ruinée. Et cependant, depuis Mgr Freppel, l'évêque d'Angers, qui appelait aux armes les élèves des séminaires, jusqu'aux pauvres frères des écoles chrétiennes, qui allaient se faire tuer sur les champs de bataille en portant des secours aux blessés, que de dévouement, de patriotisme d'abnégation, et aussi que de misères noblement subies, que de souffrances supportées avec résignation, que de courage et d'énergie !

Suivez la marche des envahisseurs, de ces brigands, pillards, voleurs, assassins, qui tuent les femmes, les enfants, qui incendient après avoir fait main basse sur tout ce qui a une valeur marchande ; par où commencent-ils leurs déprédations et leurs crimes ? Par l'église, par la maison du curé. Les sectaires protestants attaquent tout d'abord la maison de Dieu et les serviteurs de Dieu, c'est dans l'ordre.

Partout où passent, partout où ont passé les Prussiens, dans les campagnes, ce qu'ils ont d'abord détruit, incendié ou pillé, c'est l'église. Dans tous ces villages, une des premières victimes, c'est le prêtre. Le martyrologe est long, allez, et mérite d'être transcrit; la liste des désastres est immense; là où le feu n'a pas tout détruit, là où tout n'est pas décombres et cendres, tout a été souillé ou pillé; le pauvre trésor de la chapelle communale a été enlevé, et le calice en argent, et la modeste chasuble brodée des grandes fêtes, et la nappe d'autel, tout cela est parti pour orner la chambre d'une Gretchen ou la vitrine d'un orfèvre de Berlin.

Comment réparer tous ces désastres, en présence des misères si grandes qui accablent la France? Il y a tant d'infortunes à soulager que toute la charité des catholiques français pourra à peine y suffire. Aussi, le chef de la chrétienté, notre Saint-Père le Pape, a voulu, le premier, venir en aide au pauvre clergé, en offrant aux nombreuses églises qui ont eu à souffrir des derniers événements de la guerre quelques-uns des vases sacrés, des ornement sacerdotaux, des saints objets qui servent aux cérémonies du culte.

Le soin de répartir ces objets a été confié à S. Exc. Mgr Chigi, nonce apostolique, qui, avant de les distribuer, les a fait exposer à l'hôtel de la Nonciature, rue Saint-Dominique, où nous sommes allé les visiter hier.

Toute une salle du rez-de-chaussée de l'hôtel est réservée à cette exposition publique. Le nombre des objets est important, et parmi eux figurent quelques pièces dignes d'appeler l'attention des artistes et qui brilleraient au premier rang parmi les trésors des églises connues pour leur richesse. Nous citerons d'abord une crosse épiscopale, enrichie de pierres fines et d'émaux, avec les armes de Sa Sainteté; un calice en or avec émaux style renaissance; un grand Christ en ivoire sur croix d'ébène, puis...

Pourquoi citer plutôt un objet qu'un autre? Que le calice soit en or ou en argent, que la chasuble soit en velours ou en damas, tous ces dons auront pour le clergé français, qui les recevra, une valeur inappréciable, celle de venir du pieux et vénérable Pie IX, qui, en cette circonstance, donne à la fille aînée de l'Eglise, à la France catholique, si cruellement éprouvée, un nouveau témoignage de son amour.

Emile CARDON.

LE FRATERNEL ACCUEIL FAIT PAR LA SUISSE A NOS PAUVRES SOLDATS

« A Estavayer, le 1er février, on publia par toute la ville l'arrivée de nos troupes. Tout aussitôt ce fut une animation générale, chacun faisait ses provisions et disposait tout pour les bien recevoir. Du port à la route d'Yverdon, les deux côtés d'où ils pouvaient venir, c'était un va-et-vient incessant.

» Enfin, le 2 février, il en arriva une escouade de cinq cents hommes. C'était plaisir de voir la fraternité touchante avec laquelle ils furent reçus. Des poignées de mains, des distributions de bouillon, de cigares et de vin. Puis une multitude de petites voitures à bras, chargées de toutes espèces de provisions, les entourèrent bientôt, et on leur distribua à chacun quelque chose de substantiel.

» Il y a ici de grands monuments publics, de vastes écoles; tout fut vidé, garni de couchettes et de paille; d'immenses fourneaux chauffaient ces pièces, et bientôt on annonça que les particuliers ne logeraient pas : ce fut une déception! Une escouade de cavaliers arriva. Ils étaient attendus, les écuries étaient prêtes; en moins d'un moment tout fut casé. A dix heures du soir, nouvelle troupe qui s'était trompée de chemin, et que naturellement on n'attendait pas. Les lumières ne brillaient plus aux fenêtres, tout dormait à Estavayer. Le bruit réveilla quelques personnes, mais beaucoup ne le surent pas. A minuit, nouvelle troupe, encore moins attendue que la précédente. Tout était plein; on courait partout pour avoir au moins de la paille. Ce sont ces dernières arrivées qui donnèrent lieu à de beaux traits de dévouement.

» Une famille de nos voisins a donné l'hospitalité à vingt-sept français. Oh! mais, une hospitalité telle qu'elle fait venir les larmes aux yeux. Elle leur servit a souper, puis elle leur donna tous les matelas de la maison, se réservant, eux, de dormir sur des chaises. Et, au matin, ils leur préparèrent à tous à déjeûner avant leur départ.

» Une très-pauvre femme, vivant au jour le jour avec ses d ux filles, du travail de ses mains, n'avait qu'une chambre; elle n'en put loger; mais elle se multiplia pour leur trouver des abris, à cette heure si avancée de la nuit. Ce n'était point assez d'en avoir installé quelques-uns, elle voulait donner de son nécessaire. Elle sort donc dès le lendemain matin, en accoste deux, les emmène chez elle, et leur donne le café au lait, nourriture d'elle et de ses enfants pour la journée.

» D'autres installaient de vastes chaudrons dans leur cour, et faisaient un immense potage qu'ils distribuaient à tous.

» Un grand nombre de ces Français ont les pieds gelés. Ils ont trouvé des femmes qui se sont faites pour quelques jours sœurs de charité; allant d'un malheureux à l'autre, chauffant et pansant leurs pieds.

» Ce qu'il y a de vraiment beau, c'est que ce mouvement a été général, et ceux de qui on attendait rien ont été d'un empressement, d'une pitié admirable!

» Hier (3 février) a été comme avant hier; mieux même que la veille, car dès les six heures, des hommes parcouraient la ville, cherchant s'ils trouveraient quelques malheureux de plus à loger. Tous avaient les vivres et le couvert; ils étaient pourtant trois mille environ, et Estavayer ne compte que treize cents habitants.

Le 4 février, on en attendait encore et on n'était point las de ce noble métier d'hôtes du malheur!

Que ces bons Suisses agréent les sentiments de toute notre reconnaissance!

LA BUVETTE DE PERRACHE A LYON.

— Toute l'agitation et toute la vie de notre ville semblent maintenant s'être transportées à la gare de Perrache.

Il est impossible de se faire une idée du va-et-vient, du remuement que le passage des troupes y occasione.

Que de misères on voit, et aussi que d'actes de générosité !

Nous ne parlons pas de la buvette pour les soldats ; celle-là est hors ligne. On ne comprend pas qu'elle puisse toujours et tant donner.

Mais les dons isolés et particuliers sont plus nombreux qu'on ne le pense.

Ici, c'est un paquet de tabac, glissé par un bourgeois dans la main d'un lignard. Là, c'est une pièce blanche discrètement offerte, etc., etc.

Et réellement ce n'est pas sans besoin. Quelques-uns de nos soldats font réellement peine à voir.

(Décentralisation.)

— De nombreux blessés et malades sont arrivés à la gare de Perrache, dit le *Courrier*. Plusieurs d'entre eux avaient les pieds gelés.

C'est un spectacle navrant que celui de ces jeunes gens, ainsi frappés à la fleur de leur âge, et dont quelques-uns, au moins, resteront estropiés.

Tous les secours que réclame leur état leur sont, d'ailleurs, prodigués avec empressement et sollicitude, mais il n'en est pas moins vrai que les besoins sont grands et peuvent devenir plus grands encore. Il importe donc que la charité lyonnaise se mette au niveau de toutes les nécessités ; qu'après avoir beaucoup donné pour les blessés, elle donne plus encore.

C'est dans ce but que nous faisons un nouvel appel à la bienfaisance si connue de nos concitoyens.

— Le même journal ajoute :

« A la buvette de Perrache, la charité fait des prodiges. Mmes Meynard, Morin-Pons, de Bessières, Dupré, et l'incomparable sœur Augustin, qui, depuis quatre mois, se dévoue à cette œuvre de patriotisme et d'humanité, se multiplient pour procurer aux malheureux blessés des vivres et des secours de toute espèce.

» Les quêtes dans les salles d'attente sont incessantes, et lorsqu'elles ne suffisent pas, on a recours à celles faites à domicile, chez les restaurateurs et dans les cabarets du quartier.

On se ferait difficilement une idée de la quantité de vivres que distribue chaque jour la sœur Augustin, dont le zèle, depuis quatre mois, ne se ralentit pas un instant, si on ne connaissait le nombre des malheureux soldats arrivant chaque jour à la gare de Perrache, pour la plupart blessés, manquant de vêtements, de chaussures, et généralement affamés.

» Cette consommation est d'environ six cents kilogrammes de pain par jour, sans compter le bouillon, la viande, le vin, les vêtements et les linges de pansement. »

ADMIRABLE DÉVOUEMENT DU JEUNE DE VILLARS.

(Avril 1871)

— On nous signale l'admirable conduite d'un enfant de treize ans, qui, depuis deux mois, se dévoue à nos soldats blessés avec une charité admirable et une touchante abnégation.

Le jeune Gustave-Colomel-Michel de Villars, héritier du nom du maréchal de Villars, s'était fait inscrire, avec sa mère, à la société internationale des ambulances, dès le mois d'août ; il voulut aller à la gare de Perrache voir les malheureux soldats qui arrivaient fatigués, blessés, malades.

A la vue de toutes ces misères, dit le *Petit Journal*, il fut ému jusqu'aux larmes, et il supplia sa mère de le laisser se consacrer à l'œuvre patriotique et humanitaire de secourir nos soldats.

Il fut si pressant, si persuasif, il se montra animé d'une telle ardeur de charité, que madame de Villars consentit à tout ce que voulait son fils.

Elle le laissa transformer leur hôtel du quai de l'Archevêché, rue de la Baleine, 1, en une vaste ambulance; il a veillé à toute l'installation ; il a fait transformer de beaux salons en dortoirs, un boudoir en fumoir, une salle à manger en réfectoire.

Tous les jours, depuis deux mois, il est allé à la gare de Perrache, a servi d'aide de camp à la Sœur directrice de la buvette, et, le soir, il a ramené à son ambulance 25 ou 30 soldats, et il a couché toutes les nuits dans les dortoirs.

Ainsi, près de 1,000 blessés ont été soignés dans cette ambulance volontaire du quai de l'Archevêché.

On assure que le jeune de Villars a contracté, dans ce service, la petite vérole, puis une variole grave, et, enfin, un épanchement à la tête.

Mais, à peine était-il guéri, qu'il retournait à ses chers blessés.

En vain sa mère le suppliait de se reposer, d'aller à la campagne ; il n'a rien voulu entendre.

— Ils souffrent, dit-il, et ils sont si heureux de mes soins.

Et la mère cédait, fière d'un enfant qui entre dans la vie avec des sentiments aussi généreux.

TRAIT DE FOI DIGNE DES PREMIERS AGES CHRÉTIENS.

« ... Une quinzaine de jours avant Noël, les Prussiens arrivèrent en nombre à Velars, près Dijon, et devaient y séjourner quelque temps. Ils choisirent l'église pour y passer la nuit. A peine ce projet fut-il connu, que ce fut grand émoi dans le village. Le curé, très-excellent prêtre, était absent, ayant été compromis par ces dénonciations fausses et malveillantes. Qu'allons-nous faire, disaient les paysans; nous ne pouvons pas laisser le bon Dieu dans l'église, puisque les Prussiens protestants y viennent, et nous ne pouvons pas l'ôter non plus, puisque nous n'avons pas de curé ? Un d'entre eux, mieux avisé, reprit : Attendez ; il faut aller chercher le petit Paul, qui a fait sa première communion cette année; il est bien sage et bien dévot, il pourra prendre le bon Dieu. On fait venir ce petit garçon, enfant fort pieux et sage. Mais il refuse de se charger de cette mission, disant qu'il n'était pas prêtre, et qu'il n'avait pas le droit de toucher aux vases sacrés. Là-dessus un des paysans s'écrie : Je vais aller chercher mon moutard ; celui-là est un innocent, et il fera tout ce que je lui dirai. En effet, le charmant petit enfant de 4 ans est amené. Son père le pose sur l'autel, lui fait ouvrir la porte du tabernacle, et lui met dans la main une serviette bien blanche, avec laquelle il lui fait prendre le Saint-Ciboire; et l'enfant, porté par son père, porte lui-même le Saint-Sacrement dans la sacristie, escorté des hommes et des femmes du village, qui tenaient chacun un cierge allumé à la main.

DIVIN JÉSUS, SI VOUS NE VOULEZ POINT RESTER ICI, LAISSEZ-MOI VOUS SORTIR.

Dimanche soir, 2 octobre, jour du Saint-Rosaire, en l'église de Saint-Germain, à Genève, en présence d'un vénérable Père du concile, Mgr Mermillod, en présence d'un enfant du Carmel, en présence d'un fils de saint Ignage de Loyola, j'entendis raconter par le R. P. Mathieu, de l'ordre de Saint-Dominique, le fait que je vous transmets.

« Les obus des ennemis de la France tombent sur la cathédrale
» de Strasbourg, et cependant Notre Seigneur Jésus-Christ est
» encore au tabernacle. Je pénètre dans la vaste basilique : les
» projectiles des assiégeants ont percé la voûte, une pluie de feu
» ruisselle de plus de cent pieds de haut sur le parvis du temple ;
» j'avance à travers une fumée bien noire, je prends dans le taber-
» nacle cinq ciboires et deux custodes, et de nouveau je traverse la
» nef au milieu d'un tourbillon de feu et de poudre. Et, en mon
» chemin, je dis naïvement à mon Dieu : Divin Jésus, si vous ne
» voulez point rester ici, laissez-moi vous sortir.

« RÉGIS »

NOBLES SENTIMENTS.

(Novembre 1870)

— Une dame pieuse de Lyon, disait un de ces jours, en prévision du siége :

« Non, je ne m'éloignerai pas, moi, dans un moment de siége ; je veux rester là pour servir mon mari et les autres qui auront besoin de soins ; je veux rester avec mes enfants, afin qu'ils trouvent dans le spectacle de nos malheurs communs une double raison qui trempe fortement leur caractère et fortifie à jamais leur foi ; je veux rester dans Lyon, la ville de la sainte Vierge ; si j'en sortais, je me sentirais abandonnée. Enfin, je veux rester, parce que si tant est que le fléau de Dieu arrive jusqu'ici, c'est une preuve que nous l'avons mérité, et alors, loin de fuir, nous devons savoir baisser la tête pour le recevoir. Quand on a la foi, on ne doit pas craindre de se trouver sous les coups de Dieu. S'il nous châtie, c'est pour nous corriger et non pour nous perdre. Après la guerre, nous serons meilleurs.

« Nous voudrions savoir ces sentiments dans le cœur de toutes les mères. »

DÉVOUEMENT PATERNEL.

On parle beaucoup de l'amour, du dévouement maternel ; mais jusqu'où ne peut point aller aussi le dévouement d'un père ?

Un ami rencontre un brave ouvrier qui, depuis plusieurs années déjà, a passé la cinquantaine. Deux petites larmes refoulées apparaissaient encore derrière ses paupières, et le sourire était sur ses lèvres. Sa barbe était fraîchement faite, sa tenue était irréprochable : il y avait quelque chose de jeune et de martial dans sa tournure.

— Hé bien ! père, où donc allez vous comme ça ?

— Je vais trouver le général.

— Et pourquoi faire ?

— Que voulez-vous ? R., comme vous le savez, est pris par la mobile ; sa femme ne fait que pleurer. Il n'est pas fort du tout, il n'a jamais su tenir un fusil. Pour moi, je suis robuste, je ne ferai plus faute à personne. Je vais voir si je puis partir à sa place !

Ecoutez encore :

Un jeune ouvrier, fils unique, vient de s'engager. Son père est grave et fier, sa mère est toute triste, prête à pleurer.

Le mari, très-ému lui-même, cherche à consoler la pauvre femme.

— Si encore, dit cette dernière, notre enfant avait près de lui, là-bas, un voisin ou un ami !

Le mari devient soucieux ; mais il prend quelques papiers dans l'armoire et sort tranquillement.

Au bout d'une heure, il revient, et, prenant la main de sa femme :

— Notre enfant, dit-il, aura près de lui un voisin, un ami.

— Dieu soit loué ! Et qui donc est celui-là ?

— Moi, son père. Je viens de m'engager dans son régiment.

Ô guerre ! tu nous fais bien du mal ; mais il te fallait vraiment pour révéler à tous ce que la France possède encore de grandeur et d'héroïsme. Non ! non ! ne désespérons pas de notre chère patrie !

UN ÉPISODE DE LA GUERRE.

Il y a quelques semaines, une famille française est informée qu'un des siens, soldat à l'armée de la Loire, a été blessé. Le père et la mère partent pour se rendre auprès de leur fils. En route, ils apprennent que ce fils est mort. La mère revient chez elle, espérant encore sans aucune raison d'espérer, et le père continue pour rechercher le corps et le ramener.

Il arrive sur le champ de bataille. C'était au moment des grands froids du mois de décembre. Il parvient, après beaucoup de tâtonnements, à découvrir le cadavre de son fils à peu près intact au milieu de beaucoup d'autres. Ce n'est pas tout : il faut un cercueil ; où trouver un ouvrier ? Je glisse sur ce détail. Le cercueil est fait ; il faut une voiture. Autre détail que je ne fais qu'indiquer. Enfin, après beaucoup d'efforts, ce malheureux père finit par découvrir un voiturier qui ne possède qu'un pauvre cheval et une misérable voiture. Le cercueil est placé dessus. C'est tout ce qu'elle peut contenir. Le voiturier s'assied devant. Le père suit à pied par derrière.

Figurez-vous, Messieurs, au milieu de ces plaines ravagées par la guerre, dans ces chemins défoncés, par ces courtes, sombres et glaciales journées de décembre, ce cortége s'avançant, lentement, péniblement... N'est ce pas là en raccourci une image de la guerre actuelle ?

De temps en temps, il fallait s'arrêter. Le cheval avait besoin d'un peu d'avoine, le voiturier d'un peu de pain ; le père avait besoin de reprendre haleine. On rencontrait une maison, on y entrait : elle était vide et dévastée. Il fallait repartir et continuer son chemin, sans avoir même pu retrouver des forces.

Ce voyage a duré cinq jours, cinq siècles. Pendant ce temps, la mère attendait, anxieuse, mais non désespérée. Le père ne pouvait pas lui écrire. Cette chose si simple, écrire une lettre, cela ne se peut pas toujours aujourd'hui, dans certaines parties de notre chère et malheureuse France. Et quand une lettre est écrite, il n'est pas toujours possible de la confier à une boîte aux lettres avec la certitude qu'elle parviendra à son adresse. La mère, ne recevant pas de nouvelles, ne pouvait pas se figurer que son fils fût mort.

Enfin, après dix jours d'absence, le père arrive. Pendant dix jours, il n'a pas vu un visage ami. Pendant dix jours, il a renfermé sa douleur en lui-même. Il rentre chez lui presque heureux de pouvoir s'épancher : « Enfin ! je le ramène, s'écrie-t-il. Vivant ! dit la mère. — Non, mort — Et la mère tombe comme foudroyée.

TROP DE BONHEUR POUR UNE PAUVRE MÈRE.

Le *Petit Marseillais* raconte ce drame intime :

Hier matin, dans une des rues d'Endoume, un jeune militaire, qui arrivait d'Allemagne, voyait une foule sympathique et émue se précipiter autour de lui.

Des mains tendues serraient les siennes, des saluts affectueux accueillaient de toutes parts cet enfant du quartier, revenu enfin au milieu de ses amis.

On était d'autant plus heureux de le revoir que le bruit de sa mort avait couru et que cette mauvaise nouvelle avait été presque confirmée plus tard.

Disparu depuis nos premiers désastres, on n'avait plus reçu de ses nouvelles.

Tout à coup, d'une des maisons sort une femme à l'air triste et abattu ; la joie des autres paraît une douleur pour elle, car l'infortunée avait un fils, et cet enfant unique a trouvé la mort sur les champs de bataille.

Dès qu'il l'aperçoit, le jeune soldat écarte vigoureusement ceux qui se pressent autour de lui; la figure rayonnante de joie, il s'élance vers la femme.

Elle lève les yeux, et à la vue de cette figure amaigrie par les souffrances, de ces traits qui lui rappellent celui qui n'est plus, elle chancelle et pâlit.

— Ma mère ! ma bonne mère ! s'écrie le soldat, c'est moi, moi, votre fils, ne me reconnaissez-vous pas ?

C'était trop de bonheur pour la pauvre mère.

Le fils qu'elle croyait mort, qu'elle avait pleuré, dont elle portait le deuil, il était là devant elle, lui tendant ses bras.

Elle ne put résister à l'excès de sa joie; elle poussa un cri terrible et s'affaissa sur elle-même.

Le bonheur l'avait tuée !

DEVOUEMENT MATERNEL.

— On cite un touchant exemple de dévouement maternel donné par une pauvre femme du nom de Lalanne, habitant le village d'Eparras, dans les Hautes-Pyrénées.

Ayant appris que son fils, soldat dans un régiment d'artillerie, prisonnier de guerre à Custrine (Prusse), était gravement malade, la dame Lalanne, quoique ignorant complétement la langue allemande, n'hésita pas à partir seule et presque sans ressources, pour aller embrasser encore une fois son enfant, et tâcher de le ramener en France; ni les fatigues, ni les épreuves de toutes sortes de ce long pèlerinage ne rebutèrent sa tendresse.

Tant de courage fut heureusement récompensé, et la pauvre mère put retrouver son fils vivant encore et rentrer avec lui dans ses foyers, où d'unanimes témoignages d'admiration et de sympathie ont accueilli son retour.

L'autorité militaire s'est empressée d'accorder un congé au jeune Lalanne, et nous savons que le ministre de la guerre, informé du fait que nous venons de raconter, a fait remettre à la mère de ce militaire un secours qui lui permettra de donner à la santé de son fils, malheureusement trop ébranlée, tous les soins dont elle a besoin.

LES MÈRES DES SOLDATS CHRÉTIENS AUX PIEDS DE NOTRE-DAME.

Stabat mater dolorosa,
Juxta crucem lacrymosa,
Dum pendebat Filius.
. . . .

Plaintives comme Toi, tendre et divine Mère,
Lorsqu'au drame sanglant qui finit au Calvaire
Ton cœur fut transpercé d'un glaive de douleur,
Les mères des martyrs tombés pour la patrie
Se pressant à tes pieds te demandent, Marie,
Un peu de cette foi qui soutenait ton cœur...

On nous a comme Toi, sur de nouveaux calvaires,
Immolé nos enfants. Des hommes sanguinaires
Ont teint de vastes champs de leur sang généreux.
Au banquet des vivants ils s'assirent à peine...
La coupe de la vie en leur main était pleine,
Et riches d'espérance ils partirent heureux.

Mais ils sont tombés là, nombreux comme la feuille
Qu'a donné le printemps et que l'automne cueille,
Et frères des martyrs, victimes et héros...
L'histoire applaudira ces vaincus héroïques,
Mais que seront pour nous ces récits historiques
Sinon de nos douleurs de multiples échos?

Ce qu'il nous faut savoir, c'est qu'à l'heure dernière,
Se mourant sans secours loin de leur tendre Mère,
O Mère des enfants comblant nos plus doux vœux,
Tu vins et leur parlant de leur âme immortelle,
Tu jetas en leur cœur la divine étincelle,
Et de ta douce main les conduisis aux cieux?

Oh ! donne à notre cœur cette sainte espérance,
Et plus fortes alors pour la paix de la France,
Ainsi que tu le fis, sainte Mère, autrefois,
Nous offrirons à Dieu ces victimes chéries,
Et songeant qu'en son ciel elles vivent ravies,
Debout nous resterons fermes près de la Croix.

Madame M. D.

LA MÈRE DU MOBLOT.

— Les pauvres mères ont bien de la peine à se faire à la situation où la guerre a placé leurs enfants. Il leur en coûte de les voir sevrés des douceurs du foyer, quelques-unes ne craignent pas de se rendre même au camp pour s'assurer de leur état et leur apporter quelques témoignages de leur sollicitude qui ne fut jamais plus grande. Dernièrement une bonne mère du faubourg de la Bade à Riom, prenait tout ce qu'elle avait dans son petit trésor et partait pour Orléans, en compagnie du père d'un moblot de Riom. Elle allait voir aussi son moblot au camp de Bucy. Arrivée à Orléans, elle a passé du wagon sur une charrette conduite par un âne, et dans son rustique équipage, elle s'est rendue au camp où elle est parvenue à la nuit tombante. En ce moment, le bataillon de Riom faisait cuire la popote, et autour d'un feu qui pétillait malgré la brume, les moblots faisaient une ronde. La bonne mère, reconnue sous sa capeline par un de ses voisins, fut immédiatement signalée à son fils. Inutile de dire la joie de ce dernier. Incontinent, tout le bataillon fut en liesse, la Riomoise fut vivement acclamée. On s'empressa de toutes parts autour d'elle, durant les deux heures de son séjour au camp, pour avoir les nouvelles du pays et recevoir les souvenirs envoyés par les mères. La piété maternelle de l'excellente femme a reçu même dès ce monde sa récompense. Les moblots l'ont environnée d'égards. La plus grande dame du faubourg Saint-Germain n'aurait pas été traitée avec plus de révérence. Jamais, dit-on, femme de la Bade ne s'est trouvée à pareille fête. Pauvres mères, pauvres enfants, pauvre France, vous méritez de voir luire bientôt des jours plus heureux.

UNE MÈRE.

— Une touchante anecdote racontée par la *Presse*, et qui a eu pour théâtre une de nos ambulances :

« Il était environ trois heures ; les malades dans leur lit blanc reposaient, la visite étant faite et les pansements terminés. C'était l'heure où les salles sont calmes relativement et où rien ne trouble le silence des blessés que le soupir d'un *opéré* ou le pas furtif d'une dame de charité.

» La porte d'entrée s'ouvrit sans bruit et une femme entra ; elle était vêtue de noir, grande, pâle, avec ce je ne sais quoi fait de dignité et de grâce instinctive qui est la distinction suprême.

» Elle portait un gros paquet qu'elle posa sur une table encombrée de choses diverses, de bandes, de compresses, d'appareils et d'instruments de chirurgie ; puis elle demeura là, muette, attendant...

» Une dame de charité l'aperçut et vint à elle.

» — Madame, dit alors l'étrangère en deuil, voici quelque peu de linge et de provisions que je vous prie d'accepter pour votre ambulance.

» On ouvrit le paquet qui contenait en effet des chemises, des draps, de la flanelle, de la charpie, des bandes et des paquets de tapioca-bouillon, etc.

» La dame de charité remercia, et comme l'étrangère se retirait :

» — Voulez-vous me donner votre nom, madame ?

» — A quoi bon ?

» — C'est que je dois inscrire sur un livre la liste de ce que vous donnez à nos malades, et c'est l'usage d'indiquer le nom des donateurs.

» — A quoi bon ? répéta la dame en deuil.

» Puis se ravisant, triste et les larmes aux yeux :

» — Mon nom importe peu. Mettez simplement *une Mère* sur votre registre. Ce que je vous apporte là, je l'avais en réserve chez moi pour le cas où mon fils, qui était de la garde mobile, serait malade ou blessé. Les Prussiens me l'ont tué à Champigny. Maintenant je n'ai plus besoin de tout cela ; je n'avais qu'un enfant, et il est mort. Vous voyez que mon nom est sans intérêt ; prenez ceci pour vos blessés, et inscrivez *une Mère*.

» Et la pauvre mère, pleurant, s'en alla, suivie respectueusement par la dame de charité, qui pleurait aussi.

QUAND VOUS AUREZ CINQ MILLIARDS, REVENEZ...

Metz. — Voici comment, dit la *Somme*, M. de Bismark réussit à « gagner le cœur » des Français et surtout des Françaises de l'Alsace et de la Lorraine. Nous garantissons d'une manière absolue l'anecdote suivante :

Un officier supérieur de l'armée prussienne, jeune, beau nom, vaste fortune, grand avenir, en garnison à Metz, avait remarqué Mlle B..., jeune personne fort jolie et une des plus distinguées, appartenant à une famille haut placée de la ville.

L'officier, à force d'instances et de démarches, parvint à amener une rencontre et une présentation entre lui et la famille B..., et manifesta hautement ses vues qui furent plus que froidement accueillies. Mais il insista, envoya lettres sur lettres, ambassades sur ambassades, et finit par solliciter et obtenir la permission de déposer lui-même, aux pieds de Mlle B..., l'offre de sa fortune et de sa main et la constituer l'arbitre souverain de son sort.

Au jour pris, l'Allemand arriva et exposa galamment sa demande, que Mlle B... écouta dans le plus profond silence. Quand il eut terminé :

« — C'est bien, Monsieur, fit-elle; mais vous ne vous êtes pas suffisamment étendu sur votre fortune. Veuillez m'en dire le chiffre exact et vos espérances d'avenir. »

Et l'officier, radieux, de s'étendre avec complaisance sur ses richesses ; le total en était fort beau, éblouissant même, des millions à perte de vue.

» — C'est encore trop peu pour moi, répondit alors la jeune fille en se levant et en saluant son solliciteur tout interdit. Quand vous aurez cinq milliards, revenez et vous serez agréé. Il faut que ma dot soit la rançon de mon pays. »

L'ESPOIR DE TOUS LES CŒURS FRANÇAIS.

FABLE.

Une perdrix vola les œufs
D'une autre perdrix sa voisine,
Les fit éclore ; il advint d'eux
Quelques perdreaux de bonne mine.

Dès leurs premiers ébats sur l'aile du zéphyr,
Dans le nid de leur mère ils reprirent leur place.
De la mère patrie invincible désir,
Rend-nous la Lorraine et l'Alsace !

SEIGNORET.

« Entre les perdrix, il arrive souvent que les unes dérobent les œufs des autres. Le perdreau qui a été éclos et nourri sous les ailes d'une perdrix étrangère quitte la perdrix larronnesse, se rend à sa première mère et se met à sa suite, par la correspondance qu'il a avec sa première origine. »

(Saint François de Sales, *Traité de l'amour de Dieu*, liv. I, ch. XVI.)

LE TE DEUM ESPÉRÉ.

Le T.-R. Père Monsabré, de l'ordre des Dominicains, n'ayant pu prêcher ses conférences cette année à Notre-Dame de Paris, a été envoyé par ses supérieurs donner la station du carême à Metz.

Sa parole éloquente eut bientôt réuni autour de la chaire de la cathédrale un immense auditoire qui n'a cessé de l'entourer jusqu'à la fin de sa religieuse sympathie. Les autorités prussiennes (il faut bien le dire) n'ont nullement entravé la liberté tout apostolique du grand orateur. Le saint jour de Pâques, jour des adieux, à la fin de son magnifique sermon sur la résurrection de Notre-Seigneur, le Père, entraîné par son cœur de catholique et de Français, laissa échapper ces accents :

« Les peuples aussi ressuscitent quand ils ont été baignés dans la grâce du Christ; et quand, malgré leurs vices et leurs crimes, ils n'ont pas abjuré la foi, l'épée d'un *barbare* et la plume d'un *ambitieux* ne peuvent pas les assassiner pour toujours. On change leur nom, mais non pas leur sang. Quand l'expiation touche à son terme, ce sang se réveille et revient par la pente naturelle se mêler au courant de la vieille vie nationale. Vous n'êtes pas morts pour moi, mes frères, mes amis, mes compatriotes !... Non, vous n'êtes pas morts. Partout où j'irai, je vous le jure, je parlerai de vos patriotiques douleurs, de vos patriotiques aspirations, de vos patriotiques colères; partout je vous appellerai des Français jusqu'au jour béni où je reviendrai dans cette cathédrale prêcher le sermon de la délivrance et chanter avec vous un *Te Deum* comme ces voûtes n'en ont jamais entendu. »

Le Père allait sans doute remercier ce brave peuple des consolations spirituelles qu'il lui avait données pendant le carême; mais il n'en eut pas le temps, l'auditoire se leva tout entier et éclata en applaudissements. Il n'eut que le temps de se sauver à la sacristie. Les hommes l'ont accompagné jusqu'à l'évêché et l'ont remercié avec émotion, en prenant acte de ses promesses. Le saint évêque de Metz, éprouvé par tant de douleurs, était triomphant.

L'ARMÉE DE L'AVENIR.

. . . . . Dans les âmes bien nées
La valeur n'attend pas le nombre des années.

Naguère un officier allemand, sur le point de regagner son pays, rencontre un petit enfant de sept ans, coiffé du képi de la *mobile*. Il le caresse et lui dit :

— Gentil betit Français, veux-tu venir avec moi en Allemagne ?

— Je suis trop petit, Monsieur le Prussien, reprit résolument l'enfant, mais... j'irai plus tard.

Bravo, le jeune mobile !...

Et l'Allemand s'en alla rêveur et crut peut-être apercevoir à travers les brumes de l'avenir et du Rhin le drapeau de la France s'agiter menaçant et vainqueur.

Il n'est point rare de rencontrer de jeunes bambins habillés en soldats et jouant aux soldats.

Dernièrement j'en vis un, au fond des Pyrénées, portant le costume de zouave pontifical et maniant un léger chassepot. Il avait à peine trois ans.

— Tiens ! dis-je à ce jeune camarade, toi aussi, Fernand, tu es soldat ?

— Oui, fit-il, je suis *zouzou* du Pape... comme toi.

— Et que prétends-tu faire avec ce fusil ?

— Quand je serai grand je veux aller avec toi tuer les méchants qui ont enfermé le Pape et ouvrir les portes de la prison du Pape.

Je vous laisse à penser si j'embrassai avec bonheur ce futur libérateur du Pape.

Grandissez, mes petits amis, dans ces nobles et virils sentiments ; grandissez tous et vite : nous vous attendons... Et un jour — vive Dieu ! — nons vengerons l'Eglise et la France.

PAUL D'AUZE,
zouave pontifical.

(*Echo des Pyrénées.*)

QU'EST CE QUE VOUS VOULEZ DONC QUE JE METTE A LA PLACE ?

— Dans une petite ville du Lyonnais, un maire, grand partisan de l'abolition du capital, de la religion, etc., avait à recevoir la signature d'un vieux paysan.

Celui-ci ne sachant pas écrire, fait sa croix.

« — Une croix ! dit le citoyen maire en ricanant.

« — Qu'est-ce que vous voulez donc que je mette à la place !... répond le bonhomme, une guillotine ? »

LIMOGES. — IMPRIMERIE DE BARBOU FRÈRES.

www.ingramcontent.com/pod-product-compliance
Ingram Content Group UK Ltd.
Pitfield, Milton Keynes, MK11 3LW, UK
UKHW020130220726
13923UKWH00001B/85

9 782019 176303